narr studienbücher

Annette Endruschat
Jürgen Schmidt-Radefeldt

Einführung in die portugiesische Sprachwissenschaft

gnV Gunter Narr Verlag Tübingen

PD Dr. phil. habil. Annette Endruschat, habilitiert an der Universität Trier, lehrte Romanische Sprachwissenschaft an den Universitäten Leipzig, Chemnitz, Tübingen, München, z.Zt. Privatdozentin an der Universität Trier. (Homepage: www.philologos.de/philologoi/ade/index.html)

Prof. em. Dr. phil. habil. Jürgen Schmidt-Radefeldt, lehrte germanistische und romanische Sprachwissenschaft an den Universitäten Lissabon, Kiel und Rostock.
(Homepage: www.schmidt-radefeldt.de)

Bibliografische Information der Deutschen Bibliothek

Die Deutsche Bibliothek verzeichnet diese Publikation in der Deutschen Nationalbibliografie; detaillierte bibliografische Daten sind im Internet über <http://dnb.ddb.de> abrufbar.

Dischingerweg 5 · D-72070 Tübingen

Gedruckt auf chlorfrei gebleichtem und säurefreiem Werkdruckpapier.

Internet: http://www.narr.de
E-Mail: info@narr.de

Druck: Gulde, Tübingen
Bindung: Nädele, Nehren
Printed in Germany

ISSN 0941-8105
ISBN 13: 978-3-8233-6177-0
ISBN 10: 3-8233-6177-5

Inhalt

Vorwort

A linguagem fez-se para que nos sirvamos dela, não para que a sirvamos a ela [Die Sprache ist dazu da, dass wir uns ihrer bedienen, und nicht, dass wir ihre Diener seien] (Fernando Pessoa (1997, 73) *Propriedade da linguagem*).

Mittlerweile hat das Studium der Portugiesischen Philologie oder der Lusitanistik (portugiesische Sprache, Literatur und Kultur als wissenschaftliche Disziplinen) an ca. 20 deutschen und deutschsprachigen Universitäten mit einem kontinuierlichen linguistischen Lehrprogramm einen festen Platz (vgl. dazu die regelmäßige Auflistung des Lehrangebots in der Zeitschrift *Lusorama*, nachzulesen auch unter www.lusorama.de).

Neben Universitäten mit großem Lehrangebot zum Portugiesischen wie Berlin, Hamburg, Köln, Leipzig, Mainz, München, Trier, Tübingen oder Salzburg sind auch als Service-Institutionen das Portugalzentrum an der Universität Trier, das neben vielen nützlichen Links auch einen "Who-is-who" der deutschen Lusitanistik anbietet (www.uni-trier.de/uni/foreinr/portugal/whodlv.htm), und das *Zentrum Portugiesischsprachige* Welt (ZPW) an der Universität Köln (www.uni-koeln.de/phil-fak/zpw.html) zu nennen.

Während nun aber der Büchermarkt für das Französische, das Spanische und Italienische mehrere linguistische Einführungswerke und ein gutes halbes Dutzend für die Romanische Philologie bereit hält, mussten sowohl Hochschullehrer als auch Studenten bisher ohne ein vergleichbares Hilfsmittel für das Portugiesische auskommen.

Dieses Defizit wird zusätzlich dadurch vergrößert, dass weder in Portugal noch in Brasilien bisher ein Grundlagenwerk vorliegt, das als Einführung in die portugiesische Sprache und Sprachwissenschaft zu benutzen wäre. Die Werke von Isabel Hub Faria et al. (Hrsg.) (1996): *Introdução à linguística geral e portuguesa*, Lisboa: Caminho (für Portugal) und Gladstone Chaves de Melo ([6]1981): *Iniciação à Filologia e à Lingüística Portuguesa*. Rio de Janeiro: Ao Livro Técnico (für Brasilien) orientieren sich vor allem an den Bedürfnissen portugiesischer bzw. brasilianischer Studenten in allgemeiner Linguistik und sind daher für den deutschsprachigen Lusitanistik-Studenten zu speziell. Das vor kurzem auf Englisch erschienene Einführungswerk *Portuguese: A Linguistic Introduction* von Milton M. Azevedo (2005, Cambridge: CUP) ist wiederum eher auf anglo-amerikanische Studiencurricula zugeschnitten und behandelt besonders ausführlich das brasilianische Portugiesisch und die Sprachgeschichte. Bereits vor Jahrzehnten erschienene Einführungen (z.B. J. Mattoso Câmara jr., *Princípios de Lingüística Geral. Como introdução aos Estudos Superiores da Língua Portuguesa*, Rio de Janeiro, [4]1967; Fernanda Irene Fonseca/Joaquim Fonseca, *Pragmática linguística e ensino do Português*. Coimbra: Almedina 1977) sind entweder überholt, überfrachtet mit Fachwissen oder wenden sich nur Detailaspekten zu.

Der moderne Lehr- und Forschungsstand zum Portugieschen/Brasilianischen wird in keiner dieser Monographien auf Deutsch und für deutsche Leser abgebildet. Der Zugang zu Literatur aus Portugal und Brasilien ist zudem sowohl bibliographisch wie auch in der Beschaffung kompliziert, aufwendig und kostspielig.

So können sich angehende Lusitanistinnen und Lusitanisten lediglich auf die mühsame Suche nach Einzeluntersuchungen zu den unterschiedlichen Themen machen, sich auf veraltete, wenngleich immer noch relevante Literatur (Sten, Holger (1944): *Les particularités de la langue portugaise*, Copenhagen: Einar Munksgaard; Teyssier, Paul (^{5}1993): *História da língua portuguesa*. Lisboa: Sá da Costa (aus dem Französischen: *Histoire de la langue portugaise*, 1980, Paris: P.U.F., Coll. Que sais-je?) beziehen oder eben einführende Werke zur spanischen Sprache zu Hilfe nehmen, was für ein Studienfach Portugiesisch inakzeptabel ist. Sehr zu begrüßen ist dagegen, dass die Lusitanistik als linguistischer Gegenstand in hispanistischen Bibliographien geführt und dort einen ständig anwachsenden, respektablen Raum einnimmt (vgl. *Bibliographie der Hispanistik in der Bundesrepublik Deutschland, Österreich und der deutschsprachigen Schweiz*, herausgegeben von Christoph Strosetzki; zuletzt erschien Band VII, 1999-2001 [2002] Vervuert).

Auch wenn also die Lusitanistik momentan noch auf den größeren Durchbruch wartet, so wollen wir mit dieser Einführung bereits weitgesteckte Ziele ins Auge fassen. Zuerst geht es grundsätzlich darum, endlich eine Einführung in die portugiesische Sprache und Sprachwissenschaft vor dem aktuellen Forschungsstand vorzulegen; dieses oft beklagte Desiderat wird hiermit hinfällig. Die bereits seit mehr als einem Jahrhundert erarbeiteten Grundlagen der portugiesischen Sprachwissenschaft sollen dabei aus heutiger Sicht synoptisch aufbereitet werden. Da zu den anderen o. g. Sprachen schon viele Einführungen vorliegen, nehmen wir deren Wissen und Erfahrung zur Kenntnis und greifen an den entsprechenden Stellen darauf zurück. Selbstverständlich setzt sich ein solches Pionierwerk immer der besonderen (positiven wie negativen) Kritik der Fachkollegen und der Leserschaft aus. Wenn der hier vorliegenden Einführung dann weitere folgen, so ist damit auch schon viel geleistet.

Diese Einführung soll jedoch noch etwas anderes ermöglichen: bei einigen Themenbereichen möchten wir anregen, dass der akademische Unterricht bestimmte Forschungslücken der Sprachbeschreibung des Portugiesischen erkennt und - etwa durch Orientierung von Bachelor-, Magister oder Promotionsarbeiten - punktuell schließen hilft; im kleineren Rahmen wird dieses *research teaching* schon in Seminaren möglich sein. Konkret sei hier etwa im Bereich der Semiotik auf die interdisziplinären Vernetzungen mit anderen Studienfächern (wie es in Brasilien der Fall ist) verwiesen. Gleiches gilt für die Lexikologie hinsichtlich der portugiesischen Fachsprachenforschung, im Bereich der kontrastiven Soziolinguistik hinsichtlich der interkulturellen Kommunikationsprobleme, im Bereich der dia-integrativen Variationsforschung hinsichtlich der Sprach- und Kulturkontaktphänomene und anderes mehr.

Das vorliegende Einführungswerk orientiert sich bewusst an den Erfordernissen in der Lehre und versucht stets die Spezifika des Portugiesischen in den

Vordergrund zu stellen. Es versteht sich von selbst, dass dabei moderne linguistische Ansätze genauso berücksichtigt werden wie auch curriculare Anforderungen an das Studium der Lusitanistik, d.h. also auch die "klassischen" Grundlagen der Sprachwissenschaft.

Zu jedem Thema werden die Grundbegriffe erläutert, der Stand der Forschung angegeben und Grundlagenliteratur genannt. Die wichtigsten Begriffe sind im Sachregister mit der portugiesischen Entsprechung zusammengestellt, wobei jeweils auf die Seite verwiesen wird, auf der der Begriff eingeführt und definiert wird.

In der ausführlichen Bibliographie am Ende des Buchs sind alle Schriften erfasst, auf die im Buch Bezug genommen wird, während am Ende der einzelnen Kapitel lediglich in abgekürzter Form (Autor, Jahr) die ergänzende Grundlagenliteratur empfohlen wird. Die Bibliographie enthält neben der zitierten Sekundärliteratur auch eine Übersicht zu Wörterbüchern und Grammatiken, die in einer eigenen Rubrik aufgeführt sind. Ebenso sind immer wieder zitierte Einführungen und Lexika separat erfasst.

Des weiteren bietet die Bibliographie eine Liste der wichtigsten Fachzeitschriften zur romanistischen und besonders lusitanistischen Sprachwissenschaft. Auch auf nützliche bibliographische Hilfsmittel wird hingewiesen. Es empfiehlt sich daher, sich vor der Lektüre der Einführung mit dem Aufbau der Bibliographie vertraut zu machen. Auf eine erneute Aufzählung der konsultierten Webseiten, deren Adressen stets im laufenden Text angegeben wurden, haben wir in der Bibliographie verzichtet.

Fragenkomplexe nach den einzelnen Kapiteln sollen den Studierenden eine vertiefende Erarbeitung ermöglichen. Dabei war es unser Anliegen, Aufgaben zu formulieren, zu deren Bearbeitung man in die und mit der portugiesischen Sprache vorgehen muss; fundierte Sprachkenntnisse sind für ein linguistisches Studium grundlegend.

Wir möchten uns bei einigen Personen bedanken, die bei der Anfertigung dieser Einführung geholfen haben. Da ist als erster Jürgen Freudl vom Gunter Narr Verlag zu nennen, der das Projekt von Anfang an mit Interesse und Vehemenz unterstützt und das Lektorat sorgfältig besorgt hat. Vera Ferreira (München) verdanken wir den Abschnitt zur Kognitiven Linguistik und Rolf Kemmler (Gomaringen) die Darstellung der portugiesischen Graphematik. Unser Dank gilt des weiteren Benjamin Meisnitzer (München), der das Manuskript aus der Sicht des Studenten kritisch gelesen hat. Vitória Gondim-Jacoby (Tübingen) gebührt Dank für die Mitarbeit am Kapitel zum brasilianischen Portugiesisch. Schließlich möchten wir uns auch bei Gabriele Beck-Busse (Marburg) und Helmut Lüdtke (Kiel) für die kritische Lektüre einiger Kapitel sowie bei António Franco und Isabel Galhano Rodrigues (Porto) für Hinweise zu Textquellen bedanken.

Ansatzweise Lösungen für die Aufgaben werden über http://www.narr.de/mcgi/shop/produkt2.cgi?T=1156340491&aref=3442 zugänglich gemacht.

Annette Endruschat (Trier) & *Jürgen Schmidt-Radefeldt* (Rostock)
Im August 2006

Abkürzungen

BP brasilianisches Portugiesisch
dt. deutsch
engl. englisch
EP europäisches Portugiesisch
frz. französisch
GTG Generative Transformationsgrammatik
Pl. Plural
pt. portugiesisch
Sg. Singular
sp. spanisch

Abbildungsverzeichnis

1 Weltsprache Portugiesisch

1.1 Aktuelle Situation des Portugiesischen

Das Portugiesische gehört heute mit rund 210 Mio. Muttersprachlern nach dem Chinesischen, dem Spanischen, Englischen, Bengali und Hindi zu den sechs meist gesprochenen Sprachen der Welt. Es verfügt außerdem über eine der höchsten Zuwachsraten an Sprecherzahlen. Schätzungen der UNO gehen davon aus, dass die Bevölkerungszahlen Brasiliens und der sogenannten **PALOP-Staaten** (*Países Africanos de Língua Oficial Portuguesa*) bis 2050 doppelt so hoch sein werden wie heute, d.h. der internationale Stellenwert des Portugiesischen könnte sich sogar noch erhöhen.

Gewiss ergibt sich die Bedeutung einer Sprache nicht allein aus der Zahl ihrer Sprecher, denn das internationale Gewicht einer Sprache hängt auch eng mit wirtschaftlichen Faktoren wie Handelsbilanz und Bruttoinlandprodukt zusammen. Da aber Brasilien einer der wichtigsten Handelspartner Deutschlands (der größte in Lateinamerika) ist und im *Mercosul* eine führende Rolle spielt, ist die portugiesischsprachige Welt, und damit auch die die **Lusophonie** (*lusofonia*), auch unter wirtschaftlichem Aspekt von Interesse.

Unter den romanischen Sprachen ist Portugiesisch nach Spanisch (ca. 370 Mio.) die zweitverbreitetste und wird von deutlich mehr Menschen gesprochen als das Französische (ca. 116 Mio.).

Die Portugiesisch-Sprecher sind über vier Kontinente verteilt:

- Europa: Portugal;
- Amerika: Brasilien;
- Afrika: Angola, Mosambik, Kap Verde, Guinea-Bissau, São Tomé e Príncipe;
- Asien: Indien (Goa), Indonesien (Ost-Timor), China (Macau).

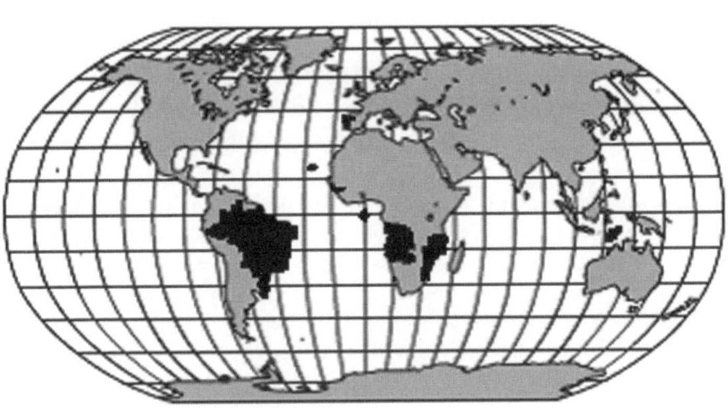

Die Verbreitung des Portugiesischen, www.cplp.org

Der Status des Portugiesischen fällt jedoch in diesen Ländern sehr unterschiedlich aus:

- Portugal und Brasilien: Monoglossie (bzw. für Brasilien Diglossie, vgl. Kato 1993), Homogenität, Bilinguismus in Grenzgebieten;
- Kap Verde und São Tomé e Príncipe: Diglossie Portugiesisch - *crioulo;*
- Guinea-Bissau, Angola, Mosambik: Polyglossie Portugiesisch - afrikanische Sprachen, Guinea-Bissau auch *crioulo* (nach Berschin 1994, 369).

In Portugal ist Portugiesisch die einzige Muttersprache der gesamten Bevölkerung. Auf dem Territorium Portugals werden außer dem Portugiesischen keine anderen Sprachen in signifikantem Maße gesprochen. Eine Ausnahme hiervon bildet der Gebrauch des Mirandesischen und der spanischen Sprache in den Grenzregionen.[1]

Auch Brasilien gilt heute als monolinguales Land. Die gesamte Bevölkerung spricht Portugiesisch, abgesehen von ca. 350.000 Angehörigen amerindischer Bevölkerungsgruppen, die lediglich autochthone Sprachen beherrschen, und etwa 300.000 Immigranten mit anderen Muttersprachen.

In Mosambik und Angola ist Portugiesisch die offizielle Staatssprache. Aufgrund des rasanten Bevölkerungswachstums und der hohen Urbanisierungsrate nimmt die Zahl der Sprecher, die Portugiesisch in diesen Ländern als **Muttersprache** (*língua materna*) haben oder als **Verkehrssprache** (*língua veicular*) erwerben, ständig zu. In Guinea-Bissau, auf den Kapverdischen Inseln, auf São Tomé und Príncipe ist das Portugiesische, neben dem Kreolportugiesischen, offizielle Sprache. In den o.g. Ländern Asiens bestehen lediglich kleine Sprachgemeinschaften, in denen nur noch die ältere Generation das Portugiesische beherrscht.

Man kann *summa summarum* von den folgenden Sprecherzahlen[2] ausgehen:

- 184 Mio. Brasilianer;
- 10,5 Mio. Portugiesen;
- 4 Mio. Portugiesisch-Sprecher im Ausland, vor allem in Frankreich, Südafrika, Kanada, USA, Venezuela, Deutschland und Australien;
- 8-10 Mio. Portugiesisch-Sprecher in Afrika;
- ca. 5000 Portugiesisch-Sprecher in Asien.

Die Zahl der Portugiesisch-Sprecher in Afrika und Asien lässt sich allerdings nur indirekt aus verschiedenen Quellen ableiten oder schätzen. Weder gibt es verläss-

---

1 Die zahlreichen Rückkehrer und Emigranten aus den ehemaligen afrikanischen und asiatischen Kolonien brachten teilweise ihre Muttersprachen mit nach Portugal (insbesondere Bantu-Sprachen, Kreolenportugiesisch). In Lissabon gibt es kleine Sprachgemeinden, in denen das Kulturgut und die Sprachen aus den Heimatländern tradiert werden. An einigen Schulen und in Kindergärten wird Wert auf die Verwendung und die Weitergabe etwa des kapverdischen *crioulo* oder der angolanischen Bantu-Sprache Kimbundu gelegt. Das kapverdische Kreol (*kabuverdianu*) wird in Portugal von ca. 100.000 Emigranten gesprochen. Davon leben 75% in *Alta Cova da Moura* (Amadora, Buraca und Damaia, Großraum Lissabon). In den Kindergärten und Schulen der Region wird für die Kinder der Emigranten *kabuverdianu* angeboten, vgl. das *Projecto Diversidade Linguística na Escola*. Das Projekt befasst sich mit dem Portugiesischunterricht für Kinder, deren Muttersprache nicht Portugiesisch ist. Dazu gehören auch Alphabetisierung und Festigung der Sprachkompetenz in den jeweiligen Muttersprachen (vgl. www.iltec.pt).

2 Angabe für 2004, Quelle: www.ixpos.de (offizielle Seite des Bundesministeriums für Wirtschaft und Arbeit, Zugriff am 1.6.2006).

liche Bevölkerungszahlen noch Angaben darüber, wie viele Personen dort tatsächlich ausreichende Portugiesisch-Kenntnisse besitzen.

Die lusophonen Länder Afrikas wiesen im Jahr 2005 die folgenden Bevölkerungszahlen[3] auf:

- 15,9 Mio Angola;
- 1,6 Mio. Guinea-Bissau;
- 0,5 Mio. Kap Verde;
- 19,8 Mio. Mosambik;
- 0,15 Mio. São Tomé e Príncipe.

Addiert man diese Bevölkerungszahlen, so kommt man auf ca. 38 Mio. Davon spricht jedoch nur ein Teil Portugiesisch als Erst- oder Zweitsprache. Für Angola geht man von ca. 40% muttersprachlichen Portugiesischsprechern (erste und zweite Muttersprache) aus, für Mosambik liegt der Prozentsatz laut offiziellen Angaben der Regierung nur bei 6,5%.[4] Andere Quellen wiederum behaupten, dass 30% aller Mosambikaner Portugiesisch als erste oder zweite Muttersprache sprächen.[5] Für die anderen Länder Afrikas liegen keine bzw. nur unzuverlässige Angaben zum Anteil der portugiesischsprachigen Bevölkerung vor.

Johnen (2004, 606)[6] geht von 176 Mio. Portugiesisch-Muttersprachlern aus; bei dieser Zahl sind diejenigen Personen nicht berücksichtigt, die Portugiesisch als Zweitsprache sprechen. Da dies auf einen zumindest für die afrikanischen Länder relativ großen Teil der Bevölkerung zutrifft, sind die eingangs genannten 210 Mio. Portugiesisch-Sprecher durchaus realistisch.

In der Zukunft wird Brasilien schon allein aufgrund seiner Bevölkerungszahl, aber v.a. wegen seiner wirtschaftlichen und nicht zuletzt auch kulturell-medialen Stärke die Rolle des entscheidenden Sprachträgers des Portugiesischen zukommen. Angola und Mosambik weisen ebenfalls schnell wachsende Bevölkerungszahlen auf, aber der Anteil der tatsächlich lusophonen Sprecher ist ungewiss.

Die Sprachgebiete in Asien (Goa, Macau) spielen bezüglich der Bedeutung des Portugiesischen praktisch keine Rolle mehr. Kreolenportugiesische Varianten in Afrika und Asien hingegen nehmen, sowohl was die Sprecherzahl als auch ihre Anwendungssphären anbelangt, möglicherweise an Bedeutung zu.

Grundlagenliteratur

Briesemeister / Schönberger (1997); Fonseca / Venâncio (1985); Johnen (2004); Kuder (1971, 1975); Weber (1980).

---

[3] Quelle: www.destatis.de/ausl_prog/suche_ausland.htm, Stand 2005. Die angegebenen Zahlen stimmen weitgehend mit denen des Auswärtigen Amts (www.auswaertiges-amt.de/diplo/de/Laenderinformationen/LaenderReiseinformationenA-Z.jsp, Zugriff am 1.6.2006) überein.

[4] Diese Zahl nennt die mosambikanische Regierung auf ihrer Seite www.ine.gov.mz für das Jahr 2004, Zugriff am 1.6.2006.

[5] Vgl. www.colonialvoyage.com/PlangAfr.html, Zugriff am 1.6.2006.

[6] Johnen folgt den Angaben des portugiesischen Bildungsministeriums für 2004.

1.2 Entdeckungsfahrten und Expansion des Portugiesischen

Ausgangspunkt für die weltweite Verbreitung der portugiesischen Sprache waren die Entdeckungsreisen portugiesischer Seefahrer ab dem 15. Jh.; die Geschichte der portugiesischen Entdeckungen und Eroberungen ist im allgemeinen auch die Geschichte der Ausbreitung der portugiesischen Sprache. Doch streng genommen begann die Expansion des Portugiesischen schon viel früher, nämlich im 12. Jh. auf der Iberischen Halbinsel (vgl. 2.7). Durch die rasche Ausbreitung von Nord nach Süd und unter Verdrängung anderer romanischer Dialekte emanzipierte und etablierte sich das Portugiesische als die erste Nationalsprache Europas innerhalb territorialer Grenzen, die bis heute nahezu unverändert bestehen geblieben sind.

Mit den Entdeckungsfahrten verfolgte Portugal neben kommerziellen Interessen noch zwei weitere Ziele: die Christianisierung und die Verbreitung der portugiesischen Sprache. 1540 entwickelte João de Barros im *Diálogo em louvor da nossa linguagem* (vgl. 2.10.1) sogar die Vision von der weltweiten Verbreitung des Portugiesischen und wiederholte damit eine Idee, die Antonio de Nebrija in seiner *Gramática Castellana* bereits 1492 für das Spanische entworfen hatte.

1.2.1 Afrika

Ausgangspunkt der afrikanischen Unternehmungen Portugals war 1415 die Eroberung des gegenüber von Gibraltar gelegenen Ceuta durch Heinrich den Seefahrer. Sein langfristiges Ziel war es, einen Seeweg nach Indien und dem Fernen Osten zu finden. Bis 1580 konnten die Portugiesen ihre Herrschaft über die nordmarokkanische Küste aufrechterhalten, danach mussten diese Gebiete an die Briten (Tanger) und Spanier (Ceuta) abgegeben werden.

Auf ihrem Weg nach Süden entdeckten die Portugiesen 1419 anschließend Madeira und 1427 die Azoren, zwei bis dahin unbewohnte Inseln. Entlang der westafrikanischen Küste erreichten sie 1445, nach der Umseglung des Kap Verde, die Mündung des Flusses Gambia. 1483 drang der Seefahrer Diogo Cão bis Angola vor, und 1487 erreichte Bartolomeu Diaz das Kap der guten Hoffnung, wodurch der Seeweg zum Orient frei war.

Im Ergebnis der Entdeckung, Eroberung und Kolonisierung an der afrikanischen Westküste entstanden in einigen Gebieten portugiesischbasierte Pidginsprachen, die sich vielfach zu eigenständigen Sprachen, den portugiesischbasierten Kreolsprachen (vgl. 11.4), weiterentwickelten.

Die **Kapverden** bestehen aus 15 Inseln, die zwei größere Inselgruppen – Barlavento und Sotavento – bilden. Die gesamte Bevölkerung spricht die Nationalsprache *crioulo*, daneben 80 % auch Portugiesisch. In **Guinea-Bissau** ist das *kriyol* dagegen Verkehrssprache und wird nur von etwa 50-75 % der Bevölkerung beherrscht. Parallel dazu werden folgende Sprachen gesprochen:

- Portugiesisch-Muttersprachler	0,15 %
- Portugiesisch als Zweitsprache	10 %
- Fulbe	30 %
- Balante	24,5 %
- Mandingo	10 %
- Mandyak	8 %.

Auf den Inseln **São Tomé** und **Príncipe** werden die drei Kreolisch-Varianten *sãotomense, angolar* und *principense* von 90 % der Bevölkerung, neben nur geringen Portugiesisch-Kenntnissen, zur Verständigung benutzt.

Während also auf den westafrikanischen Inseln das Kreolenportugiesische nahezu von der gesamten Bevölkerung gesprochen und daneben das Portugiesische größtenteils verstanden wird, überwiegen auf dem Festland Guinea-Bissaus die afrikanischen Sprachen.

Eine andere Entwicklung nahm das Portugiesische in Angola und Mosambik. Auch hier beschränkte sich der Kontakt mit den afrikanischen Sprachen bis ins 19. Jahrhundert zunächst auf die Küstengebiete. Erst nach der Berliner Kongo-Konferenz von 1885 drangen portugiesische Kolonisten in das Landesinnere vor.

Portugiesisch ist in Angola und Mosambik Amtssprache. Die Regierungen verfolgen eine exoglossische (nach außen gerichtete) Sprachpolitik. Die Sprachensituation ist triglossisch (d.h. funktional dreisprachig): afrikanische Sprachen, (supraethnische) Verkehrssprachen (z.B. Kimbundu, Swahili) und Portugiesisch. Bezüglich der Situation des Portugiesischen und der afrikanischen Sprachen lassen sich jedoch Unterschiede zwischen beiden Ländern feststellen.

Angola war die bedeutendste portugiesische Kolonie und fungierte als größter Sklavenlieferant in Richtung Brasilien. Die portugiesische Präsenz beschränkte sich bis ins 19. Jh. jedoch auf wenige Küstenorte, erst danach begann die Erschließung des Hinterlands. Die Besiedlung durch Portugiesen erreichte in den 70er Jahren des 20. Jh. ihren Höhepunkt mit einem Anteil von fast 10 % an der Gesamtbevölkerung.[7] Die massive Zuwanderung aus Portugal hatte jedoch nur eine geringe Vermischung zwischen Portugiesen und Afrikanern zur Folge. Der Anteil der Mulatten betrug 1970 nur 8 %.[8]

Neben dem Portugiesischen werden auf angolanischem Territorium etwa 100 afrikanische Sprachen gesprochen, die man zu elf größeren Sprachfamilien zusammenfassen kann. Typologisch gehören diese Sprachen einerseits zu den Bantusprachen und andererseits zu den Khoisansprachen.

Allein zwei Drittel der Angolaner sind Umbundu- und Kimbundu-Sprecher. Diese Sprachen haben in den Städten Luanda und Benguela den Status von Verkehrssprachen:

- Umbundu	38 %
- Kimbundu	23 %
- Kikongo	14 %
- Lunda-Tschokwe	9 %
- Ngangela	7 %
- Nyaneka	5,5 %

7 Vgl. Kivouvou (1980, 99).
8 Vgl. Heimer (1973, 213).

- Ovambo 2,5 %
- Herero 0,4 %
- Ndonga 0,3 %
- Khoisan-Sprachen unter 1 %.

Die sechs meistverbreiteten Bantusprachen wurden seit 1976 sprachplanerisch als Sprachen der Medien und der Schulbildung ausgebaut. Deswegen ist ihnen der Status von **nationalen Sprachen** (*línguas nacionais*) zuerkannt worden. Die ständigen Bürgerkriege haben allerdings das sprachpolitische Ziel - eine stabile Polyglossie Portugiesisch / afrikanische Sprachen - vereitelt. So finden wir heute in Angola eine instabile Polyglossie vor, die sich aufgrund der Urbanisierung und der demographischen Entwicklung sowie auch des Prestiges der Weltsprache Portugiesisch zugunsten der ehemaligen Kolonialsprache zu verschieben scheint.

Mosambik ist das bevölkerungsreichste portugiesischsprachige Land Afrikas. Bis ins 19. Jh. beschränkte sich auch hier die portugiesische Herrschaft auf einige Orte entlang der Küste. Mosambik war vor allem Stützpunkt im Indienverkehr und gehörte bis 1752 verwaltungsmäßig zu Goa. Die Erschließung des Binnenlands begann ebenfalls erst nach 1885. Der Anteil der portugiesischen Siedler blieb stets gering; Kreolisierungserscheinungen sind nicht nachweisbar.

Im Unterschied zu Angola, wo während des Befreiungskampfes gegen die Portugiesen die drei großen nationalen Sprachen Umbundu, Kimbundu und Kikongo als Sprachen der Befreiungsbewegungen FNLA, MPLA und UNITA benutzt wurden, spielte das Portugiesische in Mosambik die Rolle des einigenden Bands und wurde bewusst von der FRELIMO als Waffe gegen den spaltenden Tribalismus eingesetzt. Die staatliche Sprachpolitik verfolgte hier von Anfang an das Ziel, die portugiesische Standardsprache als offizielle Sprache durchzusetzen.

Neben Portugiesisch sind in Mosambik ca. 24 Bantu-Sprachen verbreitet. Sie werden jedoch nicht wie in Angola staatlich gefördert und ausgebaut. Dazu gehören im einzelnen:[9]

- Makua 26,3 %
- Changana 11,4 %
- Shona 10 %
- Lomwe 7,9%
- Chuwabo 6,3 %
- andere Sprachen (u.a. Swahili) 33 %.

Mosambik ist ein sehr rückständiges Agrarland mit einem großen Anteil ländlicher Bevölkerung, die in der Mehrheit nur ihre afrikanischen Sprachen beherrscht. Der Bilinguismus ist hier daher nicht so verbreitet und stabil wie in Angola. In Mosambik gibt es zudem die sogenannte *ameaça do inglês* ('Bedrohung durch das Englische'), bedingt durch die englischsprachige Nachbarschaft (Tansania, Malawi, Sambia, Simbabwe, Südafrika und Swasiland). Seit 1995 ist Mosambik als einzige nicht ehemals britische Kolonie Mitglied des *Commonwealth of Nations* (zu den sprachlichen Auswirkungen vgl. Döll 1989, Leiste 1988).

[9] www.ine.gov.mz, Zugriff am 1.6.2006.

1.2.2 Indien und Asien

1498 erreichte *Vasco da Gama* die indische Hafenstadt Kalikut. Portugal verfügte damit nicht nur über zahlreiche Handelsstützpunkte an der afrikanischen West- und Ostküste, sondern als erstes europäisches Land auch über Handelsposten in Indien, die besonders für den Handel mit Gewürzen von Bedeutung waren. 1557 errichtete Portugal die Hafenstadt Macao. Zwischen 1511 und 1512 hatte Portugal die Kontrolle über die Inseln Java, Malakka und die Molukken sowie 1557 mit Macao auch über einen wichtigen Hafen auf dem Festland. Ost-Timor gelangte ebenfalls zu Beginn des 16. Jh. in den Besitz Portugals.

Einen wesentlichen Einschnitt in der Expansionsgeschichte Portugals brachten die Jahre zwischen 1580 und 1640, die Zeit der sogenannten Personalunion mit Spanien.[10] In jener Epoche verlor Portugal die Herrschaft über einige seiner Kolonien, konnte sich aber in Ost-Timor behaupten. Die ostindischen Inseln gingen an die Niederlande über.

Die Bedeutung der portugiesischen Sprache erhielt sich dennoch bis ins 18. Jh. In Goa, das 1961 in den indischen Staat eingegliedert wurde, ist das Portugiesische noch heute in der älteren Generation sporadisch verbreitet, wurde ansonsten aber vom Englischen und dem Hindi verdrängt. In Macao spricht außerhalb der Verwaltung im alltäglichen Leben kaum noch jemand Portugiesisch. Höchstens in Schaufensterauslagen oder Restaurants findet man Beschriftungen mit portugiesischen Relikten. In Osttimor, das 1975 von Indonesien militärisch annektiert wurde, ist die portugiesische Sprache ab 1981 völlig aus dem öffentlichen Leben verschwunden, mit dem Ergebnis, dass nur noch 15% der Bevölkerung Portugiesisch-Kenntnisse besitzen. Seit Erringung der Unabhängigkeit im Jahr 2002 ist Portugiesisch, neben dem *Tétum*, wieder offizielle Sprache Osttimors, und durch die Unterstützung von seiten Portugals und Brasiliens bei der Lehrerausbildung und Verbreitung der Sprache befindet sich die Lusophonie in diesem Land wieder im Aufschwung (vgl. Köster 2004).

Auch in Asien entstanden im Kontakt mit den Kolonialherren portugiesischbasierte Kreolsprachen. Sie haben allerdings aufgrund der geringen Größe der Sprachgemeinschaften stark an Bedeutung verloren. Am vitalsten zeigt sich das *(papia) kristang* – eine Mischsprache aus Portugiesisch und Malaysisch, das die eurasischen Nachfahren der Portugiesen in Malakka (Malaysia) sprechen. Im sogenannten *Portuguese Settlement*, einem Stadtteil Malakkas, leben heute noch ungefähr 1000 Mitglieder dieser Sprachgemeinschaft (zu den Lusokreols vgl. 11.4).

---

10 Als 1580 König Heinrich starb, ohne einen Nachfolger zu hinterlassen, übernahm Philipp II. von Spanien auch die Regentschaft über Portugal, das in jenen Jahren den Rang einer spanischen Provinz einnahm. 1640 erkämpfte sich Portugal mit Hilfe Frankreichs die Unabhängigkeit und König wurde Johann IV., Herzog von Bragança.

1.2.3 Amerika

Im Schutz des Vertrags von Tordesillas (1494)[11] segelten die Portugiesen auch nach Amerika. Im April 1500 landete der portugiesische Seefahrer *Pedro Álvares Cabral* an der Küste des heutigen Brasilien. Seinen Namen verdankt Brasilien wahrscheinlich der *pau-brasil* ('brasilianisches Holz') genannten Holzart, die der im Dienst des portugiesischen Hofes stehende italienische Seefahrer *Amerigo Vespucci* von seiner Reise im Jahr 1501 mitbrachte.

Die eigentliche Kolonisierung Brasiliens begann aber erst 1532 mit der Erschließung des Landes und der Gründung der Stadt São Vicente. Danach erkundeten und eroberten die Portugiesen weitere Gebiete, blieben aber stets in der Nähe der Küste.

1549 wurde die neu gegründete Stadt Salvador Sitz der Kolonialverwaltung. Weitere Stadtgründungen folgten 1554 mit São Paulo und 1565 mit Rio de Janeiro. Neben dem Handel mit Brasilholz begann der lukrative Anbau von Zuckerrohr. Da man dafür viele Arbeitskräfte benötigte, kann in der Zuckerwirtschaft der entscheidende Impuls für den transatlantischen Sklavenhandel gesehen werden. Die Sklaven wurden v.a. aus Guinea und Angola eingeschifft.

Das Interesse der Portugiesen an Brasilien war zunächst gering, wenige portugiesische Siedler standen einer großen Anzahl an afrikanischen Sklaven und der amerindischen Urbevölkerung gegenüber. Erst im 18. Jh., als der Goldrausch aufkam und Portugal seinen Einfluss in Indien verloren hatte, wuchs das Interesse an Brasilien. Die Rolle der portugiesischen Sprache wurde dadurch erheblich gestärkt. In städtischen Gebieten, in denen das Portugiesische bereits in pidginisierten Stadtsprachen aufzugehen drohte, kam es zu einer **Reportugisierung** (*reaportuguesamento*) und zur Herausbildung der *língua geral*, einer Art Verkehrssprache, die auf der Vermischung des Portugiesischen mit dem *Tupi*, der wichtigsten indianischen Sprachfamilie in Brasilien, beruhte. Die ***língua geral***, die in mehreren Varianten existierte, wurde im Zuge der administrativen Erschließung des Landes allerdings rasch durch die portugiesische Sprache ersetzt, die sich als nationale Verkehrssprache in ganz Brasilien ausgebreitet hatte. Eine große Rolle spielten dabei die afrikanischen Sklaven und die ***bandeirantes***.[12]

Trotz der multikulturellen Zusammensetzung der brasilianischen Bevölkerung - Indianer, Portugiesen, Afrikaner, Asiaten - liegt heute in Brasilien eine Mono-

---

[11] Um Streitigkeiten zwischen den Kolonialmächten Spanien und Portugal zu regeln, legte Papst Alexander VI. am 4. Mai 1493 eine Demarkationslinie fest, die in Nord-Süd Richtung von Pol zu Pol durch den Atlantischen Ozean, bei 100 Leguas (ca. 480 km) westlich der Kapverdischen Inseln verlief. Spanien wurden alle Rechte westlich dieser Linie zugesprochen, d.h. Amerika; und Portugal alle östlich davon gelegenen Gebiete, also Afrika und Asien.Die Portugiesen waren mit dieser Regelung nicht einverstanden und fühlten sich benachteiligt. Daraufhin wurde die Demarkationslinie auf 370 Léguas (ca. 1770 km) westlich der Kapverdischen Inseln im Vertrag von Tordesillas festgelegt. Damit fiel auch der östliche Teil des brasilianischen Festlandes dem portugiesischen Hoheitsgebiet zu.

[12] *Bandeirantes* (von *bandeira* 'Fahne') wurden die Mitglieder von Expeditionstrupps genannt, die im 17. und 18. Jahrhundert das brasilianische Landesinnere erkunden und erschließen sollten. Auf der Suche nach Schätzen - Gold und Diamanten - zogen sie entlang der Flüsse bis zum La Plata und Amazonas. Dabei wurde manche Siedlung angelegt, die heute noch besteht.

glossiesituation vor. Der Grund dafür ist darin zu sehen, dass nahezu alle Bevölkerungsgruppen ihre Sprachen zugunsten der Prestigesprache Portugiesisch aufgegeben haben.

Bis zur zweiten Hälfte des 16. Jh. hatte sich Portugal ein riesiges Kolonialreich geschaffen. Bereits mit der Personalunion mit Spanien, spätestens aber mit der Unabhängigkeit Brasiliens begann der Niedergang des portugiesischen Kolonialreichs. Nach 1822 besaß Portugal noch die folgenden Kolonien: Ost-Timor, Portugiesisch-Indien (fünf Hafenstädte), Macao, Mosambik, Angola, São Tomé e Príncipe, Portugiesisch-Guinea und die Kapverdischen Inseln.

Das Jahr 1974 setzte mit der **Nelkenrevolution** (*revolução dos cravos*) der portugiesischen Kolonialära ein Ende. Alle afrikanischen Länder wurden 1974 (Guinea-Bissau) bzw. 1975 (Angola, Mosambik, Kapverde und São Tomé e Príncipe) unabhängig. Ost-Timor wurde 1975 von Indonesien annektiert. Macao wurde 1999 an China zurückgegeben. Zu Portugal gehören weiterhin bis heute die Überseeterritorien Madeira und die Azoren.

Grundlagenliteratur

Berschin (1994); Briesemeister / Schönberger (1997); Noll (1999); Perl / Döll / Dyrba / Endruschat / Gärtner / Hundt / Huth / Leiste / Thiele (^{2}1994).

1.3 Stellung des Portugiesischen in der Romania

Natürliche Sprachen werden in der Sprachwissenschaft in Form von Stammbäumen zu Sprachfamilien zusammengefasst, die wiederum in mehrere Sprachzweige oder -gruppen untergliedert werden. Die romanischen Sprachen gehören nach einer solchen genealogischen Klassifizierung zur indogermanischen Sprachfamilie, die mit 2 Mia. Sprechern die bedeutendste ist. Zu ihr gehört die italische oder romanische Sprachgruppe.

Innerhalb der romanischen Sprachgruppe werden 10, maximal 15 romanische Sprachen unterschieden. Die Unterschiede ergeben sich einerseits daraus, ob man ausgestorbene Sprachen wie das Dalmatische hinzurechnet oder nicht, und andererseits aus der Schwierigkeit, innerhalb der Romania eindeutig zwischen Sprache und Dialekt zu differenzieren.[13]

Die Frage, was Sprachen von Dialekten unterscheidet, kann hier nicht diskutiert werden.[14] Was die Definition einer Sprache betrifft, so unterscheidet Kloss (1987) zwei Typen: Ausbau- und Abstandsprachen. Während Ausbausprachen im Rahmen eines Staatsgebildes institutionalisiert sind, unterscheiden

13 Beispielsweise werden das Frankoprovenzalische und das Okzitanische nicht von allen Autoren als Sprachen definiert. Im Falle des Rumänischen zeigt Krefeld (2004), dass es nicht gerechtfertigt ist, das Arumenische, das Istrorumänische und das Meglenorumänische als Dialekte des Rumänischen zu betrachten oder sie einfach unter das Rumänische zu subsumieren.

14 Vgl. dazu grundlegend Coseriu (1981) und Montes Giraldo (1982).

sich Abstandsprachen von anderen Sprachen und Dialekten lediglich durch markante sprachliche Eigenschaften.

Da es sich bei den romanischen um eng verwandte Sprachen handelt, die ihrerseits - insbesondere Spanisch und Italienisch - in mehreren diatopischen Varietäten (Dialekten) existieren, und weil in den jeweiligen Grenzgebieten Mischformen und bilinguale Sprechergruppen anzutreffen sind, gibt es fließende Übergänge sowohl zwischen den romanischen Sprachen als auch zwischen Sprachen und Dialekten.

Im Folgenden sollen die traditionellen Unterteilungen der Romania vorgestellt werden. Sie folgen entweder geographisch-arealen, historischen oder sprachlichen Kriterien.

a) Geographisch-areale Unterteilung: Ost- und Westromania (Diez 1794), erweitert durch Tagliavini (1973, 279):

Sprachen	Gruppe
Rumänisch Dalmatisch †	Balkanromanisch
Dalmatisch † Italienisch Sardisch Rätoromanisch	Italoromanisch
Französisch Frankoprovenzalisch Provenzalisch[15] (und Gaskognisch) Katalanisch	Galloromanisch
Katalanisch Spanisch Portugiesisch	Iberoromanisch

Nach dieser Klassifizierung gehört das Portugiesische zu den iberoromanischen Sprachen.

b) Phonetisch-morphologische Unterteilung: Wartburg (1950, 32) unterteilte die romanischen Sprachen nach phonetischen Kriterien. Die folgende Tabelle stellt in Anlehnung an seine Untergliederung dar, was aus bestimmten lateinischen Konsonanten (jeweils in [ ] gesetzt) in den romanischen Sprachen geworden ist:

	Ostromania	Westromania
-[s][16]	it. *membri*; rum. *membri*	sp. *miembros*, pt. *membros*; frz. *membres*
-[p]-	it. *sapone*; rum. *săpun*	sp. *jabón*, pt. *sabão*; frz. *savon*
-[t]-	it. *ruota*; rum. *roată*	sp. *rueda*, pt. *roda*; frz. *roue*
-[k]-	it. *amica*; rum. *amică*	sp., pt. *amiga*; frz. *amie*

Die Trennung zwischen Ost- und Westromania entspricht ihm zufolge der Linie *La Spezia – Rimini* (quer über den nördlichen italienischen Stiefel von der Adria

[15] Um Verwechslungen mit der altprovenzalischen mittelalterlichen Sprache der Minnelieder vorzubeugen, ist die Bezeichnung 'Okzitanisch' vorzuziehen.

[16] Die Bewahrung von auslautendem -s ist außer bei der Pluralbildung auch z.B. bei Verbformen der 2. Person relevant, vgl. it. *vieni* vs. frz. *viens*, sp. *vienes*, pt. *vens* 'du kommst'. Für das moderne Französisch ist zu berücksichtigen, dass End-s nicht mehr phonetisch realisiert wird und kein Phonem mehr ist.

zum Mittelmeer verlaufend); Sardinien nimmt dabei eine Sonderstellung ein. Nach dieser Klassifizierung gehört das Portugiesische zur **Westromania**.

c) Unterteilung nach Wortschatzelementen: Matteo Bartoli, Begründer der sogenannten Raumlinguistik, stieß auf der Suche nach differenzierenden Neuerungen im Wortschatz der romanischen Sprachen auf das Phänomen von Raumnormen: Isolierte geographische Räume bewahrten ihm zufolge ältere Entwicklungsstufen und repräsentierten damit ältere Phasen der Sprachentwicklung als die in der Regel nicht isolierten Zentren; größere Räume bewahrten hingegen dann ältere Phasen, wenn die kleineren nicht isoliert und nicht Randgebiete waren; überwundene Phasen waren meist älter als diejenigen, die überlebten, etc. (vgl. Bartoli 1945). Diese Sichtweise vernachlässigt allerdings den Bedeutungs- und Bezeichnungswandel, der sich nach der Romanisierung bis heute kontinuierlich vollzogen hat. Bartolis Erkenntnisse wurden von Rohlfs (1954) in der modernen romanistischen Sprachgeographie[17] fortgesetzt. Die folgende Tabelle fasst einige Erkenntnisse der Sprachgeographie bezüglich des Wortschatzes zusammen:

IBERIA	GALLIA	ITALIA	DACIA
rogare	precare	precare	rogare
sp./pt. *rogar*	frz. *prier*	it. *pregare*	rum. *a ruga*
afflare	tropare	tropare	afflare
sp. *hallar*, pt. *achar*	frz. *trouver*	it. *trovare*	rum. *a afla*
magis	plus	plus	magis
sp. *más*, pt. *mais*	frz. *plus*	it. *più*	rum. *mai*
mensa	tabula	tabula	mensa
sp./pt. *mesa*	frz. *table*	it. *tavola*	rum. *masă*
Randromania	innere Romania	innere Romania	Randromania

Nach dieser Klassifizierung gehört das Portugiesische zur **westlichen Randromania**.

Es sollen nun kurz noch weitere Einteilungen der Romania erwähnt werden. Alonso ([2]1951, 126) unterteilt die Romania einerseits in die *Romania continua*, zu der er Italienisch, Spanisch, Provenzalisch, Katalanisch, Portugiesisch sowie das Französische als "ingroupable" ('nicht einzuordnen') rechnet, und andererseits die *Romania discontinua*, die die kolonialen Eroberungsgebiete umfasst. Das Rumänische steht bei Alonso außerhalb des kontinuierlichen romanischen Sprachraums. Körner (1987) wählt als Klassifizierungskriterien syntaktische Parameter wie die Wortstellung oder die Füllung der Subjektstelle und kommt zu dem Schluss, dass sich das Portugiesische, Spanische und Rumänische viele syntaktische Eigenschaften teilen, welche das Französische z.B. nicht besitzt. Auch Gawelko (2001) geht sprachtypologisch vor und stellt im lexikologischen und syntaktischen Bereich fest, dass sich im Kontinuum zwischen synthetischem zum analytischem Sprachbau (alle Sprachen sind Mischtypen)[18] das Portugie-

---

17 Einen Überblick über die Sprachgeographie gibt Coseriu (1975).

18 Der synthetische Sprachtyp zeichnet sich durch Kasusdeklination und einfache Verbformen aus, der analytische Sprachtyp u.a. durch das Fehlen von Kasus und zusammengesetzte Verbformen. Das Lateinische war eine vorwiegend synthetische Sprache, die romanischen

sische (mit dem Französischen) durch ausgeprägte *analytische Züge* auszeichnet, während das Rumänische als Kasus-Sprache am anderen Ende der Skala den synthetischen Sprachtyp repräsentiert.

Wie wir gesehen haben, kann die portugiesische Sprache in der Romania unterschiedlich eingeordnet werden. Unbestritten ist aber ihre enge Verwandtschaft mit dem Galicischen und dem Spanischen, denen es auch nach 700jähriger Eigenentwicklung sehr ähnlich geblieben ist.

Grundlagenliteratur

Bartoli (1945); Coseriu (1975); Diez (^{5}1882 [1794]); Rohlfs (1954); Tagliavini (^{2}1998); Wartburg (1950).

Übungsaufgaben

1) Informieren Sie sich anhand von Internetquellen über die aktuellen Bevölkerungszahlen in den portugiesischsprachigen Ländern und die Angaben zur Zahl der Personen, die Portugiesisch als Muttersprache sprechen.

2) Vergleichen Sie die globale Rolle der portugiesischen Sprache (Lusophonie) mit der des Spanischen (Hispanophonie), Englischen (Anglophonie) und Französischen (Frankophonie). Welche Unterschiede und Gemeinsamkeiten sind dabei festzustellen?

3) Informieren Sie sich in Lexika über die geschichtlichen Hintergründe des Zerfalls des portugiesischen Kolonialreichs.

4) Lesen Sie Köster (2004) und fassen Sie die neuere Entwicklung der portugiesischen Sprache in Ost-Timor zusammen.

5) Lesen Sie Coseriu (1981), konsultieren Sie Montes Giraldo (1982) und verschaffen Sie sich einen Überblick über die Unterscheidungskriterien zwischen Sprache und Dialekt.

6) Überlegen Sie, ob die oben angeführten Klassifizierungskriterien von v. Wartburg und von Bartoli noch heute für die Unterscheidung der romanischen Sprachen uneingeschränkt gelten.

7) Sammeln Sie anhand von Körner (1987), Gawelko (2001) und Coseriu (1988) Beispiele für synthetische und analytische Merkmale des Portugiesischen.

Sprachen sind vorwiegend analytisch, denn außer im Rumänischen ist die Kasusflexion durch die präpositionale Markierung ersetzt worden, und es gibt viele zusammengesetzte Tempusformen. Im Pronominalsystem und im Tempusparadigma sowie bei der Steigerung der Adjektive sind synthetische Merkmale sichtbar. Zum Mischcharakter der Sprachen vgl. auch Kramer (2004).

2 Geschichte der portugiesischen Sprache

Anders als die Junggrammatiker des 19. Jh. geht die moderne historische Sprachwissenschaft nicht mehr davon aus, dass die Entwicklung einer Sprache nur internen Gesetzmäßigkeiten (z.B. Lautgesetzen) folgt. Vielmehr ist heute die Berücksichtigung der sprachexternen Faktoren selbstverständlich geworden. Wir wollen daher im folgenden die Geschichte des Portugiesischen sowohl **intern** (d.h. die Veränderungen im Sprachsystem) als auch **extern** (d.h. die äußeren Faktoren wie politisch-kulturelle Einflüsse oder Sprachkontakt) beschreiben.[19]

2.1 Periodisierung

Eine umfassende, lückenlose und v.a. moderne Sprachgeschichte fehlt in der Lusitanistik. Des weiteren ist auch die Frage der Periodisierung der portugiesischen Sprache nicht befriedigend beantwortet. Bei der Strukturierung einer Sprachgeschichte spielt die **Periodisierung** (*periodização*) jedoch eine entscheidende Rolle, insbesondere für das Portugiesische, wo die sonst oft übliche Dreiteilung in Alt-, Mittel- und Neu-Sprache nicht selbstverständlich ist (vgl. z.B. Messner 1994, Mattos e Silva 1994).

Das Jahr 1200 galt bisher einhellig als der Beginn des "**período arcaico**" (Altportugiesisch). Über das Ende der altportugiesischen Periode hingegen besteht keine Einigkeit. Während Vasconcellos (1901), Michaelis (1911) und Silva Neto (^{3}1979) diese Periode mit dem Jahr 1350 (dem Zeitpunkt des Niedergangs der galego-portugiesischen Troubadourlyrik und dem Ausbau des kulturellen Zentrums um den portugiesischen Königshof) enden lassen, dauert sie bei Mattoso Câmara (1975) bis zum 15. Jh. (für ihn brachte das 16. Jh. wesentliche phonetische, lexikalische und syntaktische Neuerungen) und bei Williams (1991) bis zum 16. Jh. (dem Todesjahr von Camões 1580). Mattos e Silva (1994) konnte anhand sprachlicher Phänomene des Altportugiesischen nachweisen, dass die meisten von ihnen nur bis zum Beginn des 16. Jh., nur wenige jedoch bis zur zweiten Hälfte des 16. Jh. Bestand hatten.

Die nächste Epoche, zumeist "**período clássico**" genannt, beginnt dementsprechend im 14., 15. oder 16. Jh. Sie zeichnet sich dadurch aus, dass das Portugiesische, das nun über erste wissenschaftliche Beschreibungen verfügte

---

[19] Diese Unterteilung geht auf Ferdinand de Saussure zurück, der zwischen interner und externer Sprachwissenschaft differenzierte; während erstere das **System einer Sprache** betraf, beschrieb die externe Sprachwissenschaft alle von außen auf eine Sprache einwirkenden Faktoren wie z.B. den Staat und Institutionen wie Kirche, Schule oder Wissenschaft, kulturelle Einflüsse sowie auch die geographische Ausbreitung und den Sprachkontakt. Mitunter bezieht man sich daher mit der Unterscheidung zwischen interner und externer Sprachgeschichte auch auf die Entwicklung einer Sprache in ihrem Ursprungsland (intern) bzw. auf die Verbreitung und Entwicklung dieser Sprache in anderen Gebieten (extern), z.B. in den ehemaligen kolonialen Eroberungsgebieten.

(vgl. 2.10) und sich im Zuge der Entdeckungsfahrten über die ganze Welt verbreitet hatte, als Nationalsprache mit einer literarischen Tradition ausgebaut ist.

Mit dem 18. Jh. tritt das Portugiesische Vázquez / Luz ([4]1980) zufolge in den "**período moderno**" ein. Über diesen Zeitpunkt hinaus wurden bisher in der portugiesischen Sprachgeschichte keine nennenswerten phonetischen und syntaktischen Veränderungen konstatiert, obwohl sich die Sprache natürlich weiterentwickelt hat. Dies aufzuarbeiten, stellt ein wesentliches Desideratum dar.

Messner (1994) orientiert seine Periodisierung v.a. an den Diskurstraditionen, die das Portugiesische nach und nach eroberte, und schlägt eine Vierteilung vor:

- **erste Epoche bis 1300**: kennzeichnend für diesen Zeitabschnitt war eine sprachliche Polymorphie (Vielgestaltigkeit) sowohl zwischen dem sich herausbildenden Galicischen und Portugiesischen als auch innerhalb dieser Varietäten;
- **zweite Epoche 1300-1550**: Durch die normierende Ausstrahlung des kulturell-höfischen Zentrums Lissabon werden die Polymorphien zugunsten der Analogie abgebaut. Die ersten beiden portugiesischen Grammatiken erschienen und durch den Buchdruck konnten die schriftlichen Dokumente ein viel breiteres Publikum erreichen. Das ebnete den Weg für die Stabilisierung lexikalischer und syntaktischer Formen;
- **dritte Epoche 1550-1800**: Durch den Einfluss der klassischen Autoren kam es zu einer Relatinisierung der Schrift (z.B. <acto> statt wie bisher <auto> 'Akt', von lat. ACTUS). Die Orthographie wurde geregelt und der lautliche Wandel war von nun an nicht mehr eindeutig anhand der Schriftsprache nachvollziehbar. Auf dem Gebiet der Lexik wirkten die klassischen Autoren, besonders Camões, als Vorbild. Noch heute finden wir in Wörterbüchern Konservatismen aus jener Zeit;
- **vierte Epoche 1800-1950**: In dieser Zeit konsolidierten sich die diasystemischen Varietäten (vgl. 10.2) der portugiesischen Sprache und wurden als solche wahrgenommen. Erst jetzt erhielt ein größerer Teil der portugiesischen Bevölkerung Zugang zur Schulbildung und war in der Lage, die Werke der normbildenden klassischen Autoren zu lesen. Später übernahmen dann die Massenmedien die Rolle der Verbreitung der Hochsprache.

Grundlagenliteratur

Mattos e Silva (1994); Messner (1994).

2.2 Die Begriffe Substrat, Superstrat und Adstrat

Von Anbeginn entwickelte sich das Portugiesische in Sprachkontaktsituationen. Je nachdem, in welchem Kontaktverhältnis Portugal zu anderen Völkern stand, unterscheidet man dabei zwischen Substrat, Superstrat und Adstrat.

Der Begriff **Substrat** (*substrato*) wurde 1876 von Ascoli in die Sprachwissenschaft eingeführt und bezeichnet ein Kontaktverhältnis, bei dem ein Volk (eine

Sprachgemeinschaft) von einem anderen Volk erobert und nachhaltig beeinflusst wird und dabei nach und nach die autochthone (eigene, auf dem Territorium entstandene) Sprache zugunsten der Sprache der Eroberer aufgibt. Dennoch wirkt die eigene Sprache - offen oder latent - auf die neue Sprache ein, sie bildet das **Substrat**, die darunter liegende Schicht. Dieser Einfluss betrifft verständlicherweise vor allem die spontane Sprechsprache und weniger die Schriftsprache. In bezug auf die sprachlichen Verhältnisse auf der Iberischen Halbinsel stellen die präromanischen Bevölkerungen und ihre Sprachen - indoeuropäische und nicht-indoeuropäische - das Substrat des Lateins dar.

Nach dem Vorbild des Begriffs 'Substrat' schuf Wartburg 1932 das Pendant **Superstrat** (*superstrato*). Hierunter wird die Sprache des erobernden Volkes verstanden, die nach und nach zugunsten der Sprache des eroberten Volkes aufgegeben wird und dennoch auf diese einwirkt. Eine solche Situation war zur Zeit der germanischen Invasion (5.-8. Jh.) gegeben. Das Westgotenreich beherrschte zwar politisch die Iberische Halbinsel, seine Sprache(n) und Kultur hatten jedoch nicht genügend Prestige bei den iberischen Völkern (abgesehen von einigen Rechtsvorstellungen, die adaptiert wurden), um das mittlerweile etablierte Latein zu verdrängen. Es wurden aber einige westgotische Wörter ins Portugiesische (und Spanische) übernommen (vgl. 2.8.5).

Ebenfalls 1932 prägte der Sprachkontaktforscher Valkhoff den Begriff des **Adstrats** (*adstrato*), der sich auf eine Kontaktsituation bezieht, in der eine Sprache aus machtpolitischen oder anderen historischen Gründen, z.B. kulturellen, die Sprache eines anderen Volks nachhaltig beeinflusst, ohne diese zu verdrängen. So kann man heute das Englische als Adstrat für nahezu alle Sprachen bezeichnen. Wichtige Adstratsprachen bei der Herausbildung des Portugiesischen waren das Arabische - das manchmal auch als Superstrat der iberoromanischen Sprachen genannt wird - und später das Französische, Griechische (als insbesondere über das Latein transportierte Gelehrtensprache) und in geringerem Maße das Italienische und Spanische.

Mit Krefeld (2003) muss jedoch festgestellt werden, dass alle drei Begriffe nicht befriedigend beschrieben sind. Sowohl Substrat als auch Superstrat stellen - jeweils synchron betrachtet - Adstrate ihrer Zeit dar und erscheinen als unter- oder überlegene Sprache erst im geschichtlichen Rückblick. Unter diasystematischem Blickwinkel sprechen wir von diaintegrativen Markierungen (vgl. 10.2.2).

Grundlagenliteratur

Kontzi (1982); Krefeld (2003); Vidos (1975).

2.3 Die präromanische Epoche

Der Name der Iberischen Halbinsel leitet sich wahrscheinlich vom griechisch-lateinischen Namen *Iberus*, der Bezeichnung des heutigen Flusses *Ebro*, ab und bezog sich ursprünglich auf das gesamte Gebiet der Halbinsel bis zur Rhône. Die Römer benutzten die Bezeichnung *Iberia* allerdings lediglich in bezug auf die Iberische Halbinsel. Dort siedelten bei der Ankunft der Römer die folgenden Bevölkerungsgruppen:

- die **Iberer** (*Íberos*) im Süden und Westen;
- die **Keltiberer** (*Celtíberos*)[20] im Zentrum und im Westen;
- die ebenfalls keltisch beeinflussten **Lusitaner** (*Lusitanos*) im zentralen Westen;
- die vermutlich keltischen **Gallaeci** (*Galaecos*) im Nordwesten;
- die **Turdetaner** (*Turdetanos*) im Süden.

Das präromanische Substrat auf der Iberischen Halbinsel besteht demnach sowohl aus indoeuropäischen bzw. indoeuropäisierten Keltiberern und Lusitanern, keltischen *Gallaeci* und nicht-indoeuropäischen Turdetanern.

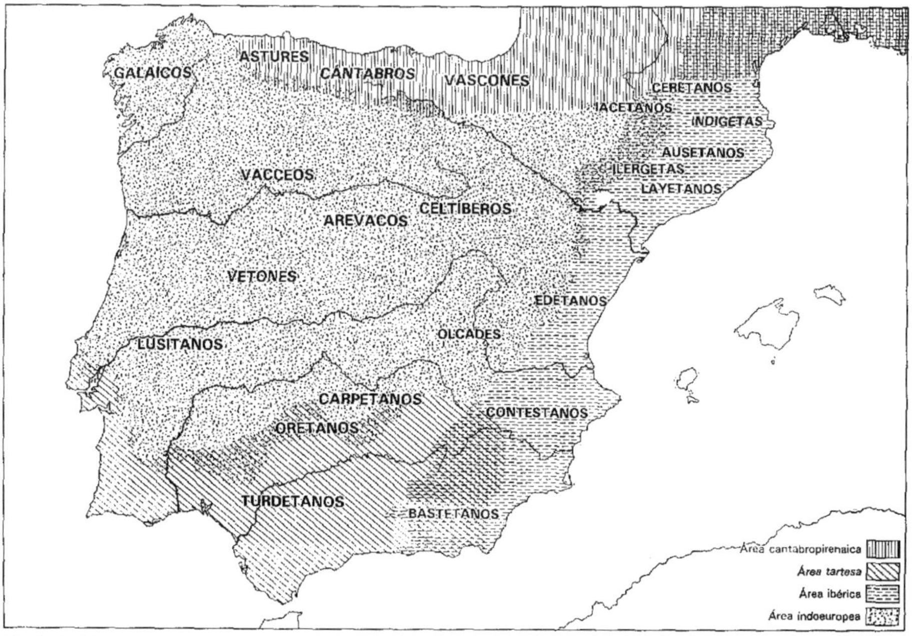

Das präromanische Substrat, Lleal 1990, 27

Einflüsse dieser Substratsprachen lassen sich schwer nachweisen. Auf den Einfluss des Keltiberischen wird die spätere Sonorisierung der intervokalischen Plosiva -p-, -t-, -k- (LUPUS > *lobo*, ROTA > *roda*, AMICA > *amiga*) und die Abschwächung des Nexus -kt- (NOCTE > *noite*) zurückgeführt.

Im Unterschied zum Spanischen war das Portugiesische aufgrund der geographischen Lage dem Einfluss der Basken (Vaskonen) kaum ausgesetzt. Im portugiesischen Wortschatz lassen sich daher auch kaum baskische Spuren finden; *esquerdo* 'linke/r' kann aber z.B. eindeutig auf baskisch *eskerr* 'halbhändig' zurückgeführt werden.

---

[20] Die Bezeichnung 'Keltiberer' besagt, dass keltische und iberische Elemente vorhanden sind; ob aber die Keltiberer aus einer Mischung von Kelten und Iberern hervorgegangen sind oder ob sie jeweils eine eigene Vorgeschichte haben, ist nicht abschließend geklärt.

2.4 Romanisierung

Im Jahr 218 v.Chr. landete im Zuge des 2. Punischen Kriegs (218-201 v.Chr.) das römische Heer auf der Iberischen Halbinsel, um den Truppen Hannibals den Weg abzuschneiden und strategisch wichtige Posten am Mittelmeer zu sichern. Mit der Einnahme von *Carthago Nova* (dem heutigen spanischen *Cartagena*) begann die siegreiche Zurückdrängung der Karthager. Durch einen Friedensschluss verlor Karthago 206 v.Chr. alle Gebiete auf der Iberischen Halbinsel an Rom.

Synonym zur Bezeichnung *Iberia* benutzten die Römer für die neue Provinz auch den Namen *Hispania*. 197 v.Chr. wurde diese in zwei Verwaltungsbezirke, die *Hispania Citerior* (später *Tarraconensis* genannt) und die *Hispania Ulterior*, aufgeteilt. Später, im 1. Jh. v. Chr., teilte Rom die *Hispania Ulterior* nochmals auf in die Provinzen *Lusitania* und *Baetica*. Im Jahr 7 v.Chr. wurde die *Gallaecia* von der *Lusitania* abgespalten und anschließend der *Tarraconensis* zugerechnet. So waren die *Gallaecia* und die *Lusitania* schon seit früher Zeit verwaltungsmäßig voneinander getrennt, eine Trennung, die im 13. Jh. besiegelt wurde, als sich das Portugiesische als eigenständige Sprache aus dem Galego-Portugiesischen abspaltete.

Abgesehen von den beschriebenen administrativen Veränderungen verlief die **Romanisierung** (*romanização*) nur schleppend. Besonders hartnäckig wehrten sich die Keltiberer und Lusitaner. Nur durch brutale Gewalt konnte Rom gegen diese Völker in der 2. Hälfte des 2.Jh. v.Chr. Siege erringen. Auch andere Bevölkerungsgruppen im Norden der Iberischen Halbinsel leisteten lange Widerstand, so dass die militärische Eroberung durch Rom zwei Jahrhunderte dauerte und erst im Jahr 19 v.Chr. abgeschlossen war.

2.5 Der Einfall der Germanen

Im 5. Jh. n.Chr. kamen im Verlauf der Völkerwanderungen verschiedene germanische Völker auf die Iberische Halbinsel:

- die **Wandalen** (*Vandalos*) 409;
- die **Sueben** (*Suevos*) 409;
- die **Westgoten** (*Visigodos*) 411.

Letztere konnten sich am stärksten und dauerhaftesten durchsetzen. 507 gründeten sie das Westgotenreich mit der Hauptstadt Toledo, das erst durch die Invasion der Araber im Jahr 711 endgültig zerschlagen wurde. Auch wenn der westgotische Einfluss in den westlichen Provinzen etwas größer war, wirkte sich dies kaum differenzierend auf das Portugiesische und Spanische aus. Allerdings finden sich in Portugal und Galicien wesentlich mehr Ortsnamen gotischen Ursprungs (vgl. 2.8.5.2).

2.6 Die Besetzung der Halbinsel durch die Araber

Mit dem Einfall der Araber im Jahr 711 im Süden der Iberischen Halbinsel begann ein historischer Abschnitt, der nur in diesem Teil der Romania eine Rolle spielte und daher entscheidend zur Sonderstellung der iberoromanischen Sprachen beitrug.

Die Araber kamen auf ihren Pferden und den römischen Straßen rasch voran und waren schon 718 weit in Richtung Norden vorgedrungen. Von dort aus formierte sich jedoch der Widerstand gegen die arabische **Eroberung** (*conquista*), und die **Zurückeroberung** oder **Reconquista** (*reconquista*) begann.[21] Bereits im Jahr 750 war der Nordwesten der Halbinsel durch die christlichen Völker wieder zurückerobert. Kurz darauf setzte die **Neubesiedlung** (*repovoação*) des Gebiets mit weiter aus dem Süden stammenden Bevölkerungsgruppen ein. Der südliche Teil Lusitaniens wurde dagegen noch bis in das 13. Jahrhundert von den Arabern beherrscht. Die *Reconquista* trug daher wesentlich zur Differenzierung der sprachlichen Verhältnisse auf der Iberischen Halbinsel bei.

Auch wenn die iberischen Völker des Südens und des Zentrums schnell die kulturelle Überlegenheit der Araber anerkannten, kam es nur in begrenztem Maße zur Bevölkerungsvermischung. Während zahlreiche Hispanier zum Islam übertraten, bewahrten andere ihren christlichen Glauben, kooperierten aber dennoch mit den Arabern. Sie werden **Mozaraber** (*moçárabes*) genannt, abgeleitet von ar. *musta'rib* 'die sich wie Araber benehmen; arabisiert'. Die Mozaraber benutzten ein stark arabisch geprägtes südspanisches **Romanisch** (*romance*), das in den *Harǧas* verschriftet worden ist (vgl. 2.8.4).[22]

Von den Arabern wurden die Mozaraber zunächst trotz ihres christlichen Glaubens toleriert. Als sie sich jedoch gegen die zunehmende Islamisierung auflehnten, wurden sie verfolgt und in den nicht-arabisierten Norden verdrängt. Während die Mozaraber auf dem Boden des heutigen Spaniens die verlassenen Landstriche östlich des Flusses Douro besiedelten und dort ihre Lebensweise zunächst erhalten konnten[23], gingen sie in der galego-portugiesischen Bevölkerungsschicht rasch auf und konnten weder ihre Kultur noch ihren Dialekt bewahren.

Da die *Reconquista* von Norden ausging und die nördlichen Gebiete zuerst befreit waren, entstanden dort neue kulturelle Zentren und später Königreiche. Damit ging auch die Formierung neuer Sprachen einher. Die im Norden der

---

21 Jacob (1969, 51) erwähnt erste Widerstandsbewegungen schon ab 713.

22 Diese Varietät entstand in Fortsetzung des Lateins in der südiberischen Provinz *Baetica* und stellt ein wichtiges Bindeglied zwischen den iberoromanischen Sprachen dar. Er wurde in der Zeit der *reconquista* insbesondere von den maurisch beeinflussten Christen gesprochen. Auch die konvertierten Romanen, Juden und die meisten Araber in den Städten mit gemischter Bevölkerung benutzten es. Zu den Sprechern gehörten hoch gebildete Priester, Richter und Höflinge. Zur methodischen Trennung zwischen den Mozarabern als Bevölkerungsgruppe und dem unglücklicherweise 'Mozarabisch' genannten Idiom vgl. Lüdtke 2005, 513-514.

23 Ihr Niedergang auch auf spanischem Gebiet wurde 1099 mit dem harten Vorgehen gegen alles Arabische in der Stadt Toledo eingeleitet, wenngleich noch 200 Jahre danach das Notariat der Stadt auf arabisch geführt wurde.

Iberischen Halbinsel verbreiteten - und bis zur *Reconquista* unbedeutenden - Dialekte (u.a. auch das Asturische, Leonesische, Navarrensische) wurden durch die Bevölkerungsmigration nach Süden getragen. Damit war auch der Grundstein für den Ausbau des Galego-Portugiesischen, Kastilischen und Katalanischen zu (späteren) Nationalsprachen gelegt.

2.7 Die Anfänge des Portugiesischen

Das **Altportugiesische** (*português arcaico/antigo*) steht in engem Zusammenhang mit dem **Galicischen** (*galego*), der Sprache Galiciens. Die Periode, welche die ersten Entwicklungsphasen der beiden eng miteinander verwandten romanischen Varietäten umfasst (1200–1350), wird daher heute meist die galego-portugiesische genannt.[24]

Am Ende des 11. Jh. kam es jedoch zur politischen Aufteilung des galego-portugiesischen Sprachraums in zwei Staatsgebilde: die *Gallaecia* und die Grafschaft *Portu Cale* (mit dem heutigen Porto als Zentrum), die im 12. Jahrhundert zu einem unabhängigen Königreich aufstieg. 1136 wurde Alfons I. als erster König Portugals gekrönt. Bald vergrößerte sich dieses Königreich bis an den Tejo und darüber hinaus. 1249 eroberte es mit der Stadt Faro den Süden von den Arabern zurück und kann damit als erster Nationalstaat auf der Iberischen Halbinsel gelten, der bis heute in nahezu unveränderten Grenzen fortbesteht.

Neben der politisch-administrativen Unabhängigkeit müssen noch zwei weitere Faktoren genannt werden, die die Abtrennung der portugiesischen von der galicischen Sprache begünstigten: die Entstehung eines kulturellen Zentrums mit der Achse Lissabon-Coimbra-Porto, das weit ausstrahlte, und damit verbunden die Entstehung einer höfischen Prosa in Portugal, was schließlich zu Beginn des 13. Jh. in ersten schriftlichen Zeugnissen des Altportugiesischen mündete.

Während sich das Portugiesische neue Gebrauchssphären erschloss (Geschichtsschreibung, didaktische Prosa) und somit ein rascher Ausbau der Sprache erfolgte, blieb das Galicische bis zum 14. Jh. auf die Lyrik begrenzt. Ein dem portugiesischen Hofe vergleichbares normierendes Zentrum fehlte hier, was dazu führte, dass das Galicische dem starken Einfluss des Kastilischen ausgesetzt war.

Die Emanzipation des Portugiesischen kann mit den Worten des Sprachhistorikers Nunes de Leão so zusammengefasst werden:

> [...] as [linguas] de Galliza & Portugal as quaes ambas erao antigamente quasi hua mesma [...]. Da qual lingoa Gallega a Portuguesa se auentajou tanto, quanto na copia & na elegancia della vemos. O que se causou por em Portugal hauer Reis, & corte que he a officina onde os vocabulos se forjao, & pulem, & donde manao pera

---

[24] Erinnert sei allerdings an die Polemik um den Terminus 'galego-português', gegen den grundsätzliche Bedenken vorgetragen worden sind (vgl. Messner 1994, 621). Messner zufolge war für die erste Entwicklungsepoche bis 1300 sprachliche Polymorphie sowohl zwischen dem sich herausbildenden Galicischen und Portugiesischen als auch innerhalb beider Varietäten kennzeichnend, d.h. es ist von einer deutlichen Differenzierung beider Dialekte auszugehen. Aus diesem Grund weist Messner die Bezeichnung 'galego-português' zurück; diese Bezeichnung habe politische und geographische Hintergründe, sei aber aus sprachinterner Sicht nicht haltbar.

> os outros homes, o que nunca houue em Galliza [...] [Die Sprachen von Galicien und Portugal waren früher fast die gleiche. Vor jener galicischen Sprache zeichnet sich die portugiesische sowohl durch Formenreichtum als auch durch Eleganz aus. Das ist bedingt dadurch, dass Portugal Könige und Königshof hatte, der die Schmiedewerkstatt war für die Wörter, die von dort aus zu den anderen Menschen gelangten, was in Galicien niemals der Fall war]. (Duarte Nunes de Leão, *Origem da língua portuguesa*, Lisboa, 1606, ed. 1864, S. 45).[25]

Die Gründe für die nachfolgende homogene und weitgehend monoglossische Entwicklung des portugiesischen Standards waren zusammengefasst die Bevölkerungsvermischung zwischen Nord und Süd im Zuge der *Reconquista* und die Entstehung der Lissabonner Gemeinsprache, der normierende Einfluss des Zentrums Coimbra-Lissabon-Santarém unter dem Einfluss des Königshofs und der Universität Coimbra sowie die von Anbeginn stabilen Grenzen mit dem spanischen Nachbarn im Osten und Norden. Hinsichtlich des Galicischen und Portugiesischen im Norden ist aber auch heute noch von einem Varietätenkontinuum auszugehen.

Grundlagenliteratur

Jacob (1969); Riiho (1994); Teyssier (^{5}1993); Tovar (^{3}1989).

2.8 Sprachliche Entwicklungen

2.8.1 Das Vulgärlatein

Mehrheitlich geht man heute in der Romanistik von einer kontinuierlichen Entwicklung des Lateinischen zu den romanischen Dialekten aus. Lüdtke (2005, 7-11) spricht in diesem Zusammenhang von einer "Stafettenkontinuität".

Die vergleichende Betrachtung der romanischen Sprachen hat zur Rekonstruktion von Formen geführt, die als Ausgangspunkte für die spätere Entwicklung angenommen werden müssen. Sie können jedoch nicht direkt auf das klassische bzw. Schriftlatein zurückgeführt werden.[26] So ist das portugiesische Wort *orelha* 'Ohr' nur aus einer nicht-klassisch lateinischen Diminutivbildung AURICULA < AURIS zu erklären.[27]

Eine Schlüsselrolle bei der Erklärung des Ursprungs romanischer Sprachen kommt daher dem gesprochenen Latein zu, das zumeist mit dem schlecht gewählten und missverständlichen Begriff **Vulgärlatein** (*latim vulgar*) umschrie-

---

[25] Im 10. und 11. Jahrhundert war Galicien jeweils kurzzeitig ein selbständiges Königreich. Später gehörte es zum Königreich León und fiel mit diesem im 13. Jahrhundert zusammen an die kastilische Krone.

[26] Wie jede Sprache durchlief auch das Lateinische mehrere Entwicklungsstufen. Vgl. dazu Schönberger (2004b, 61-62).

[27] Aufgrund quasi-lautgesetzlicher Entwicklungen können aus diesem Beispiel Schlussfolgerungen auf die Abfolge der einzelnen Entwicklungsschritte gezogen werden: AURICULA > *auric'la > oricla > *orelha* 'Ohr', d.h. der Ausfall unbetonter Vokale fand früher statt als die Palatalisierung von -cl- zu -lh-. Man spricht hier von einer 'relativen Chronologie' der Sprachentwicklung.

ben wird.[28] In der modernen Romanistik ist damit das gesprochene Latein gemeint, dessen zeitliche Abgrenzung jedoch nicht eindeutig feststeht. Väänänen ([3]1983) bspw. ist der Meinung, dass es in allen Epochen des Lateins vorhanden war, Battisti (1949) wiederum setzt das Vulgärlatein nur für die Zeit zwischen ca. 200 und ca. 600 n.Chr. an.[29]

Eine weitere ungeklärte Frage ist die nach der Einheitlichkeit des Vulgärlateins in der Romania. Es muss angesichts der unterschiedlichen dialektalen und diastratischen Herkunft der römischen Soldaten und Siedler angenommen werden, dass sie sehr unterschiedliche Varietäten auf die Iberische Halbinsel brachten, wie schon Lausberg feststellte:

> Das Vulgärlatein war nun aber keine einheitliche Sprache, weder in sozialer noch in chronologischer noch in geographischer Hinsicht (Lausberg [3]1969, §34).

Aus den uns zur Verfügung stehenden Quellen[30] können wir jedoch für die meisten ehemaligen römischen Provinzen die folgenden allgemeinen Merkmale des Vulgärlateins rekonstruieren:

Phonetik: Im Vokalbereich wurden die Quantitäten (kurze versus lange Vokale) zugunsten der Qualität (offen versus geschlossen) aufgegeben. Diese Entwicklung wird **Quantitätenkollaps** genannt.

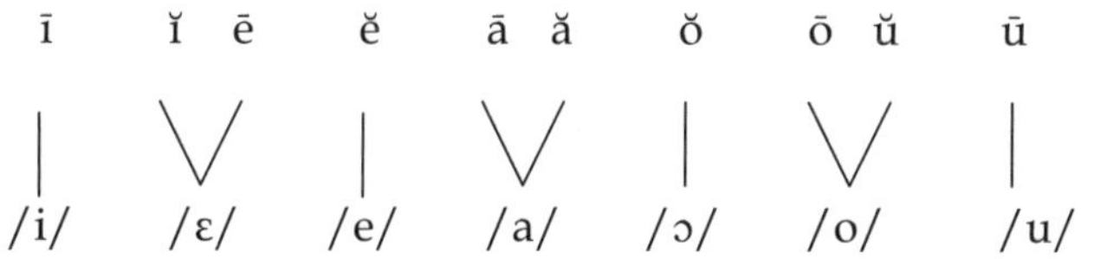

Weitere Veränderungen bei den Vokalen waren die **Synkopierung** (Ausfall) unbetonter Vokale: MASCULUS > *masclus[31] und die **Monophthongierung** von [au] zu [o]: AURICULA > *oricla > *orelha* 'Ohr', von [ae] zu [ɛ]: CAELO > *céu* 'Himmel' und von [oe] zu [e]: POENA > *pena* 'Strafe'.

Morphologie und Syntax: Wesentliche Neuerungen sind die Herausbildung des bestimmten Artikels auf der Basis des Demonstrativums ILLE (für das

---

[28] Dieser Begriff geht auf Cittadini (1601) zurück, der damit ein anderes Latein neben dem klassischen meinte.

[29] Konträre Auffassungen vertreten Wright (1982) und Pulgram (1950). Die Diskussion um die Einsprachigkeits- und die Zweisprachigkeitsthese wird ausführlich in Berschin/Berschin (1987) wiedergegeben. Vgl. auch Lüdtke (2005).

[30] Unsere Kenntnis vom Vulgärlatein stammt v.a. aus den folgenden **Quellen**: der sogenannten APPENDIX PROBI (Anhang zur Grammatik des Probus), einer Liste von 227 stigmatisierten Vulgarismen, vermutlich aus dem 3.-4. Jh.: *calida non calda, rivus non rius 'calida* und nicht *calda'*; verschiedenen lateinischen Glossaren, z.B. den Reichenauer Glossen aus dem 8. Jh., in denen lateinische Lexeme umgangssprachlich erklärt wurden: *pulcra: bella, emit: comparavit;* lateinischen Inschriften wie z.B. den *graffiti* von Pompeji; Sprachgebrauch einiger lateinischer Autoren wie z.B. Plautus, der in seinen Komödien umgangssprachliche Elemente benutzte; nichtliterarischen Texten wie Sachbüchern, Kochrezepten, Geschichtstexten, Gesetzessammlungen, christlichen Texten. Die wichtigste Quelle liefern uns jedoch die romanischen Sprachen selbst.

[31] Der Asterisk '*' deutet in diesem Fall darauf hin, dass eine Form lediglich rekonstruiert und nicht belegt ist.

Katalanische und Sardische: IPSE) und die obligatorische Verwendung von Artikelwörtern im Nominalsyntagma sowie der Abbau der Deklination (unter Verallgemeinerung des Akkusativs als *casus obliquus*) sowie die zunehmende Markierung syntaktischer Relationen durch Präpositionen: GLADIO > *cum gladiu. Die Konjugationsschemata wurden im Spanischen, Portugiesischen und Sardischen von vier auf drei reduziert. Die Verben der konsonantischen lateinischen Konjugation gingen in die e- oder i-Konjugation über: DICERE > *dizer*, aber PETERE > *pedir*. Außerdem wurden zunehmend periphrastische (d.h. zusammengesetzte) Zeitformen gebraucht: CANTARE HABEO > *cantar hei* > *cantarei*.

Wortschatz: Zahlreiche klassisch-lateinische Lexeme wurden durch volkstümlichere ersetzt: LOQUI – *fabulare > *falar*, PULCHER – *formosus > *formoso*.

Grundlagenliteratur

Berschin / Berschin (1987); Lüdtke (2005).

2.8.2 Das iberische Romanisch

Trotz der unterschiedlichen politischen Entwicklung, der jeweiligen Substrate und der geographischen Weite bildete sich bis zum 10./11. Jh. ein relativ einheitliches Romanisch auf der Iberischen Halbinsel heraus. Bedingt durch das frühe Datum der Romanisierung zeichnet sich dieses *romance* auf der einen Seite durch archaische und konservierende Züge aus, auf der anderen Seite lassen sich aber auch bemerkenswerte Innovationen beobachten.

Tovar (^{3}1989, 87-95) führt einige typische Entwicklungen im iberischen Romanisch an:

- **Archaismen**: Bewahrung präklassischer Formen wie CAMPSARE > *cansar* 'ermüden', COVA > *cova/cueva* 'Höhle', CUIUS > *cujo/cuyo* 'wessen', DEMAGIS > *demais/demás* 'mehr';
- **Konservatismen**: Weiterführung klassischer Formen wie ARENA > *areia/arena* 'Sand', FERVERE > *ferver* 'kochen', MENSA > *mesa* 'Tisch', ROGARE > *rogar* 'fragen', EQUA > *égua* 'Stute', Bewahrung des synthetischen Plusquamperfekts CANTAVERAM > *cantara* 'ich/er hatte gesungen' und des Futurs bzw. Konjunktivs Perfekt (als Konjunktiv Futur im modernen Portugiesisch teilweise erhalten) CANTAVERO/CANTAVERIM > *cantar/cantare* 'ich/er werde singen', Erhaltung des dreistufigen Systems der Demonstrativa (*accu) ISTE > *este* 'diese hier', (*accu) IPSE > *esse/ese* 'diese da', *accu ille > *aquele/aquel* 'jene';
- **Innovationen** durch metonymischen Bedeutungswandel oder durch Wortbildung: AMARU > *amarellu > *amarelo/amarillo* 'gelb', PACARE > *apagar* 'befrieden', (FRATER) GERMANUS > *irmão/hermano* 'Bruder', CAPTARE > *catar* 'schauen'; auf morphosyntaktischem Gebiet die völlige Aufgabe der konsonantischen Konjugation auf *-ere:* CADERE > *cair*/caer 'fallen', RECIPERE > *receber/recibir* 'erhalten'.

Die folgenden Faktoren führten dann aber allmählich zu einer **Differenzierung** des Romanischen auf der Iberischen Halbinsel:

- der stärkere **arabische Adstrateinfluss** auf die Hispania;
- die zunehmend **innovative Entwicklung** des Kastilischen;
- die **geographische Trennung** durch Gebirge und Einöden;
- die **staatlich-administrative Trennung** ab 1136 (Gründung des Königreichs *Portu Cale*).

Die unterschiedlichen präromanischen Substrate und das stärkere germanische Superstrat in der westlichen Hälfte der Halbinsel wirkten sich hingegen wenig differenzierend aus.[32]

Die Einheitlichkeit des iberischen Romanisch wurde besonders nachhaltig durch den Vormarsch des Kastilischen während der *Reconquista* durchbrochen: Ab dem 11./12. Jh. entstand bei den Portugiesen und Kastiliern nun das Bewusstsein von einer eigenen Sprache (vgl. 2.10).

2.8.3 Das Galego-Portugiesische

Hier sollen überblickartig die wichtigsten lautlichen Charakteristika genannt werden, die sich wahrscheinlich bereits in dieser frühen Entwicklungsetappe herausgebildet haben:

- **pl-, cl-, fl- > ch-** [tʃ] (PLUVIA > *chuva* 'Regen', CLAVE > *chave* 'Schlüssel', FLAMMA > *chama* 'Flamme'; vgl. kast. *lluvia, llave, llama*); in anderen, weniger populären Wörtern wandelten sich diese Verbindungen zu **pr-, cr-, fr-**: PLACERE > *prazer* 'Vergnügen', CLAVU > *cravo* 'Nelke', FLACU > *fraco* 'schwach', parallel dazu bl- > br-: BLANDU > *brando* 'sanft';
- **Ausfall von intervokalischem -l-** (VELU(m) > *véu* 'Segel' und **-n-** (LUNA(m) > *lua* 'Mond'); dadurch bedingt Entstehung zahlreicher **Hiatus** (Aufeinandertreffen zweier Vokale über die Silbengrenze hinaus): SALIRE > *sair* 'hinausgehen', CORONA > *coroa* 'Krone', LEGERE > *leer* 'lesen', SEDERE > *seer* 'sein'[33];
- **Palatalisierung von -k- und -g-** vor -e- und -i- und Entstehung von Affrikaten: [ts] CIVITATE > *cidade* 'Stadt', CENTU > *cem* 'hundert'; [dz] PRETIARE > *prezar* 'wertschätzen'; [dʒ] GENTE > *gente* 'Leute', HODIE > *hoje* 'heute';
- **Palatalisierung von -n- und -l-** vor -e- und -i- und Entstehung von [ʎ] FILIU > *filho* 'Sohn' sowie [ɲ] SENIORE > *senhor* 'Herr', TENEO > *tenho* 'ich habe'.[34]

2.8.4 Das 'Mozarabische' – eine romanische Varietät

Die wenigen überlieferten Texte in dieser Varietät zeigen, dass es sich nicht um einen einheitlichen Dialekt gehandelt hat, sondern um eine ganze Gruppe von Dialekten. Schriftsprachliche Zeugnisse sind die ***Harǧas***. Sie gehören zu den ältesten überlieferten Texten in einem romanischen Idiom überhaupt. *Harǧas*[35] sind "in den Mund von Frauen gelegte spanische Schlussstrophen in arabischen und hebräischen Strophengedichten" (Heger 1960, 1). Diese *muwaššaha* genannten Gedichte entstanden zwischen der Mitte des 11. Jh.[36] und der Mitte des 12. Jh. In-

---

32 Allerdings wird der weitgehende Verlust des anlautenden /f-/ im Spanischen (FILIUM > filio > *hijo*) oft auf den Einfluss des Baskischen zurückgeführt, da es dort ebenfalls kein anlautendes f- gibt. Angesichts solcher Wörter wie *fuerte* gerät diese Theorie ins Wanken. Somit muß die Theorie des altspanischen /h-/ als widerlegt gelten (vgl. dazu Izzo 1977).

33 In *ser* und *ler* wurde der Hiatus später durch Vereinfachung der Konsonantendopplung abgebaut.

34 Die Grapheme <lh> und <nh> wurden im 13. Jh. aus dem Provenzalischen übernommen.

35 Abgeleitet von arabisch *haraǧa* 'herausgehen, enden'.

36 Lapesa (1991, 193) führt aus, dass die Textgattung der *muwaššaha* zwar schon im 10. Jh. entstand, die älteste *Harǧa* aber wohl auf 1042 zu datieren ist.

haltlich sind sie den altportugiesischen *cantigas de amigo* ('Frauenliedern') vergleichbar.

Die wohl bekannteste *Harğa* stammt aus dem Jahr 1042:

Tant'amare, tant'amare,	Tanto amar, tanto amar
habib, tant'amare	amigo, tanto amar
enfermaron welyos gayos	fecharam olhos alegres
e dolen tant male.	e que sofrem tão grandes dores.

Auffällig sind in dieser *Harğa* die Bewahrung des finalen -e beim Infinitiv *amare* und bei *male*, bei *welyos* die Palatalisierung des Nexus -kl- (OCULU > *oc'lu > welyo) und die Diphthongierung von [o] zu [we]. Im hebräischen Text zu dieser *Harğa* ist für *dolen* nur <dwln> notiert; eine Diphthongbildung kann wie bei *welyos* auch bei diesem Wort nicht ausgeschlossen werden.[37] Der Diphthong -au- blieb erhalten, ebenso der Nexus -mb-. Der Laut -c- vor -e- und -i- wurde offenbar wie im Italienischen affriziert (d.h. [tʃ] gesprochen). Somit teilte die in der Fachliteratur zumeist 'Mozarabisch' genannte Varietät viele phonetische Merkmale mit verschiedenen anderen romanischen Dialekten, scheint aber zum Portugiesischen eine besonders große Nähe gehabt zu haben.

In der Lexik sind ca. 170 arabische Entlehnungen nachgewiesen worden, die sich teilweise in den iberoromanischen Sprachen erhalten haben (Kontzi 1982, 410). Darunter befinden sich Wörter wie *aldía* 'Bauernhof' (*aldeia* 'Dorf'), *alfóndega* 'Herberge' (*alfândega* 'Zollhäuschen') *alvazile* 'Ratgeber' (sp. *alguacil* 'Gerichtsdiener'). Andere Wörter arabischen Ursprungs wie *habib* 'Freund' oder *sid* 'Herr' fanden keinen Eingang in die iberoromanischen Sprachen, obwohl sie in den *Harğas* sehr häufig vorkamen.

Grundlagenliteratur

Galmés de Fuentes (1995); Heger (1960); Kontzi (1982).

2.8.5 Das Altportugiesische

Im folgenden sollen die wichtigsten sprachlichen Merkmale der altportugiesischen Periode genannt werden.[38]

2.8.5.1 Phonetik/Phonologie

Da die Graphie noch nicht vereinheitlicht oder normiert war und daher eine große Nähe zur Lautung aufwies, können wir von ihr auf die Phonetik und

[37] Wie es andere *Harğas* zeigen, fand wie im Kastilischen Diphthongierung von kurzem unbetontem –e- zu [je] (QUAERES > *kjereʃ*) und –o- zu [we] (NOMINE > *nwemne*) statt (vgl. kast. *quieres* 'du willst' und *fuerte* 'stark'). Da die Dokumente jedoch in arabischer oder hebräischer Schrift verfasst sind, ist die Rekonstruktion wegen der nicht dargestellten Vokale und Diphthonge schwierig.

[38] Die Darstellung altportugiesischer Merkmale stützt sich auf Huber (1933), dem auch die Beispiele entnommen sind. Die von ihm verwendete Schreibweise ist allerdings nur eine unter vielen Möglichkeiten.

Phonologie des damaligen Portugiesischen schließen.[39] Auffallend ist die große Zahl **hiatischer Vokalgruppen**, d.h. das Aufeinandertreffen zweier Vokale über die Silbengrenze hinaus. Die Ursache dafür ist der Ausfall intervokalischer stimmhafter Konsonanten: *aqueecer* 'wärmen', *poboo* 'Volk', *seer* 'sein'.

Wenn ausgehend vom Lateinischen intervokalisches –n- ausfiel, führte dies oft zur Nasalierung (d.h. zur nasalen Aussprache) des ersten Vokals: LUNA > *lu'a > *lũa* 'Mond', CENA > *ce'a > *cẽa* 'Abendessen' (die Tilde markiert hier die nasale Aussprache des ersten Vokals).

Betontes -e- vor -a- und -o- war noch nicht **diphthongiert**: *cadea* 'Kette' (heute: *cadeia*), *creo* 'ich glaube' (heute: *creio*), *meo* 'Mittel' (heute: *meio*).

Die heutige **Nasalendung** *-ão* wurde durch *-om* (neben *-am*) graphisch wiedergegeben. Das betrifft die Verbalendungen der 3. Person Plural des Perfekts (*fecerom* 'sie machten'), des Imperfekts (*cuidavom* 'sie behandelten'), des Plusquamperfekts (*tiverom* 'sie hatten') oder des Futurs (*vencerom* 'sie werden siegen') ebenso wie die Nominalendung -ão, die auf lat. -ANNU, -ANE, -ONE, -UDINE zurückgeht: *geeraçom* < GENERATIONE 'Generation', *capitom* > CAPITANE 'Kapitän', *pom* < PANE 'Brot'.

Die deutlichsten Unterschiede zum heutigen Lautsystem sind auf dem Gebiet der **Sibilanten** (Zischlaute) festzustellen. Es existierten vier Affrikaten (Kombinationen aus Verschluss- und Reibelauten, vgl. 4.3), die zwei Paare bildeten: /tʃ/ *chave* 'Schlüssel', /dʒ/ *gente, iente* 'Leute', /ts/ *plaza, praça* 'Platz', /dz/ *fazer* 'machen'.

Darüber hinaus gab es zwei alveolare (d.h. an den Zahndämmen gebildete) **Reibelaute**: /ʃ/ *dexar, lexar* 'lassen', /ʒ/ *ajuda, aguda* 'Hilfe'. Zwischen stimmlosem und stimmhaftem -s- wurde unterschieden: /s/ *saber* 'wissen', /z/ *casa* 'Haus'. Während die beiden letzten Oppositionen noch heute bestehen, gibt es im modernen europäischen Portugiesisch keine Affrikate mehr.

2.8.5.2 Wortschatz

Der Wortschatz des Altportugiesischen ist geprägt durch den Einfluss der verschiedensten Substrat-, Adstrat- und Superstratsprachen. Zur historischen Schichtung des portugiesischen Wortschatzes sind auch Entlehnungen aus den Kontaktsprachen des sich herausbildenden Standards zu zählen, wobei insbesondere das Griechische (vermittelt über das Lateinische), das Arabische und germanische Sprachen als bedeutende Gebersprachen genannt werden müssen.

Präromanische Substratsprachen: Vor der Ankunft der Römer waren mehrere (auch nicht-indogermanische) Bevölkerungsgruppen auf der Iberischen Halbinsel ansässig (vgl. 2.3) und hinterließen sporadisch sprachliche Spuren, ohne dass man immer die genaue Ursprungssprache benennen kann (vgl. Piel 1976). Für das Portugiesische ist v.a. das Keltiberische von Bedeutung.

Möglicherweise (kelt-)iberischen Ursprungs sind folgende Lexeme: Natur- und Tierbezeichnungen wie *arroio* 'Bach', *baía* 'Bucht', *balsa* 'Floß', *barranco* 'Schlucht', *barro* 'Lehm', *bezerro* 'Kalb', *charco* 'Sumpf', *coelho* 'Kaninchen', *lapa* 'Höhle', *mato* 'Busch', *morro* 'Hügel', *mouta* 'Busch', *pala* 'Pfahl', *sapo* 'Frosch', *seara*

---

39 Vgl. dazu Lüdtke (2007, im Druck).

'Saat', *tojo* 'Ginster', *várzea* 'Niederung', *veiga* 'Flur'; Begriffe aus der Hauswirtschaft wie *broa* 'Maisbrot', *cama* 'Bett', *manteiga* 'Butter', *sarna* 'Krätze' sowie weitere Bezeichnungen wie *bizarro* 'seltsam', *bruxa* 'Hexe', *carrasco* 'Henker', *gordo* 'dick', *lança* 'Lanze'. Folgende Suffixe führt man allgemein auf iberische Wurzeln zurück: *-arra, -erro, -orro*, z.B. in *cachorro* 'junger Hund, Schlingel'.

Keltischen Ursprungs sind möglicherweise: *brio* 'Mut', *caminho* 'Weg', *camisa* 'Hemd', *carro* 'Karren', *dólmen* 'Hünengrab', *grama* 'Gras', *légua* 'Meile', *lousa* 'Schiefertafel', *touca* 'Haube' sowie die Toponyme *Coimbra* und *Bragança*.

Von den Phöniziern und Karthagern, deren Sprachen eng verwandt waren, könnten folgende Lexeme stammen: *barca* 'Barke', *mapa* 'Karte', *saco* 'Sack'.

Lateinischer Fundus: Die Entwicklung der portugiesischen Sprache aus dem Sprechlatein vollzog sich mit und neben dem Schriftlatein, so dass man drei Kategorien von Wörtern unterscheiden kann: Erbwörter, halbgelehrte Wörter und Latinismen oder Kultismen, auch Buchwörter genannt. **Erbwörter** (*palavras populares*) sind diejenigen Lexeme, die in einer (Sprech-) Sprache in ununterbrochener Kontinuität existiert und sich daher den Lautgesetzen entsprechend verändert haben. **Kultismen** (auch: **Buchwörter**, *palavras cultas* oder *palavras eruditas*) wurden erst in späteren Jahrhunderten aus dem Schriftlatein entlehnt und entwickelten sich daher nicht nach den Lautgesetzen.

Wenn Erb- und Buchwörter mit gleicher etymologischer Wurzel nebeneinander existieren, spricht man von **Dubletten** (*alótropes*):

Etymon	Buchwort	Erbwort
LAICUS 'zum Volke gehörig'	*laico* 'weltlich', 'nicht kirchlich'	*leigo* 'weltlich', 'ungeschult', 'stümperhaft'
FINGERE 'formen', 'gestalten', 'bilden', 'heucheln', 'vorgeben'	*fingir* 'heucheln', 'vortäuschen', 'fingieren'	*fengir* 'Teig kneten'
ARTICULUS 'Fingerglied', 'Knoten', 'Gelenk', 'Element'	*artículo* 'Gelenk', 'Artikel'	*artigo* 'Artikel' *artelho* 'Fingerknöchel', 'Knoten', 'kleinster Teil'
CONCILIUM 'Versammlung', 'Zusammenkunft'	*concilio* 'Konzil'	*concelho* 'Rat' *conselho* 'Stadtrat'
RECITARE 'rezitieren, aufsagen'	*recitar* 'rezitieren'	rezar 'beten'
OPERARE 'handeln, zu Werke gehen'	*operar* 'operieren'	*obrar* 'arbeiten'
RADIUS 'Stab', 'Radspeiche', 'Strahl', 'Lichtstrahl'	*rádio* 'Radius', 'Radium', 'Rundfunk(gerät)', 'Messstrahl'	*raio* 'Blitz', 'Strahl', 'Speiche'
CATHEDRA 'Armstuhl'	*cátedra* 'Katheder', 'Kanzel', 'Lehrstuhl'	*cadeira* 'Stuhl'

Zwischen den Erb- und den Buchwörtern stehen die sogenannten **halbgelehrten Wörter** (*palavras semi-cultas* oder *palavras semi-eruditas*). Sie wurden ebenfalls in ununterbrochener Kontinuität in der Sprechsprache tradiert. Durch den stetigen

Einfluss schriftsprachlicher Formen (Kirche, Verwaltung, Wissenschaft) wurde ihre lautliche Entwicklung jedoch im Unterschied zu den Erbwörtern gehemmt:

Lateinisch	Portugiesisch	Lautgesetzl. Form
regula	> *regra* 'Regel'	statt *relha
virgine	> *virgem* 'Jungfrau'	statt *vernhe
saeculu	> *século* 'Jahrhundert'	statt * *selho*
miraculu	> *milagre* 'Wunder'	statt **miralho*

Griechischer Wortschatz: Viele **Hellenismen** (Wörter griechischer Herkunft) gehörten bereits zum Wortschatz des Lateinischen, als sie auf die Iberische Halbinsel gelangten. Man findet sie insbesondere in den folgenden Bereichen: Hauswirtschaft: *corda* 'Seil' < gr. *chordé*), *espada* 'Schwert' (< gr. *spathe*), *lámpada* 'Lampe' (< gr. *lampás*); Bau- und Wohnungswesen: *bodega* 'Laden' (< gr. *apotheke*), *cámara* 'Kammer'(< gr. *kámara*), *praça* 'Platz' (< gr. *plateia*), *gesso* 'Gips' (< gr. *gypsos*); Landwirtschaft: *ermo* 'Brachland, Ödland' (< gr. *éremos*). Weitere frühe Hellenismen oder Gräzismen sind *golpe* 'Schlag' (< gr. *kólaphos*), *órfão* 'Waise' (< gr. *orphanós*) etc.

Neben griechischen Erbwörtern gelangten halbgelehrte Wörter durch die Kirchensprache über das Lateinische ins Iberoromanische: *abismo* 'Abgrund' (< lt. *abismu* < gr. *ábyssos*), *baptismo* 'Taufe' (< lt. *baptismu* < gr. *baptizo* ‚eintauchen'), *católico* 'katholisch' (< lt. *catolicus* < gr. *katholikós* 'universell, weltumspannend'), *cemitério* 'Friedhof' (< lt. *coementeriu* < gr. *koimeterion* < gr. *koiman* 'zur Ruhe betten'), *diabo* 'Teufel' (< lt. *diabolu* < gr. *diábolos*), *igreja* 'Kirche' (< lt. *ecclesia* < gr. *ekklesía* 'Versammlung').

Auch griechische Buchwörter kamen durch die Schriftlichkeit ins Iberoromanische (meist wissenschaftliche Termini). Bei ihnen handelt es sich größtenteils um Internationalismen: *anatomia, catarro, cólera, estómago* 'Magen', *lepra, carta, crónica, filosofia, gramática,* etc.

Keltischer Wortschatz: Bei den Keltismen handelt es sich einerseits um Adstratwörter, die mit dem Lateinischen auf die Iberische Halbinsel gelangten, wie *légua* 'Meile', *camisa* 'Hemd', *carro* 'Karren, Wagen', *cerveja* 'Bier', *bragas* 'Hose'. Andererseits sind Keltismen als Substratwörter direkt durch den Kontakt zwischen Kelten und den iberoromanischen Völkern aufgenommen worden: *álamo* 'Pappel', *colmeia* 'Bienenkorb', *gancho* 'Haken'.

Germanismen: Die Schwierigkeiten und Unsicherheiten bei der historischen Zuordnung der Germanismen wird deutlich, wenn man mit Carvalho (1984) drei Gruppen von Germanismen oder Pseudo-Germanismen unterscheiden muss: zuerst jene, die als Germanismen schon in das Spätlateinische Einzug gehalten hatten (z. B. got. *magan* > lat. **exmagare* > *esmagar* 'kräftig sein'; got. *raubôn* > lat. **raubare* > pt. *roubar*; got. **ropa* > lat. * *raupa* > pt. *roupa* 'Kleid'). Zweitens sind solche Germanismen zu erkennen, die authentisch aus dem Gotischen (bzw. Westgotischen) in die iberoromanischen Sprachen gekommen sind, z. B. *ganso* 'Gans', *luva* 'Handschuh', *íngreme* 'abschüssig, steil', *agasalhar* 'bewirten', *espora* 'Sporn', *roca* 'Rocken, Fels' u.a.m. Wenn es sich hier wohl um nicht mehr als 50 Wörter handeln dürfte, so sind in der Onomastik Nordportugals jedoch sehr viel mehr Namen anzunehmen (vgl. dazu Piel / Kremer 1976). Die dritte und letzte Gruppe stellt eigentlich keine Gruppe von Germanismen dar (so Carvalho 1984, 296), weil sie über das Provenzalische hereinkamen,

> a partir de um idioma galo-românico, particularmente do provençal, onde são directa ou indirectamente de origem germânica [ausgehend von einem galloromanischen Idiom, insbesondere vom Provenzalischen, wo sie direkt oder indirekt germanischer Herkunft sind].

Beispiele dafür sind *adobar* 'vorbereiten', *escarnir/escarnecer* 'verspotten'; *albergue* 'Herberge' etc.

Als germanische Adstrat-Wörter sind diejenigen Lexeme zu klassifizieren, die über das Lateinische in die iberoromanischen Sprachen gelangten: *banco* 'Bank', *brasa* 'Glut', *fresco* 'frisch', *guarda* 'Wache', *guardar* 'wachen', *guarir (guarecer)* 'heilen', *guarnir* 'schmücken', *guerra* 'Krieg',[39] *guiar* 'führen', *guisa* 'Art', *sabão* 'Seife', *rico* 'reich', *roubar* 'rauben', *trégua* 'Waffenstillstand', *elmo* 'Helm'.

Wenngleich in der Forschung zum suebischen (gotischen) Substrat im Portugiesischen umstrittene Zuordnungen bestehen (vgl. dazu die Beiträge von Kremer, Messner und Koller in Koller / Laitenberger 1998), so kann doch als sicher gelten, dass während des 170jährigen Suebenreichs in Nordportugal (411-585) neben Ortsnamen wie *Suevos, Suegos, Sueve, Suego* oder *Suabas* und anderen Toponyme wie *Bouro* (< *bûrjo*) folgende Lexeme (vgl. Gamillscheg 1934) suebischer Herkunft sind und teils noch in Galicien bzw. Portugal verwendet werden: gal. *lobio* 'niedrige, kleine Weinlaube' < sueb. *laubja*, gal. *britar* 'Steine zerkleinern' < sueb. *briutan*, pt. *aleive* 'Verrat, Heimtücke' < sueb. *analêwîs*.

Während der Zeit des Westgotenreichs gelangten gotische Superstrat-Wörter in die romanischen Sprachen. Einige von ihnen sind allgemeinromanisch und stellen frühe Entlehnungen dar: *arenque* 'Hering', *bramar* 'brüllen, röhren', *brote* 'Trieb', *espia* 'Spion', *espiar* 'spionieren', *estaca* 'Pflock', *parra* 'Ranke', *rapar* 'kratzen', *roupa* 'Wäsche', *sacar* 'herausziehen', *seira* 'Korb', *sítio* 'Ort'.

Spätere gotische Entlehnungen gibt es v.a. in den iberoromanischen Sprachen (und im Italienischen): *ataviar* 'schmücken', *espeto* 'Bratspieß', *frasco* 'Flasche' (it. *fiasco*), *gana* 'Lust', *ganso* 'Gans', *texugo* 'Dachs', *triscar* 'ärgern', *luva* 'Handschuh'.

Insgesamt war der Einfluss der Westgoten auf die portugiesische Sprache nur gering[40] und auch im Bereich der Ortsnamen kaum nennenswert:

> Die Annahme Gamillschegs, der aus einer Reihe von 80 hauptsächlich portugiesischen, aber auch in dem hier betrachteten Raum belegten Ortsnamen den

---

[39] Carvalho (1984, 294-295) diskutiert *guerra*: "Quanto a *guerra* [...], cast. *guerra*, prov. *guerra*, etc., não é fácil decidir terminantemente se provêm directamente de uma forma do lat. tardio através do qual se difundiria em toda a România [...] ou se trata neles de galicismos muito antigos, que do foco do francês setentrional (na forma proto-histórica **guerra*) irradiaria em todos os sentidos" [Was *guerra*, sp. *guerra*, prov. *guerra*, etc. anbelangt, so ist es nicht leicht, endgültig zu entscheiden, ob sie direkt aus dem Spätlateinischen kommen, von dem ausgehend es sich in der gesamten Romania verbreitet hat ... oder ob es sich bei ihnen um sehr alte Gallizismen handelt, die ausgehend vom Nordfranzösischen (mit der Protoform **guerra*) nach allen Richtungen ausstrahlten].

[40] So auch Sachs 1932, zitiert in Jacob (1969, 50).

Volksstamm der Goten herauslesen und auf gotische Niederlassungen schließen wollte, ist für etwa 90% der Fälle als widerlegt zu betrachten (Kampers 1979, 173).

Das fränkische Element fand nur vermittelt Eingang in die iberoromanischen Sprachen. Über die benachbarten Sprachen Okzitanisch und Katalanisch kamen im Mittelalter einige fränkischer Lehnwörter, die dem Kulturadstrat geschuldet sind: *albergue* 'Herberge', *ardido* 'brennend', *arpão* 'Harpune', *bala* 'Ballen', *banda* 'Rand', *barão* 'Baron', *branco* 'weiß', *brandir* 'schwanken', *botar* 'stoßen', *brunir* 'plätten', *buque* 'Fischerboot', *canivete* 'Taschenmesser', *dardo* 'Speer', *desmaiar* 'verzagen', *esgrimir* 'fechten', *esmalte* 'Email', *esquila* 'Glocke', *esquina* 'Ecke', *estandarte* 'Standarte', *estribo* 'Steigbügel', *falda* 'Bergfuß', *flecha* 'Pfeil', *gerifalte* 'Raubvogel', *jardim* 'Garten', *orgulho* 'Stolz', *sala* 'Saal', *toldo* 'Plane'.[41]

Arabismen: Bei den **Arabismen** (*arabismos*), handelt es sich um ein Adstrat von weit größerer Bedeutung und Zahl als bei den Gotismen/Germanismen, hier sind viele Bereiche des mittelalterlichen Lebens betroffen: die Wissenschaften (*álcool, álcali, zero, zénite*), die Institutionen und der Handel (*alfândega* 'Zollamt', *armazém* 'Lager', *almocreve* 'Esel-/Lasttiertreiber', *aldeia* 'Dorf'), die Berufsbezeichnungen (*alfaiate* 'Schneider', *alcaide* 'Alkalde, Gerichtsdiener', *algoz* 'Henker', *almocreve* 'Lasttiertreiber', *almoxarife* 'Steuereintreiber' etc.), die Pflanzen und Früchte (*albricoque* 'Aprikose', *acelga* 'Mangold', *alcachofra* 'Artischocke', *arroz* 'Reis', *azeitona* 'Olive', *laranja* 'Orange', *limão* 'Zitrone' etc.). Auch bei portugiesischen Ortsnamen sind viele Arabismen nachweisbar (z.B. *Algarve, Aljubarrota, Almeria, Alvaiázere, Alcobaça, Aljezur, Almofala*).

Wenn Teyssier (1984, 18) auf der Grundlage des großen etymologischen Wörterbuchs von Machado (1991) von ca. 1000 Arabismen ausging, so stellt Kiesler (1994) nur 357 zusammen und kommentiert diese; eine realistische Mengenangabe der Arabismen im Portugiesischen wird zwischen diesen beiden Angaben liegen.[42]

Typisch für die Arabismen im Portugiesischen (und im Spanischen) ist die sogenannte Artikelagglutination. Der bestimmte Artikel des Arabischen, der zumeist unter der als <al> zu transkribierenden Form, aber auch in einigen Morphemvarianten davon auftritt, wurde als Bestandteil des arabischen Wortes aufgefasst und irrtümlich gemeinsam mit diesem in die iberoromanischen Sprachen entlehnt.[43] Die folgenden Beispiele aus Kiesler (1994) verdeutlichen dieses Phänomen: sp. *algodón*, pt. *algodão*, aber: kat. *cotó*, it. *cotone*, fr. *coton* 'Baumwolle'; sp. *azúcar*, pt. *açucar*, aber: it. *zucchero*, fr. *sucre* 'Zucker'; sp. *almacén* 'Lager(haus), Magazin', pt. *armazém*, aber: it. *magazzino*, fr. *magasin*.

Zahlreiche arabische Wörter sind weiterhin portugiesischer Grundwortschatz: *aldeia* 'Dorf', *bairro* 'Stadtviertel', *almofada* 'Kissen', *arroz* 'Reis', *azeite* '(Oliven-) Öl',

---

41 Ausführlich werden die Germanismen jener Epoche in Neto ([3]1979, 317-332) behandelt.

42 Vgl. Noll (1996a, 300). Silva Neto ([3]1979, 343) gibt eine Spanne von 400 bis 1000 Arabismen an. Die großen Differenzen zeigen, wie wenig und wie ungenau die Problematik der arabischen Entlehnungen erforscht ist.

43 Noll (1996a) macht dafür den langen und intensiven romanisch-arabischen Bilinguismus besonders der gebildeten Bevölkerungsschichten verantwortlich.

azul 'blau', *tarefa* 'Arbeit, Aufgabe', *alferes* ‚Fähnrich', *alcatraz* 'Falke', *almofada* 'Kissen', *alfândega* 'Zoll', *tarifa* 'Tarif', *álcool* 'Alkohol', *cifra* 'Ziffer', *cenit* 'Zenit'.[44]

Amerindianismen (*americanismos, amerindianismos, palavras indígenas*): Nur am Rande sei hier darauf verwiesen, dass der portugiesische Wortschatz zahlreiche Lexeme aus den eroberten Gebieten, aus Brasilien und den afrikanischen Gebieten, aufgenommen hat, wie *banana*[45], *pagode, bonzo* 'Bonze' etc. (vgl. dazu Kap. 11).

Grundlagenliteratur

Messner (1990, 1994); Monjour (2007, im Druck).

2.8.5.3 Morphologie und Syntax

Substantive auf *-dor, -tor, -or* waren im Altportugiesischen genusneutral: *senhor* konnte 'Herr' oder 'Frau' bedeuten. Auch *iffante* war in beiden Genera gebräuchlich. **Nomina** mit der Endung *-age(m)* galloromanischen Ursprungs waren, im Gegensatz zum modernen Portugiesisch, maskulin: *o linhage* 'Abstammung'. Substantive, deren letzte unbetonte Silbe auf –s/-z endete, bildeten den Plural auf -es: *simplez – simplezes* 'einfach'. **Adjektive** wurden häufig mit der Endung *-vel* gebildet: *semelhável* 'ähnlich', *prazivel* 'gefällig'.

Im **Pronominalbereich** herrschte großer Formenreichtum. So traten neben *ele, mim, migo* und *se* in gleicher Bedeutung auch *el, mi, mego, xe/xi* auf. Die Possessiva der zweiten und dritten Person Singular lauteten *tou* und *sou* (sie wurden erst später in Analogie zu *meu* zu den modernen Formen *teu* und *seu*). Das Femininum zu *meu* lautete *mia* oder *ma*. Wie die Entsprechungen im heutigen Französisch, Katalanisch und Italienisch wurden die beiden anaphorischen Pronomina *en/ende* 'davon' und *hi/hy* 'dahin' gebraucht, um sich auf vorerwähnte Ortsangaben zu beziehen.

Bei den **Verben** fallen im Vergleich mit dem modernen Portugiesisch zwei Erscheinungen auf: die Zeitformen in der 2. Person Plural lauteten außer im Perfekt auf *-des* aus (*fazedes* 'ihr macht'), und die Verben der e-Konjugation bildeten das Partizip Perfekt auf *-udo* (*tenudo* 'gehalten', *conhoçudo* 'gekannt', *perdudo* 'verloren').

Unter den **Konjunktionen** ist v.a. das plurifunktionale *ca* 'dass, weil, als' hervorzuheben, das neben der subordinierenden auch komparative, kausale und integrierende Funktion hatte: *di-lhe ca eu bevo* 'Ich sagte ihm, dass ich trinke'. Außerdem gab es im Altportugiesischen noch die archaischen Formen *macar* 'obwohl', *pero* 'aber', und *vel* 'oder'.

Bezüglich der **Wortstellung** fällt auf, dass die Abfolge SVO[46] dort überwiegt,

---

[44] Monjour (2007, im Druck) erwähnt auch den Arabismus *arroba* "Arroba; eine Gewichtseinheit von ca. 15 kg" (aus den Jahren 1188-1230), der im 20. Jh. als graphisches Zeichen „@" Auferstehung gefeiert hat.

[45] Zur Wortgeschichte von *banana* vgl. Blank (1997).

[46] Subjekt – Verb – Objekt; zur Satzgliedfolge vgl. 6.3.4.

wo das Subjekt ein Nomen oder Pronomen ist. Faktoren, die zur Nachstellung des Subjekts führen, sind Intransitivität des Verbs oder Umstandsbestimmungen am Satzanfang sowie Interrogativpronomina am Beginn von Fragesätzen. Die satzinitiale Stellung des Objekts wirkt stets emphatisch: *taaes custumes aviam eles* 'derartige Bräuche hatten sie'. Selten steht das Verb hinter Subjekt und Objekt: *vertudes que os homens en este mundo fezeron* 'Tugenden, die die Männer in dieser Welt bewiesen').

Das Partizip Perfekt wurde mit *seer* 'sein' als **Hilfsverb** verbunden: *Aquele meu amigo era passado deste mundo* 'Jener mein Freund ist von dieser Welt gegangen'. In dieser Funktion setzte sich *haver* im 15. Jh. und noch später dann *ter* durch.

Die **Stellung der Objektpronomina** war freier als im modernen Portugiesisch. Sie standen, wie heute, niemals in satzinitialer Position. Sie tendierten aber dazu, sich an das erste Satzelement anzuhängen: *Eu te digo* 'ich sage dir'; *Asi me Deus valha* 'So helfe mir Gott'; *E nom lho dissera se o nom conhocera* 'Und er würde es ihm nicht sagen, wenn er ihn nicht kennen würde' (Mattos e Silva 1989, 852).

Grundlagenliteratur

Huber (1933); Mattos e Silva (1989); Williams (1991).

2.9 Erste sprachliche Zeugnisse

Auch wenn man ein erstes sprachliches Zeugnis einer Sprache nicht als deren "Geburtsstunde" bezeichnen darf - denn sie existierte mündlich ja schon lange vor der schriftlichen Manifestation, die auf dem Weg der Entwicklung einer Sprache nur ein, wenn auch wesentlicher Schritt des Ausbaus ist -, sind diese Zeugnisse gerade für die entstehenden romanischen Sprachen von großer Relevanz, denn sie belegen die Emanzipation vom Latein.[47]

Lange Zeit hat man angenommen, dass der sogenannte ***Auto da partilha*** ('Akt der Erbteilung') auf das Jahr 1192 zu datieren wäre und somit das erste schriftliche Dokument in portugiesischer Sprache sei. Doch die Analyse der Handschrift und der sprachlichen Strukturen ergab, dass es sich um eine nachträgliche Übersetzung eines lateinischen Originals gehandelt haben muss.

Abgesehen von einigen galego-portugiesischen Liedtexten aus dem beginnenden 13. Jh. galten bisher zwei Texte als die ersten schriftlichen Zeugnisse mit einer eindeutigen und durchgängigen portugiesischen Struktur: die *Notícia de torto* (1210-1214) und das *Testamento Afonso II* (1214).

Die ***Notícia de torto*** ('Notiz über die Hinterhältigkeit') entstand in Nordportugal zwischen Braga und Barcelos. Geschildert wird das Unrecht, das man dem Adligen Lourenço Fernandes da Cunha angetan hat. Da dieses Schriftstück eine außergewöhnliche orthographische Extravaganz, Radierungen und

---

[47] Darüber hinaus geben sie natürlich auch wichtige Aufschlüsse über das sozio-ökonomische Leben in jenen Jahrhunderten sowie über das Wirken der **Skriben** (*escribas*) im Mittelalter, denen in der weitgehenden Analphabetismus-Situation im Mittelalter eine große Bedeutung beim Ausbau der Sprache zukam. Vgl. dazu Endruschat (2006a).

Streichungen, aber kein Datum und keine Unterschrift aufweist und zudem auch auf der Rückseite des Pergaments beschrieben ist, hat man zunächst vermutet, dass es sich lediglich um einen Entwurf zu einem späteren Schriftstück handelte. Emiliano / Pedro (2004) weisen diese Annahme als unbegründet zurück. Berücksichtigt man die o.g. zwei *scriptae*-Formen, so kann mit Koch (1990) von einer eigenen, halb-offiziellen Textsorte "Notiz" ausgegangen werden, deren Funktion es ist, Vorgänge spontan und für private Zwecke zu dokumentieren.

Sowohl die Entzifferung als auch die Interpretation der *Notícia de torto* haben sich als kompliziert erwiesen, zum einen wegen der vielen Abkürzungen, Streichungen, interlinearen Einschübe und der spätgotischen Handschrift, zum anderen auch wegen inhaltlicher Fragen; z.B. geht aus der *Notícia* nicht hervor, wer sich an wen wendet und mit welcher Absicht sie verfasst wurde.

Der folgende Textausschnitt umfasst die ersten sechs Zeilen und soll einige Besonderheiten dieses Schriftzeugnisses verdeutlichen:[48]

> [1] De notícia de torto que fecerum a laurencius fernandiz por plazo qve fece goncauo, [2] ramiriz antre suos filios e lourenzo ferrnandiz quale podedes saber e oue auer de erdade [3] e d'auer ta[n]to q[uo]me uno de suos filios d'aquanto podesem auer de bona de seuo pater e fio-li-os seu, [4] pater e sua mater. E depois fecerum plazo nouo e conuem uos a saber quale in ille seem [5] taes firma-mentos quales podedes saber. ramiro goncaluiz e goncaluo gonca[luiz e] [6] eluira goncaluiz forum fiadores de sua irmana que o[to]rgasse aqu[e]le plazo come illos (aus: Emiliano / Pedro 2004).[49]

Noch nahe am Lateinischen sind einige Verbformen wie *fecerum* 'sie machten', *podedes* 'ihr könnt'. Die orthographische Inkonsequenz zeigt sich z.B. an der Schreibung des Namens *goncauo/goncaluo* und an den Varianten *abate/abade*. Interessant ist auch das Vorkommen von *plazo* 'Pakt' neben *plecto* und *preto* im weiteren Textverlauf, alle zurückgehend auf lat. PLACITUM.[50]

Das ***Testamento Afonso II*** ('Testament Alfons II.') hingegen wirkt weitaus homogener und elaborierter. Es existiert in zwei Abschriften, die jeweils in Lissabon bzw. Toledo gefunden wurden. Die ersten zwei Zeilen lauten:

> [1] En'o nome de Deus. Eu rei don Afonso pela gracia de Deus rei de Portugal, seendo sano e saluo, tem|te o dia de mia morte, a saude de mia alma e a proe de mia molier raina dona Orraca e de me[us] filios e de me[us] uassalos e de todo meu reino fiz mia mãda p[er] q[ue] de- [2] pos mia morte mia molier e me[us] filios e meu reino e me[us] uassalos e todas aq[ue]las cousas q[ue] De[us] mi deu en poder sten en paz e en folgãcia (aus: Costa 1992).

---

48 Die in eckige Klammern gesetzten Wortteile sind rekonstruiert; die Kommata an den Zeilenenden waren nicht immer Satzzeichen, sondern dienten oft dem Abschluss der Zeilen.

49 Der volle Wortlaut der *Notícia* kann z.B. unter www.instituto-camoes.pt/cvc/hlp/arquivo/torto.html nachgelesen werden. Castro (1991, 236-240) bietet eine inhaltliche und linguistische Analyse.

50 Die Schreibweise *preto* deutet wohl auf eine veränderte Aussprache hin: Durch Assimilierung fand bei den Liquiden (den r- und l-Lauten) der Wandel von anlautendem pl- zu pr- statt (heute schreibt man <preito>).

Auch in diesem Dokument fallen die zahlreichen Abkürzungen auf. So wurden insbesondere Konjunktionen und Präpositionen nur mit den Anfangsbuchstaben wiedergegeben (*p[er], q[ue]*), und bestimmte nasalierte Silben lediglich durch Längsstriche dargestellt (*tem | te = temente* etc.).

In den vergangenen zehn Jahren wurden im portugiesischen Nationalarchiv *Torre do Tombo* noch ältere Dokumente gefunden und analysiert. Martins (1999) stellte die *Notícia de fiadores* (1175) zur Diskussion. Sie umfasst nur wenige Zeilen und wird hier im vollen Wortlaut wiedergegeben:

> Notícia fecit pelagio romeu de fiadores | Stephano pelaiz .xxi. solidos | lecton .xxi. Soldos | pelaio garcia .xxi. soldos. | Gudisaluo Menendici .xxi soldos | Egeas anriquici xxxta soldos. | petro cõlaco .x. soldos. | Gudisaluo anriquici .xxxxta | Egeas Moniíci .xxti. soldos | Ihoane suarici .xxx.ta soldos | Menendo garcia .xxti soldos. | petro suarici .xxti. soldos | ERa Ma. CCaa xiiitia | Istos fiadores atan .v. annos que se partia de isto male que li avem (TT, Mosteiro de S. Cristóvão de Rio Tinto, Maço 2, doc. 10).

Es handelt sich im wesentlichen um die Aufzählung von Fakten (Nennung der Bürgen des Paio Soares Romeu[51] mit den entsprechenden Geldbeträgen). Nur der letzte Satz weist eine portugiesische Wortfolge auf, während der erste Satz noch der lateinischen Syntax entspricht. Die *Torre do Tombo* hat diesen Text offiziell zum ältesten Dokument in portugiesischer Sprache erklärt:

> A *Notícia de fiadores* continua sendo, assim, o mais antigo documento que se sabe ser original, datado e escrito em português [Die *Notícia de fiadores* bleibt somit weiterhin das älteste datierte und in Portugiesisch geschriebene Dokument, von dem man weiß, dass es ein Original ist] (www.iantt.pt).

Die Klassifizierung als portugiesischer Text hält allerdings einer sprachlichen Analyse nicht stand (vgl. Emiliano 2003); solange die Diskussion nicht beendet ist, sollte man von einer *scripta latina rustica* sprechen.[52]

Kurz nach der Präsentation der *Notícia de fiadores* stellte Souto Cabo, ein galicischer Mediävist, den *Pacto de Gomes Pais e Ramiro Pais* (1169-1173) vor. Die ersten Zeilen lauten:

> Ego gomenze pelaiz facio a tibi irmano, meo ramiru Pelaiz | isto plazo ut non intret meo maiordomo inilla uilla |super uostros homines deslo mormuiral. & de inde ãtre as ca|sas sas dousenda grade deluira grade. & ĩde pora pena longa | de ista parte perilla petra cauada de sueiro ramiriz | dou uobis isto que seiades meo amico bono. & irmano bono (TT[53]; Mitra de Braga, maço 1, n.° 26/A).

---

51 Paio Soares Romeu konnte in den Stammbüchern als Angehöriger der alten Adelsfamilie der Paiva identifiziert werden. Als sein Bruder gilt der ebenfalls in der *Notícia* erwähnte Minnesänger João Soares de Paiva (hier: *Ihoane suarici*), Verfasser der bisher ältesten *cantiga de escárnio* mit dem Titel *Ora faz ost o senhor de Navarra* aus dem Jahr 1196. Somit würde sowohl der älteste lyrische als auch der älteste nicht-lyrische Text in portugiesischer Sprache aus der Feder zweier Brüder stammen!

52 Wir folgen hier einem im Juli 2006 mündlich gemachten Vorschlag von Helmut Lüdtke.

53 Abkürzung für *Torre do Tombo.*

Laut Souto Cabo (2003, 347) sind nur 10% der Formen in diesem Text noch lateinisch, eindeutig portugiesische Lexeme sind z.B. *dou* oder *que*, lateinisch sind *ego, uobis, tibi* und *facio*. Als Artikel treten bereits die neuen Formen *o, a* auf. Die Nominalflexion und die Wortfolge sind ausschließlich portugiesisch. Aufgrund der unsicheren Datierung gilt dieser Pakt nicht als das älteste schriftsprachliche Zeugnis des Portugiesischen. Wie auch die *Notícia de fiadores* hebt sich der *Pacto de Gomes Pais e Ramiro Pais* sprachlich deutlich von der ca. 40 Jahre jüngeren *Notícia de torto* ab. Beide stehen noch in der lateinischen Diskurstradition, belegen jedoch eine Zwischenstufe in der langen Übergangsphase vom Latein hin zum Portugiesischen.

Etwa zeitgleich entstand Ende des 12. Jh. eine **höfische Liedkunst**. Beispiele sind die *Cantigas de Escárnio e Maldizer* ('Lieder des Spotts und der Verleumdung') und die *Cantigas de Amor* ('Lieder der Liebe', Liebeslieder an Frauen). Etwas später entstanden die *Cantigas de Amigo* ('Lieder an den Geliebten', Liebeslieder von Frauen). Die folgende *Cantiga de Amigo* stammt aus der Feder des Königs D. Dinis (1261–1325):

Amiga, faço-me maravilhada	[Amiga, admiro-me
como póde meu amigo viver	como meu amigo pode viver
u os meus olhos nom [o] pódem veer,	onde os meus olhos não o podem ver
ou como pód'alá fazer tardada;	ou como lá pode permanecer
ca nunca tam gram maravilha vi,	Nunca vi tão grande maravilha
poder meu amigo viver sem mi,	o poder viver sem mim meu amigo
e par Deus, é cousa mui desguisada.[54]	é, per Deus, uma coisa muito estranha.]

Mit den hier vorgestellten Prosa- und Liedtexten verfügt das Portugiesische - anders als das Galicische - seit dem späten Mittelalter über einen schriftlichen Standard, der dem heutigen Sprachgebrauch schon recht nahe kommt, so dass die Sprache von Luís de Camões (16. Jh.) einem Portugiesen der Gegenwart sehr vertraut vorkommen mag (anders verhält es sich z.B. mit dem mittelalterlichen Französisch im Vergleich zum heutigen).

Grundlagenliteratur

Cintra (1990); Costa (1992); Emiliano / Pedro (2004).

[54] Zitiert nach Mercedes Brea (1996), S. 178-179.

A Notícia de fiadores, www.instituto-camoes.pt/CVC/tempolingua/07.html

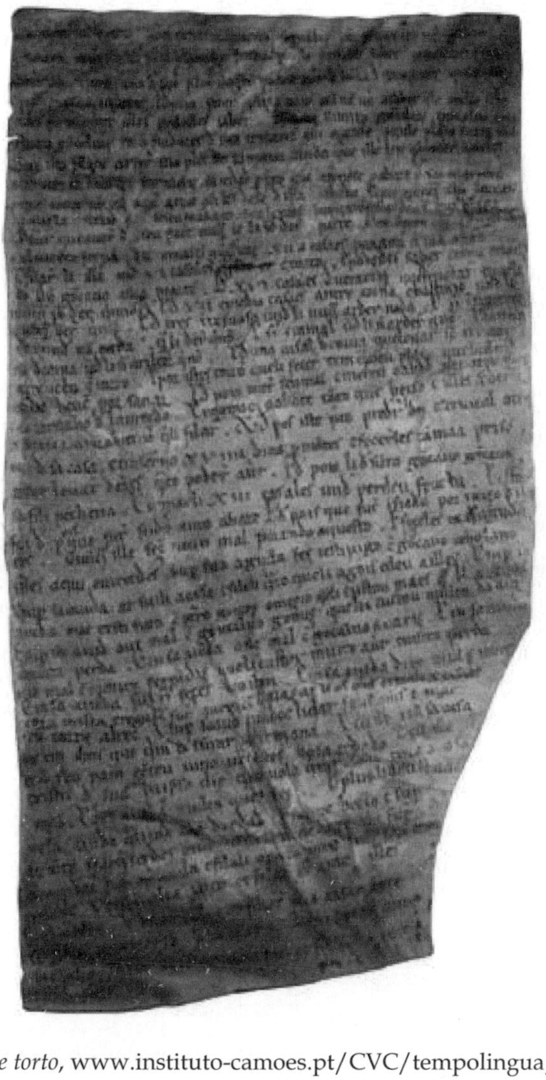

A Notícia de torto, www.instituto-camoes.pt/CVC/tempolingua/07.html

2.10 Sprachbewusstsein und frühe Sprachbeschreibungen

Nachdem sich die portugiesische Sprache ab dem 13. Jh. immer stärker zum Standard entwickelte und in ersten Texten schriftlich fixiert worden war, entstanden erste Grammatiken, Glossare, Wörterbücher und Lehrwerke. In der ersten Hälfte des 16. Jahrhunderts erschienen die *Gramática da linguagem portuguesa* von Fernão de Oliveira (1536) und die *Gramática da língua portuguesa* mit dem *Diálogo em louvor da nossa linguagem* von João de Barros (1540). Wenig später entstand das lateinisch-portugiesische Wörterbuch von Jerónimo Cardoso, das als Beginn der zweisprachigen portugiesischen Lexikographie gewertet werden kann.

Allmählich setzte sich das Bewusstsein durch, dass das Portugiesische eine eigenständige Sprache ist. Wie es auch in den anderen romanischsprachigen Ländern zu Zeiten des Humanismus typisch war, entwickelte sich das Bewusstsein von einer eigenen Sprache v.a. in der Auseinandersetzung mit dem Lateinischen. Das begann bereits mit der Namensgebung. Die iberoromanischen Sprachen sind in der Regel nach dem Gebiet benannt, in dem sie gesprochen werden: *português, català, gallego, aragonés, asturiano* etc. Dass Jahrzehnte später Nunes de Leão in seiner Abhandlung *Origem da Língua Portuguesa* mitunter noch von *romance* spricht, zeigt allerdings, dass wohl auch noch andere Bezeichnungen im Gebrauch waren:

> [...] a lingoa que oje fallamos [...] lhe chamamos oje Romance [Die Sprache, die wir heute sprechen [...], nennen wir heute *romance*[55]] (Leão 1606, ed. 1864, 8).

Oft wurde das Portugiesische auch unter das Kastilische subsumiert.

Als Ausdruck des steigenden Sprachbewusstseins sind uns einige Äußerungen von Zeitzeugen und erste normierende Werke überliefert, von denen im folgenden die wichtigsten kurz vorgestellt werden sollen.

2.10.1 Sprachdialoge und Sprachtraktate

Fernão de Oliveira legt in seiner Grammatik zwar ein ausgeprägtes Selbstbewusstsein in Bezug auf das Portugiesische an den Tag:

> milhor he que ensinemos a Guine ca que sejamos ensinados de Roma [Es ist besser, wir unterrichten [die Bewohner von] Guinea, als dass wir von Rom unterrichtet werden] (Oliveira 1536, A 4 r);

räumt aber ein, dass das Portugiesische noch nicht Glanz und Gloria der antiken Sprachen Griechisch und Latein erreicht habe, jedoch auf dem Wege zur Vervollkommnung sei.

Um die Auseinandersetzung mit den entstehenden romanischen Sprachen, ihr Verhältnis untereinander und insbesondere ihr Verhältnis zur lateinischen

---

55 Die Bezeichnung *romance* lässt sich am ehesten mit 'romanischer Varietät' oder 'romanischer Volkssprache' wiedergeben.

Sprache didaktisch darzustellen, gestalteten mittelalterliche Autoren ihre Texte in der platonischen Tradition gern in der Form von Dialogen, in denen entweder mehrere Schüler mit ihrem Lehrer, der Vater mit dem Sohn, oder - wie im wohl berühmtesten der Dialoge, dem *Diálogo de la lengua* von Juan de Valdés (1535) zum Status des Kastilischen - mehrere Sprachinteressierte miteinander diskutierten.

1540 erschien der *Diálogo em louvor da nossa linguagem* von João de Barros als Teil seiner *Gramática*. Der *Diálogo* befasst sich zunächst generell mit Sprachursprung und Sprachenvielfalt, sodann speziell mit den romanischen Sprachen in ihrem Verhältnis zum Latein. Die edelste der romanischen Sprachen ist für Barros das Spanische, da es dem Latein als Sprache einer idealen 1:1-Entsprechung von Laut- und Schriftsystem noch besonders nahe stehe:

> (F[ilho]): Quál destas [línguas] á por melhór, e mais elegante? (P[ai]): A que se mais confórma com a latina, assi em uocábulos como na orthografia. E nesta párte muita uantaiem tem a italiana e espanhól, á francesa: e destas duas à que se escreve como se fála, e que menos consoantes leuam perdidas. E nesta orthografia a espanhól uençe a italiana [...] [Sohn: Welche dieser Sprachen ist nun die beste und eleganteste? Vater: Diejenige, die dem Latein am meisten entspricht, sowohl im Wortschatz als auch in der Schrift. Auf diesem Gebiet haben Italienisch und Spanisch gegenüber dem Französischen viele Vorteile: und von diesen beiden diejenige, die sich schreibt, wie man sie spricht, und in der weniger Konsonanten verloren gingen. Daher ist in der Schrift das Spanische dem Italienischen überlegen] (Barros 1540, 54r).

Die portugiesische Sprache ist Barros zufolge weniger "conforma com a latina", da sie sowohl in der Orthographie als auch im Vokabular vom Latein weiter entfernt sei.

Zu einer anderen Ansicht gelangen die Protagonisten des *Diálogo que adiante se segue em defensão da mesma língua* von Pero de Magalhães de Gandavo (1574) im Anhang seiner *Ortografia da língua portuguesa*. Sechs Jahre vor Beginn der Personalunion mit Spanien (1580-1640) wird darin in einem Dialog zwischen einem Portugiesen und einem Spanier das Verhältnis der beiden iberoromanischen Sprachen zueinander und zum Latein diskutiert. Die beiden Gegenspieler sprechen dabei jeweils in ihrer Muttersprache. Obwohl das Portugiesische zunächst in der Defensive ist, endet der Dialog mit einem 'Triumph' über das Spanische. Dem Portugiesischen wird eine große Nähe zum Lateinischen bescheinigt:

> Pois se quereis ver a língua de que é mais vizinha, e donde manou, lede a arte da gramática da língua Portuguesa que o mesmo João de Barros fez, e o mesmo podeis ver no livro da Antiguidade de Évora de Mestre André de Resende, onde claramente se mostra que com pouca corrupção deixa de ser Latina [Wenn ihr also diejenige Sprache sehen wollt, der sie am nächsten ist und aus der sie entstand, so lest die Grammatik des Portugiesischen von João de Barros, und das gleiche könnt ihr im Buch Antiguidade de Évora des Meisters André de Resende sehen, in dem ganz deutlich wird, dass sie nur wegen geringer Abweichung nicht mehr lateinisch ist] (Gândavo 1574, Faks. 1981, S. 23).

Ein ähnliches Zitat findet sich auch in Luis de Camões' *Os Lusíadas*:

> Com pouca corrupção crê que é latina [Wegen der geringen Verderbtheit glaubt man, es sei Latein] (Luís de Camões I. Gesang, 33. Strophe, Vers 1129, zitiert in Gil 1999, 59).

Duarte Nunes de Leão verfasste sein Traktat *Origem da lingua portuguesa* im Jahre 1606 und damit während der Personalunion mit Spanien. Es ist daher nicht verwunderlich, wenn das Portugiesische darin als dem Spanischen an Bedeutung unterlegen beschrieben wird. Leão vergleicht das Portugiesische sowohl mit den anderen romanischen Sprachen als auch mit dem Lateinischen und betont dabei die Gemeinsamkeiten:

> [...] lidos em latim serão latinos, lidos em português, são portugueses [Liest man sie [die Sprachen] auf Latein, so sind sie Latein, liest man sie auf Portugiesisch, so sind sie Portugiesisch] (Duarte Nunes de Leão, zitiert in Gil 1999, 59).

Neben Sprachdialogen und Sprachtraktaten lassen sich auch in literarischen Werken Aussagen finden, die von dem neuen Sprachbewusstsein zeugen. So lesen wir bspw. im Heldenepos *O Palmeirim de Inglaterra*, vermutlich einer Übersetzung aus dem Englischen, die folgende Passage:

> [...] a nossa língua que, a meu juízo, pelo que tenho visto, em copiosidade de palavras nenhuma da Cristiandade lhe faz vantagem [Unsere Sprache, die meinem Urteil nach - soweit ich sehe - an Wortreichtum von keiner anderen Sprache der Christenheit übertroffen wird] (Francisco de Moraes, *Palmeirim de Inglaterra*, 1592).

In der Satire *Côrte na aldeia e noites de inverno*, die direkt während der Personalunion mit Spanien handelt, wird die portugiesische Sprache in jeder Hinsicht verherrlicht und über die anderen romanischen Sprachen gestellt:

> Tem de todas as línguas o melhor: a pronunciação da latina, a origem da grega, a familiaridade da castelhana, a brandura da francesa, a elegância da italiana [Sie hat von allen Sprachen das Beste: die Aussprache des Lateins, den Ursprung aus dem Griechischen, die Intimität des Spanischen, die Sanftheit des Französischen, die Eleganz des Italienischen] (Francisco Rodrigues Lobo, *Côrte na aldeia e noites de inverno*, 1619).

Allen hier erwähnten Texten ist gemeinsam, dass das Portugiesische als den anderen Sprachen gleichwertig oder sogar überlegen dargestellt wird. Im allgemeinen wird die Nähe des Portugiesischen zum Latein hervorgehoben; die abweichenden Strukturen des Portugiesischen werden dabei als "corrupção" (Verfall, Verderbtheit) interpretiert.

2.10.2 Erste Grammatiken

Obwohl man sich sicher bereits auch vor der eigentlichen Entstehung von Grammatikwerken mit portugiesischer Grammatik beschäftigt hat – z.B. in Zusammenhang mit dem Lateinunterricht, wo unbewusst Regeln auch über die Muttersprache formuliert wurden –, entstanden die ersten Grammatiken erst in der Zeit der Renaissance. Inspiriert durch die *Gramática de la lengua castellana* von

Antonio de Nebrija (1492), die als erste Grammatik einer romanischen Sprache gilt,[56] legten kurz nacheinander Fernão de Oliveira (1536) und João de Barros (1540) die ersten grammatischen Beschreibungen der portugiesischen Sprache vor.

Oliveiras *Gramática da linguagem portuguesa* ist dabei jedoch nur dem Titel nach eine Grammatik. Anders als Nebrijas Grammatik, die der auf Priscian zurückgehenden antiken Tradition einer systematischen Wortartenbeschreibung (*De partibus orationis*) folgt, legt Oliveira viel Wert auf die Beschreibung der Buchstaben und Laute (*De litteris*) und geht nur punktuell auf Morphologie und Syntax ein.

Die *Gramática da língua portuguesa* von João de Barros ist hingegen die erste eigentliche Grammatik der portugiesischen Sprache. Nach dem Vorbild des Werks von Nebrija, das von Barros teilweise übersetzt, mitunter auch falsch interpretiert wurde (vgl. Schäfer-Prieß 2000 und 2003), wird insbesondere eine Wortartenbeschreibung geliefert.

Im Jahre 1619 erschien mit dem *Método gramatical para todas as línguas* von Amaro de Roboredo eine weitere Grammatik. Wie es der Titel jedoch bereits deutlich macht, stand dabei nicht die Beschreibung des Portugiesischen im Vordergrund. Vielmehr handelt es sich dabei eher um ein ideengeschichtlich bedeutsames Werk, das die Vermittlung des Portugiesischen mit quasi-universell gültigen Regeln für Sprecher verschiedener Sprachen erleichtern wollte.

Es folgten verschiedene grammatische Beschreibungen aus der Feder von Jesuiten, die für den Portugiesischunterricht in den Kolonien angefertigt wurden, so z.B. die *Ars grammaticae pro lingua lusitana addiscenda* (1672) des Jesuitenpaters Bento Pereira (vgl. Schäfer 1993, 286 sowie Schäfer-Prieß 2000).

2.10.3 Erste Wörterbücher

Bereits im 14. Jh. wurde im Kloster zu Alcobaça ein Glossar portugiesischer Verben angefertigt.[57] Da es sich dabei jedoch nicht um ein Wörterbuch im eigentlichen Sinne handelt und sich die Vermutung eines frühen lateinisch-portugiesischen Wörterbuchs aus dem Jahr 1170 bisher nicht bestätigt hat, gilt Jerónimo Cardoso (ca. 1500 - ca. 1569) als der erste Lexikograph des Portugiesischen. Er verfasste, nach dem Vorbild von Nebrijas lateinisch-spanischen Vokabularien (vgl. Verdelho 1995, 235), in den Jahren zwischen 1551 und 1562/63 zweisprachige lateinisch-portugiesische Wörterbücher, die 1569/1570 postum als *Dictionarium latino-lusitanicum et vice versa lusitanico-latinum* veröffentlicht wurden. Bis 1695 erschienen noch mindestens zehn neue und erweiterte Auflagen (Ettinger 1991, 3020). Damit zählt dieses Wörterbuch zu den wichtigsten lexikographischen Zeugnissen seiner Zeit.

---

56 Schon vorher schrieb Leon Battista Alberti eine (ungedruckte) italienische *grammatichetta*.

57 Dieses Glossar ist in Verdelho (1995, 523-574) abgedruckt. Wie Telmo Verdelho in seinem historischen Aufriss der portugiesischen Lexikographie (Verdelho 1994a) deutlich gemacht hat, ist davon auszugehen, dass davor auch schon arabisch-portugiesische u.a. zweisprachige Wortlisten bzw. Wörterbücher - je nach Bedarf - zusammengestellt worden sind.

In nur einer Auflage erschien 1611 das ebenfalls für den Lateinunterricht konzipierte *Dictionarium Lusitanico-latinum* von Agostinho Barbosa. Im Gegensatz zu Cardosos Wörterbuch handelt es sich dabei nicht nur um ein Äquivalenzwörterbuch, da es neben den entsprechenden Fundstellen bei den klassischen Autoren auch Synonyme, Definitionen und Syntagmen (teilweise sogar als eigene Lemmata) anführt.

Es folgten einige weitere Wörterbücher und Wortschatzsammlungen wie z. B. die Satzsammlung *Porta de línguas* (1623) von Amaro de Roboredo und der *Thesouro da Lingua Portugueza* (1647) von Bento Pereira, ein portugiesisches Wörterbuch mit zusätzlichen lateinischen Bedeutungsangaben, welches auch wertvolle Angaben zu Wortfamilien und etymologisch verwandten Wörtern macht (vgl. Mühlschlegel 2000, 100-111).

Erst viel später begann die Tradition der brasilianischen Lexikographie, und zwar mit dem *Dicionário da língua portuguesa* von António de Morais Silva (1755-1824).[58]

Grundlagenliteratur

Bossong (1990); Mühlschlegel (2000); Schäfer-Prieß (2000); Woll (1990).

Übungsaufgaben

1) Der Klassiker zur portugiesischen Sprachgeschichte ist immer noch Teyssier (^{5}1993). Lesen Sie seine Ausführungen zum präromanischen Substrat und notieren Sie sich einige lexikalische Spuren der dort erwähnten Sprachen.
2) Stellen Sie anhand von Kampers (1979) fest, in welchen Regionen des heutigen Portugal Westgoten siedelten und überprüfen Sie anhand Piel / Kremer (1976), ob diese Präsenz Spuren in der Toponomastik (Ortsnamenforschung) hinterlassen hat.
3) Informieren Sie sich in Huber (1933) über die produktiven Wortbildungsverfahren im Altportugiesischen.
4) Versuchen Sie, die hier zitierten Ausschnitte aus der *Notícia de torto* oder des Testaments Alfons II ins Deutsche oder moderne Portugiesisch zu übersetzen. Benutzen Sie dazu das Glossar in Huber (1933).
5) Der Dialog von Magalhães de Gandavo kann unter www.ime.usp.br/~tycho nachgelesen werden. Stellen Sie die Argumente zusammen, die die Protagonisten jeweils für ihre Sprache ins Feld führen.

[58] Zur Geschichte der portugiesischen Lexikographie vgl. Woll (1990). Zu modernen Wörterbüchern vgl. 7.2.

3 Semiotik

Natürliche wie auch künstliche Sprachen sind Zeichensysteme: auf der Ebene der Mündlichkeit als System von Lautzeichen, auf der Ebene der Schriftlichkeit als System von Schriftzeichen. Diese Zeichensysteme zu erforschen und zu erfassen ist Anliegen der **Semiotik** (*semiótica*).

In den lusophonen Ländern Portugal und Brasilien erhielt die Semiotik seit Mitte der 1960er Jahre kontinuierlich durch Übersetzungen wichtige Impulse.[59] Später erschienen dann sporadisch auch genuin portugiesische oder brasilianische Arbeiten zur Semiotik.[60] Seit Mitte der 1990er Jahre findet sich 'Semiótica' als Teilbereich im universitären Curriculum der *Licenciatura-* und *Mestrado-*Studiengänge oder als Kultur-Semiotik vor allem in Rio de Janeiro, São Paulo etc. wie auch an den Universitäten von Aveiro, Braga, Lissabon, Coimbra und Porto. Die Recherche im Internet zeigt Mitte des 20. Jh. eine steigende Tendenz für semiotisch-interdisziplinäre Ausrichtungen in diversen Studienfächern an brasilianischen Universitäten. Daher soll in diesem Abschnitt besonders auch auf den Beitrag Portugals und Brasiliens zur Wissenschaftsgeschichte eingegangen werden.

3.1 Semiotik versus Semiologie

Die Bezeichnung 'Semeiotik' (*σημειωτική*) wurde zuerst in der medizinischen Diagnostik im 16. Jh. verwendet, zwei Jahrhunderte später dann latinisiert als 'Semiotica'; diese frühe semiotische Blickrichtung war noch eng mit der **Symptomatologie** (*sintomatologia*) und den physiognomischen Zeichen des menschlichen Körpers verbunden.[61] Eine erste bemerkenswerte Definition der Semiotik gab der Philosoph des englischen Empirismus und studierte Mediziner John Locke in seinem *Essay concerning human understanding* (1690):

> The third branch [of science] may be called *σημειωτική*, or the doctrine of signs; the most usual whereof being words, it is aptly enough termed also *λογιχή*, logic: the business whereof is to consider the nature of signs the mind makes use of for the understanding of things, or conveying its knowledge to others.

---

59 Chronologisch seien wichtige Texte auf Portugiesisch genannt: Roland Barthes, *Elementos de semiologia,* Lisboa 1964; Ch. S. Peirce, *Semiótica e Filosofia,* S. Paulo 1972; C.K. Ogden/Richards, I.A., *O significado do significado,* Rio de Janeiro 1972; U. Eco, O Signo, Lisboa 1973; Jeanne Martinet, *Claves para a semiologia,* Lisboa 1974; Jürgen Trabant, *Elementos de semiótica,* Lisboa 1976; Ch. W. Morris, *Fundamentos da Teoria dos Signos,* Rio de Janeiro 1976; U. Eco, *Tratado geral de semiótica,* São Paulo 1980; U. Eco, *Semiótica e filosofia da linguagem,* São Paulo 1991; Winfried Nöth, *A semiótica no século XX.* São Paulo 1996; Ch. S. Peirce, *Semiótica,* São Paulo 1997.

60 U.a.: Decio Pignatari *Semiótica e Literatura* (São Paulo 1974), Hildo H. do Couto *Lingüística e Semiótica Relacional* (Brasília 1982), Adriano Duarte Rodrigues *Introdução à semiótica* (Lisboa 1991) und *Dimensões pragmáticas do sentido* (Lisboa 1996), weiterhin Arbeiten zur Literatursemiotik, z.B. des 2004 verstorbenen José Augusto Seabra *Os sinais e a Origem* (Lisboa 1967), *Poiética de Barthes* (Porto 1980) und *O Heterotexto pessoano* (Lisboa 1985).

61 Zur Begriffsgeschichte der Semiotik vgl. Nöth (^{2}2000, 1-57).

Diese Definition mag uns heute mentalistisch (kognitiv) und kommunikativ schon recht modern erscheinen.

Im Sinne der Wissenschaft von den **Zeichen** (*signos*) und Zeichenprozessen wird der Begriff 'Semiotik' vor allem im anglo-amerikanischen Sprachbereich seit Mitte der 1960er verwendet, wohingegen in romanischsprachigen Ländern von **Semiologie** (*semiologia*) in der Nachfolge Saussures gesprochen wird:

> [...] a semiologia tem por objecto o estudo da vida dos signos (*sinais*) no seio da vida social" [die Semiologie hat als Forschungsbereich das Leben der Zeichen inmitten des sozialen Lebens] (Saussure 1916, ch.III, §3).

Neben der Sprachwissenschaft wurden auch andere Wissenschaften und Gegenstandsbereiche als "semiologisch" verstanden und wieder erkannt.[62] In der Romania hat sich die Bezeichnung 'Semiotik' in den letzten Jahrzehnten jedoch ebenfalls durchgesetzt.

Die Semiologie, wie sie zuerst nach Saussure durch strukturalistische Geisteswissenschaftler geprägt wurde (Barthes, Martinet, Greimas u. a.), zielte auf die Erfassung von Zeichensystemen, die sich relativ scharf abzeichnen und durch Merkmale beschreiben lassen, wie z.B. das System der Farben, der Verwandtschaftsbeziehungen, Mode und Kleidung, die Rituale und Mythen des Alltags, die Esskultur oder die Verkehrszeichen sowie jede Art von Bild.

Die Semiotik demgegenüber hat aufgrund ihrer diagnostischen und kognitiven Grundlegungen eine viel breitere Ausrichtung im Blick: Semiotik versteht sich als Makro-Wissenschaft alles Zeichenhaften und zielt auf die Erfassung naturwissenschaftlicher wie kultureller Phänomene gleichermaßen. Semiotische Phänomene und Prozesse lassen sich in der Biologie, Ethnologie, Geschichte, Psychologie, Musik, in den darstellenden Künsten, im Theater, Film und den Medien, in den Sozialwissenschaften (um nur einige Bereiche zu nennen) ebenso beobachten wie in der Sprachwissenschaft.

Begründet wurde die Semiotik im 20. Jh. von den drei "Klassikern" Charles S. Peirce, Ferdinand de Saussure und Charles Morris, fortgeführt in den USA durch Roman Jakobson und Th. S. Sebeok, in Frankreich von Roland Barthes, A. J. Greimas, Julia Kristeva, in Italien von Umberto Eco, in Deutschland von Roland Posner, Achim Eschbach, Winfried Nöth, in der lusophonen Welt von J. G. Herculano de Carvalho, O. Poles, C. T. Pais, M. Dascal, Hildo Honório do Couto – um nur einige bei Namen zu nennen.

3.2 Zur Geschichte der Semiotik

Die Geschichte der Semiotik ist durch Nöth (^{2}2000, 1-130) im Überblick dargestellt worden. Philosophische Überlegungen zu zeichentheoretischen Konzeptionen[63] beginnen mit Platon und Aristoteles und finden einen ersten Höhepunkt in der Stoa. Auch wenn für die Stoiker die Logik und das logische Schlussfolgern

---

[62] So könnte die gesamte literarische Technik semiotisch verstanden werden (und Schriftsteller wie Fernando Pessoa oder Paul Valéry verstanden sie auch so; letzterer sprach 1922 sogar schon von einer "sémiologie du discours").

[63] Grundlage für die folgenden Ausführungen ist Nöth (^{2}2002, 1-57).

(Zeichen als Prozess der syllogistischen Induktion verstanden) im Mittelpunkt stand, so legten sie erstmalig einen triadischen Zeichenbegriff zugrunde: (a) das, was durch das Zeichen vermittelt wird; (b) das sprachliche Zeichen selbst; (c) das Objekt oder Ereignis.

Aus der Scholastik (jedoch auf Augustinus zurückgehend) stammt die bekannte semiotische Formel für Zeichenhaftigkeit 'aliquid stat pro aliquo', d.h. etwas steht für etwas anderes. Ein Zeichen wie *saudade/saudades*[64] steht in einem bestimmten Kontext bzw. Kotext für so etwas wie 'Sehnsucht'/'Liebe Grüße'. Diese "Stellvertreterschaft" bringt jedoch das grundlegende Defizit mit sich, dass der Zeichenbenutzer überhaupt nicht einbezogen wird, geschweige denn in Erscheinung tritt: er wird implizit vorausgesetzt. Die grundlegende Aussage des lateinischen Satzes *aliquid stat pro aliquo* ist sicher, dass Zeichen "etwas präsent machen können, ohne selbst dieses Etwas zu ein" (Linke/Nussbaumer/Portmann [5]2004, 18), mit anderen Worten: dass Zeichen auf etwas Gegenwärtiges (Wahrgenommenes), Vergangenes oder Zukünftiges verweisen können, auf etwas Wahres oder Unwahres, Existentes oder Nicht-Existentes ("Einhorn", "Fee", "der Besucher vom Begleiter des Sirius" oder anderes mehr). Doch: *Was* steht für *was*? Darauf gibt es viele Antworten:

> Das Zeichen steht für einen Gegenstand; das Zeichen steht für einen Begriff; der Ausdruck steht für eine Bedeutung; der Ausdruck steht für einen Begriff; der Ausdruck steht für eine Idee, eine Vorstellung, (...) für einen Gegenstand vermittels eines Begriffs; und vieles andere mehr (Keller 1995, 115).

Man kann Keller darin folgen, dass ein Zeichen erst durch seine Verwendung zu einem Zeichen wird, erst durch seine Verwendung zeigt es seine (mögliche) Bedeutung. Diese Bedeutung kann isoliert stehen (z.B. *saudades* im Wörterbuch des Portugiesischen), sie kann in einem allgemeinen oder ganz besonderen Kontext stehen.

Im Rahmen dieser Einführung und dieses kurzen Abrisses der Semiotik-Geschichte soll am Rande auch auf den besonderen portugiesischen Anteil dazu gleich zu Beginn der Neuzeit aufmerksam gemacht werden: die Grammatik des Franciscus Sanctius mit dem Titel *Minerva, seu de causis Linguae Latinae* (1587), die 'ratio' und 'usus' in den Mittelpunkt rückt, steht als ein *opus magnum* in der Entwicklungsgeschichte der *Grammaire Générale et Raisonnée* (Port-Royal) des 17. Jahrhunderts. Sanctius[65], der mit elf Jahren nach Braga kam und später über Valladolid (Baccalaureus 1543) dann definitiv nach Salamanca als Hochschullehrer ging, steht mit seiner Einteilung der Redeteile und Redefiguren ganz in der grammatisch-rhetorischen Tradition des Quintilian, Scaliger u.a., jedoch ist eine semiotische Grundlage bei ihm unverkennbar (z.B. die 'impositio nominum', die Zuordnung der Namen zu den Dingen beim Ursprung von Sprache).

---

64 Vgl. Head 2000, Lourenço 2001.

65 Francisco Sánchez de la Brozas ('El Brocense' genannt nach seinem Geburtsdorf Brozas in Spanien) wurde 1523 geboren, studierte Theologie, Rhetorik, Grammatik und Naturwissenschaften. Grundgedanken seiner *Minerva* wirken über Soares Barboza (1822) bis Chomsky weiter, vgl. z.B. zur 'Ellipse' Fernando Martinho, "Gramática, vazio e subentendido: sobre algumas construções elípticas em português": http://sweet.ua.pt~fmart/index.html?elipse.

Als portugiesischer Beitrag zur europäischen Semiotik ist der *Tractatus de signis* (1632) von João de S. Tomás hervorzuheben, der als erster eine Zeichenlehre in systematischer Form vorlegte. Die Universitäten auf der Iberischen Halbinsel leisteten in der Zeit der spätscholastischen Renaissance insgesamt einen besonderen Beitrag zur Semiotik, man denke an Domingo de Soto, Pedro da Fonseca, Franciso Suárez, Francisco de Araújo, Domingo Bañez, Cosme de Lerma und eben João de S. Tomás.[66]

Für die Grammatiker des 17. und 18. Jh. bestand 'Grammatik' aus einem mechanischen und einem logischen Teil (der zeichentheoretisch verstanden wurde), sie war 'theoria', ihre praktische Aufgabe war die Kunst, korrekt sprechen und schreiben zu lehren. Auch Soares Barboza ging in seiner *Grammatica philosophica* (^{2}1822) von einem logischen Standpunkt aus und betrachtete die Wörter als Zeichen, die für unsere Gedanken und Ideen stehen.

Von den vielen Philosophen, die sich Anfang des 19. Jahrhunderts zu zeichentheoretischen Aspekten geäußert haben, sei auf Bolzano hingewiesen, der eine Allgemeine Zeichenlehre (1837) entwarf und schon klar zwischen Vorstellung, Zeichen, Bedeutung und Sinn unterschied.[67] Bolzano machte auch auf die Distinktivität von Zeichen aufmerksam, was ihn zum Vorläufer gerade auch der Semiologie von Saussure macht.

3.3 Zeichentheorien

3.3.1 Charles S. Peirce

Die moderne Semiotik beginnt mit Charles S. Peirce, der eine ontologisch wie phänomenologisch orientierte **Zeichentheorie** (*teoria dos signos*) entwarf und auch auf Locke zurückgreift. In den verschiedenen Modellen seiner theoretischen Entwürfe kam er zu einer triadischen Relation:

> Ein Zeichen oder ein *Repräsentamen* ist ein Erstes, das in einer solchen genuinen triadischen Relation zu einem Zweiten, das sein *Objekt* genannt wird, steht, dass es fähig ist, ein Drittes, das sein *Interpretant* genannt wird, zu bestimmen, und zwar dahingehend, dieselbe triadische Relation zu seinem Objekt anzunehmen, in der es selbst zu diesem Objekt steht (Peirce, *Collected Papers* 2.274, zitiert nach Schönrich 1999, 20).

---

66 Vgl. dazu Nöth (2000, 12-14) mit bibliographischen Angaben.

67 Dazu Nöth: "[...] Bolzano entwickelt eine elaborierte Typologie der Zeichen nach pragmatischen und semantischen Gesichtspunkten. U.a. differenziert er zwischen *allgemein* und nur *für einzelne* Menschen *gültigen* Zeichen. *Natürliche Zeichen* sind allen Menschen gemein; *zufällige* Zeichen sind solche, die nicht universell anwendbar sind; *willkürliche* Zeichen sind zufällige Zeichen, bei denen Gegenstand und Vorstellung 'mit Wissen und Willen' verknüpft sind. [...] Zeichen sind ferner *einzeln* oder *zusammengesetzt, eindeutig* oder *mehrdeutig, ursprünglich* oder *abgeleitet, bestimmt* und *deutlich* oder *unbestimmt*. Sie werden in ihrer *eigentlichen* oder *uneigentlichen* Bedeutung verwendet, im letzteren Fall entweder *metonymisch* oder *bildlich, figürlich* bzw. *metaphorisch*. Zeichen evozieren nicht nur Vorstellungen, sondern auch Nebenvorstellungen, die vorteilhaft oder schädlich sein können, und danach gibt es *reine* und *unreine* Zeichen" (Nöth ^{2}2000, 33–34).

Es gilt also zwischen Erstem (d.h. dem *Repräsentamen),* dem Zweitem (d.h. dem *Objekt*) und dem Dritten (d.h. dem *Interpretant*) zu unterscheiden: das *Repräsentamen* (auch 'Mittel' genannt) ist eine Fähigkeit, im Geist der Person ein Zeichen zu erzeugen, der *Interpretant* des ersten Zeichens ist das erzeugte Zeichen, das *Objekt* schließlich ist das, wofür das Zeichen steht als eine Art Idee. Wenn also der Interpretant (das Dritte) ständig an die Stelle des Ersten zu treten hat (wie gefordert), so liegt eine infinite Abfolge von Zeichen vor.

Hinsichtlich der linguistischen Semiotik kann man feststellen, dass für Peirce der **Interpretant** (der nicht der Interpret oder Empfänger der Botschaft ist!) verschiedene Formen haben kann, z.B. kann er sein (a) ein gleichbedeutender Signifikant in verschiedenen Zeichensystemen, also z.B. die Zeichnung einer *Katze* (Ikon) und die dazugehörige portugiesische Lautfolge ['gatu], (b) der Index (Zeigefinger), der auf ein einzelnes Objekt zeigt und darüber hinaus noch mehr als nur das bloße Zeigen impliziert, (c) innerhalb ein- und desselben Zeichensystems wie der Sprache erstens eine umgangssprachliche Bezeichnung wie ['gatu] und zweitens die wissenschaftliche Bezeichnung wie *felídeo* 'Tier aus der Familie der Katzen', (d) eine gefühlsmäßige etablierte Konnotation zwischen Katze und Katzbuckeln, (e) die Übersetzung eines Wortes in eine andere Sprache: ['gatu] für engl. [kæt], eine synonymische Umschreibung oder ein Onomatopoetikon wie *ronrom* 'Schnurren der Katze'. Das alles sind 'Interpretanten' im Sinne von Peirce, sie umfassen Denotation wie Konnotation (vgl. 8.1) und sie können auch komplexe Diskurse sein, wie Eco feststellt[68] und hinzufügt, dass erst der Interpretant die Gültigkeit eines Zeichens garantiert.

Die drei Aspekte der Zeichentriade zeigt folgendes **semiotische Dreieck**:

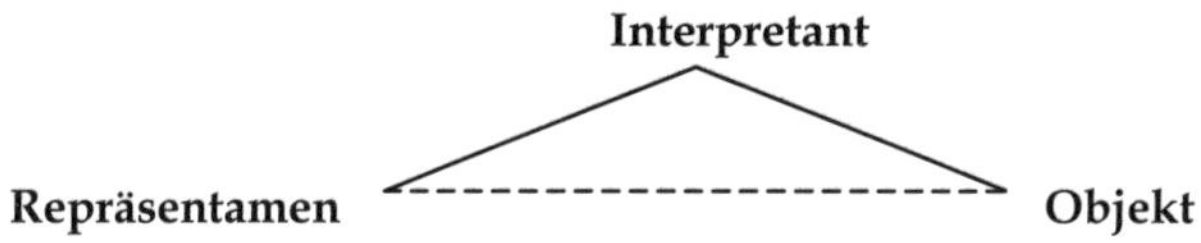

Das triadische Zeichenmodell nach Charles S. Peirce

In der Nachfolge zu Peirce ist das semiotische Dreieck immer wieder mit anderer Terminologie und anderen Relationen diskutiert worden (*Bedeutung/ Zeichenträger /Referenzobjekt* oder *Signifikant/Referent/Signifikat* oder *Symbol/Extension/Intension* oder *symbol/thought or reference/referent*).[69]

Abschließend zu Peirce sei auf seine **Typologie von Zeichen** hingewiesen. Er unterscheidet drei Klassen von Zeichen:

- **Ikone** (*ícones*): Ikonische Zeichen haben wiedererkennbare bildliche Elemente, die dem Gegenstand ähnlich sind, z.B. Piktogramme, Onomatopoetika und ähnliche; die internationale Kultursemiotik, das Internet (Emoticons) findet hier zunehmend Lösungen, die auch international standardisiert sind.

---

68 Zu diesen fünf verschiedenen Arten des Peirceschen 'Interpretanten', die für die linguistische Semiotik wichtig sind, wie auch zum Vergleich von Peirce mit Saussure vgl. Eco (1987, 36-37 und 103-104).

69 Vgl. Bußmann ^{3}2002; Nöth ^{2}2000, 140.

- **Indices** (*índices*): Indexikalische Zeichen (Symptome) geben Hinweise dafür an die Hand, dass ein Ereignis stattgefunden hat, dass eine Ursache zu bestimmten Folgen führt (z.B. Rauch lässt ein Feuer, ein Haufen Späne Hobelarbeit, eine Kinderstimme am Telefon ein Kind als Sprecher vermuten). Das traditionelle Welterfahrungswissen steht hinter diesen Zeichen (mit ihrer ganzen Problematik in unserer Zeit). Spuren oder Indizien in der Kriminalistik, medizinische Symptome sind gleicherweise indexikalische Zeichen.
- **Symbole** (*símbolos*): Wenn die beiden eben behandelten Zeichentypen noch mit der "Natur der Sache" in Verbindung gebracht werden konnten, so ist das bei symbolischen Zeichen in der Regel kaum mehr möglich: die Relation zwischen dem Symbolzeichen und seiner Bedeutung ist willkürlich und unmotiviert, sie wird konventionell festgelegt, sie ist von Sprache zu Sprache verschieden.

Letzthin geht es Zeichenwissenschaftlern nicht um Zeichenmodelle, sondern um ein integriertes Modell semiotischer und kommunikativer Funktionen und Prozesse, d.h. um den Prozess der **Semiose** (*semiosis*), in dem das Zeichen auf seinen Interpreten kognitiv einwirkt. Für Peirce löst die triadische Relation daher einen dynamischen Prozess aus:

> Da jedes Zeichen einen Interpretanten erzeugt, der seinerseits das Repräsentamen eines weiteren Zeichens ist, erweist sich der Prozess der Semiose als eine 'Folge sukzessiver Interpretanten ad infinitum' (Nöth ²2000, 64).

Denken als eine zeichenverarbeitende Tätigkeit wird somit als ein unendlicher Prozess in Form eines (inneren) Dialogs gesehen.

3.3.2 Charles W. Morris

Einen Schritt weiter ging Charles W. Morris, der eine behavioristische und interaktionistische Semiotik verfolgte, um die allgemeine Semiotik als eine Einheitswissenschaft zu begründen. Im Modell der drei Dimensionen der Semiose nach Morris (vgl. Schema) ist der Zeichenträger zentral. Das Diagramm verdeutlicht, dass der Zeichenträger (*sign vehicle*) die Funktion hat, etwas zu bezeichnen; die Handlung des mittelbaren Notiznehmens heißt 'Interpretant', sie wird von einem Interpreten ausgeführt. Das 'Designat/Denotat' ist das, wovon der Interpret mittelbar Notiz nimmt. Wenngleich jedes Zeichen ein Designat haben muss, so muss es aktuell doch nicht immer etwas denotieren – d.h. das Zeichen braucht kein Denotat zu haben. Die genannten Komponenten der Semiose (Zeichenträger, Interpretant, Designat) werden durch den Interpreten ergänzt. Als Zeichenprozess gilt nach Morris "jede Situation, in der etwas durch die Vermittlung eines Dritten von etwas, das nicht unmittelbar kausal wirksam ist, Notiz nimmt; jeder Zeichenprozess ist also ein Prozess des 'mittelbaren Notiznehmens'" (Morris 1972, 92).

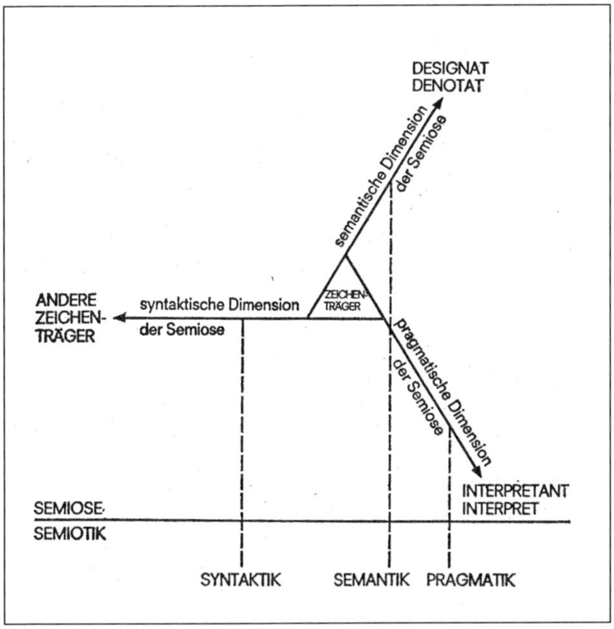

Das Modell der Semiose, Morris (1972, 94)

Aus dem Modell ergeben sich **drei Dimensionen der Semiose**: die *semantische Dimension* oder **Semantik** (*semantics*: Relation zwischen Zeichenträger und Bezeichnetem, d.h. aktuellem oder auch potentiellem Designat bzw. Denotat), die *syntaktische Dimension* oder **Syntaktik** (*syntactics*: Relationen von Zeichenträgern zu anderen Zeichenträgern), und die *pragmatische Dimension* oder **Pragmatik** (*pragmatics*: Relation zwischen Zeichenträger und Interpret).[70] Damit sind auch die drei wesentlichen Teildisziplinen der Semiotik genannt.

3.3.3 Ferdinand de Saussure

Als dritter Klassiker der Semiotik ist Ferdinand de Saussure zu nennen, der vor allem das sprachliche Zeichen im Blick hatte.[71] Für Saussure ist **Sprache** (*langue*)

70 Wenn Morris die Pragmatik als "die Wissenschaft von der Beziehung der Zeichen zu ihren Interpreten" versteht und diese Interpreten meist lebende Organismen sind, so befasst sich Pragmatik also "mit den lebensbezogenen Aspekten der Semiose, (...) d.h. mit allen psychologischen, biologischen und sozialen Phänomenen, die im Zeichenprozess auftauchen" (Morris 1972, 52). Morris versteht also Pragmatik in einem sehr weiten Sinne; die linguistische Pragmatik später (vgl. Kap. 9) wird als ihr Ziel die Analyse sprachlichen Handelns in Situationen erkennen. Am Rande bemerkt: das oben zitierte Diagramm ist ein ikonisches Zeichen, jedoch nicht unbedingt schon ein ästhetisches Zeichen.

71 Innerhalb der Sprachwissenschaft ist er der Begründer des linguistischen Strukturalismus, sein Hauptwerk *Cours de linguistique générale* wurde 1916 postum auf der Grundlage von Vorlesungsmitschriften seiner Schüler Charles Bally und Albert Sechehaye in Zusammenarbeit mit Albert Riedlinger in einer vorläufigen Fassung herausgegeben. Der 'Cours' ist in einem klaren Französisch konzipiert und redigiert, er wurde zeitweilig als "Bibel" der Sprachwissenschaft bezeichnet, jeder Studierende sollte ihn einmal zur Hand genommen

ein Zeichensystem, vermittels dessen Gedanken ausgedrückt werden, sie ist insofern vergleichbar mit der Schrift, dem Taubstummenalphabet, den symbolischen Riten (*rites symboliques*), den Höflichkeitsformen, den militärischen Signalen und Zeichen. Innerhalb der Semiologie ist jedoch die Sprachwissenschaft wohl die wichtigste Wissenschaft. Dem **Sprachsystem** der *langue* stellt Saussure die *parole* als individuellen Sprachgebrauch gegenüber. Den Unterschied zwischen der Sprache zu einem ganz bestimmten Zeitpunkt (synchrone Sprachbeschreibung, *sincronia*) und dem Sprachsystem, wie es sich im Verlauf der Jahrhunderte wandelt (diachrone Sprachwissenschaft, *diacronia*), hat Saussure ebenso klar benannt, wobei er den ersteren Aspekt (entgegen der Strömung seiner Zeit) hervorhob.

Saussure (in seiner Vorliebe für Dichotomien) reduziert nun auch das Konzept der Zeichen, indem er seinerseits (vereinfachend) von einem **bilateralen Zeichenmodell**, einer Dyade von *'signifiant'* (Signans, Signifikant, Form, Zeichenausdruck oder -träger) und *'signifié'* (Signatum, Signifikat[um], Zeicheninhalt, Begriff, Denotat) ausgeht. Diese beiden Aspekte des sprachlichen Zeichens (die zusammen "une entité psychique à deux faces", also eine zweiseitige psychische Entität bilden) sind so untrennbar miteinander verbunden wie die beiden Seiten eines Blatts. Ein Zeichen konstituiert sich für Saussure immer in dieser Dualität.

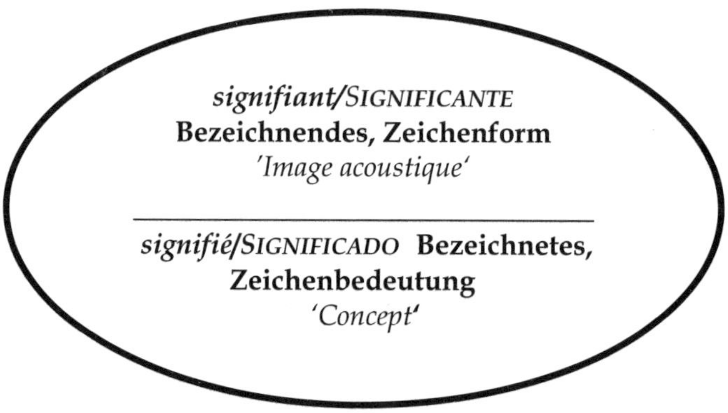

Das duale Zeichenmodell, nach Saussure (1916)

Die Verbindung zwischen diesen beiden untrennbaren Aspekten des Sprachzeichens kennzeichnet Saussure als *arbiträr, konventionell, assoziativ*. Die Arbitrarietät des sprachlichen Zeichens (die schon Aristoteles erkannt hatte) besagt, dass zwischen der Idee (Vorstellung) eines Gegenstands - wie z.B. einer birnenförmigen, essbaren Frucht eines südamerikanischen Baumes - und einem Lautbild wie [avu'ka🖓u] keinerlei innere Beziehung zu einem 'Advokaten' besteht - es könnte dafür ja auch eine beliebige andere Lautfolge gewählt werden.

Saussure (der andere Beispiele wählte) fügte hinzu, dass *arbitraire* auch *immotivé* (nicht motiviert) genannt werden könnte: es besteht keine natürliche Relation zwischen Signifikant und Signifikat. Auch die Onomatopoetika stellen

haben. Übersichtliche Resümees der Sprachtheorie Saussures geben u.a. Hoffmann 1996, 32-50, Linke/Nussbaumer/Portmann [5]2004, 30-42; Nöth [2]2000, 71-77; Vigener 1979.

für Saussure kein Gegenbeispiel dar, weil sie von Sprache zu Sprache verschieden seien (dt. *wauwau* entspricht frz. *ouaoua, wouf,* span. *¡guau, gau*! und pt. *uaf*!). Die einzelnen Sprachen folgen hier eigenen Höreindrücken und Bezeichnungskonventionen.

Wenn auch der Beitrag Saussures zur allgemeinen Semiotik geringer zu veranschlagen ist als der zur strukturalen Syntax und Semantik (vgl. 6.2 und 8.4), so haben seine Systematisierungen unbestritten zu einem klaren Wissenschaftsfundament der gesamten Linguistik (Systemlinguistik) beigetragen. Seine Semiologie der sprachlichen Zeichen erwies sich als höchst anregende Pionierarbeit gerade auch für andere Wissenschaftsdisziplinen.

3.4 Kommunikation und Semiotik

Während die Semiotik in der Nachfolge Saussures vor allem die Strukturen der (Sprach-)Zeichen aufdecken wollte, hat sich die aktuelle Forschung im Rückgriff auf Peirce, Morris und Eco den Funktionen der Semiose (Zeichenprozesse) zugewandt, das heißt den dynamischen Aspekten bei der Erzeugung und Rezeption von Zeichen. Andere grundlegende Forschungen - etwa zur Informations-, Kommunikations- und Handlungstheorie - brachten komplementäre Erkenntnisse.

Um die Wissenschaftsbezüge bzw. Vernetzungen mit anderen Wissenschaften deutlich zu machen, sollen im Folgenden drei Bereiche genannt sein, die zugleich auch den interdisziplinären Brückenschlag zu anderen Studienfächern ermöglichen:

- Kommunikationstheorie;
- Anwendungsbereich 1: Semiotik des Theaters (Bühnenanweisungen);
- Anwendungsbereich 2: Semiotik der Werbung (Insektenmittel).

3.4.1 Kommunikationstheorie

In der relativ jungen Geschichte der Informations- und Kommunikationswissenschaften seit Ende der 1940er Jahre sind zur Modellierung der Struktur, der Umstände und des Verlaufs von Kommunikationsprozessen immer wieder Schemata entworfen worden. Lineare Modelle wie jenes der Informationstheorie (z.B. von Shannon/Weaver):

Produção *Recepção*

fonte
de
informação → **mensagem** → transmissor → SINAL → receptor → **mensagem** → destino

Das Modell des Kommunikationsprozesses, Couto (1983, 69)

Couto erklärt dieses Schema so:

> [...] uma fonte de informação produz a 'mensagem' ou seqüência de mensagens a ser enviadas ao terminal receptor - o transmissor faz da mensagem algo passível de ser transmitido pelo canal - já o canal é meramente o meio usado para transmitir o sinal do transmissor ao receptor [eine Informationsquelle produziert

eine einzelne Botschaft oder eine Folge von Botschaften, die zum Ziel-Empfänger geschickt werden soll - der Transmitter adaptiert die Botschaft entsprechend dem Übertragungskanal - denn der Kanal ist lediglich das verwendete Mittel für die Übertragung des Signals zum Empfänger] (Couto 1983, 68).

Auf das Signal wirken dazu noch Nebengeräusche ein. Derartige Modelle sind sicher fundamental, jedoch allzu technisch vereinfacht, sie genügen heute kaum den komplexen semiotischen und linguistischen Ansprüchen.

Für Saussure bilden, wie wir gesehen haben, 'concept'/'image acoustique', bzw. 'Vorstellung'/'Lautbild' eine psychische Einheit. Hinsichtlich der Kommunikation ging Saussure von einem Kreislauf (*circuit*) aus, der von Lautartikulation (*phonation*) des Sprechers zur Lautrezeption (*audition*) des Hörers verläuft, dort über Lautbild/Vorstellung zur Lautartikulation geht, die dann den Anderen (*l'autrui*) wieder per Lautrezeption erreicht - und damit schließt sich der Kreis.

Wie Couto, so kritisiert auch Nöth ([2]2002, 235), dass man Kommunikation nicht nur auf Zeichenprozesse (Semiose) reduzieren darf, sondern dass die menschliche Kommunikation immer zugleich auch noch anderes im Blick hat und leistet, was bei der semiotisch-linguistischen Analyse oft unberücksichtigt bleibt: bei Kommunikation ist jedoch grundlegend wichtig, mithilfe welchen Mediums kommuniziert wird (also gesprochene Sprache: Sprecher/REDE/ Zuhörer, geschriebene Sprache: Autor/SCHRIFTTEXT/Leser, gestisch-mimische Sprache: Gesicht-Hand/GESTISCH-MIMISCHE ZEICHEN/visuelles Erkennen usw.) und was man unter Medium überhaupt versteht, in welcher Situation kommuniziert wird, wer der Sprecher und wer der Hörer ist in ihrem gegenseitigen Bezug (man denke nur an den Altersunterschied), ob Sichtkontakt (*face-to-face*) besteht für sekundäre Zeichenübertragungen (Gestik, Mimik usw.) oder nicht (Handy-Kommunikation, Chat).

Die prinzipiell dialogische Struktur der Kommunikation setzt mit einer gemeinsamen "Sprache" (Sprachkode) auch quasi gemeinsame Wissens- und Verstehenshorizonte voraus. Gegenwärtig kann somit nur festgestellt werden, dass für die Beschreibung und Erklärung eines besonderen Phänomens semiotischer Kommunikation ein ad hoc adäquates Modell entworfen werden kann, das seine Gültigkeit eben nur für den entsprechenden Gegenstandsbereich hat.

Die funktionalistischen Ansätze von Karl Bühler (1934) und Roman Jakobson (1972) haben sich bis heute als besonders tragfähig erwiesen, wie Bußmann ([3]2002, 'Kommunikationsmodell') zu Recht hervorhebt. Dieses wird auch daran deutlich, dass beide Modelle weiterhin als Systematik für die semiotisch-linguistische Beschreibung von Einzelsprachen dienen können, wie es hinsichtlich des Bühlerschen Modells Erwin Koller (2003) überzeugend anhand der portugiesischen und deutschen Interjektionen deutlich machen konnte.

3.4.1.1 Karl Bühler

Den Grundgedanken seiner drei **Sprachfunktionen** formulierte Karl Bühler schon 1918, machte ihn jedoch erst in seiner Sprachtheorie zum Kerngedanken eines **Organonmodells** [72]:

---

[72] Bühler beginnt seinen Aufsatz "Kritische Musterung der neueren Theorien des Satzes" (in *Indogermanistisches Jahrbuch* 6 (1918) 1-20, S.1): "Dreifach ist die Leistung der menschlichen

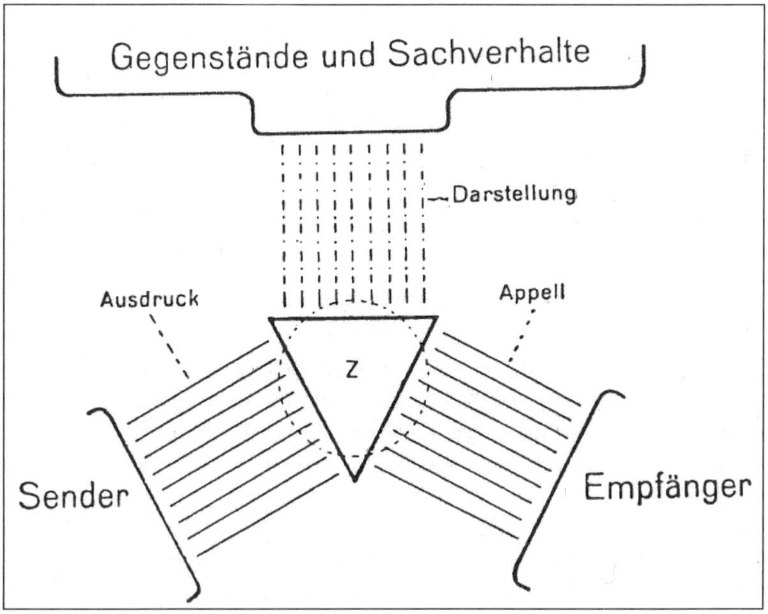

Das Organonmodell, Bühler (1999: 28)

Das konkrete Schallphänomen oder -zeichen Z wird durch drei Momente charakterisiert: Das Sprachzeichen

> ist *Symbol* kraft seiner Zuordnung zu Gegenständen und Sachverhalten, *Symptom* (Anzeichen, Indicium) kraft seiner Abhängigkeit vom Sender, dessen Innerlichkeit es ausdrückt, und *Signal* kraft seines Appells an den Hörer, dessen äußeres oder inneres Verhalten es steuert wie andere Verkehrszeichen (Bühler 1978, 28).

Entsprechend diesem Organonmodell können sprachliche Zeichen also drei Funktionen erfüllen: die **Symbol-Funktion**, indem sie Gegenstände und Sachverhalte darstellen bzw. symbolisieren, die **Symptom-Funktion**, indem sie Meinungen, Absichten oder Gefühle des Sprechers ausdrücken bzw. kundgeben, die **Signal-Funktion**, indem sie an den Hörer appellieren und dessen Verhaltensweisen beeinflussen. Die menschliche Sprache ist somit als ein polyfunktionales Instrument erfasst.

Es sei ergänzend erwähnt, dass Bühler in seiner kommunikativ-semiotischen Sprachtheorie von 1934 (in der manche Anleihen bei Saussure nachweisbar sind, wie er selbst auch offen legt) ein **Vierfelder-Schema** von Handlung-Akt-Werk-Gebilde entwirft. Bühler greift hierzu auf die Dichotomien Humboldts (Sprache als 'energeia' Tätigkeit oder 'ergon' Werk) und Saussures (Sprache als 'langue' oder als 'parole') zurück, indem er zwei Ebenen unterscheidet: im folgenden Modell die obere Zeile 'Sprechhandlung' | 'Sprechakt' bezieht sich auf die Produktion von Sprache, die untere Zeile 'Sprachwerk' | 'Sprachgebilde' auf das Produkt:

Sprache: Kundgabe, Auslösung und Darstellung" – was später zur Triade Ausdruck, Appell, Darstellung wurde.

	INDIVIDUELL	SOZIAL
PRODUKTION	Handlung	Akt
PRODUKT	Werk	Gebilde

Bühlers Vierfelder-Schema, adaptiert nach Wunderlich (1969, 58)

Bühler verwendet hier den Begriff der 'Sprechhandlung' wie Trubetzkoy (vgl. 4.1), bekennt aber, dass die Lehre der Sprechakte in seiner Vierfelder-Theorie "am wenigsten ausgebaut und noch sehr umstritten" (Bühler 1934; 1978, 62) sei, dass eine Unterscheidung zwischen Sprechakten und Sprachgebilden (z.B. der Satz) noch zu leisten sei.[73] Er weist jedoch innovativ darauf hin, dass Sprechhandlungen immer in einem "Umfeld" (wie er schreibt) stehen, d.h. einen spezifischen Kontext haben: dieses Umfeld kann synsemantisch alle begleitenden sprachlichen Kontexte oder auch Gesten, Mimik, Musik oder Bilder umfassen, es kann ein sympraktisches Umfeld wie das Kaffeehaus sein (man bestellt dort z.B. "einen Schwarzen" oder pt. "un garoto"), und auch symphysische Bezeichnungen hängen den Dingen direkt an (z.B. Grabinschriften wie *Aqui jaz D. Diniz* [Hier ruht Dom Diniz], Wegweiser, Produktnamen, Graffiti). Derartige Inschriften haben Bühler stark fasziniert, enthalten sie doch oft "Zeigewörter" mit punktueller wie weitreichender Denotation: insbesondere die Zeigwörter oder deiktischen Wörter Ich-Hier-Jetzt (ego-hic-nunc), die als 'Origo' des Sprechakts den Sprecher-Ort-Augenblick (egozentrisch) markieren (vgl. 9.1), unterliegen im Sprachgebrauch (z.B. in Werbeanzeigen) einem ständigen Wechselspiel:

> Streng genommen wird mit *hier* die momentane Position des Sprechers angezeigt und diese Position kann mit jedem Sprecher und mit jedem Sprechakt wechseln (Bühler 1978, 103).

Bühler kommt zu dem Schluss, dass nicht alle Sprachzeichen Symbole derselben Art sind, denn die Zeigewörter erweisen sich als Signale.

3.4.1.2 Roman Jakobson

Roman Jakobson (1960; 1963; 1972, 99-136) gelangt durch die Analyse der 'funktionalen Redestile' der Prager Schule zu sechs **Funktionen der Sprache** (*funções linguísticas/funções da linguagem*), von denen in jeder Kommunikation jeweils eine dominant ist, die anderen sekundär beteiligt sein können. Jakobson greift *expressis verbis* auf Bühler zurück und unterscheidet die **referentielle** (denotative, kognitive), die **konative** und die **emotive** (expressive) Funktion – entsprechend den drei Bühlerschen Grundfunktionen Darstellung, Appell, Ausdruck. Dazu nennt er weiterhin die **phatische** (man denke an sprecher-orientierte Aufmerksamkeitssignale des Hörers), die **metasprachliche** (z.B. schriftlich durch Anführungszeichen, mündlich durch eine Pause markiert) und die **poetische** (man denke an sprachkünstlerische und rhetorische Figuren u.a.m.). Das Kommunikationsmodell von Jakobson gruppiert die grundlegenden Parameter (mit pt. Bezeichnungen) so:

[73] Für Bühler (1934; 1978) sind die Prinzipien der Sprachtheorie das Organonmodell, die Zeichennatur der Sprache, Sprechhandlung und Sprachwerk, Sprechakt und Sprachgebilde, das Zeigfeld der Sprache, die Origo, das Zeigfeld und die Deixis.

CONTEXTO / SITUAÇÃO

Remetente / locutor → **MENSAGEM** → *receptor/ouvinte /alocutário*

CONTACTO / CANAL

CÓDIGO / LÍNGUA

Kommunikationsmodell, Jakobson (1963, S. 214)

Die Mitteilung (*mensagem*) eines Absenders/Sprechers (*remetente/locutor*) für einen Empfänger/Hörer/Angesprochenen (*receptor/ouvinte/alocutório*) enthält zumeist text- oder referenzsemantische Ausdrücke, die sich auf die/eine Sprechsituation (*contexto/situação*) beziehen, sie ist phatisch an einen realen (oder auch fiktiven) Hörer gerichtet, wobei beide Gesprächspartner mit Redundanzphänomenen (*canal*) bei der Übermittlung rechnen müssen. Damit Kommunikation gelingen kann, ist ein weitgehend gemeinsamer Kode (*código*) vorausgesetzt, wozu dann aber noch weitere Gelingensbedingungen hinzukommen, die in diesem Modell nicht aufgeführt sind.

3.4.2 Semiotik des Theaters

Sofern das Theater als Abbild von Welt und Wirklichkeit verstanden wird, finden wir in der Aufführung eines Theaterstücks (*representação*, engl. *performance*) den größten Teil darstellerischer Zeichenmittel wieder; die "Welt der Bühne" produziert multimedial Zeichen - neben akustischen und ikonischen Zeichen vor allem verbale und nonverbale (sprachbegleitende) Zeichen. Als Zeichensysteme sind nachweisbar: Sprache (Pragmatik des Sprechens) und körperliche Ausdrucksweisen (Mimik, Gestik, Kinesik, Proxemik) der ästhetisch gestaltenden Schauspieler, ergänzt durch Zeichensysteme der figurativen Ausstattung (Kostüme, Haartracht, Masken usw.), Zeichen der "Welt"-Inszenierung (Bühnenbild, Requisiten, Beleuchtung); weitere ikonische und auditive Zeichen können die Inszenierung ergänzen (vgl. dazu Eschbach 1979, 152-171).

Eine erste qualitative Besonderheit der Gattung 'Theaterstück' (mit einer fiktionalen Handlungskonstellation/-situation) besteht nun darin, dass traditionell ein Schrifttext vorliegt (ein Lesetext), der in einem zweiten Schritt in einen theatralischen Handlungstext (Inszenierung auf der Bühne) umgesetzt wird: das ist eine fundamental mediale Umsetzung und Übersetzung. Der Autor des Stücks konzipiert Ort, Zeit und Handlung (*plot*) von seiner Vorstellung (und Wissen) her auf eine (seine) ästhetische (oder sonstwie geartete) Intention hin; zu diesem Zweck bedient er sich seiner Sprache, die partiell alltagssprachlich, partiell "dichterisch" (poietisch, stark konnotativ, unbestimmt) konstruiert sein kann. Der theatralisch gestaltete Wirklichkeitsausschnitt transzendiert auf eine neue Erkenntnis oder "Wahrheit" hin, die auf einer abstrakteren Kognitionsebene anzusiedeln ist.[74]

Hier kann es nur ansatzweise um die pragmalinguistische Analyse der semiotischen Indikatoren im gedruckten Bühnentext gehen, genauer um die

---

74 Eschbach (1979), der die multimediale Menge von Zeichensystemen in der Theatersemiotik aufzeigte, wählte als Anwendungsbeispiel für Theatersemiosis den *Gesang vom Lusitanischen Popanz* (1974) von Peter Weiss.

Bühnenanweisungen (notas cénicas). Wir wählen konkret von Bernardo Santareno das Theaterstück *O crime na aldeia velha* (1964).[75] Bühnenanweisungen des Autors dienen einerseits als Lesehilfen für Leser, andererseits als Darstellungshilfen für Schauspieler und Regisseur; sie sind metasprachlich und metapragmatisch. Durch Bühnenanweisungen legt der Autor die Kommunikationssituation und Interaktion zwischen den Personen partiell fest, oft auch den Sinn der Äußerungen; er schränkt damit den Interpretationsspielraum der Inszenierung ein. Santarenos Regieanweisungen sind recht detailliert, der Titel *O crime na aldeia velha* und das Foto auf dem Deckblatt versprechen kriminalistische Spannung.

Nach der Titelei findet sich auf der ersten Seite ein Zeitungsausriss aus *O Primeiro do Janeiro*, datiert 24/5/1934, in dem von einem Urteilsvollzug eines 'Tribunal colectivo' die Rede ist, von der Vollstreckung einer 'queimada-viva de Soalhães' des Opfers Arminda de Jesus - als eine Art Dämonenaustreibung - sowie einer verrückten Heiligen Joaquina de Jesus, die die Dorfbewohner zu diesem Akt angestiftet habe; ein reales Ereignis liegt also dem Theaterstück zugrunde und stärkt die Authentizität des Ereignisses.

Die Liste der Personen des Stückes (*personagens*) besteht nur in Vornamen, dazu zwei Padres, alle mit genauer Altersangabe, weiterhin 'Mulheres, Homens, Povo' (Frauen, Männer, Volk) - sowie die Ortsangabe einer Bergregion in Nordportugal (*região montanhosa do Douro ou da Beira*), Zeitpunkt (*'actualidade'* - wann auch immer das Stück gespielt wird).

Die Bühnenanweisung zum 1. Akt lokalisiert das Szenario außendeiktisch (*A residência paroquial de Aldeia Velha,* die Pfarre in Aldeia Velha), dann innendeiktisch (*Uma sala espaçosa do primeiro andar: ao fundo, uma varanda que dá para a praça principal do lugarejo*, großer Raum im ersten Stock; im Hintergrund eine Veranda, die auf den Hauptplatz des Dörfchens hinausgeht), wobei die Zuschauerperspektive in der Regel die Referenzkoordinaten hergibt (*à direita, a porta que comunica com a escada da rua; à esquerda, uma porta interior*: rechts die Tür, die zur Treppe auf der Straße führt, links eine Tür ins Hausinnere). Auf Glockenzeichen, die auch später eine Rolle spielen, wird schon zu Beginn verwiesen (*Sente-se [os sons dos sinos, etc.] que a igreja fica logo ao lado*; man hört die Glocken der Kirche nebenan).

Beim Öffnen des Bühnenvorhangs sieht man zwei schwarz gekleidete Frauen (*vestidas de preto*), was in Portugal keinen kürzlichen Trauerfall symbolisieren muss, weitere Frauen, eine von ihnen betet den Rosenkranz. "*Là fora, ruidos di povo. Dois foguetes. É verão*" [Dort draußen, Lärm des Volks. Zwei Raketen. Es ist Sommer]. Der Zuschauer/Leser wird in diesen Innenraum hineinversetzt. Lokaldeiktika des Innen und Außen wechseln ständig, Personal- und Temporaldeiktika (vgl. 9.1.1) im Verlauf der Interaktionen der Protagonisten.

Den auktorialen Regieanweisungen liegen semiotisch-ästhetische Intentionen zugrunde, wobei zu unterscheiden sind: (a) **Sprechbegleitende Handlungen** (*A olhar para fora* 'nach draußen schauend'), (*Para fora* 'geht hinaus'), (*apontando para a*

---

[75] Bernardo Santareno, *O crime da aldeia velha*. Lisboa, Ática ²1964 (Adaptapção para o cinema por Manuel Guimarães, Bernardo Santareno e José Carlos Andrade).

rua 'auf die Straße weisend'), ([FLORINDA] *A mão levantada*] 'mit erhobener Hand') etc.; (b) **Sprechrichtungsanweisungen** (*Para dentro* 'nach innen'), (Para Florinda 'zu Florinda') etc.; (c) **Sprechpausen** (*Pausa. Suspendendo o trabalho* 'Pause. Hört auf zu arbeiten'), (*Taciturna* 'sie verstummt') etc.; (d) **Handlungsanweisungen** (*Entra Joana: traz um grande jarro com vinho* 'Joana tritt ein: sie trägt einen großen Krug Wein'), (FLORINDA [*Que beija a mão de Cláudio*] 'FLORINDA [die Hand von Claudius küssend') etc.; (e) **Anweisungen zur Stimmqualität** bei psychischen Veränderungen (*Voz rouca, monocórdica* 'mit rauher, belegter Stimme'), (*Com desgosto* 'missgelaunt'), (*Choro* 'Geheul'), (*Riso nervoso* 'nervöses Gelächter'), (*A imitar António, ridicularizando-o* 'António nachahmend und ihn lächerlich machend'), etc.; (f) **intonatorische Anweisungen bei Themenwechsel** (*Mudança rápida* 'schnelle Veränderung') etc.; (g) **Geräuschzeichen** (*Ouve-se uma banda de música. Foguetes* 'man hört eine Musikband. Raketen') usw.

Natürlich können diese Anweisungen sich auch bei Gleichzeitigkeit überschneiden (z. B. *A olhar para António: ciúme, raiva. / Patética: a chorar* 'zu António schauend: Eifersucht, Wut. / pathetisch: weinend'), in jedem Fall sind es gesetzte Zeichen des Autors mit einer offensichtlichen oder versteckten Absicht, um Bedeutung und Sinn der sprachlichen und gestischen Handlungen abzusichern.[76]

3.4.3 Semiotik der Werbung

Bild und Text gehen eine derart enge Verbindung ein, dass die Wahrnehmung (Verarbeitung) des Verbrauchers sich der unterschiedlichen Kodierungen kaum noch bewusst ist. Das Bild wird simultan zum sprachlichen Text schlagartig verarbeitet. Pragmasemiotisch sind insbesondere Anleitungen (Beipackzettel), welche die einzelnen Schritte der Montage von Bauteilen, Schrank oder Bett o. a. durch Bild+Text an die Hand geben.

Der Bereich Bild+Text ist innerhalb der Semiotik besonders komplex, multifunktional geordnet: die **Mediensemiotik** (*semiótica das mídias*) als Semiotik von Film und Fernsehen, der '*telenovelas*' und Comics, der Fotografien (Illustrationen) in Printmedien, in der Kartographie (Wetterkarten oder anderen Kartenwerken), in Lexika, Handbüchern oder Zeitschriften. Immer ergänzen sich Text- und Bildinformation, bewegen sie sich "im Spannungsfeld zwischen Trivialität und Kreativität, Manipulation und Information, Ideologie und ökonomischer Tatsache" (Nöth ²2000, 508).

Werbung begegnet uns in offener oder subtil verdeckter Form, die sprachliche Formulierung bedient sich aller Stil- und Redemittel, die bildliche Botschaft muss "ins Auge fallen" (*catching somebody's eye*), muss unsere Sehgewohnheiten bestätigen, attackieren, herausfordern. Ziel der **Werbung** (*publicidade*) ist, die

[76] Eine linguistische Semiotik bzw. Pragmatik des ganzen Theaterstücks würde nun insbesondere die Interaktion der Protagonisten im fiktionalen Zusammenhang mit den einzelnen Ausdrucksstilen und Sprechakten sehen, die dialogischen Wechsel, die Dynamik der Handlungsfortschritte, die Argumentationsstrategien, die Interferenzen (wie sie sich aus den Redebeiträgen der Protagonisten erkennen lassen), die Redestile und Register, die Gestensprachen (etwa indexikalische, ästhetische, konventionelle, ritualisierte, kommunikative Gesten u. a. m. Eschbach (1979, 156-159) legte hierzu erste Ansätze vor, die theoretische und anwendungsorientierte Fortsetzungen verlangen.

positive Einstellung des Rezipienten ('Verbrauchers') gegenüber einem "Produkt" zu erreichen, ihn zum Handeln (Kauf des Produkts) zu verleiten. Seriöse Argumentation, Persuasion oder Manipulation bedienen sich verbaler wie ikonischer (symbolischer) Mittel, um die Aufmerksamkeit des potentiellen Konsumenten zu erreichen.[77] Werbungen finden sich statisch auf Werbeträgern (Plakaten, Objekten jedweder Art, dynamisch bewegt in Filmen und im Fernsehen (TV-Werbespot).

Werbeanzeigen (*anúncios*) in portugiesischen Zeitungen spiegeln einerseits die global verbreiteten Schemata wider (z.B. die Auto- oder Kamerawerbung internationaler Konzerne), andererseits bilden sie eigenkulturelle Konventionen und soziale Stereotypen ab (z.B. bei Familien- oder Todesanzeigen).

In den Werbetexten finden sich die aus der Rhetorik bekannten Figuren wieder, eigentliche und uneigentliche Redeweise, Sprach- und Bildspiele ("Mais saúde. Mais sabor. Mais confiança" [Mehr Gesundheit. Mehr Geschmack. Mehr Vertrauen], Werbung für biologische Nahrungsmittel, *Público* 10. 04. 2005), ebenso Slogans ("Para cada folha de chá branco há mais de um milhão de chineses. Lipton White Tea" [Auf jedes Blatt weißen Tees kommen mehr als 1 Mio. Chinesen] *Xis* 12. 03. 2005).

Da Werbung argumentative und persuasive Strategien und Sprechakte einsetzt, finden Sprechakte des Aufforderns ihren Einsatz ("Experimente", "*Escolhe*" [Versuchen sie, Wählen Sie]). Informative Sachtexte als Erläuterung sowie die entsprechenden Bilder unterstützen das Kommunikationsziel; allerdings ist die Hybridität der Text-/Bildsorten nicht zu übersehen; Deiktika der Anrede werden ambig eingesetzt.

Als Beispiel soll uns folgender Werbetext dienen: ein Hund sitzt in einem Gestöber von Moskitos, Flöhen und Zecken (im Hintergrund).

Werbung für Insektenschutzmittel I, O Público 3.4.2005

Die Bildaufschrift lautet: VIRE A PÁGINA às piquadas de mosquitos, pulgas e carraças [SCHLAGEN SIE DIE SEITE mit den Stichen von Moskitos, Flöhen und Zecken UM]. Dadurch ist der Leser/Betrachter (= "Sie") aufgefordert umzublättern und gleichzeitig metaphorisch ermahnt, etwas gegen die Plagegeister zu unternehmen. Auf der folgenden Seite sieht man:

---

77 Vgl. dazu Nöth (²2000, 508-511); Schmidt-Radefeldt (2004); Janich (2005).

Werbung für Insektenschutzmittel II, O Público 3.4.2005

Dieser Bild+Text weist alle semiotischen Merkmale einer Werbung auf: er stimuliert durch ikonische Zeichen den Betrachter (HundehalterIn, den Plagegeistern des Hundes ins Auge zu sehen und der möglichen Abhilfe näher zu treten, d.h. der Aufforderung zum Umblättern dieses "Kapitels" nachzukommen. Die folgende Seite nimmt anaphorisch in "tripla" [dreifach] die drei Plagegeister des Hundes auf (Mini-Ikons der drei Parasiten in Rechtecken von der vorherigen Seite werden genau übernommen) und transponiert sie nun auf eine "Tripla Protecção" [Dreifachschutz], fachgerechte Abwehr und Beseitigung der drei Parasiten. Der verbale Text dieser Werbung ist informativ und klar strukturiert, verspricht absolut sichere, effiziente und leichte Anwendung, also Erfolg. Das Firmenzeichen (Logo) von Bayer ist Zeichen für Qualität und Zuverlässigkeit. Die Persuasion zum Kauf und zur Anwendung des Produkts ist abgeschlossen.

3.4.4 Weitere semiotische Anwendungsmöglichkeiten

Wenn man davon ausgeht, dass Kommunikation einen zeichengesteuerten Austausch- und Verarbeitungsprozess zwischen zwei oder mehr Interaktionspartnern darstellt, also immer einen Prozess der Informationsvermittlung und Erkenntnisveränderung bewirken will, so lassen sich in vielen Teilbereichen einer Gesellschaft besondere Phänomene und Abläufe aufzeigen, die das kultursemiotische Interesse verlangen.

Gerade in lusophonen Kulturen und an Universitäten dieser Länder ist ein lebhaftes Interesse an kultur- und mediensemiotischen Phänomenen zu erkennen: Im Rahmen der Mediensemiotik geht es um die Semiotik der kommunikativen Prozesse in den verschiedenen Medien, um die Werbung und ihre verbalen und nonverbalen Mittel (z.B. bildlich und sprachlich kultur-spezifische Kodes in der Produktion und Rezeption von Werbespots, Stategien, Einsatz von persuasiven Bild- und Sprachmitteln usw.), sowie um die **Comics** (*banda desenhada*, abgekürzt *bd*) als kulturspezifische Kunstform (z.B. *'BDjornal* – Publicação Mensal Portuguesa de Banda Desenhada') und als internationales Genre von Bildgeschichten.[78]

[78] Die semiotische (linguistische) Comic-Forschung fand bisher (im lusophonen Kulturbereich) geringe Akzeptanz, wenngleich die allgemeine wissenschaftliche Literatur beeindruckend

Grundlagenliteratur

Linke/Nussbaumer/Portmann (⁵2004); 13-48; Nöth (²2000, 1-57 und 235-249); Saussure [¹1916] [1972] (1986).

Übungsaufgaben

1) Stellen Sie einige der Konzeptionen eines "semiotischen Dreiecks" gegenüber, bewerten und vergleichen Sie deren funktionale Leistung.

2) Wählen Sie zwei portugiesische Theaterstücke mit möglichst vielen Regieanweisungen; suchen Sie sprachliche Ausdrücke der Deixis[79] (personal-, temporal- und lokaldeiktische Ausdrücke wie z.B. *eu, tu, você, vós, vocês* etc. und mehrdeutig verwendete Anredeformen; *agora,ontem, em dez minutos, num ano* etc.; *aqui,, aí, cá, lá, ali, aco(lá), nesta sala, de aqui em diante* etc. und diskutieren Sie die Systematik des portugiesischen Deixis-Systems (unter Heranziehung von Carvalho 1976).

3) Suchen Sie zwei Werbetexte in portugiesischen Zeitschriften oder im Internet (am besten zu ein und demselben Produkt); beschreiben Sie den Stil der Werbetexte (informative, direktive, persuasive pragmalinguistische Ausdrücke), dazu die Funktion der Bilder und vergleichen Sie Bild und Text.

---

zugenommen hat, vgl. Nöth ²2000, 491-495 und Grünewald (2000) sowie www.interdinamica.pt/comics/pt.x1yv24w.htm.

[79] Zur Deixis vgl. 9.1. Zur semiotischen Literaturwissenschaft vgl. die exemplarische Analyse von Fernanda Fonseca (1992).

4 Phonematik und Graphematik

Mit der Erforschung und Beschreibung des Lautsystems natürlicher Sprachen befassen sich zwei linguistische Teildisziplinen, die traditionell als **Phonetik** und **Phonologie** bekannt sind und als **Phonematik** zusammengefasst werden können. Das Medium der Laute ist klar zu trennen von dem Medium der Schrift (Graphematik, vgl. 4.6), wenngleich wechselseitige Beziehungen zwischen diesen Konkretisierungen der Sprache nachweisbar sind. Im Zuge der Entwicklung der Diskursanalyse (in der auch paraphonetische Phänomene wie etwa Schnaufen, Seufzen, Tonhöhenverlauf oder andere akustische Produktionen, Pausen usw. erfasst und transkribiert werden) hat die breitere Fassung des Gegenstandsbereichs neue Relevanz und interdisziplinäre Verknüpfung gewonnen.

4.1 Phonematik: Phonetik und Phonologie

Die **Phonetik** (traditionell "Lautlehre", *fonética*) umfasst im weiten Sinne die wissenschaftliche Erforschung des gesamten lautbildenden Potentials und der lautlichen Realisierung von mündlicher Kommunikation des Menschen, unabhängig davon, ob die **Laute** (*sons,* Sg. *som*) oder **Phone** (*fones*), die gebildet werden können, in einer bestimmten Sprache auch tatsächlich als Elemente des Lautsystems fungieren oder nicht.

Im engeren Sinne ist Phonetik die Wissenschaft aller Aspekte der Lautsubstanz von Sprachen, von Produktion und Rezeption der Laute. Sie ist damit eine fundamentale Teildisziplin der Linguistik:

> A fonética é a disciplina científica que se ocupa dos sons da fala e do modo como estes são produzidos e percebidos [Phonetik ist die wissenschaftliche Disziplin, die sich mit den Lauten gesprochener Sprache befasst sowie mit der Art und Weise, wie diese hervorgebracht und empfangen werden] (Mateus 1990, 21).

Während die Phonetik also kleinste, durch Segmentierung des Lautstroms gewonnene Lauteinheiten (die Phone) als physiologisch-akustisches Ereignis untersucht, ist die **Phonologie** (*fonologia*) die genuin linguistische Untersuchung der bedeutungsunterscheidenden Funktionen der Laute, d.h. sie untersucht, in welcher Weise das universelle menschliche Lautbildungspotential in einzelnen Sprachen ausgeschöpft wird. Kleinste Beschreibungselemente der Phonologie sind die **Phoneme** (*fonemas*). Der Gegenstand der Phonetik ist die Lautsubstanz in der Wirklichkeit, der Gegenstand der Phonologie die phonologische Form und ihre Systematik.

In der US-amerikanischen Terminologie wird der Ausdruck 'phonology' in der Regel als Oberbegriff für beides, für Phonetik ("Lehre von den Lauten") und Phonologie ("Lehre von den Phonemen") benutzt; im deutschen Sprachkreis fasst man beides auch als Phonematik zusammen.[80] In der portugiesischen Sprachwissenschaft werden *fonêmica* (Câmara ²1977) und *fonemática* wie auch *fonetismo* (Barbosa 1994; 1994a) verwendet.

---

80 Vgl. Bußmann (³2002, 220).

Als Begründer der Phonologie gilt Trubetzkoy, Vertreter des Prager Strukturalismus, der sein Hauptwerk *Grundzüge der Phonologie* (1939) so beginnt:

> Jedes Mal wenn ein Mensch einem anderen etwas sagt, liegt ein Sprechakt vor. Der Sprechakt ist immer konkret, findet an einem bestimmten Orte und zu einer bestimmten Zeit statt. Er setzt voraus: einen bestimmten Sprecher (einen "Sender"), einen bestimmten Angesprochenen (einen "Empfänger") und einen bestimmten Sachverhalt, worauf er sich bezieht. Alle diese drei Elemente - Sender, Empfänger und Sachverhalt - wechseln von einem Sprechakt zum anderen. [...]. Das Sprachgebilde besteht im Bewusstsein aller Mitglieder der gegebenen Sprachgenossenschaft und liegt unzähligen konkreten Sprechakten zugrunde. (Trubetzkoy [4]1958, 5).

Trubetzkoy legt hier die grundlegende Unterscheidung Saussures zwischen *parole/langue* ebenso für die linguistische Beschreibung der Lautung natürlicher Sprachen zugrunde; für ihn ist die Phonetik demnach die Sprechaktlautlehre (*Parole*-Ebene), die Sprachgebildelautlehre (*Langue*-Ebene) bezeichnete er als Phonologie.[81]

4.2 Allgemeine Phonetik

4.2.1 Interdisziplinarität der Phonetik

Der Gegenstand der Phonetik umfasst sämtliche Phänomene der akustischen und auditiven Sprachkommunikation zwischen Menschen. Da diese Laut-Phänomene zeitlich linear (nacheinander) verlaufen und die produktiven/rezeptiven Kommunikationshandlungen fast gleichzeitig vollzogen werden, müssen sukzessive und simultane Phänomene gleichermaßen berücksichtigt werden. Die Beobachtung (Registrierung) und die linguistische Beschreibung der lautsprachlichen Kommunikationsabläufe weisen die Phonetik als eine empirische (d.h. auf experimentell erhobenen Daten basierende) Wissenschaft aus.

Die Phonetik unterscheidet drei **Phänomenbereiche**, wobei die beiden erstgenannten für die Sprachwissenschaften besonders relevant sind:

- **artikulatorische Phonetik** (*fonética articulatória*): Artikulationsphänomene des Sprechens (Produktion);
- **auditive Phonetik** (*fonética auditiva*): Auditive Wahrnehmung des Hörens (Rezeption);
- **akustische Phonetik** (*fonética acústica*): Akustische Analyse der Schallsignale (Akustik).

Der zuletzt genannte Bereich ist auch in der **Psychophonetik** grundlegend, was aus dem dort essentiell betrachteten signalphonetischen Band hervorgeht:

> Zentrales Nervensystem [ZNS] ⇒ neuromuskuläre Prozesse ⇒ Artikulation ⇒ Schallübertragung ⇒ Schallempfang ⇒ Reiztransformation im Ohr ⇒ neuronale Prozesse ⇒ ZNS.

---

[81] Einführungen zur allgemeinen und systematischen Phonetik, zur strukturalistischen Phonologie, generativen Phonologie, Silbenphonologie und Metrischen Phonologie geben, Pompino-Marschall ([2]2003) und Ramers (1998) anhand des Deutschen.

Die Pädophonetik (Spracherwerb und -unterricht)[82] greift ebenfalls auf Erkenntnisse der akustischen Phonetik zurück. Der interdisziplinäre Bezug wird in diesem Teilbereich der Phonetik besonders deutlich.

Von erheblicher Bedeutung für die Vermittlung des Bildens von Lauten ist die artikulatorische Phonetik. Grundkenntnisse dieser Disziplin erlauben dem Lehrenden wie dem Lerner, die Bildung von Lauten im Bedarfsfall transparent und verständlich zu machen. Phonetik hat einen Selbsterfahrungswert, indem man die Lautbildung an sich selbst nacherfährt. Dies ist vorwiegend bei den (wenigen) Lauten einer Zielsprache angebracht, wo es keine Entsprechungen oder nur Quasi-Identität in der Muttersprache (L1) gibt, und wo der Hinweis auf bestimmte Kontraste und Merkmale der Zielsprache (L2) erstaunlich hilfreich sein kann.

4.2.2 Artikulation

Unter **Artikulation** (*articulação*) versteht man die Bildung von Lauten. Jede Lautbildung benötigt einen **Luftstrom** (*respiração*), der über die **Zunge** (*língua*) hinweg streicht und dabei im Mund- und Rachenraum durch die beweglichen Organe (Lippen, Zunge, Velum) artikuliert wird: diese Artikulationsorgane oder Artikulatoren sind aktiv oder passiv an der Lautbildung beteiligt. Wenn die Stimmlippen mit hoher Frequenz schwingen, so entstehen stimmhafte Laute, sofern die Luft ohne solche Schwingungen passiert, sprechen wir von stimmlosen Lauten. Entweicht die Luft durch den Mundraum (lat. os, oris), so entstehen bei ungehindertem Luftstrom die oralen **Vokale** (Selbstlaute, Öffnungslaute, *vogais orais*), treffen sie aber auf Hindernisse, entstehen die **Konsonanten** (Mitlaute, *consoantes*).

Zur Kategorisierung der Laute benutzt die artikulatorische Phonetik Angaben über Artikulationsorgane, Artikulationsorte und Artikulationsmodi.

Der **Artikulationsort** bzw. die **Artikulationsstelle** (*ponto de articulação*) ist die Stelle, an der ein Laut durch die Organe, die aktiv an der Lautproduktion beteiligt sind, vermittels Luftstromdynamik und Stimmgebung (Phonation, *fonação*) erzeugt wird. Die Orte lassen sich mit ihren lateinischen Bezeichnungen aus der folgenden Abbildung (einem Sagittalschnitt) ableiten: Im Resonanzraum von Mund- und Nasenhöhle befinden sich das **Palatum** (harter Gaumen, *palato duro*, differenziert in prä-, medio-, postpalatales Palatum), das **Velum** (weicher Gaumen, Gaumensegel, *véu palatino* zur Differenzierung von oralen und nasalen Lauten) bis hin zum **Zäpfchen** (*úvula*) und **Rachen** (*faringe*), die **Zunge** (*língua*) mit drei relevanten Artikulationspunkten: Zungenspitze (*ápice*), Zungenrücken (*lâmina/dorso*) und Zungenwurzel (*raiz da língua*). Der Zungenrücken ist noch weiter zu untergliedern in vorderen, mittleren und hinteren Teil (*pré-, médio-, pósdorsal*).

---

[82] Forschungsergebnisse der effizienten Lautvermittlung im Fremdsprachunterricht (also etwa Strategien der Deutsch-L1-Sprecher beim Portugiesischerwerb stehen noch aus; anregend zur Pädophonetik und Kindersprache ist immer noch Jakobson (1941; ^{2}1969).

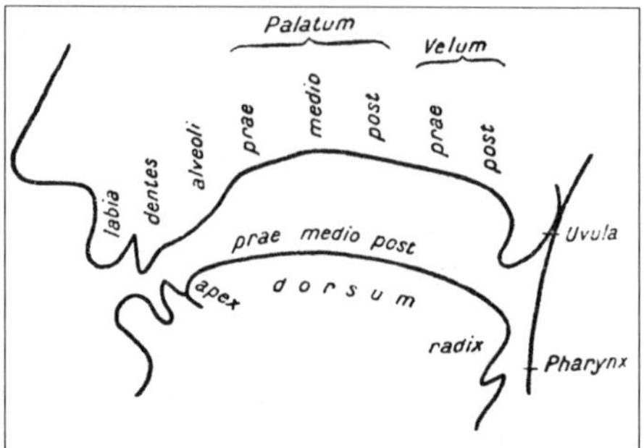

Fig. 23 — Principais partes das cavidades supraglóticas com suas denominações latinas, a partir das quais se formaram os termos empregados em fonética

Die Artikulationsorgane im Mund- und Rachenraum, Malmberg (1954, 48)

Die Artikulationsbewegungen werden von folgenden **Artikulationsorganen** (*órgãos de articulação*) ausgeführt: einerseits von den aktiven Organen wie den **Lippen** (lat. labia, *lábios*) und den **Stimmlippen** (*cordas vocais*), der Zunge, dem Gaumensegel mit dem Zäpfchen (lat. uvula, *úvula*), dem **Kehlkopf** (lat. *larynx, laringe*), der Glottis (Stimmritze, *glote*) und dem Kehldeckel (*epiglote*) sowie dem Unterkiefer (lat. *mandibulum, maxila inferior, mandíbula*), und andererseits von den unbeweglichen Organen wie Rachenraum (*cavidade bucal-oral*) und Nasenhöhle (*cavidade nasal*), den Schneidezähnen (lat./pt. *dentes*) und dem Zahndamm (*alvéolos*).

Die Bewegungen der Artikulationsorgane zu den Artikulationsorten bewirken unterschiedliche Laute, die sich entsprechend klassifizieren und bezeichnen lassen. Für Portugiesisch und Deutsch sind folgende Möglichkeiten relevant:

- (bi)labial (z.B. p, b, m)
- labiodental (z.B. f)
- (inter)dental/apiko-dental (z.B. n, l, t, d)
- apiko-alveolar (z.B. l, r)
- postalveolar = präpalatal (z.B. [ʃ], [ʒ])
- prä-dorso-alveolar ([s], [z])
- palatal (z.B. j, i, e, y)
- velar (z.B. k, g, u)
- pharyngal (z.B. h)
- glottal (Knacklaut [ʔ])
- uvular (z.B. [R], [ʁ]).

Die **Artikulationsart** bzw. der **Artikulationsmodus** (*modo de articulação*) ist die Art und Weise, wie der Luftstrom in Mund- oder Rachenhöhle gehemmt bzw. variiert wird. Bei Konsonanten unterscheidet man:

- Plosiv = Verschlusslaut (Okklusiv) = Muta (*oclusiva*) (z.B. p, t, k)
- Nasal (Sprachlaut bei gesenktem Velum, *nasal*) (z.B. m)
- Vibrant = Schwing-/Zitterlaut (*vibrante*) (z.B. r)
- Frikativ = Enge-/Reibelaut = Spirans (*fricativa*) (z.B. f)
- Approximant = Öffnungslaut (ohne Verschluss oder Reibung) ≅ Halbkonsonant ≅ Halbvokal ≅ Gleitlaut (engl. *glide*, bzw. *semiconsoante* oder *semivogal*) (z.B. [w], [j])

- Lateral (genauer: lateraler Approximant) = Seitenlaut (*lateral*) (z.B. l) [83]
- Affrikate, bei der der Verschluss in eine Enge übergeht (*africada*) (z.B. [dʒ]).

Je nachdem, ob während der Artikulation eines Konsonanten die Stimmbänder schwingen oder nicht, unterscheiden wir **stimmhafte** (engl. *voiced, sonoro*) von **stimmlosen** (engl. *voiceless, surdo*) Sprachlauten. Da dies von der Beteiligung des Kehlkopfes (*laringe*) abhängt, spricht man hier von laryngaler Modifikation (*modificação laringal*).

Die Klassifikation der **Vokale** (*vogais*) erfolgt in der Regel nach folgenden Parametern:

- Öffnungsgrad: geschlossen (*fechado*) = hoch vs. halbgeschlossen (*semifechado*) vs. halboffen (*semiaberto*) vs. offen (*aberto*) = tief
- Artikulationsstelle: vorn (*anterior*) = palatal (*palatal*) vs. zentral (*central, médio*) vs. hinten (*posterior*) = velar (*velar*)
- Lippenrundung: gerundet (*arredondado*) vs. ungerundet (*não-arredondado*) oder (bei starker Entrundung) gespreizt (*menos arredondado*)
- Lage des Velums: oral (angehoben) vs. nasal (gesenkt).

4.3 Phonetik des Portugiesischen

4.3.1 Das Lautsystem des Portugiesischen (segmentelle Phonetik)

Über die genaue Gesamtzahl der Phone (Segmente, Formanten) des Portugiesischen, sowohl des EP wie auch des BP, ist man sich aufgrund der unterschiedlichen Menge differenzierender Merkmale nicht absolut einig[84]; für das Standard-Portugiesische postuliert man zwischen 34 und 41 Phone. Das Lautinventar sieht wie folgt aus:

17 Vokale:

- 10 Oral-Vokale (*vogais orais*): [-i] *mil*, [e] *Pedro*, [ɛ] *mel*, [a] *mal*, [ɐ] *mas*, [ɔ] *mola*, [o] *poço*, [u] *pulo*, [ə] (Schwa-Laut) *secar;*
- 5 Nasalvokale[85] (*vogais nasais*): [ĩ] *pinto*, [ẽ] *dente*, [ã] *santo*, [õ] *ponto*, [ũ] *fundo;*
- 2 Halbvokale (*semivogais*) : [j] *pai*, [w] *pau*.

24 Konsonanten:

- 3 Nasalkonsonanten (*consoantes nasais*) : [m] *mar*, [n] *nadar*, [ɲ] *pinho;*
- 21 Konsonanten (*consoantes*): [p] *pico*, [t] *tio*, [k] *cada*, [b] *barba*, [d] *dez*, [g] *gala;* [s] *sábado*, [z] *casa*, [ʃ] *chão*, [ʒ] *jardim*, [f] *fado*, [v] *vaca*, [β] *abrir*, [ð] *adrenalina*, [ɣ] (velarer stimm-

---

83 Vibranten und Laterale wurden in der älteren Linguistik auch unter dem Namen 'Liquida' zusammengefasst.

84 Fremdsprachige oder regionale Phone werden im Standard-Phonsystem nicht berücksichtigt. Das betrifft im Standardportugiesischen z.B. das aspirierte [h] in Anglizismen (*hardware, hub*), regionale Varianten des [l] in Rio Grande do Sul [tʃ] in *noite*, [dʒ] in *dia* in Rio de Janeiro. Zum Brasilianischen vgl. Noll (1999) und 11.2.

85 Die Nasalvokale sind für das Portugiesische (wie Französische) besonders charakteristisch.

hafter Frikativ) *agradecer*; [l] *liga, pluma*; [ʎ] *filho, lhano,* [ɫ] *temporal*; [r] (multiple) *rua, carro,* [R] (uvular) *rumo, carro*; [ɾ] (simple) *caro, prato.*[86]

Ein phonetisches Charakteristikum des Portugiesischen stellen die vielen **Diphthonge** (*ditongos*) dar, d. h. die Aufeinanderfolge zweier Vokale (VV), von Vokal (V) und Nasal (VN) oder von Halbkonsonant[87] und Vokal [HCV] innerhalb einer Silbe.[88] Dabei ist zwischen steigenden Diphthongen (*ditongos crescentes*), d.h. der Folge von [i] oder [u] + V: ia, ie, io, iu; ua, ue, uo, uí)[89] und fallenden (*ditongos descrescentes*), d.h. der Folge V + [i] oder [u]: ai, ei, oi, ui; au, ou) zu unterscheiden. Diphthonge der Form [VN] werden auch **Nasaldiphthonge** (*ditongos nasais*) genannt und sind orthographisch <em> *bem* [bãj], <ãe> *mãe* ['mãj]; <ão, am> *cão* ['kãw], <õe> *põe* ['põj]; <ui> muito ['mũjtu] repräsentiert. Nasaldiphthonge sind unbetont (*partiram, percebam, bem, homem, jovens*) oder betont (*Belém, alguém, obtêm, desdém, parabéns, jardim*).

Auch über **Triphthonge** (*tritongos*) verfügt das Portugiesische, z.B. in *Uruguai, manguais, averiguei*, ja sogar über **Nasaltriphthonge** (*tritongos nasais*); <uão> *saguão* [sɐ'gwãw]; <-uem, *apaziguem* [ɐpɐ'zigwãj]; <uões> *saguões* [sɐ'gwõjʃ). Insbesondere die Existenz der Nasaldiphthonge und Nasaltriphthonge trägt zu einer sehr vokalisch-melodiösen Charakteristik des Portugiesischen bei.

Wenn zwei Vokale an einer Silbengrenze aufeinander treffen, so bezeichnet man dieses Phänomen als **Hiat** (*hiato*). Im Portugiesischen findet sich ein Hiat z.B. in *país, pior*. Diphthonge sind dagegen Verbindungen zweier Vokale in einer Silbe; so tritt in *euroafricano* [ewruɐfri'kɐnu] zuerst der Diphthong [ew], dann ein Hiat [uɐ] auf, der morphologisch hier zugleich als Grenzsignal fungiert.[90]

Die Oralvokale, Nasalvokale und Halbvokale des Portugiesischen sind im folgenden Vokaldreieck systematisch zusammengestellt:

---

86 [β], [ð] und [ɣ] sind kontextuelle Varianten von /b/, /d/ und /g/. Sie treten intervokalisch und vor /r/ auf. Sie wirken sich jedoch nicht distinktiv aus. Die Realisierungen von /r/ [r] und [R] sind ebenfalls nicht distinktiv, sondern v.a. regional unterschiedlich verteilt. [R] bzw. [r] vs. [ɾ] hingegen sind distinktiv: *caro* [kaɾu] 'teuer' vs. *carro* [kaRu/karu] 'Auto'.

87 Synonymisch wird auch von Halbvokalen gesprochen: da sie zwischen Vokalen und Konsonanten anzusiedeln sind, sind beide Perspektiven möglich.

88 Mattoso Câmara (²1977, 52) streicht "o caráter polifonemático dos nossos ditongos" [den polyphonematischen Charakter unserer Diphthonge] besonders heraus.

89 Die Akzente sind hier nur zur Markierung der Betonung gesetzt.

90 Trubetzkoy hat diese Erscheinung, "die das Vorhandensein oder das Nichtvorhandensein einer Satz-, Wort- oder Morphemgrenze an einem bestimmten Punkt des kontinuierlichen Schallstroms signalisiert" (Trubetzkoy ⁶1977, 242), als **Grenzsignal** (*sinal demarcativo*) bezeichnet und sie mit den Verkehrssignalen an besonders gefährlichen Kreuzungen in einer Großstadt verglichen. Hier spricht man heute von Junktur ("Fuge", "Gelenk"). Vgl. dazu 4.3.2.

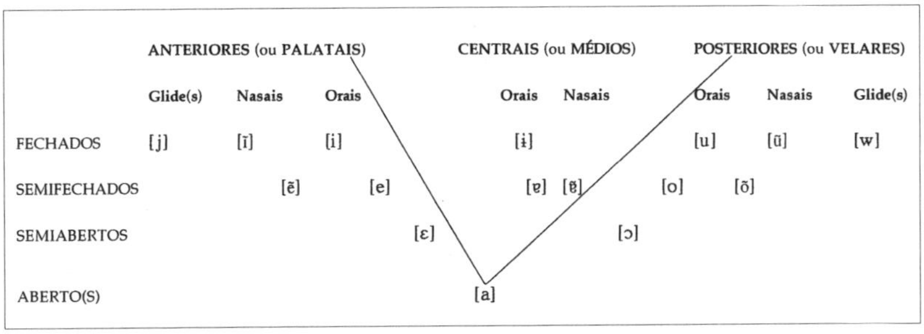

Das Vokalsystem des Portugiesischen, Barroso (1999, 80)

Gehen wir nun auf die Konsonanten ein. Wie bereits gesagt, macht das Portugiesische von 24 Konsonanten Gebrauch, die wie folgt einzuordnen sind:

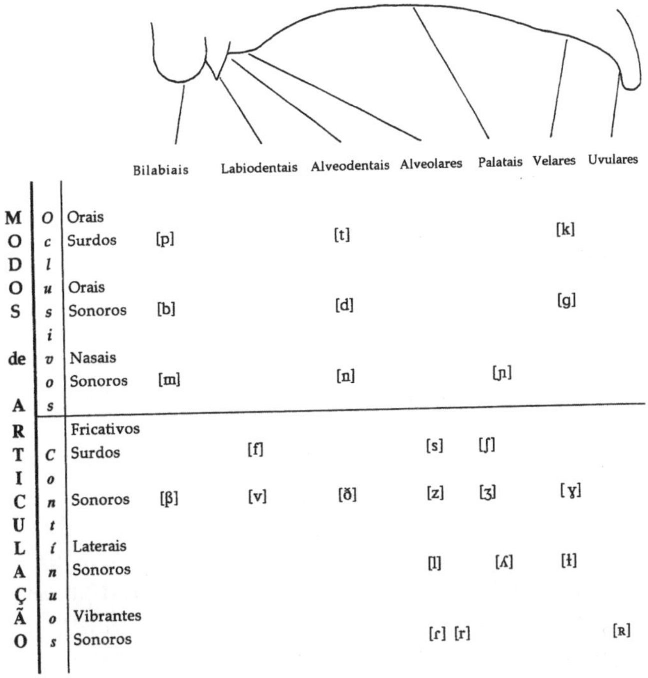

Das Konsonantensystem des Portugiesischen, Barroso (1999, 104)

Diese 24 Konsonanten des Portugiesischen werden, wie das Diagramm zeigt, einerseits horizontal durch die Artikulationsstelle, andererseits vertikal nach dem Artikulationsmodus gekennzeichnet und eingeordnet; die Gruppe der **Verschlusslaute** (*oclusivos*) und die Gruppe der **Dauerlaute** (*contínuos*) sind zu unterscheiden.[91] Die oralen stimmhaften Konsonanten (*consoantes sonoras*) [b, d, g, m, n, ɲ, β, v, ð, z, ʒ, ɣ, l, ɫ, ʎ] stehen den stimmlosen Konsonanten (*consoantes surdas*) [p, t, k, f, s, ʃ] gegenüber usw., jedes Phon lässt sich aufgrund mindestens eines seiner relevanten Merkmale in Opposition zu den anderen Phonen im

91 Barroso (1999, 83) folgt der Bezeichnung von Kenneth Pike (*Phonemics*. Ann Arbor 1947) 'sons consonânticos' = 'contóides oclusivos' (ou 'momentâneos') e 'contóides continuos' einerseits, 'vocóides orais', 'nasais' und 'semivocóides' = 'sons vocálicos' andererseits.

System des Portugiesischen charakterisieren. Das portugiesische System der Konsonanten wird durch Merkmale der Artikulationsmodi (Okklusiv, Dauerlaut, Oralität, Nasalität, Frikativ, Vibrant, Lateral) und Merkmale der Artikulationsorte (Labial, Dental, Alveolar, Palatal, Velar, Uvular) charakterisiert.[92]

4.3.2 Akzent, Silbe, Intonation (supra-segmentale Phonetik)

Das gesprochene Portugiesisch zeichnet sich nun durch große Variation im Bereich der **suprasegmentalen** (d.h. das einzelne Lautsegment überschreitende) **Merkmale** (*traços suprasegmentais*) aus: funktionale Relevanz haben hier Akzent, Dauer, Junktur[93], Tonhöhe und Intonation - zusammengefasst unter dem Begriff **Prosodie** (*prosódia*), denen in der akustischen Phonetik die Parameter Grundfrequenz, Energie, Dauer und Intensität entsprechen, wie Barroso (1999, 162) feststellt. Akzent, Junktur und Intonation haben distinktive, auch begrenzende (demarkative) und kontrastive Funktion, zudem sind sie sprachlich am stärksten standardisiert. Der **Akzent** (*acento*) kann dazu noch eine emphatische Funktion erfüllen.[94]

Bei den standardisierten Akzenten unterscheidet man zwischen

- **Wortakzent** (*acento de palavra*);
- **syntagmatischem Akzent** (*acento nuclear*);
- **Satz- bzw. Äußerungsakzent** (*acento de frase/enunciação*).

Weiterhin unterscheidet man den **Intensitätsakzent** (*acento de intensidade*), bei dem die Vibrationsamplitude bzw. -frequenz erhöht wird, den **Quantitätsakzent** (*acento de quantitade*) bei Vergrößerung der Dauer (die in der Maßeinheit des Chronems angegeben wird) und schließlich den **Tonhöhenakzent** (*acento de altura*). **Akzente des Insistierens** (*acente de insistência*) im Bereich des emphatischen Sprechens sind der **logische Akzent** (*acento intelectivo*) für die antithetische Hervorhebung eines sprachlichen Ausdrucks und der **affektive Akzent** (*acento afectivo*) zum Ausdruck psychischer Anteilnahme. Oft überschneiden sich diese Akzente in ihrer Verwendung, was ihre Beschreibung und Analyse sehr erschwert. Aufgrund dieser Vielzahl und großen Varianz phonetischer Akzente hebt Barroso (1999, 163) hervor, "que o português é uma língua de icto (ou língua acentual)" [dass das Portugiesische eine Akzentsprache sei]. Das Portugiesische steht damit bezüglich der Akzentsetzung dem Spanischen, Französischen oder anderen romanischen Sprachen nicht nach.

Natürlich stellt sich die Frage, wo denn allgemein der Akzent im Portugiesischen zu setzen ist. Auf der Grundlage des Wortakzents ist man sich darin

---

92 Für das BP nennt Noll (1999: 56) 25 Konsonanten (einschließlich der beiden Affrikaten [dʒ] und [tʃ] sowie der beiden Approximanten [j, w] ohne regionale Varianten). Eine Liste der 34 Laute ("fonemas") bietet www.radames.manosso.nom.br/gramatica/fonemas.htm. Zum BP vgl. 11.2.

93 Die Junktur bezeichnet die Grenze zwischen zwei Morphemen, die bewirkt, dass die regelhaften positionsbedingten Lautveränderungen unterbleiben. So bewirkt die Junktur (+) bei *tauchen* ['tauxən] vs. *Tauchen* 'kleines Tau' ['tau+çən], dass [x] und [ç] zwei unabhängige Phoneme sind und nicht wie normalerweise ein Minimalpaar bilden.

94 Durch Dauer kann auch pragmalinguistisch das Signal der Ironie ausgedrückt werden: "*Aquele rapaz é inteligentííssimo!*", graphisch <ííí> für [i:] (vgl. Barroso 1999, 163).

einig, dass Portugiesisch eine Sprache mit einem majoritär freien Akzent sei ("uma língua de acento maioritariamente livre" (Barroso 1999, 164; ähnlich Mateus 1990, 353-360). Der Wortakzent ist also keinesfalls absolut frei, denn es gilt, dass der Wortakzent im Portugiesischen prädominant auf der vorletzten Silbe liegt, er kann aber auch auf der vorvorletzten oder auf der letzten Silbe liegen.[95] Die bekannten Akzentschemata einer dreisilbigen Worteinheit stellen sich im Portugiesischen wie folgt dar:

/ — '— —: vorletzte Silbe (*penúltima, paroxítona*): *fa.'la.mos;*
/ — —'— : letzte Silbe (*última, oxítona*): *fa.'lar;*
/'— — — : vorvorletzte Silbe (*antepenúltima, proparaoxítona*): *fa.'la.va.mos.*

Die Stellung des Wortakzents im Portugiesischen gilt als **Prosodem** (kleinstes Element der Prosodie), das funktional distinktiv ist, d.h. es hat phonologische Relevanz. Wie im Deutschen (man denke an *übersetzen* ['y:bərzɛtsən] vs. [y:bər'zɛtsən]) und Englischen (z.B. [Iks'pɔ:t] 'Export' vs. ['ekspɔ:t] 'exportieren') finden sich Segmentfolgen wie ['sabia] <sábia> Adj. fem. Sg. 'gelehrt'; [sa'bia] <sabia> 'er/sie wusste'; im BP noch [sabi'a] <sabiá> 'Singdrossel'. Außerdem verlagert sich der Akzent bei einigen Ableitungen wie [sabia'mente] 'weise' (Adv.), [sabedo'ria] 'Weisheit' (deverbales Nomen) usw.

Die **Silbe** (*sílaba*) als eine Grundeinheit im Lautkontinuum weist eine klare Struktur auf: der **Silbenkern** (Nukleus) oder -gipfel (*núcleo, cume silábico, ápice silábico*) als "Moment der größten Schallstärke" (Bußmann ³2002, 684) ist im Portugiesischen immer durch einen Vokal besetzt. Dem Silbenkern geht der ansteigende **Kopf** (Silbenanlaut, *ataque silábico, ascendente*) voran und die absteigende **Koda** (Silbenende, *coda, descendente*) folgt ihm. Im Deutschen können Silbengrenzen phonologisch durch Grenzsignale (wie z. B. einen Glottisverschluss) markiert sein. Eine offene Silbe ist eine, die auf Vokal als Koda endet wie in *má* (CV), also biphonematisch ist, zudem der einzige universale Silbentyp ist; eine geschlossene Silbe lautet auf einen Konsonanten aus (VC oder CVC). Während der Wortakzent noch eindeutig erfasst werden kann, verhält es sich mit dem syntagmatischen Akzent größerer Wortgruppen (*grupos rítmicos*) auf der Ebene der Sätze oder Äußerungen weit problematischer, da hier (etwa beim Lento-/Presto-Sprechstil) komplexere intonatorische Muster ins Spiel kommen. Der lautliche Eindruck, den der Ausländer vom Portugiesischen habe, wird oft als "Verschlucken der Silben/Worte" bezeichnet.

Die **Intonation** (*entoação, variação de tonalidade*), die sich aus der Veränderung von Tonhöhe und Rhythmus der Lautfolgen/Silben ergibt, bildet die Intonationskontur(en) einer Äußerungseinheit. Dubois / Giacomo / Guépin /Marcellesi / Marcellesi / Mevel (1988, 217) definieren Intonation als

> as variações de altura do tom laríngeo que não incidem sobre um fonema ou uma sílaba, mas sobre uma seqüência mais longa (palavra, seqüência de palavras) e formam a curva melódica da frase [die Veränderungen der laryngalen Tonhöhe,

---

[95] Analog dem Spanischen (Statistik in Delattre 1965, 29) dürfte der Wortakzent bei 2- bis 4-silbigen Wörtern des Portugiesischen zwischen 75% und 80% auf der Penultima liegen. Eine Schematisierung der grundlegenden Intonationsmuster, wie sie Delattre (1966) für das Französische vorlegte, bleibt für das Portugiesische ein Desiderat.

die nicht das einzelne Phonem oder die Silbe, sondern eine längere Sequenz (Wort, Wortgruppe) betreffen und eine auf- und absteigende Satzmelodie bilden].

Frage- und Aussagesätze wie <*Ele vem?*>↑ und <*Ele vem.*>↓ werden durch steigende und fallende Intonation markiert, die Intonation hat hier distinktive Funktion. Grundlegend ist im Portugiesischen zwischen den folgenden Intonationskonturen zu unterscheiden, die man durch Pfeile wie hier, durch Kurven, durch Notenpunkte oder genauere akustische Rastierungen darstellen kann:

- fallend (*contorno de fechamento* /#/, *contorno enunciativo* /↓/);
- steigend (*contorno interrogativo* /↑/);
- horizontal (*contorno de suspensão* /→/, *contorno dependencial* /←/).

Am Beispiel der unterschiedlichen Intonation von *podes* 'du kannst/kannst du' im konkreten Sprechakt soll dies verdeutlicht werden:

Podes (afirmação) *Podes*? (interrogação) *Podes*? ... (dúvida 'Zweifel')

Die Intonationskurven 'podes', Faria/Pedro/Duarte/Gouveia (1996, 199)

Die Intonation berücksichtigt des weiteren Sprechgeschwindigkeit, Sprechrhythmus und Sprechpausen (zur Phonologie der Sprechpause vgl. Weinrich 1976a, 256-265). Vor allem aber treffen bei der Intonation syntaktische, semantische und pragmatische Funktionen aufeinander, die integrativ in die Beschreibung und Erklärung einbezogen werden müssen:

> Em Português, o factor entoacional pode ser o único que nos permite perceber se uma determinada frase exprime uma interrogação, uma afirmação, uma dúvida ou uma ordem, sendo que a variação de altura no sentido ascendente caracteriza a pergunta, e a descida da curva de entoação - na afirmação, na ordem, na exclamação - manifesta uma certeza, uma conclusão. [Der Intonationsparameter kann im Portugiesischen der einzige sein, der uns zu verstehen gibt, ob ein bestimmter Satz eine Frage, eine Behauptung, einen Zweifel oder Befehl ausdrückt, da ja steigende Tonhöhe die Frage charakterisiert, fallende Tonhöhe jedoch - bei Behauptung, Befehl, Ausruf - eine Sicherheit, eine abschließende Folgerung ausdrückt] (Faria / Pedro / Duarte / Gouveia 1996, 198).

Die Zusammenhänge zwischen Intonationskurve und Sprechakt fallen ins Auge.

Inwiefern gerade auch die **Pause** (*pausa*) zur Desambiguierung einer Satzbedeutung beitragen kann, verdeutlichen die beiden Spektrogramme mit zwei unterschiedlichen Lesarten des *Satzes Deslocaram-se as populações do interior//para o literal* ['Die Inlandbevölkerung verzog an die Küste'] vs. *Deslocaram-se as populações //do interior para o literal* ['Die Bevölkerung verzog vom Inland an die Küste'].

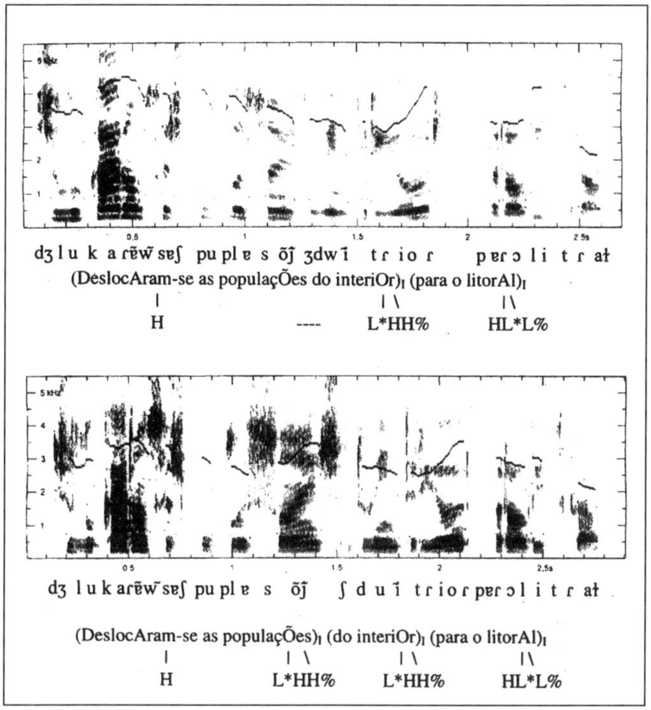

Spektrogramm 'Deslocaram-se as populações do interior para o literal', nach Vigário (2003, 264)

4.3.3 Satzphonetik

Phänomene der lautlichen Verschmelzung von Wörtern und Schnellsprechformen im mündlichen Diskurs sind für das Portugiesische von besonderer Bedeutung (gerade auch für den Fremdsprachen-Lerner). Wörter unterliegen aufgrund ihrer Verknüpfung im Lautkontinuum der satzphonetischen **Assimilation** (*assimilação*), insbesondere beim Übergang von Wortende zum nächsten Wortanfang.

Die Phänomene der Assimilation als "Vorgang und Ergebnis der artikulatorischen Anpassung eines Sprachlautes an einen benachbarten Laut in Bezug auf ein oder mehrere Merkmale" (Bußmann ³2002, 105) sind diachron wie synchron von großer Bedeutung, wobei Konsonanten weit stärker von ihrer lautlichen Umgebung abhängig sind als Vokale. Assimilation tritt regelmäßig ein, wenn stimmhafte und stimmlose Konsonanten aufeinander treffen; es kommt dann zur Palatalisierung, Nasalassimilation oder Metaphonie (Umlautung). Man unterscheidet hinsichtlich der Vollständigkeit die totale und die partielle Angleichung zweier Laute, hinsichtlich des Abstands der betroffenen Laute zwischen Kontakt- und Fernassimilierung und hinsichtlich der Richtung die progressive Assimilation, d.h. der zweite Laut gleicht sich dem ersten an, und die regressive Assimilation, d.h. der erste Laute gleicht sich dem nachfolgenden an.[96]

---

96 Vgl. dazu Linke / Nussbaumer / Portmann ⁵2004, 491; Faria / Pedro / Duarte / Gouveia 1996, 572; Beispiel für regressive Assimilation *as casas* ~ *as casas amarelas* [ɐʃ'kazɐʃ] ~

Bally hatte als einer der ersten solche Phänomene als 'liaison' für das Französische aufgezeigt.[97] Allgemein nennt man satzphonetische bzw. satzphonologische Regelmäßigkeiten, die die Lautgestalt von Wortendungen verändern, **Sandhi-Regeln** (< altind. *sandhi* 'Verbindung', *sândi)*, die auch im Portugiesischen funktional wichtig sind:

> O mesmo ocorre no português com o morfema de plural no substantivo ou com o de segunda pessoa do singular no verbo: ['malas] ['malaʃ]; ['malaz'azuyʃ] [Das Gleiche passiert im Portugiesischen mit den Pluralmorphemen des Substantivs oder mit den Personalendungen der 2. P. Sg. beim Verb] (Dubois / Giacomo / Guépin / Marcellesi / Marcellesi / Mevel 1988, 525).

Krenn/Mendes (1971), die hier von **syntaktischer Phonetik** (*fonética sintáctica*) sprechen, zeigen die Kollisionen beim Aufeinandertreffen von zwei oder drei Vokalen auf, ebenso bei der Abfolge bestimmter Konsonanten im Auslaut zu einem nachfolgenden Vokal. Folgende Regeln mit Beispielen für die **Angleichung** (*ligação*) sind für das Portugiesische relevant:

- in intervokalischer Position wird [ʃ] im Wortauslaut zu [z] (*falas_alemão, os_alunos, somos_estudantes, sois_estrangeiros*) oder zu [ʒ] (*depois̲ de*), d.h. ein stimmloser Konsonant wird durch nachfolgende Konsonanten stimmhaft;
- stimmhafte Verschlusslaute wie [b], [d], [g] werden in intervokalischer Position frikativ (*o_barro, a_dália, a_garrafa, concerto_duma, nesta_guerra*)
- unbetonte Vokale, die als Aus- und Anlaut aufeinander treffen, werden abgeschwächt bzw. eliminiert, z. B. [a]+[ɛ] > [ɛ] (*rapariga_é*), [ə]+[ɛ] > [ɛ] (*Ele_é*), [u]+[ɔ] > [ɔ] (*muito_obrigado*); [u]+[I] > [ə] (*como_está?*), [o]+[a] > [a] (*bato_à porta* ['bata'pɔrta]) – also Abschwächung häufig nach [p, t, k].
- Elision von Vokalen beim Aufeinandertreffen von unbetontem und betontem Vokal (*curo a_asma* ['kuru_aʒma]), betontem und unbetontem (*verá_a_seguinte* [və'ra sə'gĩntə] oder von zwei betonten Vokalen [á]+[á], (*dará_azo* [dɐ'razu], *será_alto* [sə'rɑ ɫtu]), die also "kondensiert" werden
- der Nasalkonsonant [m] wird durch nachfolgendes [p] hörbar (*Portugal é um_pais, um_bom*)
- der velare Nasalkonsonant [ŋ] wird hörbar wegen eines nachfolgenden velaren Verschlusslautes (*um_carro*) (Krenn/Mendes 1971, 32-33).

4.3.4 Transkription

Zur Beschreibung artikulierter Laute hat die internationale Phonetik Zeichensysteme entwickelt und festgelegt, mit deren Hilfe sie Laute und Lautfolgen der einzelnen Sprachen repräsentieren kann. Diese Transkriptionskonventionen wurden für alle natürlichen Sprachen der Welt entwickelt und

---

[ɐʃ'kazɐʒɐmɐrɛlɐʃ], für progressive Assimilation lat. *aptare* 'anbinden'> *atar* (Angleichung von /p/ an /t/). Zu diachronen Beispielen vgl. 8.4.

97 Bally ([1]1932; [4]1965, 318) spricht hier von "Aspects phonologiques de la condensation" und weist auf Endkonsonanten wie -s und -t hin, die in bestimmten Kontexten des Französischen stimmhaft oder hörbar werden, z.B. /z/ in *six oiseaux* [sizwoazo], /t/ *il est aimable* [iletɜmablə].

verbindlich durch die **International Phonetic Association** (IPA; AFI: *Associação Fonética Internacional)* festgelegt.[98]

Mithilfe der **phonetischen Transkription** (*notação/transcrição fonética*) werden die Lautfolgen (Lautcontinua) [in eckigen Klammern] repräsentiert. Man unterscheidet zwischen der **engen** Repräsentation (*transcrição fonética estreita*), die alle lautlichen Details des idiolektalen Sprechens wiederzugeben versucht, und der **weiten** Transkription (*transcrição fonética larga*), die sich auf die Repräsentation relevanter Eigenschaften beschränkt. Neben den Lautsymbolen verwendet die phonetische Transkription (nach unterschiedlichen Konventionen) zusätzlich eine Menge diakritischer Zeichen (die nicht identisch mit den diakritischen Zeichen der orthographischen Verschriftung sind): z.B [th] und [dh] (aspiriertes [t] und [d]), [tw] und [dw] (labialisiertes [t] und [d]) usw. Weiterhin werden suprasegmentale Phänomene durch besondere Zeichen repräsentiert: durch [:] (langer Vokal wie in [a:]), durch ['] (primärer Silben- oder Hauptakzent), durch [ˌ] (tiefgestellter, sekundärer Silbenakzent), durch [#] (Satz-/Äußerungsende) oder [‖] (längere Pause), durch [|] (kurze Pause) usw.

Die phonologische Transkription, die zwischen /Schrägstriche/ gesetzt wird, ist eine abstrakt linguistische Notierung,

> uma transcrição que representa apenas os traços distintivos de um sistema linguístico particular [eine Umschrift, die allein die distinktiven Merkmale eines einzelnen Sprachsystems repräsentiert] (Barroso 1999, 106).

Gute Wörterbücher geben zu ihren Einträgen (Lemmata) zugleich auch die phonetische Transkription an, die wichtige Informationen zur exakten Aussprache liefert.[99] Vorbildliche Wörterbücher des Portugiesischen sind in dieser Hinsicht der *Grande Dicionario da Língua Portuguesa* (Porto Editora 2004) und das *Langenscheidt Taschenwörterbuch*. Das Defizit in dieser Hinsicht ist offensichtlich: "[...] it must be said that no real pronunciation dictionary for Portuguese has been written" (Canepari 2005, 256).[100]

4.4 Phonologie des Portugiesischen

Von der phonetischen Betrachtungsweise, die alle lautlichen Phänomene artikulierter Sprache maximal zu erfassen versucht, ist die phonologische sehr verschieden. Während die Phonetik Corpora von Lautcontinua (Sprachdaten) gesprochener Sprache sammelt und differenziert extensiv beschreibt, so stellt sich

---

98 Vgl. den Überblick auf www.arts.gla.ac.uk/IPA/ipa.html.

99 Für die Konsultation der Aussprache greift man im Deutschen am besten auf das *Große Wörterbuch der deutschen Aussprache* (1982) oder auf das *Duden-Aussprachewörterbuch* (^{4}2000) zurück.

100 Canepari seinerseits schlägt eine "most suitable interphonemic transcription (and useful for both accents)" vor, d.h. ein repräsentatives Aussprachewörterbuch für die lusitanische und brasilianische Variante zugleich, weil ein solches internationaler sei. Außerdem könne ein solches Aussprachewörterbuch durchaus auch auf varietätenspezifische Markierungen verzichten; so betrachtet Canepari etwa die Oralnasale - die für das europäische Portugiesisch typisch und für das Brasilianische lediglich wahrnehmbar sind – als nicht distinktiv, denn "comprehension is not compromised" (Canepari 2005, 257).

die **Phonologie** (*fonologia*) die Aufgabe, durch Abstraktion eine Klassifizierung und Kategorisierung der Einheiten zu erreichen und aus der Menge der Lautphänomene die wenigen Eigenschaften zu reduzieren, die für eine bestimmte Sprache funktional relevant sind. Anliegen der Phonologie ist es, eine endliche (begrenzte) Zahl von **Phonemen** (*fonemas*) in ihrem jeweiligen Systemzusammenhang zu erfassen. Phoneme als kleinste phonologische Einheiten tragen daher im Unterschied zu den Phonen stets eine bedeutungsdifferenzierende Funktion.

Die solchermaßen strukturalistisch ausgerichtete Phonologie hat - wie die strukturale Semantik (vgl. 8.4) und die strukturale Syntax (vgl. 6.4) - ihre Beschreibungsmethoden aus der funktionalen Prager Schule übernommen. Ähnlich wie dort lässt sich vermittels des Testverfahrens der Substitution (Kommutation, Ersetzung) am Wortanfang oder im Wortinnern durch ein anderes Phonem im Rahmen von **Minimalpaaren** (*pares mínimos*) herausfinden, welcher Laut in einer bestimmten Sprache phonologisch relevant ist. So ist etwa /b/ in /ˈbalɐ/ ein Phonem des Portugiesischen, da es sich am Wortanfang in Minimalpaar-Opposition zu /f/ in /ˈfalɐ/, zu /m/ in /ˈmalɐ/, zu /p/ in /ˈpalɐ/ befindet, und zwar deshalb, weil /b/ als Okklusiv in Opposition zum Reibelaut /f/ steht, weil /b/ als Orallaut in Opposition zum Nasal /m/ steht, weil /b/ als stimmhafter Konsonant in Opposition zum stimmlosen /p/ steht usw. Demzufolge ist ein Phonem als **ein Bündel distinktiver Merkmale** (*conjunto de traços distintivos simultâneos*) definiert, es hat die Funktion der kleinsten bedeutungsunterscheidenden Einheit der Sprache und steht in einem System phonemischer Oppositionen auf der *Langue*-Ebene. Die unüberschaubar große Menge akustischer und artikulatorischer Möglichkeiten der Phone wird auf eine endliche, kleine Zahl von Phonemen reduziert.

Der Semiotiker und Strukturalist Roman Jakobson fasste die besondere Zeichennatur des Phonems 1939 thesenartig zusammen:

> [...] Das Phonem [...] ist ein reines Unterscheidungszeichen, welches an und für sich nichts Positives, Einheitliches und Konstantes als das der bloßen Tatsache des Andersseins besagt.
>
> Das Phonem wie die übrigen lautlichen Darstellungsmittel ist ein Zeichen des Zeichens, wogegen die grammatischen und stilistischen, im Besonderen lautstilistischen Werte Zeichen der Inhalte sind.
>
> Die Systematik der Phoneme im Gegensatz zu den übrigen sprachlichen Werten ist einzig auf dem Gebiet des signans fundiert.
>
> Das Phonem ist eine komplexe Einheit, die sich auf der Achse des Beisammen in distinktive Qualitäten restlos zerlegt (Jakobson 1988, 178).

Hinsichtlich der Anzahl der portugiesischen Phoneme gibt es weitgehend übereinstimmende Meinungen. Câmara (²1977, 79 und 82) zählt 9 Vokale, wobei er Oral- und Nasalvokale zusammenfasst:

> não há oposição entre vogal oral e vogal nasal, porque as vogais consideradas nasais se resolvem em vogal seguida de arquifonema consonântico nasal [es gibt keinen Gegensatz zwischen Oral- und Nasalvokal, weil sich die als nasal betrachteten Vokale in einen Vokal und ein nachfolgendes nasales Archiphonem aufgliedern] (Câmara ²1977, 82);

und 19 Konsonanten. Mateus (1996, 182-183) kommt auch auf 28 Phoneme; die folgende Matrix verdeutlicht die Oppositionen aller Konsonanten des Portugiesischen:[101]

	p	b	t	d	k	g	m	n	ɲ	f	v	s	z	ʃ	ʒ	l	ʎ	r	ʀ
[cont]	–	–	–	–	–	–	–	–	–	+	+	+	+	+	+	+	+	+	+
[soan]	–	–	–	–	–	–	+	+	+	–	–	–	–	–	–	+	+	+	+
[voz]	–	+	–	+	–	+	+	+	+	–	+	–	+	–	+	+	+	+	+
[estr]	–	–	–	–	–	–	–	–	–	+	+	+	+	+	+	–	–	–	–
[lat]	–	–	–	–	–	–	–	–	–	–	–	–	–	–	–	+	+	–	–
[nas]	–	–	–	–	–	–	+	+	+	–	–	–	–	–	–	–	–	–	–
[cor]	–	–	+	+	–	–	–	+	+	–	–	+	+	+	+	+	+	+	–
[ant]	+	+	+	+	–	–	+	+	–	+	+	+	+	–	–	+	–	+	–
[alt]	–	–	–	–	+	+	–	–	+	–	–	–	–	+	+	–	+	–	+
[rec]	–	–	–	–	+	+	–	–	–	–	–	–	–	–	–	–	–	–	+

Die Matrix der portugiesischen Konsonanten, Mateus (1996, 182)

Die Matrix verdeutlicht, welche relevanten Merkmale jedes Phonem in Opposition zu den anderen des Systems charakterisieren, z.B. /p/: [+ ant, -cor, -soan, -nas]; /m/ [+ ant, - cor, + soan, + nas]; /ʒ/: [- soan, - ant, + cor, + voz, - lat]; /ʎ/: [+ soan, - ant, + cor, + lat] etc.

Unterschiedliche Aussprachetypen eines Phonems nennt man **Allophone** (*alofones*). Allophonie bedeutet, dass ein Phonem verschiedene phonetische Realisierungstypen haben kann. So werden im Deutschen aufgrund ihrer perzeptiv-phonetischen Ähnlichkeit die /R/-Laute (d.h. Zungen- und Zäpfchen-r) als Allophon klassifiziert. Sie gelten als freie Varianten, da beide Realisierungen ohne bedeutungsdifferenzierende Wirkung möglich sind. Auch die *ich/ach*-Laute [x] und [ç] sind im Deutschen Allophone, sie sind jedoch nicht frei, weil sie komplementär in Abhängigkeit der lautlichen Umgebung verteilt sind. Im Portugiesischen lassen sich bei fast allen Konsonanten und Vokalen Allophone aufzeigen: zum Phonem /b/ die kombinatorischen (oder kontextuellen) Allophone [ƀ, ß], zu /d/ die Allophone [đ, ð], zu /g/ dann [ġ, ɣ], zu /R/ die freien oder fakultativen Varianten [r, ʀ, ɾ], zu /a/ die kombinatorischen oder kontextuellen Varianten [ɑ, ɐ] usw. (vgl. dazu mit Beispielen Barroso 1999, 182-196).

Phonologische Oppositionen des Portugiesischen, so wie sie in der oben abgebildeten Matrix erfasst sind, können neutralisiert werden. Zur **Neutralisation** (*neutralização fonológica*) kommt es im Deutschen z.B. bei den Okklusiven: während die sechs stimmhaften und stimmlosen Okklusive im Portugiesischen in allen kontextuellen Positionen phonemkonstant sind, wird im Deutschen die binäre phonologische Opposition stimmhaft/stimmlos bei Okklusiven in der Position des Auslauts aufgehoben oder neutralisiert. So spricht man im Falle der Neutralisierung von /g/:/k/ im Auslaut von **Auslautverhärtung** (*desonorização*):

[101] Abkürzungen für die verwendeten phonologisch distinktiven Merkmale: cont = *continuo* 'andauernd', soan = *soante* 'sonant', voz = vozeado 'stimmhaft', estr = estridente 'obstruent', lat = *lateral* 'lateral', nas = *nasal* 'nasal', cor = *coronal* 'koronal', ant = anterior 'vorderer', alt = alto 'hoch', rec = *recuado* 'hinten'.

/g/ wird zugunsten von /k/assimiliert, der Auslaut in *Sarg* wird wie in *Kork* als [k] realisiert. Man nennt daher ein solches [k] **Archiphonem** /K/ (*arquifonema*), welches definiert ist als "o conjunto das particularidades distintivas comuns a dois fonemas, cuja oposição é neutralizável" [Bündel der distinktiven Merkmale, die zwei Phonemen gemeinsam sind, deren Opposition neutralisiert ist] (Dubois / Giacomo / Guépin / Marcellesi / Marcellesi / Mevel 1988, 65). Archiphoneme werden groß geschrieben und in Schrägstriche gesetzt: /K/.

Im Portugiesischen ist Neutralisation am Silbenende von <-r, -l, -s> sowie bei Nasallauten zu beobachten, phonologische Opposition der möglichen Realisierungen lässt sich hier nicht nachweisen. Die Realisierungsmöglichkeiten [ɫ, ɾ, ʃ, ʒ, z, ˜ [nasal], j, w] werden im Silbenauslaut neutralisiert, so dass folgende Archiphoneme für den Auslaut angenommen werden können: der Lateral /L/, der Vibrant /R/, der Sibilant /S/, der Nasal /N/ sowie die palatale Spirans /J/ und die velar-labialisierte Spirans /W/. Die Realisierungen [ʃ, ʒ, z] sind hingegen kontextuelle, kombinatorische Varianten. Neutralisierung führt also immer dahin, dass ein Archiphonem hypostasiert wird.

Eine nicht neutralisierbare Opposition demgegenüber ist eine konstante Opposition, im Portugiesischen etwa [i] vs. [a] oder [p] vs. [b]. Typischerweise erscheint bei der Neutralisierung eines Merkmals der unmarkierte Vertreter: so funktioniert die binäre Opposition [e] vs. [i] nur in der betonten Silbe: *peta/pita; selo/silo,* in der unbetonten Endstellung tendiert die Realisierung jedoch zum neutralen [i] wie in *jure/júri, ires/íris.*

4.5 Neuere Entwicklungen in der Phonologie

Am Ende dieses Kapitels soll kurz auf einige poststrukturale Entwicklungen der Phonologie verwiesen werden. Nur drei Ansätze sollen genannt werden.[102]

Der erste Ansatz ist die **Silbenphonologie** (*fonologia das sílabas*), in der die Silbe als phonologisch höchst relevante Einheit verstanden wird. Damit gewinnt die Auslautverhärtung des Deutschen textphonologisch eine neue Perspektive. Ramers / Vater stellen das Wesentliche dieser Theorie wie folgt heraus:

> Zur Kennzeichnung der Silbenstruktur ist eine hierarchische oder autosegmentale Repräsentation zu wählen, welche die *Sonoritätsverhältnisse* innerhalb der Silbe zum Ausdruck bringt. Die Silbe [...] ist, vereinfachend ausgedrückt, die Grundeinheit des kontinuierlichen Artikulationsverlaufs [...] die dem Sprecher viel stärker bewusst ist als zum Beispiel das einzelne Segment (Ramers / Vater 1991, 131).

Nachdem in der Germanistik namhafte Phonologen auch schon in Sammelbänden diesen Ansatz der Silbenphonologie vorangetrieben haben, ist die Lusitanistik bisher wenig aktiv geworden. Für das Portugiesische weist Lüdtke (2005, 196-222) neben vielen Beobachtungen zur Silbe auf die sinnvolle Unterscheidung zwischen "leichten" und "schweren" Silben hin und stellt u.a. fest:

---

102 Vgl. Linke / Nussbaumer / Portmann ^{5}2004, 496-500.

> Silben und Silbenbruchstücke sowie Phoneme sind *diskrete metasprachliche* Einheiten; sie existieren außerhalb der normalen sprachlichen Kommunikation als Ideen; bei Projektion auf physikalisch als Kontinuum gegebenen Sprachschall haben sie den Status wissenschaftlicher Fiktionen (Lüdtke 2005, 215).

Eine schon seit mehreren Jahrzehnten verfolgte Forschungsrichtung ist die **Generative Phonologie** (*fonologia gerativa*) im Rahmen der Theorie der Generativen Transformationsgrammatik (GTG). Diese Grammatik-Konzeption hat eine phonologische Komponente vorgesehen, die phonetische Repräsentationen von Sätzen in enger Transkription zugrunde legt. Die Repräsentation der verschiedenen Ebenen geschieht in Form einer Matrix, deren Achsen durch die Segmente der Formative einerseits, durch distinktive Merkmale andererseits besetzt sind. Die Generative Phonologie wurde in Portugal und Brasilien stark vorangetrieben, insbesondere durch die Arbeiten von Mateus.[103]

Seit Anfang der neunziger Jahre wird mit zunehmender Verbreitung die **Optimalitätstheorie** (*optimality theory, teoria da optimalidade, OT*) entwickelt, die Erkenntnisse der GTG, der Sprachtypologie und der strukturalen Phonologie aufgreift und diese in einer allgemeinen Grammatiktheorie (Universalgrammatik) zusammenführt. Die OT beschreibt Grammatikalität über eine Menge von universal gültigen *constraints; Constraints* sind universale Beschränkungen, die in allen Sprachen der Welt vorkommen (universal). Sie betreffen die Oberflächenformen (*output*) und sind angeboren. Das Prinzip der OT wird in Linke / Nussbaumer / Portmann ([5]2004, 499) wie folgt zusammen gefasst:

> Verschiedene mögliche Oberflächenformen (*Kandidaten*) stehen miteinander in einem Wettbewerb, sie durchlaufen eine Evaluation. Der *Gewinner* ist der *optimale Kandidat*, die übrigen Kandidaten sind dagegen *suboptimal*. Je nach Hierarchisierung der Constraints stellt sich eine andere Form als adäquat (d.h. als der tatsächlichen Oberflächenform entsprechend) heraus.

Constraints gehören zur Grammatik der Sprachen; sie sind hierarchisch in ihrer Wichtigkeit geordnet (*ranking*). Unterschiede in den Sprachen erwachsen aus einem unterschiedlichen *ranking* dieser Beschränkungen, Einzelsprachen unterscheiden sich dann dadurch, wie diese *constraints* entsprechend ihrer Wichtigkeit angeordnet sind. Ein wohlgeformter Ausdruck ist derjenige Ausdruck, der diese *constraints* am besten erfüllt in dem Sinne, dass die unmarkierteste Form die beste ist (*markedness constraint*) und die Outputform mit der Inputform identisch sein sollte (*faithfulness constraint*). Jedoch stehen diese beiden Anforderungen in Konflikt zueinander.

Dieses neue Phonologie-Modell, das zuerst nur im Bereich der generativen Phonologie entwickelt wurde, ist später auf die Morphologie ausgedehnt worden. Auch die Silben- und Akzenttypologie wird berücksichtigt.

---

[103] Vgl. den historischen Überblick zur Forschung der generativen Phonologie bis zur Gegenwart in Mateus (2001). Um den vielfältigen Problemen, die eine adäquate Beschreibung der suprasegmentalen und prosodischen Phänomene erfordert, entsprechen zu können, entwickelten sich im Rahmen der generativen Phonologie neue Ausrichtungen wie die *fonologia autossegmental*, die *fonologia métrica* und die *fonologia lexical*; einen kurzen Abriss gibt d'Andrade (in Faria / Pedro / Duarte / Gouveia 1996, 201-211).

Grundlagenliteratur

Barbosa (1994 und 1994[a]); Ramers (1998); Linke/ Nussbaumer/ Portmann ([4]2005, 461-501); Mateus ([5]2003, 987-1033 (*Fonologia*) und 1035-1976 (*Prosódia*); Pompino-Marschall ([2]2003).

4.6 Graphematik

4.6.1 Kurzer Abriss der Geschichte der Orthographie

Anders als der Forschungsbereich der Phonetik/Phonologie lässt sich die Verschriftung des Portugiesischen nur schwerlich auf eine synchrone Betrachtung reduzieren. Hintergrund ist die Tatsache, dass die aktuellen in der lusophonen Welt gültigen Orthographiesysteme nicht nur auf einer Betrachtung der gesprochenen Sprache beruhen, sondern auch etymologisierende bzw. historische Komponenten enthalten, die zudem über die Jahre hinweg immer wieder überarbeitet wurden.

Die portugiesische Sprache ist seit 1536 Gegenstand der sprachwissenschaftlichen Beschreibung. Mit der Untersuchung von Oliveira (1536) und der formal ersten portugiesischen Grammatik von Barros (1540), insbesondere aber mit den Orthographietraktaten von Gandavo (1574) und Leão (1606) wurde versucht ein System zu finden, das den Gegebenheiten der portugiesischen Sprache ebenso gerecht wurde wie auch dem Anspruch, der Kultursprache Latein nahe zu bleiben. Das Ergebnis waren Beschreibungsversuche, die von einer weitestmöglichen Entsprechung zwischen Schriftsprache und gesprochener Sprache ausgingen. Da gleichzeitig die Forderung nach Treue gegenüber den lateinischen Etyma erhoben wurde, entstand insbesondere mit Leão, verstärkt aber mit den Orthographen des 17. Jahrhunderts (Roboredo 1615; Vera 1631; Pereira 1666; Barreto 1671) die Tendenz, etymologisierende Schreibungen zu berücksichtigen.[104]

Ob und inwieweit diese Traktate tatsächlich Breitenwirkung im 16. und 17. Jh. hatten, bleibt noch zu untersuchen. Es muss wohl davon ausgegangen werden, dass zu jener Zeit, als nicht Portugiesisch, sondern Latein die dominierende Unterrichtssprache wie auch Unterrichtsfach war, eine systematische Unterweisung in portugiesischer Rechtschreiblehre regelmäßig nicht erfolgte. Dies änderte sich jedoch im 18. Jahrhundert. Während es schon zuvor einige wenige Lateingrammatiken in portugiesischer Sprache gegeben hatte, veröffentlichte der ehemalige Jesuit João de Morais Madureira Feijó 1728-1734 ein mehrbändiges Lateinkompendium in portugiesischer Sprache. Der vierte und letzte Band war die Orthographie ([1]1734). Erst mit diesem Werk, das ab 1739 separat veröffentlicht wurde und mit mindestens 18 Auflagen bis 1861 eine erhebliche Breiten-

[104] Dass dies scheitern musste, wird im Nachhinein klar, wenn man bedenkt, dass erst mit Aufkommen der historisch-vergleichenden Sprachwissenschaft (in Portugal ab 1868) eine zuverlässige Rekonstruktion vieler Etymologien möglich war.

wirkung erfuhr, gewannen die etymologisierenden Tendenzen die Oberhand, da Feijó der Aussprache keine Gültigkeit zuerkennt:

> He sem duvida, que o uso muitas vezes prevalece contra algumas regras particulares, e passa a ser ley na materia, em que he uso. Mas este he aquelle uso geralmente introduzido, e com algum fundamento, sem contrariedade dos prudentes; porque o mais he abuso. E eu tomara saber qual he o uso universal na pronunciaçaõ da nossa lingua, para me naõ desviar delle: se consultarmos o vulgo naõ acharemos senaõ abusos de palavras, e erros da pronunciaçaõ. Se consultarmos os sabios, estes saõ os que mais duvidaõ da pronunciaçaõ, e escripta de inumeraveis palavras, como elles confessaõ, porque a mesma sabedoria os faz prudentemente duvidar. Se consultarmos as Provincias, acharemos, que o uso introduzio em cada huma aquelles erros patrios, que os naturaes mutuamente reprovaõ huns aos outros, ou seja no escrever, ou no fallar. Se consultarmos os livros, nelles encontraremos o que já a cima se advertio: logo aonde vay aqui o uso universal, e constante, para ser ley inviolavel da pronunciaçaõ, ou regra infallivel da Orthografia [Es steht außer Zweifel, dass der Brauch vielmals einigen Einzelregeln vorgeht und in den Fällen, in denen er Brauch ist, zur Gesetzmäßigkeit wird. Aber dies ist der allgemein eingeführte Brauch - und auch mit einiger Berechtigung - ohne Widerspruch seitens der Vorsichtigen, denn alles andere ist Missbrauch. Und ich wüsste gerne, welches denn der allgemeine Brauch in der Aussprache unserer Sprache ist, damit ich nicht davon abweiche: Wenn wir das Volk befragen, werden wir nichts finden außer Missbrauch von Wörtern und Fehlern in der Aussprache. Wenn wir die Weisen befragen, so sind es diese, die die Aussprache und Schreibung unzähliger Wörter am meisten in Frage stellen, da, wie sie zugeben, die Weisheit selbst sie vorsichtig zweifeln lässt. Wenn wir die Provinzen befragen, werden wir herausfinden, dass der Brauch in jeder einzelnen jene eigentümlichen Fehler eingeführt hat, welche die Sprecher gegenseitig einer anderen verwerfen, sei es beim Schreiben oder beim Sprechen. Wenn wir die Bücher befragen, werden wir in diesen finden, worauf bereits oben hingewiesen wurde: Wo ist also hier der allgemeine und konstante Brauch, um als unverletzliches Gesetz der Aussprache oder unfehlbare Regel der Rechtschreibung zu dienen] (Feijó 1734, 5)?

Wenngleich Feijós Werke im Zusammenhang mit den pombalinischen Reformen des Erziehungswesens ab 1759 verboten wurden, war weder der Erfolg seiner Doktrin noch derjenige der Orthographie aufzuhalten. Feijós orthographisches System wurde von späteren Autoren (insbesondere Monte Carmelo 1767, aber auch Cunha ^{1}1769-^{7}1792) zumindest teilweise übernommen und tradiert. Die weitestgehende Veränderung jedoch war die feste Verankerung der portugiesischen Grammatik als Lehrstoff im Unterricht (ab 1770), gefolgt von der Verankerung der Orthographie im Erziehungswesen (ab 1772).

In Traktaten wie auch in der Praxis setzte sich gegen Ende des 18. Jh. das gleichermaßen aus Feijós Werk sowie aus der synchronischen Sprachbetrachtung resultierende Mischsystem der *orthographia usual* (heute: *ortografia usual*) durch. Diese Rechtschreibform, deren Normen stets sehr vage blieben, zeichnete sich dadurch aus, dass in Analogie zu den vermuteten griechisch-lateinischen Etyma viele Wörter Konsonantengruppen enthielten, die in der Aussprache oftmals keine Entsprechung hatten:

- Ehemals aspirierte Konsonantengruppen <ph, rh, th>, und <ch> mit Lautwert [k], die ihren ursprünglichen Lautwert verloren haben (*Philippe, philtro, rhythmo, thio, mechanica;* heute *Filipe, filtro, ritmo, tio, mecânica*);
- Konsonantengruppen wie <bd, cç, ct, gd, gm, gn, mn, mp, pç, ps, pt>, bei denen der Lautwert entweder teilweise erhalten blieb oder verloren gegangen ist (*abdicação, acção, dicção, acto, facto, amygdala, augmentar, enigma, assignalado, cognome, solemnidade, sumptuoso, interrupção, relapso, prescripto, apto;* heute *abdicação, acção* [BP *ação*], *dicção* [BP *dição*], *acto* [BP *ato*], *facto* [BP *fato*], *amígdala, aumentar, enigma, assinalado, cognome, solenidade, suntuoso* [BP *sumptuoso*], *interrupção, relapso, prescrito, apto*);
- Doppelkonsonanten ohne Lautwert (*abbreviado, Sabbado, diccionario, boccado, additamento, efficaz, offerta, suffragio, aggravar, suggestão, castello, donzella, fallar, illicito, commissario, immenso, depennar, Vienna, apparato, hippodromo, attenção, fitta, sette, settenta;* heute *abreviado, sábado, dicionário, bocado, aditamento, eficaz, oferta, sufrágio, agravar, sugestão, castelo, donzela, falar, ilícito, comissário, imenso, depenar, Viena, aparato, hipódromo, atenção, fita, sete, setenta*).

Anhand der Beispiele wird deutlich, dass die unzähligen Traktate des 19. Jh.s nicht in der Lage waren, für alle Sprecher nachvollziehbare Regeln zur fehlerfreien Schreibung des Portugiesischen zu bieten, was nicht zuletzt daran lag, dass eine zuverlässige wissenschaftliche Aufarbeitung der Wortetymologien erst ab 1868 möglich war. Aber nicht nur bei der Verwendung der Konsonanten waren Schwierigkeiten bei der Erstellung einer einheitlichen Graphie zu verzeichnen. So wurden Akzente auf haupt- oder nebenbetonten Silben mittels diakritischer Zeichen nur sporadisch vorgesehen und hatten zu keiner Zeit Systemcharakter. Zusammenfassend kann man also feststellen, dass es vor dem 20. Jahrhundert für die portugiesische Sprache weniger ein allgemein gültiges Orthographiesystem (wie z.B. zur gleichen Zeit im Französischen und Spanischen) gegeben hat, als vielmehr eine Vielzahl individueller Systeme, die sich mehr oder weniger lose an ein nie eindeutig definiertes Konzept der *ortografia usual* anlehnten.

Um diesem Missstand Einhalt zu gebieten, gab es Ende des 19. Jh. zwei wichtige Reformprojekte. Nach dem von José Barbosa Leão (1818-1888) mit der *Comissão do Porto* (1877) initiierten Projekt einer möglichst an der Aussprache orientierten Schreibung (Phonographie), das letztlich vor allem am Widerstand der *Academia das Ciências de Lisboa* scheiterte, bemühte sich Aniceto dos Reis Gonçalves Viana mit den *Bases da Ortografia Portuguesa* ab 1885 darum, eine Vereinfachung der Orthographie unter Berücksichtigung der Ergebnisse der historisch-vergleichenden Sprachwissenschaft zu erreichen. Auf diese Veröffentlichung folgten weitere Werke des unermüdlichen Verfassers, die letztlich darin gipfelten, dass die Kommission für die Rechtschreibreform am 1. September 1911 die Regeln der amtlichen portugiesischen Rechtschreibung vorlegte, die sie anhand von Gonçalves Viana's Werken ausgearbeitet hatte.

Die 46 Regeln der **Rechtschreibreform von 1911** umfassen u. a. folgende Punkte:

- weitgehende Ersetzung der Fremdbuchstaben <k, w, y> durch <c^{a,o,u} bzw. qu^{e,i}, v, i> (*kaleidoskopio, walsa, typo > caleidoscópio, valsa, tipo;* aber *kantismo, byroniano*);
- weitgehende Streichung des antihiatischen <-h-> im Wortinnern, sofern es sich nicht um die Digraphen <ch, lh, nh> handelt (*sahir, coherente > sair, coerente*);

- Bewahrung von <h> am Wortanfang, sofern dies etymologisch gerechtfertigt ist (*homem, humano* aber nicht *hontem, hir, hombro* > *ontem, ir, ombro*) – nicht aber bei präfigierten Formen (*des* + *humano* = *desumano*);
- Streichung von <h> in den Gruppen <rh, th> sowie in allen nicht etymologischen Kontexten und Ersetzung von <ph> bzw. <ch> mit Lautwert [k] durch <f, k> (*rhetorica, theatro, abhorrecer, phrase, technica* > *retórica, teatro, aborrecer, frase, técnica*);
- Reduktion aller Doppelkonsonanten außer <-mm-, -nn-, -rr-, -ss-> (*abbade, accusar, affecto, apparecer, metter* > *abade, acusar, afecto, aparecer, meter*, aber *emmalar, ennegrecer, carro, cassa*);
- Reduktion von etymologischen Konsonantengruppen (*auctor, producto, prompto, augmento, Ignes, signal* > *autor, produto, pronto, aumento, Inês, sinal*), wenn diesen keine lautliche Beeinflussung des vorangehenden Vokals zugeschrieben wird (noch heute im EP: *reacção, excepção, adoptar, espectáculo*);
- da vom Normalakzent auf der vorletzten Silbe ausgegangen wird, wird eine regelmäßige Akzentsetzung für auf der vorvorletzten und letzten Silbe bzw. für Zweifelsfälle eingeführt. Der **Akut** (*acento agudo*) (´) bezeichnet offene, der **Zirkumflex** (*acento circunflexo*) (^) geschlossene Vokale (*alvará, sábado, cédula, título, insónia, único; câmara, pêssego, avô*). Der **Gravis** (*acento grave*) (`) wird vor allem für den nicht-tonischen Sekundärakzent (*saùdar, paìsagem*), in Fällen von Homonymie (*prègar* [< PRAEDICARE] vs. *pregar* [< PLICARE]) sowie für die **Krasis** (Zusammenziehung, *crase*) der Präposition *a* mit Pronomina verwendet (*à, àquela*);
- bei Klitika wird eine regelmäßige Schreibung mit Bindestrich eingeführt (*louvá-lo, devê-lo, puni-lo, dá-nos, falo-lhes*).

Neun Jahre später, am 29. November 1920, wurden die Rechtschreibregeln der ursprünglichen Reform überarbeitet. Geändert wurden folgende Punkte:

- Der *acento grave* bei sekundärbetonten Wörtern wie *saùdar, saìmento* wird durch das **Trema** (*trema*) ersetzt: *saüdar, saïmento*. Zudem wird das Trema auf den Halbvokal <g, qu> gesetzt, wo dieser ausgesprochen wird, wie in *freqüentar, agüentar;*
- Adverbien, die von mit *acento agudo* versehenen Adjektiven (*só, fácil*) abgeleitet sind, erhalten an der Stelle des Sekundärakzents einen *acento grave* (*sòmente, fàcilmente* statt früher *sómente, fácilmente*);
- die auslautende betonte Silbe <em> in Singular-Verbformen und Substantiven wird nicht mehr mit <êm> oder <êem> sondern <ém> geschrieben, die Plural-Verbformen dagegen mit *acento circunflexo* (*ele contém* ~ *eles contêm*);
- die Adjektive *lial* und *rial* werden wieder in Anlehnung an ihre Etymologie mit <e> geschrieben: *leal* und *real*.

Während sich in Portugal die vereinfachte Orthographie auf historisch-vergleichender Basis ab 1911 durchsetzen konnte und zu keiner Zeit ernsthafte Hindernisse für die Umsetzung dieser staatlichen Norm aufkamen, blieb die Situation in Brasilien recht unübersichtlich. Zwar kam es in den Jahren 1907, 1912, 1915, 1919, 1926 und 1929 zu Reformversuchen in die eine oder andere Richtung. Diese hatten jedoch vor allem Auswirkungen auf die Schreibgewohnheiten der *Academia Brasileira de Letras*, nicht aber auf das gesamte brasilianische Erziehungswesen.

Nachdem in Brasilien zuletzt 1929 eine vereinfachte Orthographie im Sinne der Akademiereform von 1907 beschlossen worden war, verständigten sich die beiden Akademien mit dem ersten *Acordo Ortográfico Luso-Brasileiro* auf eine Anpassung der beiden Systeme zu einer gemeinsamen Rechtschreibung. Als problematisch zeigten sich aber sogleich die Schreibung bzw. Weglassung nicht ausgesprochener Konsonanten in der jeweils anderen Norm: Für die Schreibung unterschiedlich ausgesprochener Wörter wie EP *facto* / BP *fato* war keine Regelung getroffen worden, was letztendlich mit zum Scheitern der Reform in Brasilien führen musste, so dass am 23. Februar 1938 eine Rückkehr zur Orthographie von 1931 dekretiert wurde.

Nach einigem Hin und Her einigten sich die beiden Länder am 29. Dezember 1943 darauf, eine Überarbeitung des Systems von 1931 auf Basis der 1940 und 1943 erschienenen orthographischen Wörterbücher vorzunehmen. Der aus den Bemühungen der *Conferência Interacadémica* vom 12. Juli bis 6. Oktober 1945 resultierende *Acordo Ortográfico Luso-Brasileiro* wurde noch 1945 in beiden Ländern sowie in den portugiesischen Kolonien veröffentlicht und sollte ab 1. Januar 1946 Rechtskraft erhalten. Vorübergehend geschah dies auch. Am 21. Oktober 1955 erließ der damalige brasilianische Präsident João Café Filho ein Gesetz, das die Rückkehr zum System des 1943 erschienenen *Pequeno Vocabulário Ortográfico da Língua Portuguesa* (PVOLP) vorsah, in welchem das System von 1931 für brasilianische Zwecke modifiziert worden war. Das Abkommen von 1945 sieht unter anderem folgende Veränderungen vor:

- die Akzentuierung wird generell reduziert, insbesondere, wo es um Angabe des Öffnungsgrads auch bei gleich geschriebenen Wörtern (Homographen) geht (alt *êsse, acôrdo,* EP *combóio,* BP *combôio;* neu *esse, acordo, comboio*);
- Wörter, in denen aufeinander treffende Vokale keinen Diphthong bilden, erhalten keinen Akzent (*Coimbra, juiz, rainha, tauismo*). Dasselbe gilt für die Diphthonge <-ei$^{a, o}$, -oi$^{a, o}$> und für <-eic$^{a, o}$> (alt *idéia,* EP *combóio, epopéico;* neu *ideia, comboio, epopeico*);
- das Trema entfällt als diakritisches Zeichen;
- der *acento grave* wird nur noch in drei Fällen verwendet: a) Krasis (*à, àquele*), b) bei Adverbien, die auf <-mente> enden (*fàcilmente*) und c) bei Diminutiven, die auf <-zinho, -zito> enden (*chàvenazinha, chapèuzito*);
- Wortbildungselemente werden erstmals regelmäßig mit Bindestrichen verbunden (*Trás-os-Montes, Grã-Bretanha, norte-americano*).

Die nächste Annäherung zwischen Brasilien und Portugal wurde 1971 vollzogen. Dieses kleine Abkommen sieht zusätzlich zur bereits 1945 in Portugal durchgeführten Streichung von Homographenakzentuierung und Trema eine Reduzierung des Gravis allein auf der Krasis vor, während der Sekundarakzent der Adverbien und Diminutive gänzlich wegfällt.

Nachdem diese kleinen Änderungen problemlos eingeführt werden konnten, bemühten sich die Akademien 1975 um die Ausarbeitung einer gemeinsamen Reform des gesamten Regelwerks. Da dies aus politischen Gründen nicht möglich war, fanden sich vom 6.–12. Mai 1986 in Rio de Janeiro, Delegationen von Angola, Brasilien, Kap Verde, Mosambik, Portugal und São Tomé e Príncipe zu einer Zusammenkunft zusammen. Das Verhandlungsergebnis sah eine erhebliche Reduzierung der Akzentsetzung, die Streichung nicht ausgesprochener Konsonanten sowie die Reduzierung des Gebrauchs des Bindestrichs vor. Allerdings kam es in Portugal unmittelbar nach der Veröffentlichung des Abkommenstexts zu weitreichenden Protesten in der Öffentlichkeit, was letztendlich zum Scheitern führte.

4.6.2 Die aktuelle Orthographienorm

Auch das neueste orthographischen Abkommen, das am 12. Oktober 1990 zwischen den Akademien geschlossen und am 16. Dezember 1990 von den zuständigen Kultusministern der teilnehmenden Länder unterzeichnet wurde, wartet noch auf seine endgültige Umsetzung. Zwar wurde das Abkommen 1991 in Portugal und 1995 in Brasilien ratifiziert. Da aber die neuen Rechtschreibregeln vereinbarungsgemäß schon ab 1. Januar 1994 gelten sollten, befindet sich die portugiesische Orthographie gegenwärtig im Schwebezustand, da eine neue Vereinbarung bezüglich des Inkrafttretens erst abgeschlossen werden muss. In Portugal gilt somit die Rechtschreibung nach dem Abkommen von 1945, in Brasilien die des PVOLP von 1943, jeweils unter Berücksichtigung der Änderungen aus dem Abkommen von 1971.

Will man sich über die aktuellen Regeln in kompakter Weise informieren, sind für das EP der *Prontuário Ortográfico e guia da língua portuguesa* (Lisboa: Editorial Notícias, hrsg. von Bergström, Magnus / Reis, Neves 1997), und für das BP der *Pequeno Vocabulário Ortográfico da Língua Portuguêsa* (Rio de Janeiro, hrsg. von der *Academia Brasileira de Letras* [3]1999) empfehlenswert.

Wichtig ist im Portugiesischen die Beachtung einiger **Großschreibregeln**. Groß zu schreiben sind neben Vor- und Familiennamen, Orts- und Flussnamen, Institutionen etc. auch:

- Monatsnamen: <Janeiro, Fevereiro, Março> etc.;
- Gottheiten: <Deus, Alá, Virgem Maria>;
- Astronomische Namen: <Terra, Marte, Sol, Lua> (vgl. Bergström / Reis 1997, 36-39).

Hinzuweisen ist schließlich darauf, dass die **Digraphen** (*dígrafos*) bis auf wenige Ausnahmen abgeschafft wurden. Im modernen Portugiesisch gibt es neben den Digraphen <ch>, <lh>, <nh>, <qu> und <gu> nur noch folgende Doppelkonsonanten:

- <mm>: selten, z.B. *comummente* 'allgemein';
- <nn>: nur noch in *connosco* 'mit uns';
- <rr>: *correr* 'laufen', *irregular* 'unregelmäßig';
- <ss>: *assim* 'so', *cantasse* 'dass er sänge'.

Die Digraphen <rr> und <ss> werden auch verwendet, um die Aussprache als [R] und [s] am nachvokalischen Silbenanlaut zu markieren, was besonders bei Komposita der Fall ist. Daher schreibt man: *irregular* 'unregelmäßig', *correlacionar* 'verbinden', *diassistemático* 'diasystematisch', *polissilábico* 'mehrsilbig' etc.

Grundlagenliteratur

Gonçalves 2003; Kemmler 2001; Thielemann 1997; Winkelmann 1994.

Übungsaufgaben

1) Geben Sie die distinktiven Merkmale für die Minimalpaare *pato, pago, passo, pano, paro* an. Suchen Sie selbst zwei weitere Serien derartiger Lautcontinua.

2) Lesen Sie zu Jakobson (1941) auch den Aufsatz von Wurzel ("On markedness", in: *Theoretical Linguistics* 24, 1988, 53–71) und versuchen Sie folgende Fragen zu beantworten: Wie erkenne ich markierte Einheiten in der Sprache? Konkretisieren Sie folgende Thesen: Unmarkierte Elemente treten im Erstspracherwerb vor markierten auf; markierte Elemente werden bei Aphasie vor unmarkierten abgebaut; im Sprachwandel werden im Allgemeinen markierte Elemente zu unmarkierten; bei Versprechern werden markierte Elemente durch unmarkierte ersetzt, aber nicht umgekehrt. Diskutieren Sie das anthropologische Prinzip des "least effort" bei Erwerb und Verlust des Lautsystems einer Sprache.

3) Legen Sie die Silbenstruktur folgender Wörter fest: *accionista, xisto, vozeador, accípetre, penúltimo, charrua, mísseis, ninhada, excepção, expto, pais, país, Paraguai, transiberiano, transubstanciação, nascente, venho.*

4) Transkribieren Sie folgenden phonetischen Text (aus Barroso 1999, 108) bis ['nojti]:

   paj'rẽdu| maɫ kõ'sɛɣɨ| ĩʃ'tavɛɫ| suʃ'teɾ ɐ 'masɐ'ʃkuɾɐ kjɐ ʀu'ðɐjɐ 'jẽʃɨðɨ 'simɑ'βajʃWɐ 'kazɐ| ɐ'tɛ aw'Zuɫtimuʒʀɨ'kẽtuʃ| la 'õdɐʃ 'tɾɛvɐʃ| dɨ tɐ̃w 'ʃpesɐʃ| pɐ'ɾɛsɐ̃j 'teɾsɨ tuɾ'naðu 'sɔliðɐʃ|| ʒu'zɛ ɐkuɾ'do ɐ̃j suβɾɨ'saɫtu| 'komu sjaɫ'gɐ̃j| βɾuʃkɐ'mẽtɨ| u ti'vɛsɨ sɐku'ðiðu 'plWõβɾu|| mɐʃ tɨ'riɐ 'sidWilu'zɐ̃w djũ 'soɲu 'lɔɣuðɨʒvɐnɨ'siðu|| kɨ 'nɛʃtɐ 'kazɐ sɔ 'elɨ 'vivɨ| jɐ mu'ʎɛɾ| kɨ nɐ̃w sɨ mɨ'ʃew| i'ðɔɾmɨ|| nɐ̃w ɛ sew kuʃ'tumɨðɨʃpɨɾ'taɾ ɐ'sĩ ɐ 'mɐjuðɐ 'nojtɨ|| ɐ̃j ʒɨ'ɾaɫ nɐ̃w

5) Geben Sie das Zitat aus Feijó 1734 aus 4.6.1 in der aktuellen Rechtschreibnorm des EP oder BP wieder.

6) Erläutern Sie darin enthaltene Besonderheiten

   a) bei der Schreibung von Konsonanten
   b) bei der Akzentsetzung
   c) bei den Formen *ley, introduzio, advertio, naturaes, vay.*

5 Morphologie

Die **Morphologie** (*morfologia*) untersucht die Struktur von Wörtern und ordnet ihnen kategoriale (grammatische) Eigenschaften zu. Wörter können in verschiedenen Wortformen (in unterschiedlicher Laut- und / oder orthographischer Gestalt) auftreten. Die beiden Verfahren, die zur Entstehung von Wortformen führen und die die Morphologie beschreibt, sind **Flexion** (auch: **Wortformenlehre)** und **Wortbildungslehre**. Bei der Flexion kommt es zur Bildung grammatischer Wortformen (bei flektierbaren Wörtern, mittels Flexionsaffixen (z.B. *casa* 'das Haus / *casas* 'die Häuser'; *cantar* 'singen' / *canto* 'ich singe') und bei der Wortbildung zur Bildung neuer (komplexer) Wörter auf der Basis vorhandener (z.B. *cão* 'Hund' / *cãozinho* 'Hündchen, *arranhar* 'kratzen, scheuern' / *arranha-céus* 'Wolkenkratzer').

5.1 Wörter und Wortformen

In der Morphologie ist es sinnvoll, von Wortformen anstatt von Worten oder Wörtern zu sprechen, da 'Wort' ein vortheoretischer Begriff ist und einzelsprachlich definiert werden müsste. So sind *pequeno* und *pequena* zwei Wortformen des gleichen Wortes, das als Einheit des Wortschatzes auch **Lexem** (*lexema*) genannt wird (vgl. 7.1).

Lexeme können einfach oder komplex sein. Von einem **Simplex** (*palavra simples*) spricht man, wenn der Stamm nicht weiter morphologisch teilbar ist wie z.B. *bom* 'gut': der Wortstamm [bom] tritt z.B. auch in *bondade* 'Güte' auf. Daneben gibt es **komplexe Lexeme** (*palavra complexa)*, die aus Wortstamm und Affix wie *bondade* 'Güte' oder aus mehreren Wortstämmen bestehen (**Mehrwortlexem**) wie z.B. *fim de semana*.

Die folgenden Kriterien dienen als Basis für die Unterscheidung von Wortformen:

- phonologisches Kriterium: Eine Wortform umfasst ein (minimales) Lautkontinuum, mindestens eine Silbe: *o* 'der', *a* 'die', *e* 'ist';
- prosodisches Kriterium: An den Grenzen einer gesprochenen Wortform sind Sprechpausen möglich (von der Silbenstruktur abgesehen): *Chamam . o . guarda-nocturno* 'Sie rufen den Nachtwächter';
- graphematisches Kriterium: Vor und hinter einer geschriebenen Wortform stehen Leerzeichen;
- morphologisches Kriterium: Eine Wortform kann einer Wortart zugeordnet werden: *chamam* = Verb, *o* = Artikel, *guarda-nocturno* = Substantiv;
- syntaktisches Kriterium: Eine Wortform stellt eine syntaktische Einheit dar, in die keine weitere Einheit eingefügt werden kann. Sie nimmt eine bestimmte Position im Satz ein und kann nur den syntaktischen Regeln entsprechend verschoben werden: **Chamam guarda-nocturno o. *Chamam o guarda-velho-nocturno;*

- semantisches Kriterium: Eine Wortform bezieht sich in der Regel auf einen Referenten oder einen Begriffsinhalt in der außersprachlichen Realität: *guarda-nocturno* 'Nachtwächter'.[105]

Eine Ausnahme bilden im Portugiesischen die unbetonten Objektpronomina, die sogenannten **Klitika**[106] (Sg.: **Klitikon** < griech. κλινω 'neigen', *clítico*). Klitika sind Wortformen, die zwar das semantische und syntaktische, nicht jedoch das phonologische und prosodische Kriterium erfüllen, da sie eine morphonologische Einheit mit anderen Elementen bilden.

5.1.1 Wortarten

Die Wortformen können aufgrund gemeinsamer Eigenschaften zu Klassen - den **Wortarten** oder Redeteilen (lat. PARTES ORATIONIS, *partes da oração* oder *categorias gramaticais*) - zusammengefasst werden. Eine solche Eigenschaft ist z.B. die syntaktische Distribution. Das Wort *cantar* gehört wie *trabalhar, escrever* oder *pôr* zur Wortart 'Verb', denn es tritt in der gleichen syntaktischen Position auf: *Eu vou cantar / trabalhar / escrever* 'Ich werde singen / arbeiten / schreiben'.

Daneben können unter semantischem Gesichtspunkt bestimmte, den Wortarten eigene, kategorielle Bedeutungen festgestellt werden:

- Substantiv (konkreter oder abstrakter) Gegenstand oder Sachverhalt;
- Verb Ereignis / Prozess / Handlung / Zustand / Vorgang;
- Adjektiv Eigenschaft / Merkmal.

Hierzu bemerkt aber völlig zu Recht einschränkend Lehmann (2005, 3):

> Wortarten sind grammatische Klassen. Das heißt, in einer gegebenen Sprache ist eine Wortart durch ihre Distribution abgegrenzt. Das schließt, wohlgemerkt, nicht aus, dass sie eine semantische Basis hat. Diese ist jedoch normalerweise dermaßen allgemein, dass sie uns kein operationales Kriterium liefert, um die Zugehörigkeit eines beliebigen Wortes zu entscheiden.

Schon eindeutiger unterscheiden sich die Wortarten untereinander durch formale Klassenmerkmale:

Wortart	primäre grammatische Merkmale	syntaktische Funktion
Substantiv (Nomen)	Genus, Numerus, Kasus	Subjekt, Objekt
Verb	Person, Tempus, Modus	Prädikat
Pronomen	Genus, Numerus, Kasus	Subjekt, Objekt
Adjektiv	Genus, Numerus, Kasus	Attribut

Die Wortarten (mit den jeweiligen konventionalisierten Abkürzungen) im Portugiesischen sind die folgenden:

[105] Funktionswörtern wie Präpositionen, Konjunktionen oder Artikeln werden in der Semantik meist funktionale Bedeutungen zugewiesen.

[106] Zu Position der Klitika in historischer Perspektive vgl. Martins (1994) und Endruschat (1996).

Offene Klasse	Geschlossene Klasse
Nomen (*substantivo*) N	Präposition (*preposição*) Präp.
Verb (*verbo*) V	Pronomen (*pronome*) Pr.
Adjektiv (*adjectivo*) A	Konjunktion (*conjunção*) Konj.
Adverb (*advérbio*) Adv.	Artikel (*artigo*) Art.

Zur offenen Klasse zählt man gemeinhin diejenigen Wortarten, deren Inventar durch Wortbildung oder Entlehnung erweiterbar ist. Auf die Wortarten der geschlossenen Klasse trifft dies nicht zu; hier können sich allenfalls durch langfristigen Sprachwandel neue Formen herausbilden.

Aufgrund ihrer Affinität zu den syntaktischen Funktionen werden Wortarten auch mitunter als **syntaktische Kategorien** (*categorias sintácticas*) bezeichnet. Einheiten, die über eine Wortform hinausgehen, aber gleiche syntaktische Funktionen erfüllen, tragen in den meisten Grammatikmodellen Bezeichnungen, die sich an die Wortartenbegriffe anlehnen, wie z.B. 'Adverbialsyntagma' oder 'Nominalsyntagma' bzw. 'Nominalphrase' und 'Verbalphrase' in der GTG (vgl. 6.6).

5.1.2 Morpheme, Morphe und Allomorphe

Die Morphologie verfügt über ein Instrumentarium, mit dem sie die Struktur der Wörter und Wortformen erfassen, beschreiben und erklären kann. Grundlegende Beschreibungseinheiten sind **Morphem** (*morfema*) und **Morph** (*morfe*). Auf der Ebene der *parole* gelangt man durch Segmentierung zu den Morphen als den kleinsten bedeutungstragenden Segmenten, auf der Ebene der *langue* hingegen werden diese Segmente als Morpheme klassifiziert, indem man sie als kleinste bedeutungstragende Elemente beschreibt.[107]

Im Strukturalismus werden **Morphe** als minimale sprachliche Gestalten mit Inhalt und / oder "grammatischer Relevanz" (Schpak-Dolt 1999, 6) definiert. **Morpheme** sind dagegen Mengen inhaltsgleicher und im allgemeinen auch ausdrucksseitig ähnlicher Morphe. Beide Einheiten sind linguistische Abstraktionen. Um ein Beispiel aus dem Portugiesischen anzuführen, betrachten wir das Pluralmorphem –s. In der *parole* kann es verschieden realisiert werden: als [-z], [-ʒ] oder [-ʃ], d.h. dem Pluralmorphem -s entsprechen drei Morphe. Die Morphe und Morpheme stehen demnach nicht immer in einem 1:1-Verhältnis; zu unterscheiden sind dabei Allomorphe und homonyme Morpheme.

[107] Die Begriffe *langue* versus *parole* wurden von Ferdinand de Saussure in seinen *Cours de linguistique général* (1916) geprägt und sind beide auf Einzelsprachen, nicht auf Sprache an sich zu beziehen. Mit *langue* meint de Saussure das abstrakte System von Zeichen und Regeln und mit *parole* die konkrete Realisierung von *langue* im Gebrauch. *Langue* wird als statisches, einzelsprachliches Zeichensystem von überindividueller (= sozialer) Gültigkeit gekennzeichnet, das auf der Invarianz und Funktionalität (= Relevanz) seiner Elemente beruht.

Wenn einem Morphem mehrere Morphe entsprechen, so werden diese **Allomorphe** (*alomorfes*) genannt. Sie sind zwar formal und/oder phonologisch unterschiedlich, aber bedeutungsgleich:[108]

casas amarelas	[kazɐzɐmɐrɛlɐʃ]
casas bonitas	[kazɐʒbunitɐʃ]
casas pequenas	[kazɐʃpikɛnɐʃ]

Bei den drei phonetischen Realisierungen des Pluralmorphems am Nomen *casas* handelt es sich um Allomorphe.[109] Auslöser für die Allomorphie ist die satzphonetische Assimilation. Weitere Allomorphe zur Pluralbildung im Portugiesischen sind *-es* (*professor-es*), *-s* (*árvore-s*), selten -*Ø* (Null-Allomorph).

Von **homonymen Morphemen** spricht man, wenn zwei (oder mehr) Morpheme, d.h. bedeutungstragende Elemente, durch eine synchronisch gleiche Form realisiert werden, diachronisch gesehen jedoch auf verschiedene Etyma zurückgehen und daher auch unterschiedliche Bedeutung haben: *trabalh-a-dor* 'Arbeiter' versus *mirador* 'Aussichtspunkt' (*-dor* < -TOR 'Agens' vs. *-dor* < -TO-RIUM 'Verbalabstraktum'); *in-capaz* 'unfähig' vs. *in-cluir* 'einschließen' (*in-* < IN- 'Negation' vs. *in-* > IN 'in ... hinein').

5.1.3 Morphologische Segmentierung

Wörter und Wortformen lassen sich in Morpheme zerlegen, denen auf der *parole*-Ebene Morphe entsprechen: *professor / -a* 'Lehrer' / '-in' [+feminin], *livro / livrinho* 'Buch' / 'Büchlein' [+ klein].

Bei der Morphemanalyse werden die Wortformen in kleinste Segmente zerlegt. Dabei geht man von der Prämisse aus, dass eine gleiche Form auch für eine gleiche Bedeutung steht, in den folgenden Adjektiven also z.B. das Morphem *-os-* (ähnlich dem deutschen '-lich/-voll') eine Eigenschaft bezeichnet:

ruid-os-o-s	*glori-os-o-s*	*amor-os-o-s*
ruid-os-o	*glori-os-o*	*amor-os-o*
ruíd-o	*glóri-a*	*amor*

Die Segmentierungsstellen können unterschiedlichen Kriterien folgen:

- Das Segment hat eine Bedeutung, die zur Gesamtbedeutung des Wortes passt: *trabalh-ador* 'Arbeit-' + Agens, nicht *tra-balh-ador*;[110]
- das Segment kommt mit derselben Bedeutung auch in anderen Kombinationen vor (*color-ar* 'färben', *color-ação* 'Färbung', nicht jedoch *col-or-ar* 'färben', *col-ar* 'kleben');
- das Segment kann auch allein vorkommen: *amoroso* 'liebevoll', *amor* 'Liebe'.

---

108 Beispielsweise liegt bei den bedeutungsgleichen Morphemvarianten /Buch/ – /Büch/lein Allomorphie vor.

109 Zusätzlich und damit eigentlich redundant wird der Plural am Adjektiv markiert.

110 Die Bedeutung muss im synchronen Sprachbewusstsein existieren und nicht nur durch sprachhistorische Kenntnisse erschließbar sein (*tra-balh-o* < TRI-PALI-UM 'Gerät aus drei Pfählen, Folterinstrument'). Allerdings ist eine eindeutige Unterscheidung zwischen synchronem und diachronem morphologischem Wissen nicht immer gegeben.

Morphe stimmen, wie man erkennen kann, nicht mit den Sprechsilben überein: *glori-os-a-s* besteht aus vier Morphen, aber drei Silben (*glo-rio-sas*). Ein Morph kann auch aus nur einem Laut bestehen: *compr-a* versus *compr-e* (-a- und -e- sind bedeutungstragend: 'Indikativ' bzw. 'Konjunktiv/Subjunktiv').

Um die Segmentierung auch für unbekannte Sprachen nachvollziehen zu können, ist die **interlineare Morphemtranslation** (IMT)[111] entwickelt worden, mit deren Hilfe Morpheme einheitlich beschrieben werden können. Mit Hilfe der IMT-Darstellung können wir dann folgenden Satz aus dem *crioulo*[112] verstehen:

I	*karga*	*po*	*na*	*kabesa.*
3-PSing	bear-Inf	wood-Nom	on-P	head-Nom

'Er trägt das Brennholz auf dem Kopf'.

5.1.4 Klassifizierung der Morpheme

Morpheme werden nach unterschiedlichen Kriterien klassifiziert. Nach ihrer primären Funktion unterteilt man sie in **lexikalische Morpheme** und **grammatische Morpheme** (auch: **Grammeme**).[113] Die lexikalischen Morpheme tragen semantisch-referentielle Funktion, d.h. sie verweisen und beziehen sich auf Gegenstände, Ereignisse, Eigenschaften, Sachverhalte etc.: *livro* 'Buch', *cantar* 'singen', *eleição* 'Wahl'. Die grammatischen Morpheme drücken Relationen oder syntaktische Funktionen aus: *que* 'dass', *-am* in *cantam* 'sie singen'.

Eine weitere Unterteilung berücksichtigt das syntagmatische Verhalten der Morpheme. Morpheme können **frei** (*morfemas livres*), als selbständige Wortform, oder **gebunden** (*morfemas presos*) auftreten. Wenn wir die Wortform *infelizmente* betrachten, so können wir die folgende Morphemanalyse vornehmen: *in+feliz+mente* (Negation+'glücklich'+Adverbialendung). Während *feliz* 'glücklich' eine selbständig vorkommende Wortform, also ein freies Morphem ist, treten die Morpheme *in-* und *-mente* immer nur gebunden auf.

Morpheme können auch völlig miteinander verschmelzen, so dass sie nicht mehr eindeutig voneinander abgrenzbar sind. **Morphemverschmelzung** tritt im Portugiesischen z.B. beim Aufeinandertreffen der Präposition *a* und des bestimmten Artikels auf: *a + a(s) → à(s), a + o(s) → ao(s).*

---

111 Erstmalig dargestellt in: Lehmann, Christian (1983): "Directions for interlinear morphemic translations", in: *Folia Linguistica* 16, S. 193-224. Jeder morphologischen, lexikalischen und syntaktischen Einheit ist ein Kürzel zugewiesen. Auch intonatorische und prosodische Eigenschaften können mit der IMT dargestellt werden. Am Leipziger Max-Planck-Institut für Evolutionäre Anthropologie wurde die IMT als eine direkte Morphem-Morphem-Glossierung weiterentwickelt (*Leipzig Glossing Rules*). Auch eigentlich unsegmentierbare lexikalische und grammatische Morpheme fremder Sprachen können durch diese Methode erklärt werden: insul-arum
island-GEN;PL
'of the islands'.

112 Zu Kreolsprachen vgl. 11.4.

113 Der französische Strukturalist André Martinet nennt dagegen Morpheme allgemein *monèmes* (Moneme), lexikalische Morpheme *lexèmes* (Lexeme) und nur die grammatischen Morpheme *morphèmes*.

Wenn ein Morphem ausdrucksseitig nicht markiert ist, so liegt ein **Nullallomorph** oder **Nullmorphem** vor, symbolisiert durch '∅'. In dem Satz *Comprei um lápis / dois lápis* 'Ich kaufte einen Bleistift / zwei Bleistifte' taucht zweimal die gleiche Wortform *lápis* auf. Im ersten Fall handelt es sich um den Singular, im zweiten um den Plural: *lápis* 'Bleistift' versus *lápis-∅* 'Bleistifte'.[114]

Morpheme können des weiteren in Stamm, Wurzel und Affix unterteilt werden. Ein **Wortstamm** (*radical*) ist das Morphem, das bei unterschiedlichen Wortformen formal ähnlich und inhaltsgleich bleibt. Diese Kategorie spielt insbesondere bei der Verbkonjugation eine Rolle. Bei allen Konjugationsformen lässt sich ein solcher Stamm ermitteln. So weisen die Perfektformen des Verbs *cantar* 'singen' den Stamm /cant/ auf: *canto* (Präsens, 1.P.S.), *cantaste* (Perfekt, 2.P.S.), *cantaremos* (Futur, 1.P.Pl.).[115]

Nimmt man nun die Substantive *cantor* 'Sänger', *canção* 'Lied' und *canto* 'Gesang' hinzu, so stellt man fest, dass alle drei Wortformen einen minimalen und nicht weiter morphologisch zerlegbaren, abstrahierten Teil besitzen: /can-/. Diesen Teil der Wortformen nennt man **Wurzel** (*raiz*). Wenn auch selbst unzerlegbares Kernstück eines Wortes, kann die Wurzel gebunden (*cavalh-eiro* 'Ritter', *est-ava* 'er / sie war') oder frei vorkommen (*árvore* 'Baum', *com* 'mit') und lexikalisch (*cavalh-, árvore*) oder grammatikalisch (*-ava, -s*) sein.

Affixe (*afixos*) treten immer gebunden auf und tragen stets entweder grammatikalische oder derivationelle Funktion. Es werden verschiedene Affixtypen unterschieden. Nach dem Kriterium der Position unterteilt man in Präfix, Suffix, Infix (*amanh-<u>ec</u>-er* 'Morgen werden'), Interfix / Fugenlaut (*cafe-<u>z</u>-inho* 'ein Tässchen Kaffee'). Nach der Funktion unterscheidet man Flexionsaffixe, Derivationsaffixe und Stammerweiterungsaffixe. **Flexionsaffixe** drücken grammatische Kategorien wie Numerus, Tempus, Person aus, sind syntaktisch obligatorisch und bilden das Ende der Wortform. **Derivationsaffixe** dienen der Bildung eines neuen Lexems und stehen vor oder nach der Wurzel, auf jeden Fall aber vor den Flexionsaffixen: *trabalha-dor-es* 'Arbeiter (Pl.)', *des-conhec-ia* 'er kannte nicht'. Als **Stammerweiterungsaffixe** schließlich werden die Themavokale der Verbklassen (*-a-,-e-,-i-*) bezeichnet, die bei der Flexion: *trabalh-á-vamos* 'wir arbeiteten', und bei der Derivation: *trabalh-**a**-dor* 'Arbeiter (Sg.)' zum Stamm hinzutreten.

Die Segmentierung und Klassifizierung von Morphemen mit den einzelnen Ableitungsschritten soll nun am Beispiel *irregularidades* 'Unregelmäßigkeiten' illustriert werden:[116]

---

114 Der Plural ist oberflächenstrukturell dann nur durch das Zahlwort (*dois*) markiert.

115 Vgl. dazu Zimmer (1992), der aufzeigt, dass sich die Verben in den romanischen Sprachen nach ihren Stämmen in mehrere Stammformen aufteilen lassen.

116 Die Graphie –rr- markiert den uvularen R-Laut [R], der im Portugiesischen typisch für den Anlaut ist (vgl. *romano* vs. *prerromano*). Vgl. 4.6.2.

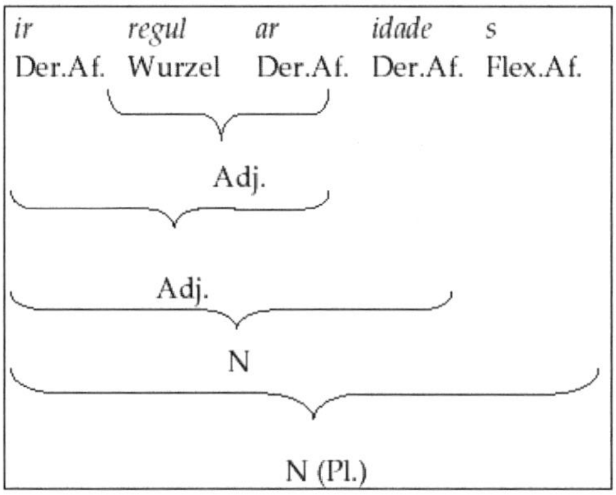

Segmentierung und Klassifizierung von Morphemen, Endruschat

Grundlagenliteratur

Azuaga (1996); Bergenholtz / Mugdan (1979); Schpak-Dolt (1999).

5.2 Wortbildung

Wir haben gesehen, dass die Morphemstruktur von Wörtern verändert werden kann. Je nachdem, ob dadurch völlig neuartige Lexeme (lexikalische Einheiten) oder nur andere Realisierungen eines schon bestehenden Lexems entstehen, unterscheidet man zwischen Wortbildung und Flexion.

Die Wortbildung trägt ihrerseits wesentlich zur Erweiterung des Wortschatzes einer Sprache bei. Sie ist daher nicht nur Gegenstand der Morphologie, sondern auch Untersuchungsobjekt für Lexikologie und Lexikographie (vgl. 7). Ergebnis der Wortbildung ist entweder eine Wortklassenänderung wie z.B. bei *nacionalizar* 'verstaatlichen' > *nacionalização* 'Verstaatlichung' (V > N) oder *usual* 'gewohnt' > *usualmente* 'gewohnheitsmäßig' (A > Adv), oder eine inhaltliche Modifikation wie in *trabalho* 'Arbeit' → *trabalhador* 'Arbeiter' oder *cão* 'Hund' > *cãozinho* 'Hündchen'. Zur **Wortbildung** (*formação de palavras*) werden Derivation und Komposition gezählt:

a) **Derivation** (*derivação*)

- **Affigierung** (*afixação*): Erweiterung um ein gebundenes Morphem durch
  Präfigierung (*prefixação*), *re-animar* 'wiederbeleben'
  Infigierung (*infixação*), *chuv-isc-ar* 'nieseln'
  Suffigierung (*sufixação*), *dent-ista* 'Zahnarzt';
- **Parasynthese** (*parassíntese*)[117], *en-tard-ecer* 'verspäten';
- **Konversion** (*conversão*): Wechsel der Wortart bzw. der Wortklasse ohne morphologische Veränderung: *falar* 'sprechen' > *o falar* 'Mundart';
- **Abkürzungen** (*encurtamento*):
  Ellipse (*elipse*): *(cidade) capital* 'Hauptstadt'
  Kürzung (*truncamento*): *foto(grafia)* 'Photo(graphie)', *prof(essor),* 'Lehrer', *fac(uldade)* 'Fakultät'

---

[117] Gleichzeitige Prä- und Suffigierung. Weder die Präfigierung (**entarde*) noch die Suffigierung (**tardecer*) allein führt hier zu korrekten Formen.

Initialwort (*palavra silábica*): *OTAN (Organização do Tratado do Atlântico Norte)* NATO';
Sigle (*sigla*): *PSD (Partido Social-Democrático)*.

b) **Kompositionale Verfahren**:

- **Komposition** (*composição, justaposição*): Zusammenfügung zweier Stämme: *saca-rolhas* 'Korkenzieher';
- **Reduplikation** (*reduplicação*): vollständige oder teilweise Wiederholung eines Stammes: *pisca-pisca* 'Blinklicht'.

Die produktivsten Wortbildungsverfahren im modernen Portugiesisch sind Affigierung und Komposition sowie die syntagmatische Wortbildung (z.B. *vida estudantil* 'Studentenleben').

Die Derivation ist definiert als Kombination eines freien Basislexems, der **Derivationsbasis**, und eines oder mehrerer Affixe. Eine Wortform, die durch Derivation, also durch Präfigierung, Suffigierung, Infigierung oder Parasynthese entsteht, heißt **Derivat** (*derivado*). Nach den Wortarten von Derivationsbasis und Derivat können wir im Portugiesischen folgende **Derivationsschemata** unterscheiden:

- **denominale** Derivation
  Substantiva (N → N), z. B. *estad-ista* 'Staatsmann'
  Verben (N → V), z. B. *alcool-iz-ar* 'alkoholisieren'
  Adjektiva (N → A), z. B. *individu-al* 'individuell'
- **deverbale** Derivation
  Substantiva (V → N), z. B. *saca-rolhas* 'Korkenzieher'
  Verben (V → V), z. B. *chuviscar* (< *chover*) 'tröpfeln'
  Adjektive (V → A), z. B. *lav-ável* 'waschbar'
- **deadjektivische** Derivation
  Substantiva (A → N), z. B. *antigu-i-dade* 'Altertum'
  Verben (A → V), z. B. *en-grande-c-er* 'vergrößern'
  Adjektive (A → A), z. B. *luso-brasileiro* 'portugiesisch-brasilianisch'
  Adverbien (A → Adv), z. B. *antigo* > *antigamente* 'früher'.

Die **Komposition** beruht auf der Kombination zweier oder mehrerer lexikalischer Konstituenten, die jeweils selbständig auftreten können und einen eigenen Stamm besitzen. Das Ergebnis ist ein **Kompositum** (*palavra composta*).

Die Komposita können nach verschiedenen Kriterien unterteilt werden. Nach den Wortarten der Kompositionsglieder können wir im Portugiesischen folgende **morphologische Haupttypen** unterscheiden:

- [N+N]$_{N}$, z. B. *guarda-redes* 'Torwart'
- [N+Präp+N/Inf]$_{N}$, z. B. *casa de banho* 'Badezimmer', *máquina de escrever* 'Schreibmaschine'
- [N+A]$_{N}$, z. B. *aguardente* 'Schnaps'
- [A+N]$_{N}$, z. B. *luso-falante* 'Portugiesisch-Sprecher'
- [Präp+N]$_{N}$, z. B. *sobreaviso* 'Warnung'
- [V+N]$_{N}$, z. B. *arranha-céus* 'Wolkenkratzer'
- [A+A]$_{A}$, z. B. *surdo-mudo* 'taubstumm'
- [Präp+V]$_{V}$, z. B. *subestimar* 'unterschätzen'
- [Adv+Inf]$_{N}$, z.B. *bem-estar* 'Wohlbefinden'

Nach der Art des Beitrags der Kompositionsglieder zur Wortbedeutung unterscheiden wir folgende **semantische Typen**:

- **Determinativkomposita**, bei denen ein Kompositionsglied das andere spezifiziert, z.B. ist *guarda-redes* 'Torhüter' eine spezielle, durch *rede* determinierte Art von *guarda*. Die "eine Art von"-Beziehung gilt aber nicht immer, z.B. nicht (mehr) im Falle von *casa de banho* 'Toilette' (metonymische Weiterentwicklung von 'Badezimmer'). Das Kompositionsglied, welches den Inhalt bestimmt, nennen wir **Determinans**, das andere Element **Determinatum**. Bei der Reihenfolge Determinans vor Determinatum sprechen wir von **Prädetermination**, z.B. *Waschmaschine*, bei der umgekehrten Reihenfolge von **Postdetermination**, z.B. *máquina de lavar roupa*. Während für das Deutsche die Prädetermination typisch ist, liegt in der Mehrheit der portugiesischen Komposita Postdetermination vor. Das lässt sich durch das folgende Kreuzschema darstellen:

'der Weg aus Eisen'[118]

  Unter dem Einfluss germanischer Bildungsmuster werden Prädeterminationen aber immer häufiger, z.B. in *auto-escola* 'Fahrschule'. Ausnahmen bei dieser Reihung gab es jedoch schon immer in gelehrten Bildungen wie *lusofalante* 'portugiesischsprachig';
- **Kopulativkomposita**, auch koordinative Komposita genannt, sind eine Verbindung zweier Lexeme, die gleichberechtigt die Bedeutung des Kompositums bilden, z.B.: *surdo-mudo* 'taubstumm', *luso-germânico* 'portugiesisch-deutsch';
- **Possessivkomposita**, bei denen die lexikalisierte Bedeutung des Kompositums eine Haben-Relation ausdrückt, z.B.: *capacete azul* 'Blauhelm, Soldat, der einen blauen Schutzhelm trägt'.

Gerade die zuletzt genannten Beispiele zeigen, dass Wortbedeutung und Wortbildungsbedeutung nicht identisch sein müssen. Von **Motiviertheit** spricht man dagegen, wenn die Bedeutung des Derivats aus seinen Bestandteilen abgeleitet werden kann: *ante-ontem* 'vorgestern'. Die Bildung ist **motiviert** oder **transparent**.

Wenn ein komplexes Lexem eine Bedeutung trägt, die sich synchron nicht mehr aus den einzelnen Bestandteilen ergibt wie z.B. bei *Rotkehlchen*, also nicht mehr transparent und motiviert, sondern **opak** (undurchsichtig) ist, spricht man von **Lexikalisierung**. Das betrifft z.B. die mit dem Präverbium *co-* und seinen Morphemvarianten gebildeten Verben wie *colidir* 'zusammenstoßen', *comparar* 'vergleichen' oder *continuar* 'weiterführen'. Auch bei *fabuloso* 'außergewöhnlich' ist der Zusammenhang mit dem lateinischen Etymon FABULA 'Gerede, Märchen, Erzählung' nicht mehr transparent; Vilela (1994b, 175) spricht hier von **Idiomatisierung** (*idiomatização*), die diejenige Phase der Lexikalisierung darstellt, in der die Motiviertheit restlos verschwunden ist. Ein Wortbildungsverfahren ist **produktiv**, wenn es für neue Bildungen relativ frei verfügbar ist, wie es z.B. auf die Präfixe *super-*, *híper-* zutrifft.

---

118 Vgl. Schmidt-Radefeldt/Campo (1995).

Grundlagenliteratur

Sandmann (1986); Vilela (1994b).

5.3 Flexion

Während durch Wortbildung neue lexikalische Einheiten, d.h. neue Wörter gebildet werden, führt die **Flexion** (*flexão*) lediglich zur morphologischen Veränderung schon existierender Wörter oder Wortformen.

Die Wortstämme bestimmter Wortarten werden durch Flexion in morphologisch verschiedenen Wortformen realisiert, die dem Ausdruck bestimmter syntaktisch-semantischer Funktionen dienen und ihrer syntaktischen Umgebung entsprechen. Diese Funktionen sind wortartenspezifisch.

Im Portugiesischen flektieren Substantive, Verben, Adjektive, Artikel und Pronomina. Die Flexion der Substantive, Adjektive, Determinanten und Pronomina nennen wir **Deklination** (*declinação*), die der Verben **Konjugation** (*conjugação*). Adjektive und Adverbien verändern sich nach der Flexionsart der **Komparation** (*comparação*). Wegen dieser vielfältigen morphologischen Veränderungsmöglichkeiten der Wortformen zählt das Portugiesische zum **flektierenden Sprachtyp**.

Innerhalb dieser drei Flexionsarten können wortartenspezifische syntaktisch-semantische Funktionen, sogenannte Flexionskategorien, unterschieden werden.

5.3.1 Deklination

Bei der Deklination unterscheidet man im Portugiesischen die folgenden Flexionskategorien:

- **Genus** (grammatisches Geschlecht, *género gramatical*): Maskulinum und Femininum; nur noch in Resten ist das Genus Neutrum im Portugiesischen bei den Demonstrativpronomina *isto, isso, aquilo* vorhanden. Das Genus der Substantive ist prinzipiell lexikalisch festgelegt und - bis auf Personen- und Tierbezeichnungen - arbiträr und nicht motiviert. Es können aber mit Hilfe von Ableitungsmorphemen Vertreter des jeweils anderen Geschlechts gebildet werden. Die Endungen zur Genusbildung sind bei portugiesischen Substantiven und Adjektiven im wesentlichen identisch: *+a*: *autor* 'Autor' > *autor-a* 'Autorin', *francês* > *frances-a* 'französisch (Adj. und N)', *pintor* 'Maler' > *pintor-a* 'Malerin', *encantador* > *encantador-a* 'bezaubernde/r'; -o/-a: *bel-o* > *bel-a* 'schön (Adj.)'. Man spricht hier auch von **Motion**. Daneben gibt es **uniforme** Substantive und Adjektive: *estudante* 'Student/-in', *feliz* 'glücklich'.

  Sexus (natürliches Geschlecht, *sexo*) im Bereich der Personen- und Tierbezeichnungen wird zumeist mit unterschiedlichen Lexemen ausgedrückt: *pai* 'Vater' - *mãe* 'Mutter'; *marido* 'Ehemann' - *mulher / esposa* '(Ehe-)Frau', *touro* 'Stier' - *vaca* 'Kuh'. Wortarten, die nach dem Genus flektieren, sind im Portugiesischen Substantive, Adjektive, Artikel, Pronomina.
- **Numerus** (*número*): Singular vs. Plural: Substantive, Adjektive, Artikel, Pronomina bilden im Portugiesischen den Plural durch Anhängen von –s sowie damit verbunden durch eine Reihe anderer morphologischer Veränderungen. Die wichtigsten Möglichkeiten seien am Beispiel der Substantive aufgezeigt:

Flexionsmorphem	Singular	Plural
+s	*amigo* ' Freund' *pé* 'Fuß' *maçã* 'Apfel' *mão* 'Hand'	*amigos* *pés* *maçãs* *mãos*
-ão / -ões	*questão* 'Frage' *nação* 'Nation'	*questões* *nações*
-ão / -ães	*cão* 'Hund' *alemão* 'Deutscher'	*cães* *alemães*
-m / -ns	*homem* 'Mensch, Mann' *armazém* 'Warenhaus'	*homens* *armazéns*
-r, -z, -n, -s (in betonter Stellung) / +es	*prazer* 'Vergnügen' *luz* 'Licht' *falar* 'Mundart'	*prazeres* *luzes* *falares*
-s (in unbetonter Stellung) / -Ø	*lápis* 'Bleistift'	*lápis*
-al / -ais:	*sal* 'Salz'	*sais*
-el / -eis (in unbetonter Stellung), -éis (in betonter Stellung)	*móvel* 'Möbel' *papel* 'Papier'	*móveis* *papéis*
-il / -eis (in unbetonter Stellung), -is (in betonter Stellung)	*réptil* 'Reptil' *barril* 'Fass'	*répteis* *barris*
-ol / -ois (in unbetonter Stellung), - óis (in betonter Stellung)	*álcool* 'Alkohol' *espanhol* 'Spanier, spanisch'	*álcoois* *espanhóis*
-ul >/ -uis	*paul* 'Sumpf', *azul* 'blau'	*Pauis, azuis*

Bei der Numerusflexion zusammengesetzter Wörter muss deren innere Struktur beachtet werden. Besteht das Kompositum aus zwei nominalen Elementen, können beide in den Plural gesetzt werden oder nur die letzte Komponente: *auto-escola / auto-escolas* 'Fahrschule/n'; *meio-dia / meios-dias* 'Mittag/e'; *surdo-mudo/surdos-mudos* 'der Taubstumme/die Taubstummen'.

Verbale Bestandteile von Wortzusammensetzungen weisen jedoch keine Numerusflexion auf. Steht die nominale Komponente bereits im Plural, so ändert sich nichts: *o guarda-chuva / os guarda-chuvas* 'die Regenschirme'; *o arranha-céus / os arranha-céus* 'die Wolkenkratzer'.

Auch im Bereich der Verben spielt die Flexionskategorie Numerus eine Rolle. In den Konjugationsparadigmen wird in der Regel zwischen 1., 2., 3. Person Singular und 1., 2., 3. Person Plural unterschieden.

- **Kasus** (*caso*): Während es im Lateinischen sechs Kasus bei Substantiven, Adjektiven und Pronomina gab, gibt es im Portugiesischen nur noch einen Kasus; die aus dem Lateinischen ererbte Flexion existiert in Relikten nur noch im Pronominalbereich (*ele* Nom., *o* Akk., *lhe* Dat.).[119]

[119] Im heutigen Portugiesischen fungieren die aus dem lat. Dativ hervorgegangenen Pronomina als betonte Formen, die emphatisch und in Verbindung mit Präpositionen verwendet werden: *disse isso a mim e não a ti* 'Er hat es mir gesagt und nicht dir'. Die auf den lat. Akkusativ zurückgehenden Formen der 1. und 2. Person (*me, te, nos, vos*) sind Dativ und Akkusativ zugleich und kommen nur als Klitika vor. In den 3. Personen hingegen existieren noch heute Dativ- (*lhe, lhes*) und Akkusativpronomina (*o/a, os/as*). Die Nominativformen sind gleichzeitig betonte Formen (*a ele, a ela, a eles, a elas*).

- **Person** (*pessoa gramatical*): Diese Flexionskategorie spielt bei den Pronomina und den Verben eine Rolle, bei denen zwischen 1., 2. und 3. Person unterschieden wird. Das betrifft ebenso die Anredeformen.

5.3.2 Konjugation

Von **Konjugation** spricht man in Bezug auf die Wortart Verb. Generell verändern sich die Verbformen hinsichtlich der Flexionskategorien Person, Numerus, Tempus, Modus, Aspekt und Genus Verbi (Aktiv- versus Passivkonstruktionen). Für das Portugiesische sind jedoch, neben den bereits vorgestellten Kategorien Numerus und Person, nur Tempus, Modus und Genus Verbi relevant. Die Kategorie Aspekt wird in allen romanischen Sprachen v.a. durch Verbalperiphrasen, in begrenztem Maße morphologisch durch das Tempus (*perfeito* vs. *imperfeito*) und durch andere lexikalische Mittel wie Präfixe (*perdurar* 'andauern'), Infixe (*envelhecer* 'altern') oder unter Zuhilfenahme von Adverbien (*sucessivamente* 'allmählich') ausgedrückt.

Die portugiesischen Verben können in drei **Flexionsklassen** unterteilt werden, je nach **thematischem Vokal** (*vogal temática*) im Infinitivstamm (*-ar, -er, -ir*). Die Infinitivendung -or in *pôr* 'setzen, stellen, legen' und Zusammensetzungen (*supor* 'vermuten', *propor* 'vorschlagen', *impor* 'durchsetzen' etc.) ist etymologisch begründet und durch Lautwandel entstanden: PONERE > *pôr*; darüber hinaus ist sie nicht produktiv. Im einzelnen werden folgende Verbkategorien unterschieden:

Modus (*modo*): Im Portugiesischen sind die Modi Indikativ, Konjunktiv und Imperativ zu unterscheiden. In der Regel wird auch der Konditional zu den Modi gerechnet. Modus drückt die subjektive Sprechereinstellung zum Sachverhalt aus: *Estou seguro que ele vem.* 'Ich bin sicher, dass er / sie kommt' (Indikativ, *indicativo*), *Duvido que ele venha.* 'Ich bezweifle, dass er / sie kommt' (Konjunktiv, *conjunctivo/ subjuntivo*).[120]

Die **einfachen Konjunktivformen** sind:

- Präsens Konjunktiv (*presente do conjuntivo*): *ame;*
- Imperfekt Konjunktiv (*imperfeito do conjuntivo*): *amasse;*
- Futur Konjunktiv (*futuro do conjuntivo*): *amar.*

Das Portugiesische kennt folgende **zusammengesetzte Konjunktivformen**:

- Perfekt Konjunktiv (*pretérito perfeito composto do conjuntivo*): *tenha amado;*
- zusammengesetztes Plusquamperfekt Konjunktiv (*pretérito mais-que-perfeito composto do conjuntivo*): *tivesse amado;*
- zusammengesetztes Futur Konjunktiv (*futuro composto do conjuntivo*): *tiver amado.*

Der **Konjunktiv Futur**, der in Ansätzen ansonsten nur noch im Spanischen vorhanden ist, zählt zu den Kuriosa des Portugiesischen. Morphologisch lässt er sich auf den lat. Konjunktiv Perfekt zurückführen. Im Portugiesischen tritt er nicht nur in realen Konditionalsätzen des Typs *Se for possível, venho amanhã* 'Falls es möglich sein sollte, komme ich morgen' auf, sondern wird auch nach bestimmten zukunftsbezogenen Konjunktionen wie *quando* wie in *quando eu chegar a casa,*

---

120 In Portugal ist eher *conjuntivo* und in Brasilien eher *subjuntivo* als Terminus gebräuchlich.

tomo logo uma duche 'Sobald ich zu Hause bin, dusche ich' oder *como* wie in *Faz como quiseres* 'Mach, wie du willst' sowie in Relativsätzen mit unbestimmter Aussage über die Zukunft, z.B. *Podemos ir para onde quisermos* 'Wir können fahren, wohin wir wollen'. Der Konjunktiv Futur kommt auch noch in Wendungen wie z.B. in *a ser assim* 'wenn dem so ist' vor.

Der **Konditional** existiert in einer einfachen und einer zusammengesetzten Form:

- Konditional (*condicional*, Bras.: *futuro do pretérito*): *amaria* 'ich würde lieben';
- zusammengesetzter Konditional (Portugal: *condicional composto*, Brasilien: *futuro do pretérito composto*): *teria amado.*

Der Konditional drückt neben Vermutungen und Wahrscheinlichkeit u.a. auch Evidentialität aus: *Deveria participar* 'Er müsste (eigentlich) teilnehmen (nach allem, was ich gehört habe)'.

Tempus (*tempo gramatical*): Mit der grammatischen Kategorie 'Tempus' wird Temporalität, zeitliche Verortung, ausgedrückt. Das Verbalparadigma **einfacher Indikativformen** sieht im Portugiesischen wie folgt aus:

- Präsens (*presente*): *amo;*
- Präteritum (*imperfeito*): *amava;*
- Perfekt (*pretérito perfeito simples, pps*): *amei;*
- Plusquamperfekt (*pretérito mais-que-perfeito simples, pmps*): *amara;*
- Futur (*futuro*, Bras.: *futuro do presente*): *amarei.*

Daneben gibt es folgende **zusammengesetzte Indikativtempora**:

- zusammengesetztes Perfekt (*pretérito perfeito composto, ppc*): *tenho amado;*
- zusammengesetztes Plusquamperfekt (*pretérito mais-que-perfeito composto, pmpc*): *tinha amado;*
- zusammengesetztes Futur (*futuro do presente composto*): *terei amado.*

Schließlich ist ein weiteres Kuriosum des Portugiesischen zu nennen: der **persönliche** oder flektierte **Infinitiv** (*infinitivo pessoal*). Er ist formal leicht mit dem Konjunktiv Futur zu verwechseln. Die Formen fallen aber nur bei den regelmäßig konjugierten Verben zusammen und nicht bei den unregelmäßigen:

pers. Inf. / Konj. Fut. *chamar*	pers. Inf. *ser*	Konj. Fut. *ser*
chamar	*ser*	*for*
chamares	*seres*	*fores*
chamar	*ser*	*for*
chamarmos	*sermos*	*formos*
chamardes	*serdes*	*fordes*
chamarem	*serem*	*forem*

Die Funktion des persönlichen Infinitivs besteht darin, syntaktische Zusammenhänge bei Infinitivkonstruktionen zu verdeutlichen, welche im Portugiesischen häufig anstelle von konjunktionalen Nebensätzen stehen: *Não estou de acordo andarmos ao cine* 'Ich bin nicht damit einverstanden, dass wir ins Kino gehen' versus *Não estou de acordo andar ao cinema* 'Ich bin nicht damit einverstanden, ins Kino zu gehen'.[121]

Verbalperiphrasen (*perífrases verbais*) sind ein wesentlicher Beleg für die Analytizität der romanischen Sprachen.[122] Besonders die iberoromanischen Sprachen weisen einen vielfältigen Bestand an periphrastischen Konstruktionen auf. Verbalperiphrasen drücken die verbalen Kategorien Tempus, Aspekt und Modus aus:

- **temporale** Verbalperiphrasen: *ir* + Infinitiv 'etwas tun werden', *estar para* + Infinitiv 'kurz davor sein, etwas zu tun';
- **aspektuelle** Verbalperiphrasen: *estar a* + Infinitiv (Bras.: *estar* + Gerundium) 'dabei sein, etwas zu tun', *andar* + Gerundium 'immer wieder etwas tun';
- **modale** Verbalperiphrasen: *haver de* + Infinitiv 'etwas zu tun haben', *ter de / que* + Infinitiv 'etwas tun müssen', *dever* + Infinitiv 'etwas tun müssen'.

Das **Genus Verbi** (**Diathese**, *género do verbo*) bildet in den romanischen Sprachen keine separate Flexionskategorie mehr. Stattdessen haben sich passivische Verbalperiphrasen herausgebildet: Einem lateinischen LAUDOR 'ich werde gelobt' entspricht *sou louvado*. Neben diesem mit *ser* + Partizip II gebildeten **Vorgangspassiv** gibt es im Portugiesischen noch ein **Zustandspassiv**, das mit der Periphrase *estar* + Partizip II ausgedrückt wird: *A casa está vendida*. 'Das Haus ist verkauft'.[123]

5.3.3 Komparation

Die **Komparation** ist eine Flexionskategorie, die bei Adjektiven und Adverbien auftritt. Im Portugiesischen lassen sich, wie im Deutschen und Lateinischen, drei Stufen unterscheiden. Allerdings erfolgt die Steigerung portugiesischer Adjektive und Adverbien[124] weitgehend analytisch; nur wenige Adjektive werden noch synthetisch gesteigert (*bom* 'gut', *mau* 'schlecht'). Der sogenannte absolute Superlativ weist synthetische Formen auf, die jedoch nicht mehr die Funktion der höchsten Steigerungsform erfüllen, sondern emphatisch gebraucht werden:

---

121 Zu Einzelheiten der Funktion und Verwendung beider Formen vgl. Körner (1987), Meyer-Hermann (1973) und Gärtner (1994).

122 Als Überblick empfiehlt sich neben Coseriu (1967) v.a. Dietrich (1997), zu den portugiesischen Verbalperiphrasen auch Dietrich (1983) und Menon (2003). Es ist festgestellt worden, dass die Entstehung und Funktion von Periphrasen sowie die Auswahl und die Entwicklung der Hilfsverben in vielen Sprachen erstaunlich ähnlich verlaufen ist. Als eine wichtige Quelle wird das Griechische vermutet, wo Verbalperiphrasen besonders häufig sind. Der permanente griechische Einfluss auf das Latein könnte bereits in der spätlateinischen Phase zu Verbalperiphrasen geführt haben.

123 Zum Passiv vgl. Rodrigues (1982).

124 Bei den Adverbien kommen die superlativischen Steigerungsformen allerdings nur selten vor.

Steigerungsform	Adjektiv	Adverb
Positiv	*alto* 'hoch'	*rapidamente* 'schnell'
	bom 'gut'	*bem* 'gut'
Komparativ	*mais alto* 'höher'	*mais rapidamente* 'schneller'
	melhor 'besser'	*melhor* 'besser'
Superlativ	*o mais alto* 'am höchsten' / *altíssimo* 'sehr hoch'	*o mais rapidamente* 'am schnellsten'
	o melhor 'am besten' / *óptimo* 'sehr gut'	*o melhor* 'am besten'

5.3.4 Suppletion und Defektivität

Anhand der Flexionskategorien Person, Numerus, Tempus, Modus und Genus Verbi können sogenannte Verbparadigmen aufgestellt werden, die die Regelhaftigkeit der Konjugation verdeutlichen. Auch im Bereich der Nomina und Adjektive gelten Regeln zur Numerus- und Genusflexion. Die Regularität wird allerdings durch zwei gar nicht so seltene Phänomene gestört: durch Suppletion und Defektivität.

Von **Suppletion** (*supletivismo, formas supletivas*) spricht man dann, wenn ein lückenhaftes Flexionsparadigma durch Formen semantisch ähnlicher, aber etymologisch nicht verwandter Lexeme ergänzt wird. Im Falle einiger unregelmäßiger Verben verändert sich dadurch bei der Konjugation bestimmter Formen der Verbstamm komplett, da sie auf jeweils andere lateinische Etyma zurückgehen: *ser* 'sein' (< SEDERE) – *sou* 'ich bin' (< SUM, ESSE)[125], *ir* 'gehen' (< IRE) – *vou* 'ich gehe' (< VADO, VADERE) – *fui* 'ich ging' (< FUI, ESSE) – *irei* 'ich werde gehen' (< IRE HABEO).[126] Teilweise kommt Suppletion auch bei anderen Wortarten vor, z.B. bei der synthetischen Komparation einiger Adjektive: *bom* 'gut' - *melhor* 'besser' – *óptimo*[127] 'der beste', *grande* 'groß' – *maior* 'größer '– *máximo* 'der größte'.

Suppletion wird u.a. zum Auffüllen von Lücken in defektiven Flexionsparadigmen genutzt. **Defektivität** kommt bei verschiedenen Wortarten vor. Im Portugiesischen betrifft sie v.a. Verben, aber auch Nomina und Adjektive.

Im Bereich der Nomina lässt sich Defektivität in der Numerusflexion beobachten. Es gibt Nomina, die nur im Plural gebräuchlich sind (Pluraliatantum): *óculos* 'Brille', *férias* 'Ferien', *belas-artes* 'Schöne Künste', *anais* 'Annalen'. Andere Nomina drücken bereits im Singular eine pluralische Idee aus (Singu-

---

125 Im Portugiesischen gibt es, wie auch im Spanischen, zwei Verben des Seins: *ser* und *estar*. Mit *ser* wird, vereinfacht gesagt, das wesenhafte Sein und mit *estar* das vorübergehende Sein ausgedrückt, vgl. Lüdtke (1997), Lemos (1987) und Hoyos (1980), speziell in Verbindung mit Adjektiven Vaño-Cerda (1982) und Baumann (1975).

126 Das Französische greift zudem auf lat. AMBULARE zurück, um das Flexionsparadigma von *aller* zu komplettieren: *je vais* 'ich gehe' (<VADO), aber *nous allons* 'wir gehen' (<AMBULARE).

127 Im brasilianischen Portugiesisch wird das etymologisch motivierte -p- nicht mehr graphisch realisiert: *ótimo*, vgl. 4.6.

lariatantum): *ferro* 'Eisen', *ouro* 'Gold', *esperança* 'Hoffnung', *fruta* 'Obst'.[128] Defektivität in der Genusflexion liegt bei uniformen Nomina und Adjektiven vor.[129]

Bei den Verben gibt es zahlreiche Fälle, wo nur bestimmte Personen oder Tempora konjugiert werden. Eine Gruppe von Verben wird nur - wohl aus Gründen des Missklangs - im Infinitiv und als Partizipien benutzt: *adequar* 'anpassen', *antiquar* 'veralten'. Auch semantische Beschränkungen können dafür ausschlaggebend sein, ein Verb nicht vollständig zu konjugieren. Das betrifft v.a. die Witterungsverben: *chover* 'regnen', *nevar* 'schneien' etc. sowie Verben wie *amanhecer* 'Tag werden' oder *anoitecer* 'Nacht werden'. Sie werden nur in der 3. Person Singular verwendet: *Está a nevar desde ontem* 'Es schneit seit gestern', *Já anoitece mais tarde* 'Es wird schon später dunkel'.

Das Verb *haver* ist ebenfalls defektiv, denn während die Formen der 3. Person Singular *há* in der Bedeutung 'es gibt' sehr häufig vorkommen, büßte das Verb seit dem Alt- und Mittelportugiesischen allmählich alle anderen Funktionen, z.B. als Verb der Besitzanzeige und als Hilfsverb zur Bildung zusammengesetzter Zeiten ein. Auch zum Ausdruck einer Obligation wie in *hei-de trabalhar* 'ich habe zu arbeiten' wird es nur noch selten verwendet. Damit ist das Verb in eine Reihe mit anderen unpersönlichen Verben zu stellen, die nur in der 3. Person gebraucht werden, wie z.B. *urgir* 'dringend sein', *acontecer* 'geschehen' oder *concernir* 'betreffen': *Urge acabar com este trabalho* 'Diese Arbeit muss dringend beendet werden', *Na história aconteceram sempre coisas imprevisíveis* 'In der Geschichte passierten immer unvorhergesehene Dinge'.

Grundlagenliteratur

Tláskal (1994); Zimmer (1992).

---

[128] Gegenbeispiele sind allerdings *Ela está de esperanças* 'Sie ist guter Hoffnung', *frutas silvestres* 'Wildfrüchte'.

[129] Im Lateinischen kam Defektivität auch in der Kasusflexion der Nomina vor. So wurde VIS 'Gewalt' im Singular nur im Akkusativ und Ablativ dekliniert, von FAS 'Recht' war sogar nur der Akkusativ Singular gebräuchlich.

Übungsaufgaben

1) Nehmen Sie am folgenden Satz eine Morphemanalyse vor und unterscheiden Sie dabei grammatische von lexikalischen, freie von gebundenen und Wurzel- von Affixmorphemen:

Por mais que os puristas condenem a entrada de expressões estrangeiras no léxico do português, tal processo é perfeitamente natural em cada língua do mundo, desde que o seu falante esteja sujeito ao contacto com outras línguas.

2) Welche Wortbildungsverfahren liegen den folgenden Lexemen zugrunde?

a) *para-brisas* 'Windschutzscheibe'
b) *enriquecer* 'reich werden'
c) *cantar* 'singen' > *o cantar* 'der Gesang'
d) *amor* > *amoroso* 'liebevoll'
e) *reconhecer* > *reconhecimento* 'Anerkennung'
f) *PGA (Prova Global de Aferição)* 'Aufnahmeprüfung')
g) *café* > *cafezinho* 'Käffchen'
h) *televisão* > *TV [tivi]* 'Fernsehen'.

3) Informieren Sie sich in Grammatiken und Wörterbüchern über defektive Verben und suchen Sie die Gründe für ihre Defektivität.

4) Verschaffen Sie sich in Dietrich (1996) einen Überblick über Entstehung, Funktion und Verwendung der Verbalperiphrasen. Stellen Sie anhand von Schemann / Schemann-Dias (1983) portugiesische Verbalperiphrasen zusammen, die a) Wiederholung, b) Beginn, c) die sogenannte Winkelschau ausdrücken.

6 Syntax

In den Abschnitten zur Phonologie und Morphologie haben wir dargestellt, dass und auf welche Weise kleine sprachliche Einheiten zu größeren zusammengesetzt werden. Mehrere Phoneme wurden zu Morphemen und Morpheme zu Wortformen kombiniert. Die **Syntax** (griech. 'Zusammenstellung', 'Anordnung', *sintaxe*) untersucht nun, wie sich dieses Prinzip fortsetzt, indem aus Wortformen Syntagmen und Sätze gebildet werden.[130] Diese syntaktischen Einheiten zu beschreiben und zu analysieren sowie Regeln aufzustellen, nach denen sie gebildet werden können, gehört zum Gegenstandsbereich der Syntax.

Eine strukturierte Folge von Wörtern wird in der Syntax **Wortgruppe** oder auch **Syntagma** (*sintagma*) genannt.[131] Der folgende Satz besteht z.B. aus vier Syntagmen:[132] *Na livraria nova / vai encontrar / com certeza / um livro interessante* 'In der neuen Buchhandlung werden Sie bestimmt ein interessantes Buch finden', wobei die Syntagmen je spezifische syntaktische Funktionen (vgl. 6.3.3) übernehmen.

Die Dependenzgrammatik (vgl. 6.5) ließ erstmalig auch eine einzelne finite Verbform als Satz zu: *Chove* 'Es regnet'; *Acabou* 'Es ist zu Ende' können daher als Sätze mit integriertem (nicht expliziertem) Subjekt gesehen werden.

In den generativistischen Syntaxtheorien (vgl. 6.6) ist die Syntax definiert als mentale Repräsentation des intuitiven grammatischen Wissens (*conhecimento sintáctico intuitivo*, vgl. Duarte / Brito 1996, 252) der Sprecher einer Sprachgemeinschaft.

6.1 Grammatik und Grammatikalität

Zusammen mit der Morphologie wird die Syntax traditionell zum Kernbereich der **Grammatik** (*gramática*) einer Sprache gezählt. Der Begriff der Grammatik umfasst dabei das Wissen oder die systematische Beschreibung von morphologischen und syntaktischen Regularitäten einer Sprache. In neueren generativistischen Theorien kann Grammatik auch die Menge von Regeln zur Erzeugung (= Generierung) von Sätzen meinen (vgl. Fußnote 130).

---

130 Dieser kreative Aspekt von Sprache wird von Chomsky (1969) als **Sprachkompetenz** (*competência linguística*) gefasst: "Die Grammatik einer Sprache versteht sich als Beschreibung der immanenten Sprachkompetenz des idealen Sprecher-Hörers. [...] Eine völlig adäquate Grammatik muss jedem Satz aus einer infiniten Menge von Sätzen eine Strukturbeschreibung zuordnen." (S. 15); "Wir betonen noch einmal, dass die Kenntnis einer Sprache die implizite Fähigkeit involviert, unbegrenzt viele Sätze zu verstehen." (S. 29).

131 Nach einer erweiterten Auffassung kann ein Syntagma auch aus Lauten, Wortgruppen, Satzteilen oder ganzen Sätzen bestehen.

132 Im Strukturalismus werden Syntagmen nach Wells (1947) auch unmittelbare Konstituenten genannt (vgl. 6.4).

Entspricht ein Satz den Regeln der Grammatik einer Sprache, so wird der Satz "grammatikalisch" genannt. **Grammatikalität** (*gramaticalidade*) liegt dann vor, wenn ein Satz **wohlgeformt** (*frase bem-formada*) ist.[133]

Sätze, die **ungrammatikalisch** (*agramatical*) sind, werden nach der Konvention durch ein vorangestelltes '*' markiert. Wie die folgenden Sätze zeigen, kann fehlende oder mangelhafte Grammatikalität mehrere Ursachen haben: **As geladas ervilhas* [anstatt *ervilhas geladas*] *rebolaram pelo chão* 'Die gefrorenen Erbsen rollten über den Fußboden' (falsche Stellung des Adjektivs), **Desejo que ela está* [anstatt *esteja*] *feliz* 'Ich wünsche mir, dass sie glücklich ist' (fehlerhafte Benutzung des Indikativs anstelle des Konjunktivs), **Mãe, dá-me o pente para mim* [anstatt *eu*] *pentear a boneca* 'Mutter, gib mir den Kamm, damit ich die Puppe kämmen kann' (fehlerhafte Verwendung des betonten Objektpronomens anstelle des nominativischen Subjektpronomens).

Ungrammatikalische Sätze können unter bestimmten pragmatischen (d.h. vom Sprecher so beabsichtigten, vgl. 9) und/oder diasystematischen (z.B. stilistischen, vgl. 10.2) Gesichtspunkten dennoch akzeptabel sein. Akzeptabilität von Sätzen darf daher nicht allein am Kriterium ihrer Grammatikalität gemessen werden. Der folgende Satz z.B. ist nicht grammatikalisch, da nach den Regeln der Grammatik bei unpersönlichem Gebrauch von *haver* im Standardportugiesischen nur die Form der 3. Person Singular zugelassen ist und keine Kongruenz zum Subjektsprädikativ hergestellt wird: **Haviam muitos livros na mesa* 'Es gab viele Bücher auf dem Tisch'. Dennoch wird dieser Satz von portugiesischen Muttersprachlern mittlerweile akzeptiert, da er die scheinbar vorhandene Kongruenz zwischen Subjekt und Prädikat berücksichtigt (vgl. Duarte / Brito 1996, 248).

Grundlagenliteratur

Duarte / Brito (1996); Gärtner (1994).

6.2 Syntaxtheorien

Der eingangs formulierten Aufgabe der Syntax, die Beziehung der einzelnen Elemente zueinander aufzuzeigen und die Regularitäten bei der Bildung von Sätzen zu beschreiben, haben sich die einzelnen Syntaxtheorien unterschiedlich genähert. Die historische Sprachwissenschaft hat sich z.B. vorwiegend damit befasst, die Geschichte einzelner Elemente bzw. Phänomene der Sprache zu rekonstruieren. Dabei blieben syntaktische Regeln weitgehend unberücksichtigt. Der Strukturalismus in seiner ursprünglichen Form hat sich ebenfalls zunächst mehr mit der Identifikation von einzelnen Elementen (z.B. Phonemen, Morphemen, Lexemen) als mit den Regeln ihrer Zusammenfügung beschäftigt. Demgegenüber zeigen die in der zweiten Hälfte des 20. Jh. dominierenden struktura-

[133] In der generativen Theorie gilt ein Satz sogar schon dann als wohlgeformt, wenn er nach den Regeln der Grammatik erzeugt werden kann. Die Semantik bleibt dabei, zumindest in der Standardversion, unbeachtet. Der Chomskysche Beispielsatz *Colourless green ideas sleep furiously* ist nach dieser Theorie wohlgeformt, wenn auch bedeutungsleer.

listischen Modelle - die Phrasenstrukturgrammatik, die Dependenzgrammatik und die generative Transformationsgrammatik - eine Vorliebe für syntaktische Fragestellungen.[134] Im folgenden sollen einige Grundannahmen wichtiger Syntaxtheorien genannt werden.

Traditionelle Theorien: Der Grundtypus des Satzes beruht auf der Subjekt-Prädikat-Beziehung; die Beschreibung der einzelnen Satzglieder erfolgt mit den Begriffen der griechisch-lateinischen Grammatiktradition (Subjekt, Prädikat, Objekt etc.).

Strukturalistische Syntax: Die sprachlichen Elemente werden auf der Grundlage ihres Vorkommens in der sprachlichen Umgebung (Distribution) klassifiziert. Den Rahmen für die Analyse bildet der Satz, der zugleich oberste Grenze grammatischer Beschreibung ist. Die einzelnen Teile des Satzes werden als Konstituenten bezeichnet. Die von Lucien Tesnière begründete **Dependenzgrammatik** beschreibt die Beziehungen zwischen den Elementen der Sätze als Abhängigkeiten (Dependenzen). Der Satz erscheint als ein hierarchisch geordnetes Ganzes, das durch Abhängigkeitsrelationen determiniert ist. Die **Valenzgrammatik** baut auf der Dependenzgrammatik auf und geht davon aus, dass bestimmte Satzglieder von anderen gefordert und formal determiniert werden.

Generative Syntax: Sprache wird definiert als Mechanismus, der es erlaubt, aus Elementen und Regeln alle grammatikalischen Sätze einer Sprache zu "generieren" (zu erzeugen). Da die Menge der Sätze einer Sprache unendlich ist, besteht die Aufgabe der Syntax darin, mit Hilfe einer begrenzten Menge von Konstruktionsanweisungen (Transformationsregeln) alle möglichen Sätze zu beschreiben. In den 1990er Jahren wurde im **Minimalistischen Programm** versucht, sich auf ein Minimum an Typen und Regeln zu beschränken. Die **Rektions- und Bindungstheorie** (*Government and Binding Theory,* kurz: *GB*) ist ein Syntax-Modell der generativen Transformationsgrammatik, das drei Stufen der syntaktischen Repräsentation umfasst: die Tiefenstruktur (direkte Projektion lexikalischer Informationen, z.B. Verb-Argument-Strukturen), die Oberflächenstruktur (als Zwischenebene), die phonetische Form (*output* der Oberflächenstruktur) und die logische Form (als Repräsentationsebene). Die drei Stufen stehen zueinander in Beziehung durch eine Regel für eine einfache Bewegung (*move* α), wobei bestimmte Regeln und Einschränkungen (Rektion, Bindung) gelten.

Die **Lexikalisch-Funktionale Grammatik** (LFG) entstand in den 1970er Jahren als Reaktion auf die Forschung im Bereich der Transformationsgrammatik und ist ein sogenanntes Unifikationsmodell, d.h. es bezieht sich auf Syntax, Morphologie und Semantik gleichermaßen, jedoch nicht auf die Phonologie. Anliegen der LFG war es, ein linguistisch tiefgehendes Modell zu erarbeiten und gleichzeitig die formale Basis für die Computerlinguistik zu liefern. Dazu arbeitet es mit einem

---

[134] In der Sprechakttheorie spielen die syntaktischen Regelmäßigkeiten eine geringere Rolle, im Vordergrund steht nicht die Bildung von korrekten Sätzen, sondern der Sinn und die Funktion einer Äußerung.

Konstituentenbaum (Wortfolgen oder Phrasen) und einer Merkmalstruktur, die lexikalisch-semantische Informationen enthält.

In der **Funktionalen Grammatik**, die auf Simon Dik zurückgeht, steht die Funktion der Sprache und nicht ihre äußere Form im Mittelpunkt. Es geht im Wesentlichen um das Verhältnis der Informationsstruktur eines sprachlichen Ausdrucks zu seiner Realisierung. Die wichtigste sprachliche Ebene ist dabei die Diskurspragmatik, die die Semantik beeinflusst. Die Semantik wiederum determiniert die Syntax.

Die verschiedenen Syntaxtheorien unterscheiden sich zusammengefasst im Hinblick auf die zugrundeliegenden syntaktischen Elemente und die Methoden ihrer Bestimmung, auf die Charakterisierung der einzelnen Elemente, ihrer Beziehungen zueinander und ihrer Funktionen.

6.3 Satz und Satzglieder (Traditionelle Syntax)

6.3.1 Satz versus Äußerung

Die Definition vom **Satz** (*frase* oder *proposição*) ist in der Linguistik umstritten. Es gibt eine Vielzahl von Definitionen des Satzes[135], die sehr stark von dem jeweils vertretenen theoretischen Ansatz abhängen. Die Auffassung der antiken griechischen Grammatiker, dass in indoeuropäischen Sprachen ein Satz in der Regel aus Satzgegenstand (ὑποκείμενον) und Satzaussage (κατηγόρεμα, wozu alle Satzglieder außer dem Subjekt gezählt wurden)[136] besteht, ist sicher nach wie vor gültig.

Die Definitionsprobleme hängen damit zusammen, dass zwar intuitive Vorstellungen vom Inhalt des Begriffes Satz bestehen, dass die davon abgeleiteten Definitionen aber auf verschiedenen Ebenen liegen. Heute sind die folgenden Auffassungen vom Satz geläufig:

- Einheit von Subjekt und Prädikat (traditionelle Grammatik);
- selbständige Einheit der *langue* (Strukturalismus);
- sprachliche Einheit, die durch die interne Valenzstruktur eines Verbs festgelegt wird (Dependenzgrammatik);
- Sprechakt bzw. vollständige Mitteilung (Pragmatik, Textlinguistik);
- philosophisch-/kognitiv-logische Einheit (Logik, Psycholinguistik);

---

135 In Ries (1931) sind 140 verschiedene Definitionen des Satzes enthalten. Seidel (1935) erfasst 83 zusätzliche Definitionen. Auch danach sind Satzdefinitionen immer wieder diskutiert und weiterentwickelt worden. In den letzten Jahrzehnten hat sich das Interesse der Syntax auf andere Fragestellungen verlagert.

136 Diese bei Aristoteles verwendeten Begriffe entsprechen den modernen Termini *Topic* und *Comment* (vgl. 6.3.4.2). Lohmann / Bröcker (1940, 356) gelangten jedoch zu dem Schluss, dass der Satz nicht mehr nur als ein Bündnis von Subjekt und Prädikat verstanden werden kann, sondern dass man - auf der Grundlage von Sätzen aus zahlreichen auch nicht-indoeuropäischen Sprachen - den Satzgegenstand als eigene Prädikation auffassen könnte (so auch Schönberger 2004). Ein Satz wie SERVUS ADVOLAT könne als 'was den Sklaven betrifft, er eilt herbei' (Schönberger 2004, 103) interpretiert werden.

- Kette von Formativen mit zugrundeliegender hierarchischer Struktur (Transformationsgrammatik);
- Sprachzeichen (Semiotik);
- graphematische Einheit, die mit einem Großbuchstaben beginnt und mit Satzzeichen (.;!?: etc.) abgeschlossen wird.

Die Definition vom Satz kann daher nur innerhalb *eines* linguistischen Ansatzes festgelegt werden. Wichtige Definitionsmerkmale wie "Vollständigkeit" und "relative Selbständigkeit" liegen jedoch allen Definitionen zugrunde.

Eine weite Definition schließt auch relativ selbständige Gebildetheiten ohne Subjekt und Prädikat mit ein, während traditionell zwischen Satz und **Äußerung** (*enunciação* oder *enunciado*) unterschieden wird; nach dieser engen Auffassung ist jeder Satz zwar eine Äußerung, d.h. eine sprachliche Handlung, jedoch nicht jede sprachliche Äußerung ein (vollständiger) Satz, denn Äußerungen wie z. B. *Olá!* 'Hallo'/ *Cuidado!* 'Vorsicht'/ *Duas bicas, por favor!* 'Zwei Espresso, bitte' können nur hypothetisch aus zugrundeliegenden (vollständigen) Sätzen rekonstruiert werden.

6.3.2 Bildung von Sätzen

Damit ein grammatikalischer Satz entsteht, geht man typischerweise so vor:

- Wortformen einer bestimmten morphologischen Kategorie (oder Wortart) werden aus dem Lexikon ausgewählt und – sofern sie flektierbar sind – dekliniert oder konjugiert. Zwischen den Wortformen werden Kongruenzen hergestellt.
- Die Wortformen werden in eine bestimmte (topologische) Reihenfolge gebracht. Dabei wird jeder Wortform eine bestimmte Satzgliedfunktion (vgl. 6.3.3) zugewiesen.
- Die aneinandergereihten Wortformen werden mit einer bestimmten Satzprosodie (intonatorischen Markierungen, Wortgruppen- und Satzakzenten, Sandhiphänomenen und Pausenstruktur) unterlegt und anschließend - bei schriftlicher Fixierung - mit Interpunktionszeichen versehen.

Dabei ist zu beachten, dass im **Satzgefüge** (*cadeia sintagmática*) bestimmte Positionen präferentiell durch bestimmte Wortarten ausgefüllt werden. Das hängt mit den in 5.1.1 genannten semantischen und syntaktischen Funktionen der Wortarten zusammen, insbesondere mit ihrer **Distribution** (*distribuição*), durch die sich die Wortarten in jeder Einzelsprache entscheidend voneinander abgrenzen lassen (vgl. DeLancey 1997). In einem Satz wie: *O menino está na escola* 'Der Junge ist in der Schule' kann an die Stelle des Prädikats *está* nur eine andere Verbform (*aprende* 'lernt', *fica* 'bleibt') oder ein zusammengesetztes Prädikat mit verbalem Kern (*está à espera* 'ist dabei zu warten') treten.

Aufgrund solcher formaler Kriterien bilden die Wortarten bestimmte syntaktische Kategorien. Syntaktische Kategorien sind Mengen von Satzteilen mit gemeinsamen, syntaktisch relevanten Eigenschaften, z.B. Präposition, Nominalphrase (vgl. 6.6) etc. Während wir nun aber einer gegebenen Konstituente unabhängig vom Satzzusammenhang eindeutig eine syntaktische Kategorie zuordnen können, kann ihre syntaktische Funktion je nach Satz unterschiedlich sein: So ist *o rapaz* in *O rapaz reparou a Teresa* 'Der Junge erblickte Teresa' Subjekt, jedoch direktes Objekt in *A Teresa reparou o rapaz* 'Teresa erblickte den Jungen', in beiden Sätzen ist *o rapaz* aber eine Nominalphrase.

6.3.3 Satzglieder und syntaktische Funktionen

Satzglieder sind die kleinsten funktionalen Einheiten des Satzes. Sie lassen sich nur als Ganzes verschieben und ersetzen oder pronominalisieren. Ausgehend vom Basissatz *Numa livraria moderna encontrei todas as suas obras* 'In einer modernen Buchhandlung habe ich alle seine Werke gefunden' kann das folgendermaßen illustriert werden:

- **Verschiebung** (Permutation): Encontrei todas as suas obras numa livraria moderna;
- **Ersetzung** (Kommutation oder Substitution): *Numa livraria moderna encontrei os livros* 'In einer modernen Buchhandlung habe ich die Bücher gefunden' (*os livros* steht nun anstelle von *todas as suas obras*);
- **Pronominalisierung**: *Encontrei-as numa livraria moderna* 'Ich habe sie in einer modernen Buchhandlung gefunden' (*as* steht für *todas as suas obras*).

Mit dem **Auslassungstest** kann ermittelt werden, welche Satzglieder obligatorisch sind und welche fakultativ (vgl. 6.5).

Die wichtigsten **syntaktischen Funktionen**, die die Satzglieder erfüllen, sind:

- Prädikat (*predicado*)
- Subjekt (*sujeito*)
- Objekt (*complemento de objecto*)
    - direktes Objekt (*complemento de objecto directo*)
    - indirektes Objekt (*complemento de objecto indirecto*)
    - Präpositionalobjekt (*complemento de objecto preposicional*)
    - obligatorisches Adverbial (*complemento adverbial*)
- Prädikativ (*predicativo*)
- fakultatives Adverbial (*complemento circunstancial*)
- Attribut (*atributo*)
- Apposition (*aposição*).

Einfache Sätze bestehen in der Regel, wie bereits erwähnt, aus **Subjekt** und **Prädikat**, die miteinander in Numerus und Person konkordieren: *O João / dormiu* 'João schlief' (Subjekt / Prädikat). Weitere Satzglieder können hinzutreten: *Durante aquela noite, / o João / dormiu / muito mal* 'Während jener Nacht schlief João sehr schlecht' (fakultatives Adverbial der Zeit / Subjekt / Prädikat / fakultatives Adverbial der Art und Weise). Da das Portugiesische eine Null-Subjektsprache ist, können auch subjektlose Äußerungen wie *Canta* 'Er singt', *Venho* 'Ich komme' als Sätze gelten.

Das Prädikat kann wie in den vorangegangenen Beispielsätzen einfach sein. Daneben treten auch **komplexe Prädikate** auf: *O João / está a dormir* 'João schläft gerade'. Die Konstruktion *estar a* + Infinitiv wird **Verbalperiphrase** (*perífrase verbal*) genannt. Das Prädikat kann des weiteren aus einem sogenannten **Kopulaverb** (*verbo de ligação, verbo copulativo*) oder dem Kopulaverbkomplex und einem **Prädikativ** (*predicativo*) zusammengesetzt sein: *O João está triste / é melancólico* 'João ist traurig / Melancholiker', *O João parece (ser) brasileiro* 'João scheint Brasilianer zu sein'. Das Kopulaverb erfüllt dabei die Funktion, den nominalen und den verbalen Prädikatsteil zu verbinden.

Wie das Prädikat können auch die anderen Satzglieder unterschiedlich gefüllt werden. So kann in Subjekt- und Objektfunktion sowohl ein Nomen, eine

Nominalgruppe, ein Pronomen, ein Infinitiv (bzw. Infinitivkonstruktion) oder ein **Gliedsatz** (ein sogenannter **Subjekt-** oder **Objektsatz**) auftreten:

- **Subjekt**: A minha profissão / Ela / O facto de ele me amar / Cantar *deixa-me muito contente* 'Mein Beruf / Sie/ Dass er mich liebt, / Singen macht mich sehr glücklich';
- **Objekt**: *Ouvi* *uma nova canção* / *-a* / *o que ele disse* / *cantá-la* 'Ich hörte ein neues Lied/es/was er sagte / sie singen'.

Attribute und Appositionen müssen aber nicht unbedingt nominal sein, es kommen in diesen Funktionen ebenfalls satzwertige Satzglieder vor:

- **Attribut**: *Comprei o livro* *mais barato* / *de que me falaste ontem* 'Ich kaufte das billigere/billigste Buch/das Buch, von dem du mir gestern erzählt hast';
- **Apposition**: O seu marido, pequeno mas forte / carpinteiro, trabalha numa fábrica de madeira 'Ihr Mann – klein aber stark / Zimmermann – arbeitet in einer Holzfabrik', O seu mari-do - conheço-o muito bem - não diria isto 'Ihr Mann - ich kenne ihn sehr gut - würde das nie sagen'.

Wir haben uns hier nur auf die grundlegenden Satzglieder und einige mögliche formale Umsetzungen beschränkt; eine vollständige Darstellung mit zahlreichem Belegmaterial bietet Gärtner in seiner *Grammatik der portugiesischen Sprache* (1998) sowie als Überblick in Gärtner (1994).

6.3.4 Satzgliedfolge

Wohlgeformte Sätze weisen eine sprachspezifische Strukturierung auf, die neben prosodischen Mitteln (Intonation, Akzentuierung, Lautstärke) vor allem durch die Satzgliedfolge hergestellt wird.

Die **Satzgliedfolge** (*ordem das palavras*) ist ein Teilbereich der Wortstellung und erfüllt drei Funktionen: grammatisch-syntaktische, strukturell-grammatische und kommunikativ-pragmatische. Da sich in den Sprachen der Welt verschiedenartige Anordnungen der Satzglieder beobachten lassen, ist die Satzgliedfolge ein wesentliches Kriterium zur Unterscheidung von Sprachtypen.

Für jede Sprache wird eine neutrale Satzgliedfolge angenommen. Diese wird seit Greenberg (1963) mit den Größen S (für Subjekt), V (für Verb)[137] und O (für Objekt) und deren je spezifischer Reihung charakterisiert. Greenbergs Vergleich von 40 typologisch unterschiedlichen Sprachen ergab SVO und SOV als dominante Satzgliedfolgen. Unabhängig von der neutralen Satzgliedfolge können in vermutlich allen Sprachen Umstellungen vorgenommen werden.

Die modernen romanischen Sprachen werden zu den SVO-Sprachen gerechnet. Ohne Zweifel ist diese Abfolge auch im Portugiesischen als die grundlegende anzusehen. Daneben kommt aber eine Reihe von Abweichungen durch Satzgliedumstellung vor, die teilweise grammatikalisiert (z.B. die Inversion von Verb und Objektspronomen in verneinten Aussagesätzen und in mit Interro-

---

[137] Bei der Greenbergschen Untergliederung der wesentlichen Bestandteile des Satzes bleibt unberücksichtigt, dass 'Verb' eigentlich eine Wortart und keine Bezeichnung für ein Satzglied ist. Außerdem gibt es nicht in jeder Sprache die Wortart Verb, wohl aber Prädikate, die formal sehr unterschiedlich ausgefüllt werden können. Dennoch hat sich diese Terminologie international für die Schematisierung von Satzgliedfolgen durchgesetzt.

gativpronomen eingeleiteten Fragesätzen), teilweise stilistischer oder prosodischer Natur sind. Folgende Sätze mögen das zeigen:

O meu pai comprou uma casa.	'Mein Vater kaufte ein Haus'	SVO
Comprou o meu pai uma casa.		VSO
Comprou uma casa o meu pai.		VOS
Uma casa comprou o meu pai.		OVS
Uma casa, o meu pai comprou.		OSV
Comprou-a.	'Er kaufte es.'	(S)VO
Não a comprou.	'Er kaufte es nicht.'	(S)OV
Porque a comprou?	'Warum kaufte er es?'	(S)OV

Vergleicht man das Portugiesische mit anderen romanischen Sprachen, so fällt diese variable Satzgliedfolge auf. Das erklärt Körner (1987) damit, dass es in der Romania zwei Typen von Sprachen gäbe: der eine Typ bevorzuge die feste SVO-Folge, der andere lasse eine relativ freie Stellung zu.[138] Zu letzterem Typ gehöre das Portugiesische.[139]

In den portugiesischen Grammatiken sind Satzgliedumstellungen meist ausgespart oder stigmatisiert worden. Lapa ([11]1984) unterschied in seiner Stilistik z.B. die *ordem direita, usual e habitual* ('direkte, übliche, gewohnte Reihenfolge') und die *ordem inversa e ocasional* ('invertierte, okkasionelle Reihenfolge'), so wie man bereits in der antiken Rhetorik Überlegungen über den 'richtigen' ORDO VERBORUM ('Wortfolge') angestellt und diesen ORDO NATURALIS vom ORDO ARTIFICIALIS ('unnatürliche, künstliche Reihenfolge') abgehoben hat.

Mit der pragmatischen Wende in den 1980er Jahren änderte sich die Sichtweise. Koch/Oesterreicher (1990) haben mit ihrer Darstellung gesprochener Sprache darauf aufmerksam gemacht, dass die Satzgliedfolge semantisch-pragmatischen Prinzipien der Informationsstruktur untergeordnet ist und Umstellungen daher "natürlich" und nicht "artifiziell" sind.

Mit der Informationsstrukturierung befassen sich mehrere linguistische Modelle; die wichtigsten Begriffspaare - Thema/Rhema und *Topic/Comment* - sollen im folgenden vorgestellt werden.

Grundlagenliteratur

Greenberg (1963); Körner (1987).

---

[138] Körner gelangt zu dieser Einteilung, indem er die Satzgliedfolge mit anderen grammatischen Mitteln korreliert. Was Körner dabei für das Rumänische feststellt, gilt für das Portugiesische ebenso, jedoch nur für das EP: Es ist eine Null-Subjekt-Sprache, es besitzt kein unpersönliches *es* (*chove* 'es regnet'), und ein nachgestelltes Subjekt wird nicht unbedingt als emphatisch empfunden.

[139] Allgemein kann das Grundprinzip aufgestellt werden, dass Sprachen mit morphologischer Kennzeichnung der syntaktischen Beziehungen zur freien Anordnung der Satzglieder tendieren. Das trifft auf die lateinische Sprache zu, die sich durch eindeutige Flexionsmorpheme auszeichnet und daher fast alle Stellungen der Satzglieder[139] zulässt, sogar unter Trennung von unmittelbar zusammengehörenden Konstituenten: GALLIA EST OMNIS DIVISA IN PARTES TRES 'Ganz Gallien ist in drei Teile geteilt' (Caesar, DE BELLO GALLICO (I, 1,1); HAEC POENA APUD EOS EST GRAVISSIMA 'Diese Strafe ist bei ihnen die schwerste' (Caesar, DE BELLO GALLICO (VI, 13).

6.3.4.1 Thema-Rhema-Gliederung

Die **Thema-Rhema-Gliederung** (TRG, *tema-rema*) - auch Mitteilungsperspektive oder funktionale Satzperspektive genannt - wurde zuerst von der Prager Schule des Strukturalismus beschrieben. Der Begriff bezieht sich auf die Verteilung der Information in Sätzen bzw. Äußerungen auf die einzelnen Satzglieder. In ihrer jeweils konkreten Abfolge gibt die TRG Auskunft über die vom Sprecher intendierte Informationsstruktur. Die Satzglieder folgen dieser Informationsstruktur. Sätze weisen in der Regel eine Thema-Rhema-Folge auf, d.h. sie beinhalten etwas Bekanntes, Vorerwähntes (**Thema**), über das etwas Neues (**Rhema**) ausgesagt wird.

Heute sind wenigstens zwei Richtungen innerhalb der TRG-Theorien zu unterscheiden: Nach der ersten, heute üblichen, Auffassung repräsentiert das Thema das "Bekannte" und das Rhema das "Neue" in der Information. Eine zweite formale Theorie begreift prinzipiell das erste Element im Satz als das Thema und den Rest des Satzes als Rhema. Nach der ersten Auffassung werden **themalose** Sätze wie *Aconteceu-lhe uma coisa incrível* 'Ihm/Ihr passierte etwas Unglaubliches' auch als **thetische**, alle anderen als **kategorische** Sätze bezeichnet (vgl. Ulrich 1985).

In unmarkierten Sätzen steht das Thema gewöhnlich vor dem Rhema. Die Information wird typischerweise vom Bekannten zum Neuen aufsteigend aufgebaut: *O senhor* (Thema) *não pode contar comigo* (Rhema) 'Sie können nicht mit mir rechnen'. Die Umkehrung dieser Abfolge wirkt in jedem Fall emphatisch oder affektiv: *Comigo* (Rhema) *o senhor não pode contar* (Thema) 'Mit mir können Sie nicht rechnen'.[140]

Ein Satzglied gilt dann als thematisiert, wenn es als Thema eines Satzes fungiert. Die **Thematisierung** spielt in der Textlinguistik eine bedeutende Rolle, da sie kohärenzstiftend wirkt, d.h. den Zusammenhang von Sätzen in einem Text herstellt: *Não foi culpa minha. A culpada* (vom vorangegangenen Satz aufgegriffenes Thema) *de tudo foi ela!* 'Das war nicht meine Schuld. Sie war die Schuldige an allem' (Kiesler 1989, 238).

Bei der **Rhematisierung** wird einem Satzglied, in Abhängigkeit von der Informationsstruktur im Satz bzw. im Text, die Rolle des Rhemas, des Neuen zugewiesen: *O João não gosta desta cidade. Tem todos os seus amigos em Lisboa* 'João mag diese Stadt nicht. Alle seine Freunde sind in Lissabon'. *Em Lisboa* steht im Kontrast zum Thema des ersten Satzes: *desta cidade* (z.B. *Porto*), und hat daher einen hohen Mitteilungswert; es ist das Rhema des Satzes.

6.3.4.2 *Topic-Comment*-Struktur

Während sich die Begriffe Thema und Rhema auf den Bekanntheitsgrad und den Mitteilungswert der Satzteile beziehen, spricht die Dichotomie **Topic-Comment** (*tópico-comentário*) den Zusammenhang von Aussagegegenstand und Aussage-

---

140 Im dialogischen Frage-Antwort-Ablauf wird der Übergang von Thema-Rhema sehr klar: *E quando casam* (Rhema)? – *Pensavam casar* (Thema) *lá para a primavera*. 'Und wann heiraten sie? – Sie dachten so im Frühling'.

inhalt an. Topic ist zudem definiert als dasjenige Satzglied, das an den Satzanfang platziert wird.

Oft fallen Topic und Comment mit den beiden Hauptbestandteilen des Satzes, Subjekt und Prädikat, zusammen: *A minha avó* (topic) *riu-se* (comment) 'Meine Großmutter lachte'. Daraus resultieren einige Überschneidungen der Dichotomien Thema-Rhema und Topic-Comment. Wenngleich das Subjekt besonders häufig thematisch ist und an erster Stelle im Satz steht (in SVO-Sprachen ist das Subjekt in der Regel das Thema und Topic), darf es nicht mit Thema und Topic gleichgesetzt werden, zumal der Subjekt-Begriff mehrfach belegt ist.[141]

Thema und Topic werden ebenfalls oft gleichgesetzt. Das Thema eines Satzes ist bekannt oder allen Kommunikationspartnern bewusst (*saber comum* 'gemeinsames Vorwissen'). Topic ist der Aussagegegenstand am Beginn des Satzes. Informationsstrukturelle Kategorien wie [+bekannt] spielen hier keine Rolle. Topic und Thema sind voneinander zu trennen: in dem Satz *Em Lisboa, este cantor é muito conhecido* 'In Lissabon ist dieser Sänger sehr bekannt' ist *este cantor* Thema und (grammatisches) Subjekt, Topic jedoch ist *em Lisboa*.

Auch Thematisierung und Topikalisierung sind unterschiedliche Phänomene. **Topikalisierung** (*topicalização*) ist topologisch definiert; ein Satzglied wird durch Voranstellung nicht *thematisiert*, sondern *topikalisiert*: <u>*Processos de propaganda*</u> *eleitoral conheço dois* 'Wahlkampagnen kenne ich zwei' (Kiesler 1989, 242). Eine **Thematisierung** (*tematização*) ergibt sich dagegen vielmehr aus dem Kontext. Zwar ist die satzinitiale Position der bevorzugte Platz für das Thema, doch kann auch ein Rhema topikalisiert werden, d.h. an den Anfang des Satzes gestellt werden: <u>*Leite*</u> *eu não vou comprar* 'Milch werde ich nicht kaufen'.

6.3.4.3 Hervorhebungskonstruktionen

Die Hervorhebung von Satzgliedern kann, außer durch die Intonation, durch den Einsatz spezifischer syntaktischer und lexikalischer Konstruktionen erreicht werden: <u>*Quanto à*</u> *unanimidade, lutarei para obtê-la* 'Was die Einstimmigkeit anbelangt, werde ich für sie kämpfen' (Kiesler 1989, 241); <u>*Falar*</u>, *fala muito* 'Reden tut er viel' (Kiesler 1989, 238); *Eu* <u>*parece que*</u> *me esqueci* 'Ich, ich habe das wohl vergessen' (Kiesler 1989, 239).

Hier sind insbesondere auch die sogenannten **Spalt-** (*frases clivadas*) und **Sperrsätze** (*frases pseudo-clivadas*)[142] zu nennen, die mittels Konstruktionen wie *o que ... é ...* u.ä. den Satz aufspalten und die hervorzuhebenden Satzteile in einen separaten Teilsatz verschieben: <u>*Era*</u> *sempre no chão* <u>*que*</u> *faziam aquilo*. 'Auf dem Boden haben sie das immer gemacht'; <u>*O que*</u> *ele não sabia,* <u>*era*</u> *a idade dela* 'Was er gerade nicht wusste, war ihr Alter' (Bsp. aus Kiesler 1989, 239).

---

141 Es müssen v.a. zwei Arten von Subjektbegriffen unterschieden werden: grammatisches und logisches Subjekt. Im Satz *Os estudantes discutiram o assunto no dia seguinte* 'Die Studenten diskutierten die Frage am nächsten Tag' fallen beide "Subjektarten" zusammen, anders als im folgenden Satz: *No dia seguinte, o assunto* (grammatisches Subjekt) *foi discutido pelos estudantes* (logisches Subjekt) (Bsp. aus Kiesler 1989, 238).

142 Vgl. Reichmann (2005).

Bei anderen Konstruktionstypen werden Satzglieder aus dem eigentlichen Satz herausbewegt.[143] Dabei unterscheidet man die **Links-** und die **Rechtsdislokation** (*deslocação à esquerda/à direita*, bras. auch *deslocamento à esquerda/à direita*). Typisches Merkmal ist das Vorhandensein einer pronominalen Kopie des herausgestellten Elements: *O José, como vai ele?* 'Und José, wie geht es ihm?'; *Já o viste, o José?* 'Hast du ihn schon gesehen, den José?'. Links- und Rechtsdislokation werden unter dem Begriff der **Segmentierung** zusammengefasst. Sowohl Thema wie Rhema können segmentiert werden.

Zu den syntaktisch überhaupt nicht integrierten Herausstellungskonstruktionen gehören die sogenannten **freien Themen** (auch *hanging topics*, pt. *tópicos livres/pendentes*): *Os velhos quando vêem os filhos é uma alegria* 'Die alten Leute, wenn sie die Kinder sehen, ist es eine Freude' (Brauer-Figueiredo 1999, 305). Noch weitgehend unerforscht für das Portugiesische sind die sogenannten *frame topics* (bei Stark 2002: "absolute Rahmensetzung", bei Endruschat 2006b: "Rahmentopiks"). In Anlehnung an vergleichbare Konstruktionen im Chinesischen sind sie auch als *chinese style topics* in die Linguistik eingegangen (Chafe 1976). Primäre Funktion der *frame topics* ist die Eingrenzung des Referenzbereichs der Äußerung; weitere Funktionen sind die Signalisierung von Themenwechseln oder die Anknüpfung an Vorerwähntes: *Os outros livros não vejo qualquer espécie de influência* 'Was die anderen Bücher betrifft, da sehe ich keinerlei Einfluss' (Brauer-Figueiredo 1999, 307). Veränderungen der Satzgliedfolge spielen naturgemäß in der gesprochenen Sprache eine große Rolle.

Grundlagenliteratur

Kiesler (1989); Meyer-Hermann (1993); Pontes (1987); Reichmann (2005)

6.3.4.4 Zur Stellung der Objektpronomina

Im Gegensatz in den anderen romanischen Sprachen, in denen bis auf wenige Sonderfälle die Objektpronomina vor der finiten Verbform (z.B. Italienisch, Französisch, Katalanisch, Spanisch) platziert werden, hängt ihre Position im Portugiesischen einerseits vom Satztyp sowie von den vorangehenden Konstituenten ab, andererseits von pragmatischen (der Sprecherabsicht entsprechenden) Faktoren. Im EP lassen sich die folgenden drei Fälle unterscheiden:

- **Enklise** (*ênclise*): Im Normalfall folgt das Objektpronomen der konjugierten Verbform; graphisch sind beide durch einen Bindestrich verbunden: *deu-lhe, dizem-nos;*
- **Proklise** (*próclise*): In bestimmten syntaktischen Kontexten (z.B. bei Verneinung, nach bestimmten Adverbien und in durch Fragepronomina eingeleiteten Fragesätzen) geht das Objektpronomen der Verbform voraus: *não lhe deu, também nos dizem, quando se lavam;*
- **Mesoklise** (*mesóclise*): Bei den einfachen Futur- und Konditionalformen wird das Objektpronomen zwischen Infinitiv und Flexionsendung eingeschoben: *dir-lhe-ei.*[144]

---

143 Stark (2002) spricht daher von Herausstellungsstrukturen.

144 Sprachgeschichtlich lässt sich die Mesoklise damit erklären, dass die einfachen Futur- und Konditionalformen aus einem Infinitiv und einer konjugierten Form des Hilfsverbs HABERE zusammengesetzt sind: CANTARE HABEO > altpt. *cantar hei* > *cantarei*. Ursprünglich drückte

Die mesoklitische Position ist nur noch selten und wird durch verschiedene Strategien umgangen, z.B. durch die Vermeidung der entsprechenden Zeitformen (des synthetischen Futurs bzw. des Konditionals) oder durch Verwendung der nominalen Vollformen: statt *Dir-lho-ia* 'Ich würde es ihm sagen' zieht man *Diria tudo / a verdade* 'Ich würde alles/die Wahrheit sagen' vor.

Die Stellung der unbetonten Objektpronomina (und in gleicher Weise auch der Reflexivpronomina) scheint zwar strukturell bedingt und festgelegt zu sein, hängt aber - zumindest in ihrem Ursprung - mit phonologisch-prosodischen Faktoren sowie auch mit semantisch-pragmatischen Erwägungen beim Informationsaufbau zusammen. Die Pronomina folgen der Tendenz, sich an das erste betonte Element im Satz anzuhängen, sei das nun das Subjekt im neutralen Aussagesatz, eine Verneinungspartikel, ein Adverb, ein Fragepronomen oder eine Konjunktion im Nebensatz.[145] Dieses Prinzip wurde im Altportugiesischen befolgt (vgl. 2.8.5.3). So gesehen ist die verbzentrierte Sicht auf die Stellungsproblematik diachronisch nicht korrekt, synchronisch jedoch zur Erklärung des Phänomens hilfreich.

6.4 Konstituenten (Strukturelle Syntax)

Der Begriff der Konstituente stammt aus dem Strukturalismus. In der Dependenzgrammatik (vgl. 6.5) wurde das funktionale Verhältnis der Konstituenten dann näher spezifiziert. Als **Konstituenten** (*constituintes)* werden kleinere Einheiten größerer sprachlicher Gebilde bezeichnet. Wörter, Wortgruppen und Syntagmen sind danach Konstituenten eines Satzes, Phoneme sind Konstituenten eines Wortlautgebildes etc. Mehrere Konstituenten bilden zusammen stets eine größere Konstituente, z.B. ein Wort, eine Wortgruppe oder einen Satz. Konstituenten, die gemeinsam eine hierarchisch höhere Konstituente C bilden, nennt man **unmittelbare Konstituenten** (*constituintes imediatos*) von C.[146]

---

diese Wendung Obligation 'ich habe zu singen' aus und übernahm später, nachdem das lateinische Futurum aus phonologischen und semantischen Gründen obsolet geworden war, futurische und epistemische (Aussagen über die Welt treffende) Funktionen.

[145] Der Schweizer Sprachwissenschaftler Jacob Wackernagel beschrieb diese Regel allgemein für die indo-germanischen Sprachen. Nach diesem Wackernagel'schen Gesetz wurden schwach- oder unbetonte Wörter (Klitika) an die betonten angelehnt und nahmen die zweite Position im Satz ein, wobei die grammatische Klasse des ersten (betonten) Satzglieds irrelevant ist.

[146] Wells (1947) hat für die Konstituentenanalyse eine Reihe von Prinzipien aufgestellt:
- Die Zerlegungen sollen die Bedeutungsbeziehungen zwischen den Bestandteilen widerspiegeln;
- Die Konstituenten sollen möglichst häufig und regelmäßig auftreten;
- Die Zerlegungen sollen möglichst binär sein;
- Diskontinuierliche Konstituenten sollen möglichst vermieden werden;
- Die Zerlegungen sollen im Einklang mit der Gesamtstruktur der Sprache stehen;
- Die Gesamtbeschreibung soll möglichst einfach sein.

6.4.1 Konstituentenanalyse

Die Zerlegung in immer kleinere Konstituenten kann am folgenden Satz demonstriert werden: *Nós exploramos as raízes da nossa gramática* 'Wir analysieren die Wurzeln unserer Grammatik' (nach Heringer/Lima 1987, 38):

Nós exploramos as raízes da nossa gramática.													
Nós	exploramos as raízes da nossa gramática.												
Nós	exploramos			as raízes da nossa gramática.									
Nós	exploramos			as raízes				da nossa gramática.					
Nós	explor	amos		as		raízes		da	nossa			gramática.	
Nós	explor	a	mos	a	s	raíz	es	de	a	noss	a	gramátic	a

Konstituentenanalyse, nach Heringer/Lima (1987, 38)

Auf jeder Stufe der Segmentierung wird in diesem Kastendiagramm der Satz in kleinere Einheiten zerlegt, bis die Ebene der Morpheme erreicht ist. Man kann die Segmentierung weiterführen, bis man auf der Ebene der Lautsegmente angelangt ist.

Eine solche **Konstituentenanalyse** (*análise dos constituintes imediatos*) führt zur Hierarchisierung von Konstituenten. Die Segmentierung beruht dabei insbesondere auf den bereits erwähnten Testverfahren (vgl. 6.3.3) der Permutation (Umstellung) und Substitution (Ersetzung). Durch diese beiden Tests wird die Selbständigkeit der Konstituenten auf den Ebenen der **Syntagmatik** (der Anordnung im Satz, *nível sintagmático*) und der **Paradigmatik** (der Stellung innerhalb der Gesamtheit der Wortformen und Wortarten, *nível paradigmático*) überprüft:

	SYNTAGMATIK →		
PA-RA DIG-MA-TIK ↓	O João	come	uma maçã.
	A mulher com a saia vermelha	diz	a verdade.
	Ele	viu-	a.

Teile von Sätzen, die nur als Einheit syntagmatisch verschiebbar und paradigmatisch ersetzbar sind, können als **unmittelbare Konstituenten** des Satzes betrachtet werden.

6.4.2 Formale Darstellung der Konstituenten

Zur Verdeutlichung der Konstituentenstruktur einer Wortgruppe oder eines Satzes stehen drei graphische Darstellungsmöglichkeiten zur Verfügung: das **Kastendiagramm** (wie oben in 6.4.1), der **Strukturbaum** (*árvore estrutural*) und die **indizierte Klammerung** (*parentetização indexicada*). Der Beispielsatz *O Pedro partiu para Paris às dez horas* 'Peter fuhr um zehn Uhr nach Paris' soll im folgenden als Strukturbaum und in indizierter Klammerung dargestellt werden (Duarte / Brito 1996, 259).

Strukturbaum

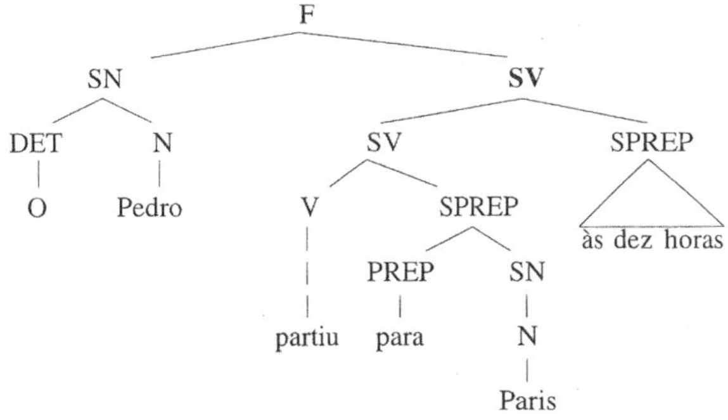

Baumdiagramm zur Darstellung der unmittelbaren Konstituenten, Duarte/Brito (1996, 259)

Legende:
F = *frase* 'Satz', SN = *sintagma nominal* 'Nominalsyntagma', SV = *sintagma verbal* 'Verbalsyntagma', SPREP = *sintagma preposicional* 'Präpositionalsyntagma', N = *substantivo* 'Nomen', V = *verbo* 'Verb', PREP = *preposição* 'Präposition', DET = *artigo* 'Determinante'.

indizierte Klammerung:
[[[O] [Pedro]] [[[partiu] [[para] [Paris]]] [às dez horas]]] (Duarte/Brito 1996, 258)

6.5 Rektion und Valenz (Dependenzgrammatik)

Die Dependenz-Grammatik ist eine spezifische Ausprägung der strukturalistischen Grammatik. Sie versucht, hinter der linearen Erscheinungsform des Satzes die Abhängigkeitsbeziehungen zu entdecken. Im Zentrum steht das flektierte Verb. Damit führt sie etwas grundlegend Neues in die Grammatiktheorie ein.

Kernstück der Dependenzgrammatik ist die sogenannte Valenztheorie. Sie beschreibt den Grad der **Abhängigkeit** oder **Dependenz** (*dependência*) der einzelnen Satzteile vom Verb, das als Zentralknoten des Satzes angesehen wird. Als Begründer der Valenztheorie kann Tesnière (²1988) gelten. Er führte die grundlegenden Begriffe ***valence*** (Valenz) für das Abhängigkeitsmodell der Handlung und ***actants*** (Aktanten) für die in die Handlung eingebundenen Mitspieler ein. Die ***circonstances*** (Zirkumstanten) hingegen geben die näheren Umstände der Handlung wieder.

Tesnière stellte die Abhängigkeitsverhältnisse in Form von Graphen dar, die er **Stemma** (*estema*) nannte. Wenn ganze Sätze abgebildet wurden, steht dabei stets das Verb an der Spitze. Die Notationen für die einzelnen Satzteile sind unterschiedlich.[147] Busse/Vilela (1986, 11) stellen den Satz *Uma empresa muito conhecida apresenta novos computadores* 'Eine sehr bekannte Firma stellt neue Computer vor' durch folgendes Stemma dar:

[147] Heringer/Lima (1987) verwendeten z.B. Kürzel für die jeweiligen Wortarten bzw. syntaktischen Kategorien.

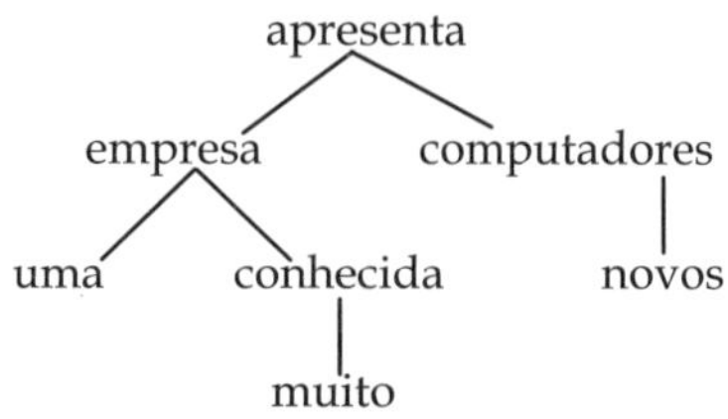

Auf der Basis der Dependenzgrammatik entwickelte sich die Valenzgrammatik (*gramática de valências)*. Der Begriff der **Valenz** (*valência*) stammt aus der Chemie, wo er als die Eigenschaft eines Elements definiert ist, andere Elemente zu binden. Analog kann das Verb *comprar* 'kaufen' zwei andere Elemente an sich binden:

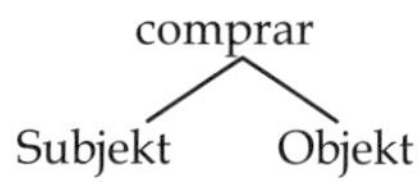

Valenz ist die Fähigkeit oder Eigenschaft eines Verbs, eine bestimmte Anzahl von (notwendigen oder obligatorischen) **Aktanten** (*actantes*) zu sich zu nehmen. Die Valenz eines Verbs legt die Zahl seiner Aktanten und damit die Wertigkeit des Verbs fest.

Nach der **Wertigkeit** unterscheidet man ein-, zwei-, drei- und evt. mehrstellige Verben. Das Subjekt gilt dabei immer als erster Aktant, alle weiteren Aktanten können hinzukommen. Im Portugiesischen kommen folgende Wertigkeiten vor:

- **einwertig** (*monovalente*): *tossir* 'husten', *suar* 'schwitzen';
- **zweiwertig** (*bivalente*): *comprar alguma coisa* 'etwas kaufen', *sonhar com alguma coisa* 'von etwas träumen';
- **dreiwertig** (*trivalente*): *dar alguma coisa a alguém* 'jemandem etwas geben', *informar alguém sobre alguma coisa* 'jemanden über etwas informieren'.[148]

Verben wie *chover* 'regnen', *trovejar* 'donnern', *nevar* 'schneien' werden mitunter auch als **nullwertig** bezeichnet, da die Subjektstelle im Portugiesischen nicht, wie im Deutschen, gefüllt werden kann.

Die im Wertigkeitsmodell berücksichtigten Aktanten (Subjekt, Objekte) gelten als obligatorisch, während fakultativ noch weitere Mitspieler hinzutreten können (diese sind im folgenden unterstrichen): *Chegou ontem* 'Er kam gestern an'; *Comprei o livro em Lisboa* 'Ich habe das Buch in Lissabon gekauft'; *O governo informou o país sobre estas medidas durante uma conferência de imprensa* 'Die Regierung setzte das Land über diese Maßnahmen auf einer Pressekonferenz in Kenntnis'. Das Präpositionalobjekt *sobre estas medidas* kann (im Portugiesischen wie im Deutschen) auch weggelassen werden; da es jedoch als (stets mitgedachter) Aktant von *informar* gilt, ist es ein fakultativ-obligatorisches

148 Die Wertigkeit portugiesischer Verben mit ihren Strukturformen kann Busse (1994) entnommen werden, der zu jeder Strukturformel einen Beispielsatz gibt.

Satzglied. Unter anderen pragmatischen Umständen kann der Sprecher auch auf den zweiten Aktanten - das direkte Objekt *o país* - verzichten.

Wir sehen also, dass bei der Valenz auch semantische und pragmatische Faktoren eine Rolle spielen. Die modernen Valenztheorien tragen dieser Tatsache Rechnung. Anzahl, Herangehensweise, Beschreibungsmethoden und Erkenntnisse der heute existierenden Valenzmodelle sind jedoch nahezu unüberschaubar.[149]

Konsens unter den Valenzgrammatikern scheint darin zu bestehen, dass die Valenz letztendlich durch die Semantik des Verbs (oder auch des Adjektivs bzw. Substantivs[150]) festgelegt wird. Gärtner (1994, 241) definiert Valenz als die

> Fähigkeit prädikativer Lexeme, aufgrund ihrer Bedeutung, die einen bestimmten Ausschnitt der Wirklichkeit erfasst (Szene), eine bestimmte Anzahl von Leerstellen für die Bezeichnung der an der Szene beteiligten Individuen zu eröffnen und die semantischen und syntaktischen Funktionen der Leerstellenbesetzungen in der Äußerung festzulegen.

Auch Busse/Vilela (1986, 13) vertreten in ihrer portugiesischen Valenzgrammatik diese Meinung:

> Chamamos *valência* ao número de lugares vazios previstos e implicados pelo (significado do) lexema [Wir bezeichnen mit *Valenz* die Anzahl an freien Stellen, die von der (Bedeutung des) Lexems vorgesehen und eröffnet werden].

Nach wie vor steht die Differenzierung zwischen **obligatorischen Ergänzungen** (*actantes*) und **freien Angaben** (*circumstantes*) im Zentrum aller Valenztheorien. Dazu sind verschiedene Modelle, Methoden und Tests entwickelt worden.[151] Auf der syntaktischen Ebene werden dazu Kommutations- oder Umstellungsproben und auf semantischer Ebene z.B. Weglass- und Paraphrasierungsproben vorgeschlagen. Im Allgemeinen geht man davon aus, dass die sogenannten freien Angaben eher umstellbar, ersetzbar, auslassbar oder paraphrasierbar sind.

Am bekanntesten ist der **Eliminierungsstest**. Weglassproben werfen jedoch die Frage auf, was für die Konstitution der Verbsemantik als entbehrlich erachtet wird und was nicht.[152] So kann in *O João comeu uma maçã* 'Hans aß einen Apfel' zwar das direkte Objekt wegfallen, aber *O João comeu* 'Hans aß' trägt eine andere, viel generelle Bedeutung und daher müssen wir annehmen, dass *uma maçã* eine obligatorische Konstituente ist, wenn die konkrete Bedeutung des Verbs *comer* gewahrt bleiben soll.

Um diesen entscheidenden Punkt klären zu können, ist die Berücksichtigung kontextueller Gesichtspunkte unerlässlich. Hier erbringt der **Paraphrasierungstest** mit Geschehensverben eine relative Sicherheit für die Differenzierung

---

[149] Vgl. die in Helbig (1992) wiedergegebene Diskussion, in der alle wichtigen Spielarten der Valenztheorie angesprochen werden.

[150] Nicht nur Verben, sondern auch Adjektive und Substantive sind Valenzträger und regieren Satzglieder. Dem tragen mehrere Valenzwörterbücher zum Portugiesischen Rechnung, vgl. z.B. Francisco Fernandes, *Dicionário de regimes de substantivos e adjetivos*, São Paulo: Editora Globo, [22]1993.

[151] Vgl. auch hierzu den Überblick in Helbig (1992, S. 72-98).

[152] Bei der Weglassprobe wird oft vernachlässigt, dass syntaktisch unvollständige Sätze dennoch akzeptabel sein können, vgl. *Não quero* 'Ich mag nicht'.

zwischen Ergänzungen und Angaben. Der Test kann *em Lisboa* in den folgenden Sätzen jeweils als Ergänzung oder als Angabe nachweisen: *Ele mora em Lisboa* 'Er wohnt in Lissabon' kann nicht mit **Ele mora, e isto acontece em Lisboa* '*Er wohnt, und zwar in Lissabon' paraphrasiert werden (also ist *morar* nur mit einer obligatorischen Ortsergänzung grammatikalisch - *em Lisboa* ist Ergänzung); dagegen ist *Ele casou-se em Lisboa* 'Er heiratete in Lissabon' paraphrasierbar mit *Ele casou-se, e isto aconteceu em Lisboa* 'Er hat geheiratet, und zwar in Lissabon' (*Ele casou-se* kann selbständig einen grammatikalischen Satz bilden, *em Lisboa* ist also freie Angabe).

Allen weiteren Tests, die an dieser Stelle aus Platzgründen nicht vorgestellt werden können, ist gemeinsam, dass sie auf je spezifischen Ausgangskriterien beruhen und daher niemals auf alle Sätze anwendbar sind. Die Unterscheidung zwischen freien und obligatorischen Angaben gelingt so nur unter Ausschaltung von bestimmten - vor allem pragmatischen - Faktoren.

Insgesamt ist zu den Valenztests festzustellen, dass keiner von ihnen wirklich befriedigende Ergebnisse erbracht hat, außerdem sind die Ergebnisse verschiedener Tests nicht miteinander vergleichbar.[153] So ist es nach wie vor schwierig, obligatorische von freien Satzgliedern zu unterscheiden.

Die **Rektion** (< lat. *regere* 'regieren', *regência*) ist nun ihrerseits definiert als lexemspezifische Eigenschaft von Verben, Adjektiven, Präpositionen oder Substantiven, die morphologische Kategorie (insbesondere den Kasus) abhängiger Elemente zu bestimmen. Rektion kann als eine Subkategorie von Valenz betrachtet werden, insofern als die Valenzträger Zahl und Form der von ihnen "regierten" (abhängigen) Elemente festlegen.

In Kasussprachen regieren Verben morphologisch markierte Kasus, in Sprachen wie Portugiesisch, die keine Kasusmarkierung besitzen, regieren Verben direkte, indirekte oder präpositionale Objekte:

- **direktes Objekt**: *ajudar alguém* 'jemandem helfen';
- **indirektes Objekt**: *escrever a alguém* 'jemandem schreiben';
- **präpositionales Objekt**: *gostar de alguma coisa* 'etwas mögen'.[154]

Der Begriff der Rektion wird vor allem auf Verben angewandt, um zwischen transitiven und intransitiven Verben zu unterscheiden. **Transitive** Verben sind Verben, die ein direktes Objekt nach sich ziehen. Im weiteren Sinne werden unter die transitiven Verben aber auch diejenigen Verben subsumiert, die überhaupt ein Objekt erfordern, die also mehr als einwertig sind. **Intransitive** Verben sind danach entweder solche Verben, die nur ein indirektes oder präpositionales

[153] Die Lage der Valenzdiskussion wurde treffend von Jacobs (1994) als "Valenzmisere" bezeichnet.

[154] Diese Beispiele verdeutlichen, dass Rektion nur einzelsprachlich beschrieben werden kann. Während deutsche Verben wie *informieren* oder *anrufen* mit dem direkten Objekt verbunden werden, fordern die portugiesischen Entsprechungen *informar* und *telefonar* das indirekte Objekt. *Helfen* wiederum regiert im Deutschen ein indirektes, *ajudar* im Portugiesischen ein direktes Objekt.

In den grammatischen Beschreibungen romanischer Sprachen wird teilweise das indirekte Objekt zu den präpositionalen Objekten gerechnet, da es mit einer Präposition - zumeist *a* - gebraucht wird.

Objekt bei sich führen wie *responder a alguém* 'jdm. antworten', oder die o.g. ein- bzw. nullwertigen Verben wie *chover* 'regnen'.

Grundlagenliteratur

Gärtner (1994); Helbig (1992); Vilela (1992).

6.6 Phrasenstrukturgrammatik (Generative Syntax)

Die immer neuen Ausformungen der **Generativen Syntaxtheorie** (Standardversion, erweiterte Standardversion, Minimalistisches Modell, *Government and Binding* etc.) verfolgen das Grundanliegen, die mentale Repräsentation und den Erwerb von Grammatik zu erklären. Ausgangspunkt der Generativen Syntax war die **Transformationsgrammatik** (*gramática transformacional gerativa*). In seinem ersten Buch *Syntactic Structures* stellt Chomsky (1957) die These auf, dass eine endliche Menge von Kernsätzen auf der Basis kontextfreier **Phrasenstrukturregeln** erzeugt wird. Diese würden die Bildung einer unendlichen Menge grammatikalisch wohlgeformter Sätze steuern.[155]

In der Phrasenstrukturgrammatik wird der Begriff der **Phrase** (*grupo frásico*) zur Bezeichnung für eine Menge von syntaktischen Elementen verwendet, die eine Konstituente (Wortgruppe oder selbständigen Satzteil) bilden.[156] Jede Phrase hat ein "dominantes" Element, einen "**Kopf**" (*cabeça*), der der Phrase den Namen gibt. Welche (lexikalische oder syntaktische) Kategorie dafür in Frage kommt, ist sprachspezifisch festgelegt. Die Phrasen weisen in sich einen verschiedenartigen Aufbau auf, sie können einfach oder komplex sein. Folgende Phrasen können im Portugiesischen unterschieden werden:

- **Verbalphrase** (VP, *sintagma / grupo verbal*), z. B. *dormiu* 'er/sie schlief', *abriu a janela* 'er/sie öffnete das Fenster';
- **Nominalphrase** (NP, *sintagma / grupo nominal*), z. B. *o João* 'Hans', *a casa amarela* 'das gelbe Haus', erweitert z.B. zu *a casa amarela que fica perto do Rossio* 'das gelbe Haus, das nahe beim Rossio steht';
- **Adjektivphrase** (AP, *sintagma / grupo adjectival*)[157], z. B. *chateado* 'verärgert', *chateado com ele* 'seinetwegen verärgert', nicht jedoch **chateado com;*
- **Adverbialphrase** (AdvP, *sintagma / grupo adverbial*), z. B. *felizmente* 'glücklicherweise', *muito cedo* 'sehr früh';
- **Präpositionalphrase** (PP, *sintagma / grupo preposicional*), z. B. *em Lisboa* 'in Lissabon', *antes da noite* 'vor dem Abend'.

---

[155] Die spätere Version der **Government-and-Binding-Theorie** (*teoria de regência e ligação*) beschränkt die Transformationsregeln auf wenige Prinzipien, die untereinander und mit dem Lexikon interagieren. Die Prinzipien, so nimmt man an, sind sprachspezifisch und werden von Kindern im Erstspracherwerb als sogenannte Parameter erworben.

[156] Der Begriff *Phrasenstrukturgrammatik* wurde ursprünglich mit IC-Analyse synonym gebraucht. In *Syntactic structures* entwickelte Chomsky (1957) dann aber ein Modell als Phrasenstrukturgrammatik, das durch Verzweigungsregeln, ausgehend von einem Initialsymbol S, Sätze generiert.

[157] Dazu gehören auch Gruppen mit Partizipien.

Der "Kopf" kann die morphosyntaktischen Merkmale seiner Begleiter festlegen. Im Deutschen bestimmt z.B. die Präposition als Kopf der PP den Kasus: *durch den Raum, in dem / in den Raum*; im Portugiesischen, wie auch im Deutschen, legen Verben als Kopf der VP die anschließende Präposition fest: *gostar de a.c., denken an* etc.

Graphisch werden die Phrasen ähnlich wie in der Dependenzgrammatik als binäre Baumstrukturen oder in Form von Klammerungen dargestellt.

Phrasenstrukturbaum

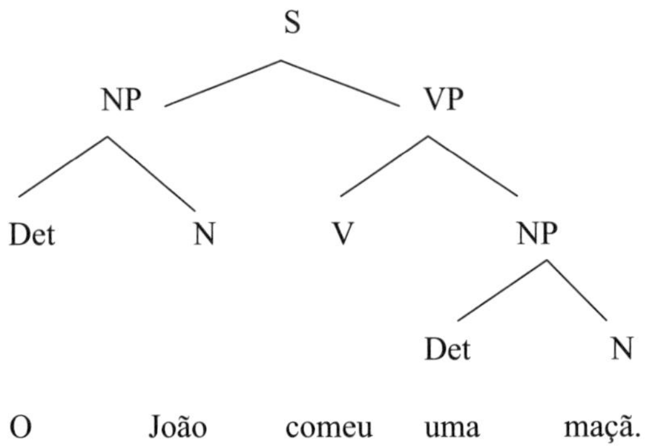

Transformationsregeln[158]

S → NP + VP
NP → Det + N
VP → V + NP, etc.

indizierte Klammerung: [[[O] João]]$_{NP}$ [[comeu]$_{V}$ [[uma]$_{Det}$ [maçã]$_{N}$]$_{NP}$]$_{VP}$]$_{S}$

Die hier präsentierten Schilderungen und graphischen Darstellungen geben nur die frühen Phasen der Generativen Syntax wieder.[159] Für weiterführende Generative Grammatikmodelle und eine ausführlichere Beschreibung der Transformations-, Projektions- und Bewegungsregeln empfiehlt sich die Lektüre der in der Grundlagenliteratur genannten Werke.

6.7 Optimalitätstheoretische Syntax

Die **Optimalitätstheorie** (*teoria da optimalidade*) ist im Wesentlichen eine Theorie der verletzbaren und geordneten Beschränkungen, und auch wenn sie sich v.a. auf der Basis generativistischer Ansätze entwickelt hat, lässt sich im Prinzip jede syntaktische Theorie, die mit Beschränkungen, d.h. mit Regeln arbeitet, zu einer

---

158 Auch die Transformationsregeln folgen der binären Struktur: ein Satz besteht aus VP und NP, eine NP aus Det(erminans) und N, etc. Das Symbol → bedeutet: generiert (erzeugt).

159 In der automatischen, maschinengestützten Linguistik ist diese Schreibweise sehr nutzringend angewandt worden und wird weiterhin eingesetzt.

optimalitätstheoretischen Syntax ausweiten.[160] Die wesentlichen Prämissen der Optimalitätstheorie sind:

- **Universalität**: Beschränkungen sind universell;
- **Verletzbarkeit**: Beschränkungen können verletzt werden;
- **Geordnetheit**: Beschränkungen sind geordnet;
- **Wettbewerb**: Die Grammatikalität eines Kandidaten (eines Satzes) ist nicht allein aufgrund interner Eigenschaften von K ermittelbar; vielmehr entscheiden externe Faktoren (der Wettbewerb mit anderen Kandidaten) über die Wohlgeformtheit von K.

Als "Sieger des Wettbewerbs" geht dann der optimale Kandidat hervor. Das kann man sich an folgendem Beispiel vorstellen: Im Portugiesischen ist, wie wir gesehen haben, die enklitische Stellung des Objektpronomens eine "Beschränkung": *Escrevo-lhe uma carta.* 'Ich schreibe ihm einen Brief'. Proklise ist aber u.a. dann obligatorisch, wenn Negation auftritt: *Não lhe escrevo uma carta.* 'Ich schreibe ihm keinen Brief'. Die Proklise verletzt die Beschränkung und tritt geordnet (geregelt) auf. Tritt keine Negation auf, ist Proklise nicht nur nicht obligatorisch, sondern (im Standardportugiesischen) unmöglich: **Lhe escrevo uma carta.* Die korrekte Generalisierung lautet: Proklise ist nur dann erlaubt, wenn sie notwendig ist, d.h., wenn es sonst keinen "Ausweg" gibt, um einen grammatikalisch korrekten Satz zu bilden. In Abhängigkeit von den externen Faktoren sind also Proklise bzw. Enklise jeweils "optimal". Gegenüber ursprünglichen generativen Grammatikmodellen und anderen formalistischen Erklärungsansätzen wird in der Optimalitätstheorie stärker der tatsächliche Sprachgebrauch (die Performanz) berücksichtigt.

Grundlagenliteratur

Brito (1999); Duarte / Brito (1996); Müller / Riemer (1997).

---

[160] Da die Optimalitätstheorie eine relativ neue, aber sehr aktive Disziplin ist, sind die meisten Arbeiten, wie es auch für die Anfänge der Generativen Grammatik der Fall war, nur als Manuskript zugänglich. Eine gute Recherchemöglichkeit bieten die Seiten www.webslingerz.com/cgi-bin/oa_list.cgi und pc0880.germanistik-kunst.uni-marburg.de/_roa. Vgl. Müller (2002).

Übungsaufgaben

1) Schlagen Sie in Busse (1994) folgende Verben nach: *subir, cair, responder, chegar, traduzir.* Stellen Sie transitive und intransitive Verwendungsmöglichkeiten zusammen.

2) Stellen Sie folgenden Satz in einem Baumgraphen und in indizierter Klammerung dar und formulieren Sie Transformationsregeln. Beachten Sie, dass der Satz zwei Lesarten hat: *Telefonou um colega de Lisboa.*

3) Betrachten Sie die folgenden Sätze:

   a) O rapaz queria ir ao cinema com a sua namorada.
   b) O velho pediu que não contassem com ele.
   c) A Joana escreveu uma bela carta de amor ao Pedro.

4) Erläutern Sie mit Beispielen aus den Sätzen 3a) - c) die Begriffe *Kongruenz*, *Rektion* und *Wertigkeit* eines Verbs.

5) Erläutern Sie die Satzgliedstruktur der Sätze 3a) - c).

6) Ermitteln Sie die unmittelbaren Konstituenten durch Permutation und Kommutation, bestimmen Sie deren syntaktische Funktion und kommentieren Sie die Informationsstruktur des folgenden Satzes:

   O que os jovens estudantes trouxeram foi um saco cheio de bolachas para o farnel.

7 Lexikologie und Lexikographie

Lexikologie und Lexikographie haben beide den Wortschatz zum Gegenstand. Während die Lexikologie den Wortschatz in seiner Ausdrucks- und Inhaltsstruktur beschreibt, beschäftigt sich die Lexikographie mit der Theorie und Praxis des Verfassens von Wörterbüchern. Beide stehen in engem Wechselverhältnis zueinander: Liefert die Lexikologie die Grundlage für die Erfassung des Wortschatzes im Wörterbuch, so steuert die Lexikographie wichtige Erkenntnisse zur lexikologischen Beschreibung und Erklärung des Wortschatzes bei. Die Lexikologie profitiert außerdem von den Datensammlungen, die die Lexikographie im Hinblick auf praktische Bedürfnisse erstellt (vgl. dazu Schwarze / Wunderlich 1985, 9).

7.1 Lexikologie

Die **Lexikologie** (*lexicologia*) beschreibt die Formseite und die Inhaltsseite des Wortschatzes. Dabei geht sie sowohl synchron als auch diachron[161] vor. Es bestehen enge Verbindungen zu anderen linguistischen Teilbereichen, besonders zur Wortbildung, die sich ebenfalls mit der formalen Beschaffenheit der Wörter befasst, und zur Semantik.[162]

Während die Betrachtung der Formseite in der strukturellen Lexikologie vorherrschend war, setzte das Interesse für die Inhaltsseite erst in den vergangenen 20-30 Jahren mit der sogenannten kognitiven Wende ein.

Eine spezifische Aufgabe der Lexikologie besteht in der Beschreibung und Klassifizierung der lexikalischen Einheiten im Hinblick auf ihre interne Bedeutungsstruktur und die Zusammenhänge zwischen den einzelnen Wörtern.

7.1.1 Wortschatz und Lexikon

Der **Wortschatz** (*lêxico*) umfasst alle Lexeme (vgl. 7.1.2) einer Einzelsprache. Oft wird dafür auch der Begriff des 'Lexikons'[163] verwendet, der allerdings mehrdeutig ist und u.a. für folgende Bereiche verwendet wird:

---

161 Vilela (1994a, 216) rechnet auch die Etymologie zur Lexikologie und zeigt weitere Nachbardisziplinen auf: "A lexicologia estuda as palavras duma língua, em todos os seus aspectos [...], pode incluir a etimologia, a formação de palavras, a importação de palavras, a morfologia, a fonologia, a sintaxe, mas tem uma ligação especial com a semântica." [Die Lexikologie analysiert die Wörter einer Sprache, in all ihren Aspekten [...], und sie kann auch die Etymologie, die Wortbildung, die Entlehnung, die Morphologie, die Phonologie, die Syntax einschließen, aber sie hat eine besondere Beziehung zur Semantik].

162 Zur Semantik vgl. Kapitel 8. Mitunter wird die Semantik als Unterdisziplin der Lexikologie gesehen, v.a. in der französischen Linguistik. In Bußmann (^{3}2002) wiederum wird die Lexikologie als Unterzweig der Semantik definiert. Hier sollen beide Gebiete als selbständige Disziplinen, allerdings mit sehr engem Bezug, behandelt werden.

163 Spillner (1995, 613) hält dies allerdings für eine misslungene Übersetzung aus dem Englischen und lehnt den Begriff daher ab.

- auf der Ebene der *langue* gilt das Lexikon neben der Grammatik als konstitutiver Bestandteil der Sprache;
- auf der Ebene der *parole* meint Lexikon das lexikalische Wissen eines Sprechers, das er zur Produktion und Rezeption von Sprache einsetzt (aktiver und passiver Wortschatz); in der Lexikographie ist damit die alphabetisch geordnete Liste der lexikalischen Formative oder Lemmata gemeint (also ein Wörterbuch oder Glossar);
- in der Allgemeinsprache verwendet man den Begriff des Lexikons v.a. für ein enzyklopädisches Wörterbuch[164];
- in der Generativen Semantik schließlich wird unter dem Lexikon die Gesamtheit der syntaktisch strukturierten Komplexe von kleinsten semantischen Einheiten verstanden, denen entsprechende phonologische Realisierungen zugeordnet sind.

In der Sprachpsychologie spricht man von mentalem Lexikon. Dabei steht die kognitive Relevanz des Wortschatzes für Sprachproduktion und -rezeption im Vordergrund. Trotz zahlreicher empirischer Untersuchungen stellt dieser Bereich nach wie vor eine *black box* dar. Über folgende Prämissen herrscht aber bereits Konsens:

- Das mentale Lexikon ist Teil unseres Langzeitgedächtnisses, in dem das Wissen über alle Wörter der L1 (der "Muttersprache") gespeichert ist;
- die Wortformen und die ihnen zugeordneten Konzepte sind getrennt voneinander abgespeichert;
- das mentale Lexikon besteht hypothetisch aus einer prozeduralen (Handlungswissen, Regelwissen) und einer deklarativen (Faktenwissen) Komponente. Das Regelwissen ermöglicht die Produktion von komplexen lexikalischen Einheiten.

Die Einheiten des mentalen Lexikons können einfach oder komplex sein; sie müssen für den Sprecher nicht unbedingt transparent und analysierbar sein, wie es Phraseologismen und Kollokationen zeigen. Unklar ist indessen, inwiefern möglicherweise sogar formelhafte Sätze wie *Como estás?* 'Wie geht es Dir?' als Ganzes abgespeichert sind.

Der Wortschatz einer Sprache kann nach verschiedenen Kriterien untergliedert werden. Diachron betrachtet lassen sich Lexeme verschiedenen Alters (Erbwörter, Buchwörter, vgl. 2.8.5.2) und verschiedenen Anpassungsgrads (Lehnwörter, Fremdwörter) feststellen (vgl. 7.1.4). Synchron untergliedert sich der Wortschatz in Sachgruppen (Wortfelder, Hyponymie), wobei eine vorwiegend onomasiologische Perspektive eingenommen wird (vgl. 8.2). Semasiologische Relationen sind z.B. die Antonymie und Synonymie. Schließlich ist der Wortschatz auch dialektal und soziolektal gegliedert, und unter didaktischem Gesichtspunkt kann ein Grund- von einem Aufbauwortschatz unterschieden werden.[165]

---

164 Im Portugiesischen kommt die Bezeichnung *léxico* manchmal synonym für *dicionário* vor.

165 Interessant ist der Ansatz von Wierzbicka (1972, 12-13), sogenannte *semantic primitives* festzuhalten. Dabei handelt es sich um einen quasi-universalen Basiswortschatz, der ganz grundlegende Konzepte der menschlichen Kognition umfasst. Vilela (1983, 16) hat die von Wierzbicka ermittelten 14 *primitivos semânticos* ins Portugiesische übertragen: *eu, tu/vós, alguém, algo, alguma coisa, este, mundo, querer, não querer, considerar/pensar de, imaginar/supor, dizer, tornar-se, parte, sentir*. Auf den *semantic primitives* soll nach dieser Auffassung der gesamte Wortschatz einer Sprache aufbauen.

7.1.2 Einheiten des Wortschatzes

Die kleinsten Einheiten des Wortschatzes werden unterschiedlich bezeichnet. Wunderli (1990, 95) verwendet den auf Bernard Pottier zurückgehenden Terminus der **Lexie**[166]. Lexien repräsentieren das lexikalische, aktiv verwendete Gemeingut einer Sprachgemeinschaft, also nur einen Ausschnitt aus allen möglichen lexikalischen Realisierungen. Sie sind laut Wunderli (1990, 95) nur selten einteilig, wie z.B. *mesa* 'Tisch', *com* 'mit'. In der Regel bestehen Lexien aus mindestens einem Lexem und einem Morphem, wie z.B. *vend-e-dor* 'Verkäufer', *sab-er* 'wissen', *usu-al* 'gebräuchlich'. Oft sind an einer Lexie auch mehrere Lexeme beteiligt wie in *auto-escola* 'Fahrschule'.

Die Bezeichnung **Lexem** (*lexema*) bezieht sich nach dieser engen Auffassung nur auf die abstrakten Basiseinheiten des Lexikons in der *langue*. Lexeme können in der *parole* morphologisch unterschiedlich integriert werden, z.B. *vend-* in *vendedor* oder *vender*.

Im erweiterten Sinn wird unter einem Lexem die kleinste lexikalische Einheit einer Sprache verstanden. Nach dieser Auffasung gibt es einfache Lexeme, die sogenannten **Simplizia** (*lexemas simples*), durch Wortbildung entstandene **Derivate** (*lexemas derivados*), sowie **Komposita** (*lexemas compostos*), die im Portugiesischen häufig formal nicht von freien syntaktischen Bildungen (*formações sintagmáticas*) unterschieden werden können, und **Mehrwortlexeme** (*lexemas polimorfemáticos*).

7.1.3 Lexikalisierung

Unter der **Lexikalisierung** (*lexicalização*) wird zweierlei verstanden. Geht man von einem synchronen Standpunkt aus, so bedeutet Lexikalisierung die Aufnahme eines Lexems in den usuellen Wortschatz einer Sprache, die dann im Bewusstsein einer Sprechergemeinschaft als lexikalische Einheit gespeichert ist und bei Bedarf als ein formales Ganzes mit einer Gesamtbedeutung abgerufen werden kann. Diachron versteht man unter Lexikalisierung den Vorgang oder das Ergebnis einer Entmotivierung, d.h. der Umwandlung einer mehrgliedrigen, analysierbaren Morphemfolge in eine lexikalische Einheit, deren Gesamtbedeutung synchron nicht mehr aus den einzelnen Bestandteilen erschlossen werden kann, z.B. *girassol* 'Sonnenblume'. Diese komplexe Bezeichnung ergab sich ursprünglich aus einer Paraphrase etwa der Art 'Blume, die sich zur Sonne dreht'. Dieser syntagmatische Ursprung ist dem heutigen Sprachbenutzer nicht mehr bewusst.

Grundlagenliteratur

Pöll (2002); Vilela (1994a).

---

[166] Vilela (1994a, 217) greift diesen Begriff als Fremdwort auf, es existiert aber auch das portugiesische Pendant *lexia*.

7.1.4 Entlehnungen

Der Großteil des Wortschatzes des modernen Portugiesisch (Messner 1994, 515, 55,5%)[167] besteht aus Erb- und Buchwörtern lateinischen Ursprungs (vgl. 2.8.5.2). Mit dem Begriff einer Weltsprache gehen jedoch auch die kulturgeschichtlichen Verbindungen Portugals - nach seiner Konsolidierung als Staat (Königreich) und der Etablierung des Portugiesischen als nationaler Amtssprache durch D. Dinis (1279-1325) - mit Fremdkulturen und Fremdsprachen einher, was zu Sprachkontakt und Entlehnung führte und führt. Bereits vor der Herausbildung einer vulgär-lateinischen Varietät auf portugiesischem Boden gelangten Substrat-Rudimente (vgl. 2.3 - 2.6), z. B. aus dem Keltiberischen, Adstrat-Relikte aus dem Griechischen, Suebischen, und vor allem während vieler Jahrhunderte aus dem Arabischen in das lusitanische "*romance*", das die Grundlage für die portugiesische Sprache lieferte.

Im Zuge der portugiesischen Entdeckungsgeschichte Afrikas (ab 1415), Asiens (1498) und Südamerikas (1500) kamen xenoglossische (d.h. fremdsprachige) Wörter und Begriffe aus afrikanischen Bantusprachen (z.B. dem Kimbundu in Angola, dem Changana in Mosambik), aus amerindianischen Indiosprachen (z.B. dem Tupi-Guaraní) und diversen asiatischen Sprachen (z.B. dem Concani in Indien, Chinesischen, Tamilischen) dazu (vgl. Schmidt-Radefeldt 1999a und 2007). Auf der anderen Seite hat das Portugiesische auch eine europäische Geschichte, und so lassen sich die einzelnen Kulturschübe Europas auch im Portugiesischen - vor allem im Wortschatz – nachweisen. Phänomene der Interferenz, Transferenz oder konkret der Entlehnung sind wesentliche Merkmale des Sprachkontakts, besonders in Zeiten der **Globalisierung** (*globalização*).

Die diachrone Erforschung des Wortschatzes hat in den letzten Jahren einen neuen Impuls durch die Xenismen-Thematik (d.h. die Untersuchung all dessen, was in einer gegebenen Sprache als fremd erscheint) erhalten. Die fremd- und lehnsprachlichen Elemente (Laute, Akzente, morphosyntaktische Strukturen, Eigennamen, Metaphern etc.) sind auffällig, sie springen ins Ohr oder Auge, irritieren durch ihre Unvertrautheit und Fremdheit. Wie Moser (1996) und andere verdeutlicht haben, zielt die Fremdheitsforschung nicht nur auf Sprachliches (z.B. fehleranalytische Beobachtungen aufgrund divergenter Sprachstrukturen, Fremdwörter in all ihren Vorkommensweisen, "Falsche Freunde" (*falsos amigos*, vgl. 7.1.5), divergierende Idiomatik und Metaphorik zwischen den Sprachen, stilistische oder regionale Abweichungenen gegenüber der Standardnorm), sondern ebenso auf andere semiotische Systeme: sprachliche und ikonische Xenismen im Verbund, wie sie etwa in der Comic-Serie Asterix oder auch in der Werbung zum Zuge kommen (vgl. Moser 1996).

Bei Entlehnungen unterscheidet man zwischen **Fremdwort** (*palavra estrangeira, estrangeirismo*) und **Lehnwort** (*empréstimo/calque*). Ein Fremdwort (zur Bezeichnung einer meist fremden "Sache") wird aus einer Fremdsprache (L2) in die eigene Sprache (L1) übernommen, es bleibt in seiner Orthographie, Phonetik, Morphematik (wie diese drei Wörter beispielhaft belegen) weiterhin nicht-assimiliert (bzw. nur partiell assimiliert), d.h. als fremdes Wort noch erkennbar.

---

[167] Diesen Anteil ermittelte Messner anhand eines 15.000 Wörter umfassenden Corpus.

Ein Fremdwort ist also ein nicht-assimiliertes Lehnwort. Das Lehnwort demgegenüber hat sich der neuen Sprache vollständig assimiliert (dt. *Fenster* < lat. FENESTRA, dt. *Wein* < lat. VINUM): in einer Feindifferenzierung unterscheidet man zwischen **Lehnbildung** (*formação de empréstimo*), **Lehnbedeutung** (*significação de empréstimo*), **Lehnprägung** (*calque*), **Lehnübersetzung** (*tradução literal de empréstimo*) und **Lehnübertragung** (*tradução livre de empréstimo*) sowie **Lehnschöpfung** (*criação de empréstimo*).

Die Baumstruktur nach Betz (1949) verdeutlicht dies:

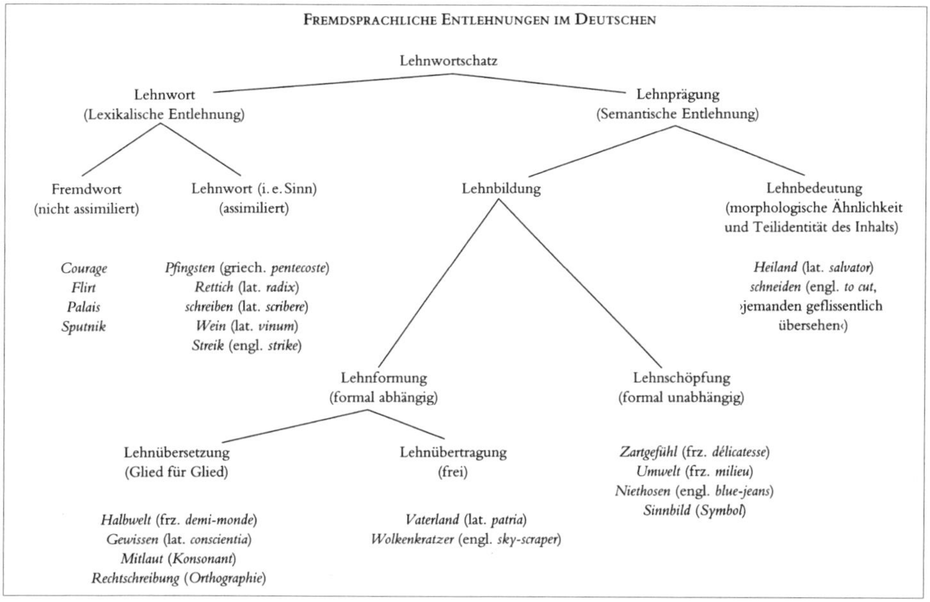

Die *Arten von Entlehnungen*, Bußmann ([3]2002, 194)

Zwischen Fremdwort und Lehnwort ist eine **Übergangszone** (*zona de transição*) zu postulieren, weil beide Begriffe nur Eckpunkte auf einer vorstellbaren Skala der Assimilierung markieren. Die Sprachentwicklung des mündlichen Gebrauchs steht bei diesen Sprachkontaktphänomen ständig der sprachnomierenden Regelung (Purismus-Debatte) gegenüber.

Grundlagenliteratur

Boléo (1965); Messner (1994); Piel (1976/1989); Schmidt-Radefeldt (1999a).

7.1.4.1 Germanismen

Von den präromanischen Entlehnungen (insbesondere den keltiberischen) war schon in der Sprachgeschichte die Rede (vgl. 2.3). In neueren Zeiten sind **Germanismen** (*germanismos*) weitgehend über indirekte Wege ins Portugiesische gelangt. Messner (2000) analysiert Germanismen auf der Grundlage eines neueren elektronischen Wörterbuchs (136 Einträge werden verzeichnet), Schmidt-Radefeldt/Schurig (1997) listen bis zu 300 Germanismen auf. Diese neueren

Germanismen sind wissenschaftlichen Bereichen zuzuordnen wie der Geologie, Mineralogie, Chemie (z.B. *bismuto, cobalto, feldspato, gnaisse, hornblenda, níquel*), einigen Einzelwissenschaften (z.B. *ablaut, umlaut, leitmotiv*), der Geistes- oder Zeitgeschichte (z.B. *aufklaerung, ersatz, putsch, blitzkrieg, realpolitik, ostpolitik, hansa, guerra relâmpago*, letzteres eine Lehnübersetzung von *Blitzkrieg*). Messner (2000) beklagt zu Recht die miserable Datengrundlage, auf der keine sicheren lexikologisch-lexikographischen Aussagen gemacht werden können. Koller (2000) seinerseits spricht bei seiner Analyse (hinsichtlich der Assimilationsphänomene und Sachbereiche) von einer "Momentaufnahme" (14. 11. 1998) der Germanismen in der portugiesischen Presse. Auch er konstatiert, dass es sich um meist französisch oder englisch vermittelte Internationalismen handelt.

Grundlagenliteratur

Messner (2000); Koller (2000); zu Wörterbüchern vgl. Bibliographie.

7.1.4.2 Arabismen

Auch bei den **Arabismen** (*arabismos*) wird deutlich, dass Lehnwörter oft indirekte Wege nehmen, dass diese Wege nur sehr hypothetisch aufgrund mangelnder Dokumente nachgezeichnet werden können und absolute Sicherheit - etwa bei der Datierung des Erstbelegs - selten erreicht wird: Getränk und Wort *café* (< arab. *qaHuâ*, vgl. Machado 1952, vol. V, 23) gelangte so erst im 17. Jahrhundert nach Europa und ist im Portugiesischen zuerst 1622 in einer äthiopischen Geschichte als *câhua* belegt:

> [...] e chegando perto nos reçebeo cõ boas palauvras e fez assentar e dar Câhua, que he agoa cozida cõ a casca de hũa fruta que chamão Bûn que bebem muito quente em lugar do vinho [Und näherkommend empfing er uns gleich mit guten Worten und er ließ Kaffee aufsetzen und servieren, der gekochtes Wasser mit der Schale einer Frucht ist, die sie Bûn nennen, den sie sehr heiß anstelle von Wein trinken].

Dem Geschichtsschreiber P. Pais dieser *Historia Etiópia* aus dem Jahre 1622 (Bd. II, 388) erschien es so, dass hier Café statt Wein getrunken wurde; das Wort nahm seinen Weg über das Türkische, Italienische und Französische bis in die iberoromanischen Sprachen.

In jüngster Zeit dringen im Zusammenhang mit der Berichterstattung über den islamistischen Terror und die brisanten Ereignisse in der arabischen Welt erneut Arabismen in andere Sprachen und auch ins Portugiesische. Erinnert sei hier nur an *Al Qaeda, os talebã/talebán, a burka* etc. Leider werden diese Arabismen auch nicht in Zaidan (2005) erfasst.

Grundlagenliteratur

Machado (1991); Noll (1996a); Zaidan (2005).

7.1.4.3 Hispanischer Einfluss

Aufgrund der gemeinsamen iberoromanischen Geschichte bis in die Gegenwart ist die genaue Bestimmung der **Hispanismen** (*hispanismos*) im Portugiesischen sehr schwierig (vgl. Messner 1994). Wenn man den Beginn bei der Konstituierung Portugals als Königreich ansetzt, so sind im 14. und 15. Jh. zu nennen: *castelão* 'kastilisch', *cavaleiro* 'Reiter, Ritter, Edelmann', *bandeira* 'Fahne', *carabina* 'Karabiner', *humilde* 'ärmlich, demütig', *rebelde* 'Rebell, rebellisch', *tablado* 'Bühne, Belag', *tasca* 'Kneipe, Schenke ' etc.

Die *siglos de oro* und die 60jährige Personalunion Spaniens mit Portugal (1580-1640) brachten neben der Bindung an die spanischen Habsburger auch kulturellen Einfluss, der in vielen Wörtern des Alltagslebens seinen Niederschlag fand: *bolero* 'Bolero', *tango* 'Tango', *picaresca* 'schelmenromanhaft', *despojar* 'berauben', *fiambre* 'gekochter Schinken', *granizo* 'Hagel', *mantilha* 'Mantilla', *moreno* 'brünett, schwarzbraun', *trecho* 'Strecke, Abschnitt', *pastilha* 'Pastille', *manilha* 'Armreif, Fußschelle', *jota* <j>, *hombridade* 'Männlichkeit', *cedilha* 'Cédille' etc.

Als besonderes Phänomen ist zu bemerken, dass über das Kastilische auch **Katalanismen** (*catalanismos*) (z. B. *torrão* < cat. *torró* 'Scholle, Landbesitz', *nau* < cat. *nau* 'Kriegsschiff'), gelegentlich auch **Galegismen** (*galegismos*) (pt. *serão* < gal. *sarau* 'Abend, Nachtarbeit') und **Amerindianismen** (z.B. *chocolate* > aztek. **chocahuatl*, *lhama* < quechua *llama*, *cacau* < nahuatl *cacauatl*, *tomate* < nahuatl. *tomatl*, *canoa* < carib. *kanawa* 'Kanu', *condor* < quechua *cuntur* etc.) ins Portugiesische gelangten.

Grundlagenliteratur

Born (2003); Schmidt-Radefeldt (2007).

7.1.4.4 Italianismen

Hinsichtlich der **Italianismen** (*italianismos*) im Portugiesischen können wir auf drei neuere Untersuchungen hinweisen (Kremer 2002, Endruschat 2002 und 2003). Während Kremer sich vorwiegend auf die methodischen Fragen der Erforschung und Erfassung der Italianismen konzentriert und dabei Unstimmigkeiten in den Wörterbüchern feststellt, unterzieht Endruschat die Italianismen im Portugiesischen einer genaueren Analyse und korrigiert frühere Einordnungen. Demnach sind weit über 400 Italianismen aus fast alle gängigen Lebensbereichen in den portugiesischen Wortschatz eingeflossen; da sind vor allem nautische Begriffe zu nennen (*amainar* 'Segel streichen', *bússola* 'Kompass', *corsário* 'Korsar', *escolho* 'Klippe', *corso, fanal, marino, piloto* 'Pilot, Lotse, Steuermann' etc.), militärische (*alerta* 'Achtung, Alarm', *bala* 'Kugel', *bomba* 'Bombe', *brigada* 'Brigade', *escaramuça* 'Scharmützel', *escopeta* 'Flinte, Stutzbüchse', *infantaria* 'Infanterie', *sentinela* 'Schildwache, Posten' etc.) und natürlich Bezeichnungen der Schönen Künste, vor allem der Musik (Endruschat 2002 zählt allein hier über einhundert, z. B. *arabesco* 'Arabeske', *fresco, miniatura* und *pastel, adágio, piano, soprano, tenor, cantata, diletante, soneto, terceto, etc.*), dazu diverse andere (*arlequim* 'Harlekin', *bandido* 'Bandit', *charlatão* 'Scharlatan', *cicerone* 'Fremdenführer', *galante, pedante, tômbola, grotesco, estrambótico* 'verschroben, überspannt', *polichinelo* 'Pulcinell,

Hanswurst', etc.)[168]. Im 19./20. Jh. finden sich Italianismen vor allem zu kulinarischen Genüssen (*amaretto, lasanha, espaguete, talharim* 'Bandnudeln', *pizza*), zu Mode und Kunsthandwerk, zum Theater, zu Medizin, Wirtschaft, Geologie und Geographie sowie zum Sport (z.B. *libero, estafeta* 'Staffel', *trampolim*).

Grundlagenliteratur

Endruschat (2002 und 2003); Kremer (2002).

7.1.4.5 Gallizismen

Wie die geschichtlichen Grundzüge des Landes erkennen lassen, verdankt Portugal den Franzosen - genauer den Burgundern - "seinen ersten Grafen, seinen ersten König, seine ersten Adligen, seinen Portweinund seine ersten Baudenkmäler im Geiste Clunys" (Jacob 1969, 61).

Die Dynastie Burgund regierte von 1143-1383, Alfons III. eroberte die Algarve 1249 endgültig und beendete damit die portugiesische *Reconquista*, er machte Lissabon zur Hauptstadt des Königreichs und legte die Grenze zu Spanien fest (1267). Die Geschichte Portugals zeigt, dass aufgrund des großen Nachbarn im Osten immer Bündnisse mit anderen Großmächten Europas - also Frankreich und/oder England - vonnöten waren: Hispanismen, Gallizismen und jetzt vermehrt auch Anglizismen sind mehr oder weniger durch alle Jahrhunderte im Portugiesischen nachweisbar, sie bringen die meisten Entlehnungen ein (laut Messner 1994 allerdings mit Anteilen am Gesamtwortschatz von jeweils nur 4%).

Gallizismen (*galicismos*) aus der Zeit der Dynastie von Burgund betreffen das gesamte Gesellschaftsleben: der Familienname *Franco* findet sich bis heute in der *Extremadura* und im *Ribatejo*, Wörter wie *pastorela, jogral, trovador, trova, linhagem, viagem, mensagem, vergel* gelangen in das Portugiesische, die Emblemata und ritterlichen Denk- oder Sinnsprüche, die sogenannten *motos* (< fr. *mot*) werden auf Alt- bzw. Mittelfranzösisch (12. bis 15. Jh.) verfasst (D. João I wählte den Spruch *Il me plaît*, der Infante D. Henrique der Seefahrer (*O Navegador)* wählte *Talent de bien faire*), und neue Entlehnungen gelangen in das Portugiesische: *chanceler* 'Kanzler', *dama* 'Dame', *etiqueta* 'Etikett' (urspr. germanisch), *jóia* 'Freude', *franja* 'Franse', *chapéu* 'Kopfbedeckung', *charrua* 'Pflug', *jardim* ('Garten', eigentlich ein Germanismus, der über Frankreich kam) etc. Für die Zeit der Troubadourdichtung zählt García-Sabell (1991) etwas weniger als 300 Gallizismen und Okzitanismen im Altportugiesischen (man denke an *manjar* 'essen', *aventura* 'Abenteuer', *afã* 'Eifer, Mühe' oder *rocha* 'Felsen'), doch manches Wortgut ging durch die Jahrhunderte verloren.

In neueren Zeiten kamen mit den Errungenschaften der Aufklärung (*luzes* < frz. *lumières* 'Lichter der Aufklärung') und des portugiesischen Neoklassizismus mit der französischen Theaterkultur neue Wörter und Sachen: *blusa* 'Bluse', *envelope* 'Umschlag', *montra* 'Schau, Ausstellung', *abandonar* 'aufgeben, verlassen', *coqueluche* 'Keuchhusten' etc. (vgl. Vazquez Cuesta / Mendes da Luz [4]1980, 265-

[168] Da es sich bei den Italianismen v.a. um Internationalismen, die auch im Deutschen bekannt sind, handelt, verzichten wir hier auf vollständige Übersetzungsangaben.

267). Neben vielen Bezeichnungen für Mode- und Luxusartikel des mondänen Lebens (*bijuteria* 'Modeschmuckladen', *bidé* 'Bidet', *perfume* 'Parfum' etc.) sind es technische Errungenschaften des 19./20. Jh. (*bicicleta* 'Fahrrad', *automóvel* 'Automobil', *camião* 'LKW', *avião* 'Flugzeug', *caminho de ferro* 'Eisenbahn' wie auch in neuester Zeit *gira-discos* 'Plattenspieler') und *alta-costura* 'Modeschöpfung' (zur Datierung vgl. Monjour 2007, im Druck).

Grundlagenliteratur

Holtus (1988).

7.1.4.6 Anglizismen

Wenn die Sprachpfleger gegen die Flut der Gallizismen im Portugiesischen schon 1812 die Fanfare bliesen – "Guerra às palavras afrancesadas!" (Boivert 1983/1985) –, so erleben wir einen analogen Protest gegen die **Anglizismen** (*anglicismos*) gegenwärtig im Internet Brasiliens (vgl. Schmidt-Radefeldt 2002, Frank Kersch 2006, Thielemann 2006). Man kann sicher heutzutage von mehr als zweitausend Anglizismen im Brasilianischen/Portugiesischen ausgehen (Schmidt-Radefeldt / Schurig 1997), und ein Ende ist noch nicht abzusehen.

Wenngleich die ersten Anglizismen zur Bezeichnung der Himmelsrichtungen (*norte, este, oeste, sul*) über das Französische schon sehr früh in das *iberoromance* gelangten (wohl noch früher als *esterlingo* < engl. *sterling* im 13. Jh.), so handelte es sich doch immer nur um Einzelwörter; verbunden mit politischen Umstürzen in Europa oder mit neuen Techniken: etwa im 19. Jh. kamen ins Portugiesische *vagão* 'Wagon', *locomotiva, celulóide, piche* 'Teer', *clube,* im Übergang zum 20. Jh. dann Bezeichnungen aus der Wirtschaft, dem Sport (*basqetebol, beisebol, futebol*), dem Restaurationsgewerbe (*bífe, pudim, sanduíche, whisk(e)y* etc.), der Unterhaltungsindustrie, der Computertechnologie, der Informatik Ende des 20. Jh. (*computador, video-clipe, disquete* etc.) und der Computersprache (vgl. dazu mit vielen Beispielen Schmitt 2006; Thielemann 2006; Herget 2006).

Zunehmend findet das soziolinguistische Problem des Assimilationsprozesses bei der Adaption derartiger Fremdelemente Aufmerksamkeit. Einerseits geht es um sozialpsychische Haltung, die "Sprachkrise" und "Ethik" einer Sprachgemeinschaft gegenüber der Xenoglossie, andererseits um die linguistischen Phänomene der Adaption (ob und wie das Fremdelement angeglichen wird, wie und in welchem Umfang ein morphosyntaktisches *aportuguesamento* ('Integration ins Portugiesische') stattfindet: Wortbildungen, Artikelzuweisung, Wortkürzungen wie in *sande* < *sanduíche,* die Rolle der Pseudo-Anglizismen (z.B. dt. *Handy,* pt. *(e)spot(e) publicitário* 'Werbespot'), Neosemantismen sowie echte und versteckte Lehnprägungen (vgl. dazu Thielemann 2006).

Grundlagenliteratur

Schmidt-Radefeldt (1995); Schmitt (2006); www.ipv.pt/anglicismos.

7.1.5 Kontrastive Lexikologie

In der Kontrastiven Lexikologie werden Gemeinsamkeiten und Unterschiede im Bestand und in der Struktur des Wortschatzes zweier oder mehrerer Sprachen ermittelt und systematisiert. Meist werden die Nicht-Äquivalenzen zwischen den Sprachen betont. So hat Coseriu (1973, 13) auf der Basis eines entsprechenden Beispiels des dänischen Strukturalisten Hjelmslev auf die lexikalischen Divergenzen bei der Bezeichnung von 'Wald' und 'Holz' hingewiesen. Übertragen auf das deutsch-portugiesische Sprachenpaar lässt sich das so darstellen:

lenha 'Brennholz' *lenho* 'Stück Holz' *madeira* 'Material Holz' *pau* 'Holzstück'	Holz
bosque 'Gehölz' *floresta* '(kleiner) Wald' *mata* 'Wald (unspezifisch)' *selva* '(Ur)Wald'	Wald

Während im Portugiesischen mittels verschiedener Bezeichnungen, die in kohyponymischer Beziehung zueinander stehen, semantische Unterschiede am Lexem selbst markiert werden, sind die deutschen Formen jeweils Hyperonyme von nicht mit eigenen Namen versehenen Unterkonzepten (wobei im Forstwesen sicher auch differenziertere Bezeichnungen vorhanden sind). Es besteht in diesem Fall eine Eins-zu-Viele-Beziehung zwischen den deutschen und den portugiesischen Bezeichnungen. Die Eins-zu-Eins-Beziehung ist der Ausnahmefall, z.B. entspricht unser Wort *Computer* dem portugiesischen *computador*, und *Vater* lässt sich immer mit *pai* wiedergeben. Eine Eins-zu-Null-Beziehung liegt z.B. vor bei *saudade*, zu dem kein deutsches Äquivalent zu finden ist, oder bei der Suche nach einer Übersetzung des deutschen Begriffs 'Leitmotiv'.

Die kontrastive Lexikologie befasst sich auch mit den sogenannten **Falschen Freunden** (*falsos amigos* oder *falsos cognatos*). Dabei handelt es sich um lexikalische Divergenzen zwischen zwei Sprachen, die daraus resultieren, dass irrtümlicherweise entweder aus ähnlichen Formen auf ähnliche Inhalte (semantische falsche Freunde) oder umgekehrt aus ähnlichen Inhalten auf ähnliche Formen (strukturelle falsche Freunde) geschlossen wird. So entspricht die Extension (vgl. 8.1) der Bedeutung des deutschen Wortes *Habilitation* ('akademischer Qualifizierungsgrad') nicht der des ähnlichen portugiesischen Wortes *habilitação* ('Befähigung'), und dt. *Frisur* entspricht nicht pt. **frisura*, sondern pt. *penteado*.[169]

Grundlagenliteratur

Coseriu (1973); Hundertmark-Santos Martins (1995); Spillner (1997).

---

[169] Für das deutsch-portugiesische Sprachenpaar liegen zwei Wörterbücher der Falschen Freunde vor: Leiste/Döll/Domingos (^{2}1993) und Hundertmark-Santos Martins (1995) vor. Vgl. auch http://www.uni-bonn.de/~dbuncic/ffbib/bib_un.htm (ausführliche Bibliographie zum Thema der falschen Freunde).

7.1.6 Lexikologischer Wandel

Von lexikologischem Sprachwandel spricht man in der Linguistik in Bezug auf die Entstehung neuer Lexeme. Das geschieht durch:

- Wortbildung (vgl. 5.2);
- Entlehnung, z.B. die Aufnahme englischer, französischer, italienischer oder griechischer Lehnwörter ins Portugiesische (vgl. 7.2);
- Veränderung der Gestalt oder des Inhalts bereits bestehender Lexeme (Laut- und Bedeutungswandel): so hat sich z.B. altpt. *cousa* 'Ursache' durch Diphthongierung zu *coisa* 'Ding' weiterentwickelt, also auch seine Bedeutung geändert.

Mit dem Begriff **Neologie** (*neologia*) bezieht man sich entweder auf den Prozess oder das Ergebnis der Bildung neuer Lexik. Ein **Neologismus** (*neologismo*) ist ein Lexem, das in einem bestimmten Zeitraum in einer Sprachgemeinschaft aufkommt, bis es zunehmend Verbreitung unter den Sprechern findet und schließlich in den Allgemeinwortschatz und in die Wörterbücher dieser Sprache aufgenommen wird; dann hört der Neologismus auf, "neu" zu sein. Nur solange er von den Sprechern als neuartig empfunden wird, kommt ihm die Bezeichnung "Neologismus" zu. Im Unterschied zu Gelegenheitsbildungen, den sogenannten **Okkasionalismen** (*palavras ocasionais*), wird ein Neologismus mehrmals und von immer mehr Sprechern benutzt.

Besonders viele Neologismen entstehen zur Bezeichnung der ständig neu entstehenden Begriffe und Konzepte in fachlichen Bereichen wie Technik, Wissenschaft, Wirtschaft oder Medien; hier spricht man von (Fach-)**Termini** (*termos técnicos*). Die Wege der Neologie sind in der Fach- wie Allgemeinsprache jedoch die gleichen. Für die Allgemeinsprache hat Alves (1990) gezeigt, dass insbesondere die Verfahren der Prä- und Suffigierung, aber auch die Entlehnung zur Schaffung neuer Lexik genutzt werden. In der Fachsprache kann man besonders produktive Prä- und Suffixe feststellen. So hat Cano (1998) im wissenschaftlich-technischen Wortschatz beobachtet, dass viele Neologismen durch Intensitätspräfixe entstehen. Als häufig ermittelte er *hiper-*, *micro-*, *semi-*, *sub-*, *sobre-*, *super-* und *ultra-*: z.B. *hipersónico* 'mit Überschall', *subfebril* 'fast fiebrig'. Die Präfixe *extra-* und *supra-* bezeichneten in ihrem Corpus dagegen in erster Linie nicht Intensität, sondern Lokalisierung: *extra-galáctico* 'außerhalb der Galaxis'.

Eine Studie von Antunes / Correia / Gonçalves (2004) hat andererseits belegt, dass der größte Teil der fachsprachlichen Termini im wirtschaftlichen Bereich durch Entlehnung erfolgt (42%). Als produktiv erweist sich auch die syntagmatische Neologie (23%), vgl. *zona euro* 'Eurozone', *comércio electrónico* 'E-Commerce', *gestão de pessoal* 'Personalführung'. Die Entlehnungen stammen überwiegend aus dem Englischen. Allerdings wächst die Zahl derjenigen **Internationalismen**, deren genaue Herkunft nicht mehr ermittelt werden kann, da sie quasi gleichzeitig in mehreren Sprachen auftauchen. Grund hierfür sind die zunehmende Globalisierung der Konzepte, die Ähnlichkeiten in der Begriffsbildung sowie die schnelle Verbreitung über die Massenmedien. Beispiele sind *lente de contato* (engl. *contact lens*, frz. *verre de contact*, it. *lente a contatto*, dt. *Kontaktlinsen*) und *cinto de segurança* (engl. *safety belt*, frz. *ceinture de sécurité*, it. *cintura di sicurezza*, dt. *Sicherheitsgurt*).

Schließlich soll erwähnt werden, dass Lexeme auch aus dem aktiven Wortschatz verschwinden können, wie z.B. das lat. FAS 'Recht', das in keiner romanischen Sprache in dieser Bedeutung weitergeführt wurde (und im Lateinischen bereits defektiv war, vgl. 5.3.4). Veraltete Lexeme bezeichnet man als **Archaismen** (*arquaísmo*). Oft halten sie sich aber noch längere Zeit in peripheren Verwendungsbereichen, in Fachsprachen oder Dialekten.

Die Alterung des Wortschatzes hat folgende Ursachen:

- Institutionen, Bräuche, Objekte verschwinden aus dem gesellschaftlichen Leben: *bucelário, catapulta, suserano, vassalo*, etc.;
- Ältere werden durch neue Bezeichnungen ersetzt: *asinha* durch *depressa*; *arteirice* durch *astúcia*; *punçante* durch *pungente* etc.;
- Es setzen sich euphemistische (schönfärbende) Bezeichnungen durch: *concubina* > *manceba* 'Hure'; *parir* > *dar à luz* 'gebären'; *tratante* > *negociante* 'Händler'; *feder* > *cheirar mal* 'stinken'; etc.

Grundlagenliteratur

Alves (1990); Manzolillo (s.d.); www.filologia.org.br/anais/anais_iicnlf37.html.

7.2 Lexikographie

Unter **Lexikographie** (*lexicografia*) fasst man einerseits die wissenschaftliche Praxis der Erstellung von Wörterbüchern und andererseits die entsprechenden theoretischen Vorarbeiten zusammen; für letztere schlägt Hausmann (1989) auch die Bezeichnung *Wörterbuchforschung* vor. Die Lexikographie profitiert dabei in erheblichem Umfang von den theoretischen und praktischen Fortschritten der Lexikologie (vgl. Schwarze / Wunderlich 1985, 9).

Grundlagenliteratur

Verdelho (1994); Woll (1990).

7.2.1 Makrostruktur, Mikrostruktur, Lemma

Ein Wörterbuch weist zunächst eine bestimmte **Makrostruktur** (*macro-estrutura*) auf, womit die äußerliche Dimension gemeint ist, die aus einer geordneten Folge von Wörtern – den Wörterbucheinträgen oder Lemmata – besteht. Bei ein- oder zweisprachigen (semasiologischen) Wörterbüchern sind die Lemmata meist glattalphabetisch angeordnet.[170] Daneben kommen die nischenalphabetische und die nestalphabetische Makrostruktur vor (siehe weiter unten).

---

170 Das bedeutet, dass die alphabetische Reihenfolge strikt eingehalten wird und auch durch Wortbildung abgeleitete Mitglieder von Wortfamilien alphabetisch eingeordnet werden. *Lavadeira* 'Wäscherin' steht dann vor *lavar* 'waschen'.

Der Ausdruck **Lemma** (*lema / entrada*) geht zurück auf griech. *λέμμα* und bedeutet eigentlich "[...] alles was man nimmt od. bekommt, was man genommen od. bekommen hat [...]" (Passow: *Handbuch der griechischen Sprache*, zit. in Wolski 1989, 360). In der Lexikographie versteht man unter einem Lemma eine 'Überschrift' oder 'Inhaltsanzeige'. Oft wird synonymisch dazu auch der Begriff *Stichwort* verwendet.

Im semasiologischen, alphabetisch geordneten Wörterbuch hat das Lemma folgende Aufgaben:

- Anzeige der lexikalischen Einheit, um die es geht;
- Information über diese lexikalische Einheit (grammatische Kategorie, Etymologie, Aussprache, Bedeutung, Verwendung, diasystematische Markierung etc.).

Es können mehrere **Lemmatypen** unterschieden werden:

- **Nestlemma**, z.B. Komposita-Nester: unter dem gleichen Wörterbucheintrag werden Komposita oder Wortbildungsergebnisse genannt, die eigentlich bei strikt-alphabetischer Anordnung weiter hinten erscheinen müssten, z.B. steht das Verb *molhar* 'einweichen, einwässern' mitunter unter dem Lemma *molho* 'Soße, Saft, Flüssigkeit', d.h. *molho* steht vor *molhar;*
- **Nischenlemma**, dem Teillemmata zugeordnet sind, die nur auf dem Umweg über die Nische gefunden werden können, z.B. findet man den Ausdruck *sob pena de* 'unter Strafe von' nur unter dem Lemma *pena;*
- **Verweislemma**, mit dem auf ein anderes Lemma verwiesen wird, z.B. bei graphischen Alternanzen (wie sie zwischen dem BP und EP vorkommen), um zu vermeiden, dass ein Eintrag zweimal aufgenommen werden muss: *aspeto bras. v. aspecto* (Wiegand 1983, 443).

Bei onomasiologischen Wörterbüchern, z.B. bei Bildwörterbüchern, wird von den Bedeutungen (den Signifikanten) ausgegangen. Die Anordnung der Stichworte folgt dort thematischen Prinzipien.

Die **Mikrostruktur** (*micro-estrutura*) ist der interne Aufbau eines Lemmas. Nicht alle Wörterbücher geben die gleichen Informationen zu den Lexemen, z.B. gibt es große Diskrepanzen bei der Angabe der Aussprache und der Etymologie. Auch bezüglich der Behandlung von Polysemie und Homonymie (vgl. 8.3.1) sehen Mikrostrukturen sehr unterschiedlich aus. Im folgenden Ausschnitt aus dem Wörterbuch von *Porto Editora* (1994) sind alle drei Homonyme von ***pena*** in einem Lemma zusammengefasst:

> Pena, 1. s. f. castigo; punição desgosto; tristeza, dor; aflição; ~ capital: condenação à morte; sob ~ de: sujeito a; valer a ~: merecer um esforço, um trabalho. (Do lat. poena-,«id.»). 2. s. f. (ornit.) cada um dos órgãos cutâneos que revestem o corpo das aves, protegendo-os [sic] e permitindo a execução e a orientação do voo; utensílio munido de bico para escrever; cada uma das peças que formam o círculo do rodízio do moinho. (Do lat. penna-, «id.»). 3. rocha; fraga; fraguedo. (Do lat. pinna- ou penna-, «merlão [de muralha]; rochedo»).

In anderen Wörterbüchern stellen die drei Homonyme jeweils drei selbständige Lemmata dar, wodurch sich Mikro- und Makrostruktur im Wörterbuchvergleich grundlegend voneinander unterscheiden.

Grundlagenliteratur

Wiegand (1983; 1989a und b); Wolski (1989).

7.2.2 Typen von Wörterbüchern

Die Wörterbuchtypologien von Kühn (1989), Henne (1980) oder Hausmann (1989) zeigen, wie vielfältig die Möglichkeiten sind, Wörterbücher zu systematisieren. Einige Kriterien, nach denen Wörterbücher unterschieden werden können, sind die folgenden:

- **Anzahl der enthaltenen Sprachen**: i) einsprachige Wörterbücher, ii) zweisprachige Wörterbücher, iii) mehrsprachige Wörterbücher;
- **die berücksichtigten Sprachstadien**: i) synchron (z.B. Gesamtwörterbuch), ii) diachron (z.B. etymologisches Wörterbuch), historisch (auf ältere Sprachstadien bezogene Wörterbücher);
- **Lemmaanordnung**: i) vorwärtsläufig alphabetisch, ii) rückwärtsläufig alphabetisch (rückläufiges Wörterbuch), iii) bedeutungsorientiert (z.B. Thesaurus, Sachgruppenwörterbuch);
- **Art der Lemmata**: i) bestimmte Lemmatypen (z.B. Sprichwörterbuch, Abkürzungswörterbuch, Morphemwörterbuch), ii) bestimmte Wortarten (z.B. Präpositionswörterbuch), iii) bestimmte pragmatische Gruppen (Neologismenwörterbuch, Schimpfwörterbuch, Fachwörterbücher, Wörterbuch der Umgangssprache, Idiomatik-Wörterbuch);
- **Benutzergruppen**: i) Fremdsprachenlerner (z.B. Lernerwörterbuch, zweisprachiges Wörterbuch), ii) Muttersprachenlerner (z.B. Grundschulwörterbuch), iii) kompetente Muttersprachler (z.B. Gesamtwörterbuch, Orthographiewörterbuch), iv) Wissenschaftler (z.B. Morphemwörterbuch, Konkordanz);
- **Deskriptivität versus Normativität**: i) deskriptiv (z.B. Gesamtwörterbuch), ii) normativ (z.B. Rechtschreibwörterbuch, Verdeutschungswörterbuch).

Herkömmliche Wörterbücher sind auf Papier gedruckte und gebundene Produkte. Sie sind insofern als abgeschlossen zu betrachten, als sie zu einem bestimmten Zeitpunkt in einer bestimmten Auflagenstärke auf den Markt kommen. Bis zur nächsten Auflage bleibt dann der Inhalt des Wörterbuches konstant. Dasselbe gilt für die elektronischen Versionen auf Diskette oder CD-ROM.

Seit einer Reihe von Jahren kann man im Internet aber auch **Online-Wörterbücher** konsultieren. Wie Storrer / Freese (1996) darlegen, können sie im Unterschied zu Print-Wörterbüchern prinzipiell und ständig verändert werden. Das ist natürlich in unserer schnelllebigen Zeit ein großer Vorteil, denn neu entstehende Termini können sofort aufgenommen und veraltete entfernt werden. Es gibt zwei Grundtypen: abgeschlossene Wörterbücher und Wörterbücher im Aufbau.

Durch Hypertexte ist zudem eine komfortable Verweisverfolgung möglich, die im Gegensatz zum gedruckten Wörterbuch nicht mit erneutem Blättern und Suchen verbunden ist. Die Dokumente enthalten meist nicht nur Text, sondern auch Bild, Ton und Videosequenzen. So entstehen völlig neue Formen der Wörterbucharbeit und -benutzung.

Grundlagenliteratur

Hausmann (1989); Storrer / Freese (1996).

7.2.3 Portugiesische einsprachige Lexikographie

Das erste monolinguale Wörterbuch *Diccionario Poetico* von Lusitano erschien 1765.[171] Unter manch anderen Wörterbüchern ist als innovativ das zweibändige von António de Morais Silva zu nennen (1789: *Diccionario da lingua portugueza*), das sich nur partiell der Tradition Bluteaus anschloss: fast ein Viertel der Lemmata von Bluteau wurde eliminiert und 22.000 vollständig neue Einträge (d. h. ca. ein Drittel) wurden aufgenommen, die Wörterbuch-Konzeption wurde überarbeitet, das zugrunde gelegte Sprach-Corpus neu überdacht:

> Estamos perante o primeiro dicionário moderno da lexicografia portuguesa [Wir stehen vor dem ersten modernen Wörterbuch der portugiesischen Lexikographie] (Verdelho 1994, 677).

Dieses Wörterbuch wurde immer wieder aufgelegt und erfreute sich einer großen Breitenwirkung (auch in Brasilien).

Mit ihrem Wörterbuch kam die *Academia Real das Ciências de Lisboa* - 1779 gegründet - über den ersten Band (von *A* bis *Azurrar*) - 1793 publiziert - nicht hinaus, ebenso 200 Jahre später im 20. Jahrhundert (1976 publiziert, von *A* bis *Azuverte*).[172]

Im 18. Jahrhundert erschienen eine Menge spezieller Wörterbücher, etwa der Arabismen, der Poetik und Reimkunst, der Sprichwörter, der Synonyme, zur Orthographie und anderen Bereichen; in den letzten Jahren 1798-1799 erschien das *Elucidário das Palavras, Termos e Frases que em Portugal se usaram e que hoje regularmente se ignoram*, in zwei Bänden von Frei Joaquim de Santa Rosa de Viterbo.[173]

Das 19. Jh. führte diese Linie fort, der Morais Silva wurde siebenmal neu aufgelegt, von anderen Lexikographen leicht verändert, erweitert oder auch verkürzt auf zwei Bände herausgegeben. Das Wörterbuch wurde damit auch für das bürgerliche Publikum erschwinglich. Anonym erschien 1806 das konzise, einbändige, benutzerfreundliche *Novo Dicionário da Lingua Portugueza*, im Umfang von ca 850 Seiten mit ca. 30.000 Einträgen. Der wissenschaftliche Einfluss Frankreichs wurde in dem völlig neu konzipierten Wörterbuch *Diccionario da Lingua Portugueza* von José da Fonseca und seinen zahlreichen Auflagen in der ersten Hälfte des 19. Jh. deutlich; es enthält 50.000 Einträge und zielt auf einen

---

171 Es war ein auf die aktive Förderung der sprachlichen Ornamentik und Eleganz des poetischen Sprachgebrauchs ausgelegtes Wörterbuch. In diesen Jahrzehnten gegen Ende des 18. Jh. begann in Portugal die Entwicklung der schulischen Bildung, die ein Wörterbuch ebenso wie eine verbindliche Grammatik erforderlich machten.

172 Allerdings kommt diesem Wörterbuch auch weiterhin normative Autorität zu, die sie durch die vollständige, zweibändige Ausgabe im Jahre 2001 unter Beweis stellte.

173 Es handelt sich dabei um ein rückwärts gewandtes Wörterbuch, das die archaischen Ausdrucksweisen des Portugiesischen in ihrem ganzen Reichtum zusammentrug - ein Wörterbuch, das immerhin drei Auflagen erreichen sollte.

praktischen (auch schulischen) Gebrauch im Alltag; viele kleinere Spezialwörterbücher entstanden dazu zeitgleich.

In der zweiten Hälfte des Jahrhunderts werden größere Projekte durchgeführt, so der *Grande Diccionario Portugues ou Thesouro da Lingua Portugueza* (1871/1874) in fünf Bänden konzipiert von Frei Domingos Vieira, der *Novo Diccionario da Lingua Portuguesa* (1899) von Cândido de Figueiredo, das *Diccionario Contemporaneo da Lingua Portuguesa* (1881) nach dem Entwurf von F. J. Caldas Aulete.

Ende des 19. Jh. entsteht im Bürgertum Portugals ein großer Wissensdrang, dem die Lexikographie durch bebilderte Enzyklopädien nachzukommen versuchte: das *Diccionario Universal Portuguez Illustrado* (1899) von Zeferino de Albuquerque machte hier einen ersten Schritt, der im 20. Jh. dann durch die Adaption des französischen *Larousse* (*Novo Diccionario Encyclopedico Luso-Brasileiro,* Livraria Lello) eine große Breitenwirkung erzielte: fachbegriffliches Wissen wird durch ein Bild sehr viel direkter und genauer vermittelt als durch lange sprachliche Texterklärungen (dazu Schmidt-Radefeldt 2004).

Im Zuge der neueren Entwicklungen von Kommunikation und Konsultation mit und von Wörterbüchern im 20. und am Beginn des 21. Jh. haben sich - gerade auch durch die technologischen Möglichkeiten - neue Formen gebildet: die aktuellen großen Wörterbücher des Portugiesischen sind fast alle als CD-ROM aufgelegt oder online direkt zugänglich.[174]

Als Standardwörterbücher des modernen Portugiesisch sind folgende zu nennen:

(a) Das DLPC (*Dicionário da Língua Portuguesa Contemporânea*) steht in der Tradition des Akademiewörterbuchs.[175] Der dritte Anlauf unter Leitung von Malaca Casteleiro war nun erfolgreich: Auf der Grundlage eines monolingualen Referenzcorpus der portugiesischen Gegenwartssprache (*Corpus de Referência do Português Contemporâneo,* CRPC) entstand am *Centro de Linguística* der Lissabonner Universitäten das auch international zugängliche Corpus der gesprochenen Sprache (basierend auf dem bereits früher erstellten *Português Fundamental*). Auf der Grundlage eines beeindruckenden Gesamtcorpus wurde das neue DLPC in zwei Bänden konzipiert und erschien 2001. In der Einführung legt Malaca Casteleiro offen, dass 69.426 Einträge, 4.580.029 Vorkommen auf der Basis von 33.436 Belegen und 90.793 Beispielen erfasst wurden. Das Wörterbuch erfasst Regionalismen, Brasilianismen, Afrikanismen, Asiatizismen, gängige Ausdrücke der portugiesischen Sondersprachen (*Gíria(s)* und *Calão*, vgl. 10.2.2.2) Fremdwörter und Neologismen.[176]

---

[174] Vgl. im Internet: www.dicionarihouaiss.com.br/index2.asp, www.portoeditora.pt/dol, tresc.gov.br/servicos/bib30.htm, www2.nol.com.br/michaelis, www.priberam.pt/dlpo, www.novacultura.de/academia.html.

[175] Die beiden ersten Anläufe 1793 und 1976 kamen, wie schon gesagt, nicht über den ersten Band bzw. Buchstaben hinaus.

[176] Das einzelne Lemma umfasst die phonetische Transkription, grammatische Merkmale, etymologische Herkunft, semantisch-definitorische Lesarten-Angaben, syntaktische Fügungszwänge, idiomatische und phraseologische Bindungen sowie einige diasystematische Merkmale (*níveais da língua e classificação do vocabulário*).

(b) Der *Dicionário da língua portuguesa* (der "Houaiss"[177]) entstand in 15 Jahren im *Instituto Antônio Houaiss de Lexicografia* in Rio de Janeiro. Das Wörterbuch ging von der historischen (datierten) Herleitung im Verbund mit den morphologischen Strukturen der Wörter aus (13.295 lexikalische Einheiten). Dieser neue Ansatz zur Steigerung der Sprachkompetenz des Benutzers ermöglicht es,

> [...] que, pela primeira vez na língua, se pudesse tentar organizar a estrutura de cada verbete, não aleatoriamente, mas a partir da sua acepção mais antiga, procurando, então, sugerir ou esclarecer que tipo de derivação semântica occorrera a partir desta, para que se tivesse verificado o surgimento do segundo e demais sentidos da palavra [dass zum erstenmal in der Sprache versucht wurde, die Struktur jedes Eintrags nicht nach dem Zufallsprinzip zu erstellen, sondern ausgehend von seiner ältesten Bedeutung aufzubauen und aufzuzeigen, welche Art von Bedeutungswandel dazu führte, dass neue Bedeutungen des Lexems auftraten] (*Apresentação*, von Mauro de Salles Villar, Houaiss 2001, XV).

Insgesamt werden 228.500 lexikalische Einheiten im Houaiss präsentiert. Das elektronisch erfasste Corpus der zugrunde gelegten Texte stammt aus allen Lebensbereichen, nicht nur vorrangig brasilianischen und portugiesischen, auch fernöstliche und afrikanische Kreolwörter (oder auch chinesische und Wörter aus Bantusprachen) wurden aufgenommen.

(c) Das *Dicionário da Língua Portuguesa. Século XXI* ("O Aurélio", 1975; [3]1999 in überarbeiteter Auflage) verzeichnet 100.000 Einträge und definiert sich im Hinblick auf seine Benutzer als ein Wörterbuch mittleren Umfangs, dessen Corpus Texte verschiedenster Art, nicht nur literarische, umfasst. Neben den üblichen grammatischen Spezifika (z. B. rektionale Anschlüsse bei Verben) wird der Synonymie, Paronymie, Homonymie großer Platz eingeräumt, lateinische und griechische Etyma werden in ihrer Produktivität hervorgehoben, Akronyme, Siglen und Neologismen (Anglizismen) des gegenwärtigen Portugiesischen werden aufgenommen mit dem Ziel, "refletir o português vivo, do Brasil, de Portugal e - esta é uma novidade introduzida na presente edição - da África" [das lebendige Portugiesisch aus Brasilien, Portugal und - das ist eine Neuheit in dieser Ausgabe - aus Afrika widerzuspiegeln] (*Prefácios*, Aurelio 1999, XIII).

(d) Das *Grande Dicionário da Língua Portuguesa* von Cândido de Figueiredo liegt in zwei Bänden nunmehr in seiner 25. Auflage 1996 vor; eine CD-ROM-Version steht auch zur Verfügung.

(e) Auch das Handwörterbuch der Porto Editora, also Costa / Sampaio e Melo ([8]1999) *Dicionário da Língua Portuguesa,* soll genannt werden. Es enthält neben den Informationen zur Grammatik bei jedem Lemma insgesamt 95.000 Stichwörter,

---

[177] Benannt nach dem Lexikologen António Houaiss (1915-1999). Der Immigrant aus dem Libanon, ursprünglich Diplomat, arbeitete zuerst zur Bücherkunde und zum Dokumentationswesen, veröffentlichte u. a. Arbeiten zur Sprachpolitik, zur Krise von Sprache und Kultur, beteiligte sich an den verschiedenen Anläufen zu einem "Acordo Ortográfico" (1986) zwischen dem brasilianischen und europäischen Portugiesisch, brachte speziell zum Portugiesischen Brasiliens zwei Enzyklopädien heraus, bevor er im Jahr vor dem Erscheinen des "Houaiss" verstarb.

rund 220.000 Bedeutungsdefinitionen und 84.000 etymologische Angaben und ist auch als CD-ROM erhältlich.

Abschließend ist auf Einzelprojekte im deutschsprachigen Raum zu verweisen: etwa auf das *Dicionário dos dicionários portugueses* von Messner (1994), das sich zum Ziel gesetzt hat, Lexikoneinträge (Lemmata) aus 30 portugiesischen Wörterbüchern (von 1554 Lusitano bis 1858 Silva Morais) in Vergleich zu setzen. Diese Methode lässt Grundlagenfragen der Lexikographie aufscheinen und macht chronologische Phänomene in überraschender Weise evident.[178]

Grundlagenliteratur

Schafroth (1996); Verdelho (1994a).

7.2.4 Portugiesische zweisprachige Lexikographie

Wie bereits im Abschnitt 2.10.3 erwähnt, gilt das *Dictionarium ex Lusitanico in Latinum Sermonem* (1562/3) des Humanisten Jerónimo Cardoso als das erste zweisprachige Wörterbuch zum Portugiesischen mit über 12.000 Lemmata. Weiterhin ist das monumentale, achtbändige *Vocabulario Portuguez e Latino* des polyglotten Lexikographen Rafael Bluteau anzuführen, das zwischen 1712 und 1728 - einschließlich der beiden Ergänzungsbände also zehn Bände - erschien (Teyssier 1980 und 1985; Ettinger 1991).[179]

Die zweisprachige Lexikographie Deutsch/Portugiesisch kann nunmehr auf eine zweihundertjährige Tradition zurückblicken, die im 19. Jahrhundert mit dem Wörterbuch von Wagener (1811) begann und durch Wollheim da Fonseca (1844), Bösche (1858), Michaelis (1887) bis Ey (1904/1909) fortgeführt wurde.

Die erste Hälfte des 20. Jahrhunderts brachte keinerlei Neuerscheinung im Bereich der deutsch-portugiesischen Wörterbücher. Ein größerer lexikographischer Impuls folgte dann nach Ende des II. Weltkriegs mit den zweisprachigen Wörterbüchern von Tochtrop (1943), Ernst/Römer (1948/1951), Beau (1953/1969), Klare (1984/1986), den *Dicionários* der Akademie (1986 und 2001) und mit dem ersten zweisprachigen Idiomatik-Wörterbuch von Schemann / Schemann-Dias (1979), um die bekanntesten hier zu nennen. Einen umfassenden historischen Abriss der zweisprachigen Wörterbücher Deutsch-Portugiesisch/

---

[178] Zu weiteren monolingualen lexikographischen Forschungsprojekten vgl. Ettinger (1991), Woll (1990), Messner (1997); zu Brasilien Hoepner (1993) und Borba (1990). Auch der *Dicionário contextual básico da língua portuguesa* (Pöll 1996) ebenso wie andere Projekte von Messner (1993, 1994) sind hier zu erwähnen.

[179] Bis heute greift die portugiesische Lexikographie und Lexikologie auf dieses Wörterbuch zurück, das als Corpus die "bons autores" und das Portugiesisch des Königshofes zugrundelegte, das die Wörterbucharbeit durch viele theoretische und praktische Überlegungen des Verfassers bereicherte, das das Kastilische als eine gleichwertige Schwester (da doch beide Töchter des Lateinischen sind) neben das Portugiesische rückte, das Wörter aus den verschiedensten Lebensbereichen und Varietäten berücksichtigte - und auch starke Kritik erfuhr. Vgl. dazu Verdelho (1994a).

Portugiesisch-Deutsch sowie eine ausgewählte kritische Gegenüberstellung geben Ettinger (1991, 3023-3025) und Silva (1994, 69-71). [180]

Die vorliegenden zweisprachigen Wörterbücher Deutsch-Portugiesisch / Portugiesisch-Deutsch unterscheiden sich qualitativ grundlegend. Ettinger (1987 und 1991) hat in übersichtlicher Weise die Mikro- und Makrostruktur von fünf letzterschienenen Wörterbüchern, die alle bei 35.000 bis 45.000 Stichwörtern liegen, verglichen und kommt zu Ergebnissen wie den folgenden: Die ins Auge gefasste Benutzergruppe ist bei allen Wörterbüchern ungenau angegeben, nur Beau (1953/1969) und Irmen (1982) liefern lautschriftliche Transkriptionen (Ettinger 1991, 3024). Die diatopische Differenzierung des EP ist im *Dicionário Editora* 1983 lobenswert gelöst.

Es ist bemerkenswert, dass viele Lusitanisten auf den *Dicionário Michaelis* (v.a. in der 12. Aufl. von 1920) noch nicht verzichten können (vgl. auch Silva 1994, 84). Die Gründe für die Verwendbarkeit noch nach fast einem Jahrhundert sind darin zu sehen, dass dieses Wörterbuch neben den grammatischen und morphologischen Standard-Informationen auch technische Ausdrücke (fachsprachliche Ausdrücke aus Handel, Industrie, Wissenschaften, Künsten) und umgangssprachliche Wendungen hereingenommen hatte, dass sich die Verfasserin auf zweisprachige, vor allem aber auf qualitativ hervorragend einsprachige Wörterbücher des Portugiesischen hatte damals stützen können.[181]

Grundlagenliteratur

Ettinger (1990); Silva (1994).

7.2.5 Corpuslinguistik und Lexikographie

Die Corpuslinguistik kann hier nur ganz kurz hinsichtlich ihres Beitrags zur Lexikographie vorgestellt werden soll. Ein **Corpus** (*corpus*, Pl. *corpora*) ist eine geschlossene Menge von empirisch erhobenen Daten, die hinsichtlich eines vorher festgelegten Ziels gesammelt und dann nach wissenschaftlich-statistischen Methoden ausgewertet werden (vgl. Sinclair 1996, 4). Während dies noch bis vor ein paar Jahrzehnten ein mühevolles Unterfangen war, erleichtern die modernen

---

180 Es kann als Fazit aus diesen Abhandlungen festgestellt werden, dass die bis hier und heute verfolgte zweisprachige Lexikographie des Portugiesischen sich ganz im tradionellen Rahmen bewegt. Solche "Traditionslinien" sind etwa bei Langenscheidts Wörterbüchern über die Jahre erkennbar (Ey 1904/1909, Beau 1953/1969, Irmen 1968/1969). Ein Desiderat wäre sicher das große "Langenscheidts Handwörterbuch Portugiesisch" (wie es für Französisch, Spanisch, Italienisch u.a. vorliegt).

181 Henriette Michaelis schreibt im Vorwort: "Zur Vervollständigung, besonders des phraseologischen Teils, diente jedoch vor allem andern jahrelange, sorgfältige Lektüre von portugiesischen Erscheinungen auf allen Gebieten des menschlichen Wissens, sowie von Zeitungen und Zeitschriften, Konversations- und Reisebüchern, Katalogen u.s.f., und wurde besonderes Gewicht auf die Umgangssprache gelegt, die gerade in den genannten portugiesisch-deutschen Werken mehr oder weniger vernachlässigt, für das Studium der Sprache aber höchst wesentlich und interessant ist" (Michaelis 1887, V). Silva nennt dieses Wörterbuch deshalb auch eine "Glanzleistung der deutsch-portugiesischen Lexikographie" (Silva 1994, 69).

Informationstechniken und die Vernetzungsmöglichkeiten diese Aufgabe immens.

Die ersten linguistischen Corpora wurden in Nordamerika erarbeitet. Quirk initiierte in den 50er Jahren des 20. Jh. das *Survey of English Usage Corpus*, das wenig später durch das *Brown Corpus* von Francis und Kucera mit 1 Mio. Wörtern weit übertroffen wurde. In Frankreich entstand das Corpus des *Français Fondamental* und in Portugal 1970 das *Português Fundamental*. Die Basis all dieser Corpora waren Interviews, Gespräche und andere orale Texte, die schriftlich (nach festgelegten Standards) transkribiert wurden, sowie meist auch ein Anteil schriftlicher Daten (z.B. Briefe, Reden, Zeitungstexte).

In Portugal nahm die Corpuslinguistik Anfang der 1990er Jahre einen bedeutenden Aufschwung, als am *Centro de Linguística da Universidade de Lisboa* (CLUL) das *Corpus de Referência do Português Contemporâneo* (CRPC) in Angriff genommen wurde. Es basiert auf dem *Português fundamental*, berücksichtigt mündliche wie schriftliche Texte und umfasst 152,6 Mio. Wörter (Andrade 2003).

Hierbei handelt es sich um Vorkommen einzelner Wortformen, um sogenannte ***tokens*** (*ocorrências*). Da die meisten Wörter in mehreren *tokens* auftreten - man denke nur an besonders häufige Wörter wie Artikel, Präpositionen, Konjunktionen oder die Verbform *é* 'ist' - ist die Zahl der Lexeme, der Kerntypen oder ***types*** (*palavras nó*), aber viel kleiner. Bei einer Auszählung der *types* und *tokens* kann man den sogenannten Frequenzwortschatz einer Sprache ermitteln.

Des weiteren können Corpora genutzt werden, um z.B. die bevorzugten Kombinationen (Kollokationen, Phraseologismen etc, vgl. 8.3.3) und lexikalische Variationen aufzudecken oder um häufige Wortbildungsmuster aufzuspüren. Auch syntaktische Phänomene können sichtbar gemacht werden. Der folgende Ausschnitt aus einem Corpus zur Stellung der Adjektive im Portugiesischen zeigt die Verteilung der Varianten *'níveis atuais'* und *'atual nível'*. An den *tokens* kann man ablesen, dass im Plural offenbar die Nachstellung des Adjektivs häufiger auftritt und im Singular die Voranstellung.

```
Palavra-nó : ATUAL Vocábulo co-ocorrente: NÍVEL Frequência conjunta total: 13

Ocorrência do par: níveis atuais     Frequência: 5     IC: 5.808
#
 dólares, traria as cotações do dólar abaixo dos  níveis atuais.  Assis não acredita que o Banco
 As administradoras tendem a manter as taxas nos  níveis atuais,  entre 8, 70% 12, 30% ao mês. I
 as parceladas; ainda que as taxas permaneçam em  níveis atuais,  o pagamento de juros costuma
 pois o preço ficaria muito alto com o dólar nos  níveis atuais.  O Omega, que também chegou
 ajuste, mas não a ponto de deixar os preços nos  níveis atuais.  Por outro lado, mantendo-se os

Ocorrência do par: atual nível       Frequência: 8     IC:  4.123
#
 lização. Mas não sou otimista no médio prazo. O  atual nível  de reserva de dinheiro permite
 lização. Mas não sou otimista no médio prazo. O  atual nível  de reserva de dinheiro permite
 as advertem para o cuidado na hora de avaliar o  atual nível  de crescimento, pois os números d
 l de São Paulo. Os motivos para a manutenção do  atual nível  de juros no crédito direto ao
 ue muitas empresas apresentam no mercado e pelo  atual nível  de preços - os mesmos registrados
 /10/98 Pacote deve elevar a alíquota da CPMF Do  atual nível  de 0, 20%, a contribuição pode su
rometeram-se, embora não formalmente, a manter o  atual nível  de exposição de suas instituições
```

Verteilung der Varianten *'níveis atúais'* und *'atual nível'*,
www.clul.ul.pt/equipa/apl_2003_nascimento_callou_etal.pdf

Um aussagekräftige Ergebnisse zu erzielen, muss auf eine ausreichende Quantität von Daten geachtet werden:

> Uma dimensão insuficiente pode comprometer a validade das conclusões que se desejam extrair a partir da análise de dados, especialmente se se utilizarem métodos quantitativos, o que sucede com muita frequência no caso de corpora computorizados. [Eine unzureichende Datenmenge kann die Gültigkeit der Schlussfolgerungen aus der Datenanalyse beeinträchtigen, insbesondere dann, wenn quantitative Methoden benutzt werden, wie es bei computerisierten Corpora meist der Fall ist] (Neto 1995[182], zitiert in Andrade 2003, 110).

Für die lexikographische Erfassung eines einzelsprachlichen Wortschatzes bieten die computerisierten Corpora viele Vorteile.[183] Die empirischen Belege liefern Informationen über die Kontextbedeutungen, die sonst in einem Wörterbuch, das sich ja meistens auf prototypische Bedeutungen beschränken muss, nicht angegeben werden können. Die Beispiele für das Vorkommen von Lexemen sind reell und nicht artifiziell. Es wird möglich, realistische Bedeutungsangaben zu bringen. Das hat insbesondere für die Fachsprache große Bedeutung, insofern als die konzeptuellen Definitionen tatsächlich von den Experten selbst stammen.

Ein weiterer Vorteil ist eher methodischer Natur: Während traditionelle Wörterbücher meist aufeinander aufbauen und ihren Fundus an Lemmata v.a. aus anderen Wörterbüchern schöpfen bzw. deren Bedeutungsbeschreibungen übernehmen (wobei sich zusätzliche Lemmata und Informationen nicht selten aus der Intuition der Lexikographen ergeben), entscheidet bei einer corpusbasierten Vorgehensweise die Relevanz, Aktualität und Frequenz von Lexemen über ihre Aufnahme in die Datenbank.

Grundlagenliteratur

Andrade (2003); Emons (1992).

---

182 Neto, P. (1995): *Combinatórias Lexicais no Discurso da Astronomia – Um Estudo em Estatística Lexical*, unveröff. Magisterarbeit, Lissabon: FLUL.

183 In der linguistischen Literatur wird auch auf die Nachteile hingewiesen. Ein großer Nachteil besteht in der negativen Evidenz, d.h. es kann aus dem Nicht-Auftreten eines bestimmten Items nicht auf seine prinzipielle Nicht-Existenz geschlossen werden. Wenn also in der oben abgebildeten Corpusauswertung keine positive Evidenz (d.h. kein Vorkommen) für *nível actual* vorhanden ist, so heißt das nicht, dass diese Reihung im Sprachgebrauch nicht vorkommt. Andererseits gibt es aber auch keine Grammatik, kein Lehrbuch, in welchen die Gesamtheit des Systems dargestellt wird.

Des weiteren kann nicht ausgeschlossen werden, dass unter den Corpusdaten ungrammatikalische Beispiele vorhanden sind. Hier stellt sich jedoch die Frage, was "fehlerhaft" und "ungrammatikalisch" und was vielleicht eher eine durchaus mögliche Variation ist (vgl. dazu Emons 1992, 198). Schließlich wird der Corpuslinguistik vorgeworfen, dass die Daten nur für das ausgewertete Corpus gelten, welches möglicherweise nicht repräsentativ genug sei. Diesem Mangel kann man entgehen, indem man von vornherein den Geltungsbereich eines Corpus beschränkt. Zudem muss man sich bereits vor der eigentlichen Corpusauswertung im Klaren sein, wonach man überhaupt sucht (vgl. Oesterreicher 2006).

Übungsaufgaben

1) Erstellen sie mit Hilfe des Internet ein kleines Glossar neuer Arabismen im Portugiesischen und achten Sie dabei v.a. auf Unterschiede in der morphologischen und orthographischen Integration in die portugiesische Sprache im Vergleich zum Deutschen.

2) Suchen Sie im Wörterbuch von Hundertmark-Santos Martins (1995) Beispiele für "Falsche Freunde" mit Genus-Unterschieden zwischen Deutsch und Portugiesisch.

3) Überprüfen Sie, welche Wörterbuchtypen für die portugiesische Sprache in Ihrer Universitätsbibliothek vorhanden sind.

4) Vergleichen Sie drei der in 7.2.3 genannten einsprachigen Wörterbücher hinsichtlich der theoretischen Einleitungen und Konzeptionen, der informativen Qualität der Einträge, ihrer morphologischen und semantischen Querverweise, der Zugänglichkeit von benutzerrelevantem Wissen und der Benutzerfreundlichkeit.

5) Erstellen Sie anhand von Texten (z.B. aus dem Internet zum Thema Fußball) eine Liste von Anglizismen. Ordnen Sie die Termini den verschiedenen Typen der Entlehnung zu.

6) Suchen Sie sprachliche oder andere Xenismen-Beispiele in deutschen Medien, anhand derer die fehlende Fremdsprachkenntnis des Portugiesischen offensichtlich wird, und beurteilen Sie die dabei feststellbaren Problemlösungen (z.B. bei der "Anpassung" von diakritischen Zeichen wie Cédille oder Tilde; bei der Aussprache von Nasalen, bestimmten Konsonanten; bei Stereotyp-Bildungen im Falle der Charakterisierung von Völkern/Nationen "Isso é grego para mim", "Das kommt mir Spanisch/Chinesisch vor", bei der Exotik entfernter Sprachen).

8 Semantik

Wie wir aus der Semiotik (Kap. 3) wissen, hat ein Lexem, wie jedes andere sprachliche Zeichen, neben der Form- auch eine Inhaltsseite, eine Bedeutung also, mit der meist auch eine bestimmte syntaktische Funktion zusammenhängt. Die Bedeutung der Wortformen und ihre Verbindung zu größeren Bedeutungseinheiten sowie die Bedeutungsveränderungen bilden den spezifischen Untersuchungsgegenstand der **Semantik** (*semântica*).

Der Terminus 'Semantik' wurde erstmals 1883 von Michel Bréal verwendet und hat in Deutschland im 20. Jh. den älteren Begriff der 'Bedeutungslehre' abgelöst, worunter ausschließlich Semasiologie verstanden wurde; onomasiologische Betrachtungen blieben zunächst ausgeschlossen (vgl. 8.2). Wissenschaftsgeschichtlich folgte später dann auch die Ablösung der Modelle und der Methodik. Bei der nun folgenden Betrachtung der semantischen Theorien wollen wir chronologisch vorgehen und über die traditionelle zur strukturalen und schließlich zur kognitiven Semantik kommen.[184]

Grundlagenliteratur

Marques (1990); Schwarz / Chur (2001).

8.1 Bedeutung

Der Begriff der Bedeutung selbst ist in seiner Bedeutung[185] wenig klar und wissenschaftlich schwer beschreibbar. Zutreffend ist sicher Coserius (1987) Feststellung, dass 'Bedeutung' der Sprachwert oder Inhalt einer Bezeichnung ist, mit der wir die Wirklichkeit erfassen. Dafür kommen zunächst die Wortarten Substantiv, Adjektiv, Verb und Adverb in Frage, denn wir können auf die Frage *O que é isto?* 'Was ist das' zwar z.B. antworten: *Isto é uma casa* 'Das ist ein Haus', aber nicht: *Isto é aqui* 'Das ist hier'. Sicher tragen auch grammatische Wörter wie Präpositionen, Konjunktionen oder deiktische Ausdrücke (z.B. *aqui*) eine Bedeutung, aber es handelt sich dabei eher um eine funktionale, relationale Bedeutung.

Bei den einfachen Lexemen wie *casa, mesa, bom, comprar* scheint eine Bedeutungsbeschreibung zunächst unproblematisch, bei komplexen Lexemen wie *arranha-céus* 'Wolkenkratzer' lässt sich jedoch die Bedeutung nicht als Summe der Bestandteile *arranhar* 'kratzen' und *céu* 'Himmel' auffassen, sondern nur als

---

184 In diesem Kapitel werden wir ausschließlich die Bedeutung von Lexemen betrachten (lexikalische Semantik). Es ist unbestritten, dass auch Sätze und Texte, also größere sprachliche Einheiten, eine Bedeutung haben. Dies ist Gegenstand der Satz- und Textsemantik, deren Untersuchung zum Teil in die Pragmatik (Kap. 9) gehört. Zum Teil sind Sätze auch Gegenstand der Kognitiven Semantik (vgl. 8.5).

185 Vgl. dazu Putnams (1975) Grundsatzartikel "The meaning of meaning".

Ganzes, wobei auch metaphorische Prozesse mitwirken. **Wortbedeutung** und **Wortbildungsbedeutung** sind also zwei unterschiedliche Dinge.

Wir wollen uns einem so komplexen Gegenstand wie der Bedeutung zunächst mit einigen grundlegenden Dichotomien nähern: Extension versus Intension, Denotation versus Konnotation und semantisches versus enzyklopädisches Wissen.

Die **Extension** *(extensão)* eines Ausdrucks ist sein (potentieller) Bedeutungsumfang, sein Referenzpotential, die **Intension** *(intensão)* dagegen die Menge aller Bedeutungsmerkmale. So können wir die Bedeutung von *capital* 'Hauptstadt' extensional angeben als {*Lisboa, Paris, Madrid, Rom* …}, intensional als 'Ort, an dem Regierung und Parlament eines Staates sitzen'.

Die **Denotation** (*denotação*) eines Ausdrucks ist seine situationsunabhängige Grundbedeutung, **Konnotationen** (*conotação*) dagegen sind spezifische, zumeist konventionalisierte, Bedeutungskomponenten, die mit dem Ausdruck verbunden sind. So hat das Farbadjektiv *verde* 'grün' im Portugiesischen wie im Deutschen die Konnotation 'ökologisch' und *os verdes* 'die Grünen' die Konnotation 'ökologische Partei'.

Assoziationen hingegen sind zusätzliche subjektive Inhaltsaspekte, die ein Sprecher mit einem Ausdruck verbindet. Wenn jemand bei dem Wort *lua* 'Mond' an eine bestimmte, ihm nahestehende Person und an eine laue Sommernacht denkt, so ist das keine Konnotation, sondern eine individuelle Assoziation.

Nicht zur eigentlichen lexikalischen Bedeutung (dem **lexikalischen Wissen**) wird das außersprachliche Wissen über die Referenten (das sogenannte **Weltwissen** oder **enzyklopädische Wissen**) gerechnet, auch wenn die Übergänge fließend sein können. Um bspw. das portugiesische Wort *saudade* in seiner Bedeutung zu beschreiben, genügt es nicht, eine Semanalyse (vgl. 8.4) vorzunehmen. Man wird das Lexem nur dann richtig verstehen, wenn man Kenntnisse über die geschichtliche und kulturelle Vergangenheit Portugals besitzt und berücksichtigt, dass für dieses Land historische Vergangenheit und aktuelle Situation weit auseinanderklaffen und daraus eine Art nostalgische Verklärung der Geschichte resultiert, die mit dem Lexem *saudade*[186] bezeichnet wird.

Neuere Theorien gehen von einem Drei-Ebenen-Modell aus, in welchem enzyklopädisches, lexikalisches und Verwendungswissen (z.B. über grammatische Formen, stilistische Markierungen etc.) gleichermaßen in die Bedeutung eines Lexems eingehen.

Grundlagenliteratur

Coseriu (1987); Schwarz (1996).

---

[186] Aus der großen Zahl von Publikationen zur *saudade* sei hier nur auf Lourenço (2001), Vasconcelos (1996) und Head (2000) verwiesen.

8.2 Semasiologie versus Onomasiologie

In der Semantik sind Blickrichtungen möglich – die semasiologische und die onomasiologische. Die **Semasiologie** (*semasiologia*) untersucht die Dekodierung: sie geht von sprachlichen Ausdrücken aus und fragt nach den zugehörigen Bedeutungen und Referenten. Die **Onomasiologie** (*onomasiologia*) dagegen untersucht die Enkodierung: sie geht von den Referenten aus und fragt nach den zugehörigen sprachlichen Ausdrücken. Unter Benutzung der Saussureschen Begriffe *signifiant* (Signifikant, 'das Bezeichnende', *significante*) und *signifié* (Signifikat, 'das Bezeichnete', *significado*) können wir die beiden Perspektiven so darstellen:

Semasiologie			Onomasiologie		
	↗	Signifikat 1	Signifikant 1	↘	
Signifikant	→	Signifikat 2	Signifikant 2	→	Signifikat
	↘	Signifikat 3	Signifikant 3	↗	

Betrachtet man bspw. das Lexem *cadeira* semasiologisch, kommen zwei Bedeutungen in Frage: 'Stuhl' und 'Lehrstuhl', *cabeça* wiederum bedeutet einerseits 'Kopf' und andererseits 'Führung'; *rato* steht für das Tier 'Maus' sowie für die Computermaus etc. Die genannten Lexeme sind polysem, mehrdeutig. Diese Mehrdeutigkeit ist in der Regel das Ergebnis von Bedeutungswandel, genauer von Metonymie und Metaphorisierung (vgl. 8.6).

Wählen wir die **onomasiologische** Perspektive, können wir Synonymien (*rapariga* – *moça* 'Mädchen'), Antonymien (*grande* 'groß' – *pequeno* 'klein'), Inkompatibilitäten (*mulher* 'Frau' – *homem* 'Mann') sowie Wortfelder (*rosa* 'Rose' – *cravo* 'Nelke' – *violeta* 'Veilchen') ermitteln.

Die onomasiologische und die semasiologische Perspektive sind zwei selbständige Forschungsrichtungen, aber dennoch oft nicht voneinander zu trennen.[187]

Grundlagenliteratur

Blank / Koch (2003).

8.3 Traditionelle Semantik

Traditionell-semantische Untersuchungen thematisieren das Verhältnis zwischen Form und Inhalt eines Lexems. Dazu nehmen sie abwechselnd die semasiologische und onomasiologische Perspektive ein.

187 Bevor eine onomasiologische Analyse vorgenommen werden kann, muss zunächst eine bestimmte Vorstellung darüber existieren, wie Sprache an sich das zu untersuchende Konzept überhaupt ausdrücken kann, d.h. man stellt sich zunächst die Frage, welche Mittel eine Sprache zur Verfügung stellt, um ein bestimmtes Konzept zu versprachlichen.

Im Folgenden sollen die wichtigsten Begriffe und Erkenntnisse vorgestellt werden, die für das Verständnis von Semantik unverzichtbar sind.

8.3.1 Homonymie und Polysemie

Von **Homonymie** (*homonímia*) bzw. **Homonymen** (*homónimos*) spricht man, wenn ein Signifikant für mehrere Signifikate steht, die für den Sprecher semantisch nichts miteinander zu tun haben und etymologisch nicht verwandt sind; z.B. bedeutet *real* 'königlich' (<lat. REGALIS) oder 'wirklich' (<lat. REALIS), *canto* 'Gesang' (<lat. CANTŬS 'Gesang') und 'Ecke' (<lat. CANTŪS 'eiserne Radfelge'). Pinto (1994, 53) gibt folgende Definition:

> Palavras homónimas - são as que se escrevem e pronunciam da mesma maneira, mas que têm significado e origem diferentes. *Eu rio* (< rideo) *e tu choras. O rio* (< rivu) *Tejo passa em Vila Franca.* Portanto convergem na mesma forma e por isso se chamam também palavras convergentes [Homonyme sind Wörter, die sich gleich schreiben und aussprechen, aber unterschiedliche Bedeutung und Herkunft haben. *Eu rio* (< rideo) *e tu choras* 'Ich lache und du weinst', *O rio* (< rivu) *Tejo passa em Vila Franca* 'Der Fluss Tejo fließt durch Vila Franca'. Sie konvergieren in der Form und heißen deshalb auch konvergierende Wörter].

Konvergierende Wörter (*palavras convergentes*) sind z.B.:

- *sanu* (Adjektiv) > *são* 'gesund', *sunt* (Verbalform) > *são* 'sie sind', *santo* (abgekürzt) > *são* 'heilig';
- *rivu* (Substantiv) > *rio* 'Fluss', *rideo* (Verbalform) > *rio* 'ich lache';
- *vanu* (Adjektiv) > *vão* 'vergeblich', *vadunt* (Verbalform) > *vão* 'sie gehen';
- *valle* (Substantiv) > *vale* 'Tal', *valet* (Verbalform) > *vale* 'es gilt'.

Wie man sieht, gehen die heute zufällig gleichlautenden Formen auf unterschiedliche Etyma zurück. "Schuld" an diesem sprachgeschichtlichen "Unfall" ist also der Lautwandel. Da die Formen zudem noch völlig gleich geschrieben werden, spricht man hier auch von **Homographie** (*homografia*).

Sehr oft gehören **Homographen** (*homógrafos*) unterschiedlichen Wortarten an.[188] Die Form *fala* kann 'Rede' oder 'er redet' bedeuten, *corrente* bedeutet als Adjektiv 'laufend' und als Substantiv 'Strömung', vgl. auch *espelho* (Nomen) 'Spiegel' und *espelho* (Verb) 'widerspiegeln, 1. P. S. Präsens'. Die Form *lima* kann sogar dreierlei Inhalte haben: 'Limone', 'Feile' und 'er feilt': *O Manuel lima o prego com a minha lima.* 'Manuel glättet den Nagel mit meiner Feile', *Gostei muito da lima que ontem comi.* 'Die Limone, die ich gestern gegessen habe, war sehr gut'. Darüber hinaus ist *Lima* ein häufiger Familienname (sowie Bestandteil von Ortsnamen: *Ponte de Lima* in Nord-Portugal).

Anders liegt der Fall bei den Verben *cozer* 'kochen' und *coser* 'nähen'. Sie sind ebenfalls homonym und etymologisch nicht verwandt; da sie jedoch nur in der Aussprache völlig identisch sind, bezeichnet man sie als **Homophone** (*homófonos*). Hier können wir für das Portugiesische eine Vielzahl von Beispielen anführen. Die Ursachen dafür liegen in den Eigenheiten der portugiesischen Phonetik:

---

188 Zöfgen (1990, 785) bezeichnet diese Art von Homonymen als grammatische Homonyme.

- die Grapheme <c> und <s> werden im (Wort- und Silben-)Anlaut gleich ausgesprochen. Deshalb sind *cem* 'hundert' und *sem* 'ohne', *conselho* 'Ratschlag' und *concelho* 'Gemeinde' homophon;
- auch die Grapheme <x> und <ch> können gleich ausgesprochen werden, so z.B. in *cheque* 'Scheck' und *xeque* 'Schach, Scheich' (aus dem Arabischen);
- die Schließung der Vokale /e/ und /o/ in der unbetonten Silbe lassen Lexeme wie *emigrante* 'Emigrant' und *imigrante* 'Immigrant' oder *comprido* 'lang' und *cumprido* 'erfüllt' gleich klingen;[189]
- da der h-Laut nicht realisiert wird, hört man zwischen Wörtern wie *horal* 'auf die Stunde bezüglich' und *oral* 'mündlich, oral' keinen phonetischen Unterschied.

Bei nur ähnlich, keinesfalls aber gleich lautenden Lexemen wie *deferência* 'Aufmerksamkeit' und *diferença* 'Unterschied' oder *tráfego* 'Straßenverkehr' und *tráfico* 'Handel' (wo etymologische Verwandtschaft angenommen werden kann) spricht Cabral (1970, 63) von **Paronymie** (*paronímia*).

Polysemie (*polissemia*) liegt vor, wenn einem *signifiant* mehrere *signifiés* zugeordnet sind, es also mehrere **Lesarten** (*leituras*) hat. Anders als bei den homonymen Lexemen stehen diese Lesarten in einem klaren semantischen Zusammenhang. Pinto (1994, 190) zeigt das am Beispiel von *estrela* 'Stern' und *cabeça* 'Kopf':

Viam-se muitas ***estrelas****, no céu, esta noite.*
A Rita é a ***estrela*** *da companhia.*
Ela tem o chapéu na ***cabeça****.*
Ela vinha à ***cabeça*** *do grupo que entrou na sala.*
Ela é muito inteligente, é a ***cabeça*** *do grupo.*
[Man sah viele **Sterne** am Himmel in dieser Nacht.
Rita ist der **Star** der Truppe.
Sie hat den Hut auf dem **Kopf**.
Sie kam an der **Spitze** der Gruppe, die den Raum betrat.
Sie ist sehr intelligent, sie ist der **Kopf** der Gruppe.]

Nahezu alle Lexeme sind polysem und tragen somit zur Sprachökonomie bei (eine Form - mehrere Inhalte). Mit Blank (2001, 105) lassen sich mehrere Arten der lexikalischen Polysemie von dem jeweils zugrundeliegenden Typ des Bedeutungswandels ableiten: **Metaphorische Polysemie** liegt vor bei *cabeça* 'Kopf > Leiter (einer Gruppe)', **taxonomische Polysemie** bei *homem* 'Mensch > Mann' und **metonymische Polysemie** bei *chamar* 'rufen > nennen'. Blank nennt noch andere Typen, die seltener sind. Bei einigen polysemen Lexemen kann man sich nicht auf einen Typ festlegen, z.B. kommen Blank (2001, 106) zufolge für die Erklärung von *alçar* 'hochheben > errichten' mehrere Bedeutungsveränderungen in Frage.

---

[189] Teilweise sind zur Unterscheidung verschiedene Aussprachen von der Norm vorgesehen, so z.B. im Falle von *gosto* (Substantiv) 'Geschmack, Gefallen' mit geschlossenem [o] und *gosto* (Verb) 'gern haben, 1.P.S. Präsens' mit offenem [ɔ]. Die geschlossene Aussprache wurde in der brasilianischen Orthographie noch bis vor kurzem durch den Zirkumflex wie in <gôsto> markiert. Allerdings achten die Sprecher weder in Brasilien noch in Portugal heute noch auf diesen kleinen Unterschied, zumal die syntaktische Distribution im Kontext zweifelsfrei klarstellt, ob es sich um ein Verb oder Substantiv handelt.

Die Unterscheidung zwischen Polysemie und Homophonie gehört zu den Grundproblemen in der Semantik und ist letztlich nur synchron möglich. Als Faustregel kann gelten: Ist den Sprechern der semantische Zusammenhang zwischen den Lesarten bewusst, liegt Polysemie vor, andernfalls Homonymie. Doch es gibt einige Zweifelsfälle. Dem Linguisten wird z.B. die nicht-identische etymologische Herkunft von *pena* 'Feder' vs. *pena* 'Strafe' bekannt sein, wohingegen der Laie nicht wissen kann, dass zwei unterschiedliche Etyma vorliegen. Andersherum liegt bei *acidente*, das sowohl 'Zufall' als auch 'Unfall' bedeutet, dieselbe etymologische Wurzel vor, aber die Lexeme werden heute eher als Homonyme empfunden, da der semantische Zusammenhang (für den Laien) nicht transparent ist.[190]

In einigen Fällen gibt uns die lexikographische Darstellung Aufschluss: Bei Homonymie stehen zwei Einträge im Lexikon, bei Polysemie stehen mehrere Bedeutungsangaben in einem Lexikoneintrag. So müssten z.B. beide Lesarten von *acidente* in einem Lemma (vgl. 7.2.1) auftreten, da sie polysem sind; *besta* 'Armbrust' und *besta* 'Bestie' müssten zwei getrennte Einträge sein, denn sie sind Homonyme. Das Lemma *fino* aus dem *Dicionário da Língua Portuguesa* (^{7}1994, *Porto Editora*) zeigt aber, dass davon abgewichen wird:

> **fino, 1.** *adj.* delgado; magro; afilado; miúdo; cortante; delicado; que revela bom gosto; bem proporcionado; puro; excelente; precioso; aprazível; afinado; astuto; apurado; escolhido; diz-se do vinho do Porto e semelhantes; *s. m. (fam.)* copo de cerveja fino e alto; **beber do ~:** estar muito bem informado sobre assuntos importantes; **fazer-se ~:** mostrar-se atrevido. (Do lat. *fine-*, «fim», pelo it. *fino*, «fino; puro»). **2.** *adj.* e *s. m.* finlandês; finês. (Do lat. tard. *finnu-*, «finlandês»)

Fino 'fein' und *fino* 'finnisch' sind eindeutig unterschiedlichen etymologischen Ursprungs und daher Homonyme. Die lexikographische Darstellung suggeriert hingegen eher Polysemie.

Grundlagenliteratur

Cabral (1970); Pinto (1994).

8.3.2 Paradigmatische semantische Relationen

Zwischen den Lexemen einer Sprache bestehen vielfältige paradigmatische Beziehungen, die eine hierarchische Strukturierung des Wortschatzes erkennen lassen. Anders als bei Homonymie und Polysemie ist die semantische Betrachtungsperspektive, die wir nun einnehmen, vorwiegend onomasiologisch, da wir ausgehend von den Referenten in der Realität auf die Signifikanten in der Sprache schauen.

Zu unterscheiden sind zunächst die Unterfall-von-Relation (Hyponymie) und die außersprachliche Teil-von-Relation (Partonymie).

---

[190] In der Kognitiven Linguistik (vgl. 8.5) geht man von einer gemeinsamen kognitiv verankerten Basis aus, die den polysemischen im Unterschied zu den homonymen Lexemen zugrunde liegt.

Bei der Hyponymie ist ein Ausdruck A **Hyponym** (*hipónimo*) zu B und diesem B also untergeordnet, wenn die Extension von A ein Teil der Extension von B ist. B heißt in diesem Fall auch **Hyperonym** (*hiperónimo*) zu A. So ist *cravo* 'Nelke' Hyponym zu *flor* 'Blume' und *flor* wiederum Hyperonym zu *rosa* 'Rose'. *Cravo* und *rosa* sind **Kohyponyme** (*co-hipónimos*) zu *flor*, d.h. beide Wörter stehen in Hyponymie-Relation zu einem gemeinsamen Hyperonym.

Bei der Partonymie ist ein Ausdruck A **Partonym** zu B, wenn die potentiellen Referenten von A außersprachlich einen Teil der möglichen Referenten von B bilden. So ist *dedo* 'Finger' ein Partonym zu *mão* 'Hand' und *folha* 'Blatt' ein Partonym von *planta* 'Pflanze'.

Da die Hyponymie und die Partonymie den Wortschatz quasi von oben nach unten hierarchisch anordnen, spricht man hier auch von der **vertikalen Gliederung** des Wortschatzes. **Horizontale Beziehungen** gehen Lexeme ein, wenn sie aufgrund ihrer Referenz (annähernd) bedeutungsgleich oder bedeutungsverschieden, also Synonyme oder Antonyme sind.

Innerhalb der Bedeutungsgleichheit, der **Synonymie** (*sinonímia*), ist zwischen vollständigen und deskriptiven **Synonymen** (*sinónimos*) zu unterscheiden. Vollständige Synonymie wäre gegeben, wenn nicht nur die Extension der Bedeutung, sondern auch die Konnotationen mehrerer Lexeme übereinstimmen. Es liegt auf der Hand, dass das sehr selten, wenn nicht gar unmöglich ist.

Da vollständige Synonymie außerdem gegen das sprachökonomische Prinzip spricht, tendiert die sprachgeschichtliche Entwicklung daher zu einer Synonymiendifferenzierung. Wenn wir uns z.B. die Verben des Verstehens im Portugiesischen anschauen, so haben wir die Wahl zwischen *perceber, compreender, entender* und evt. noch *saber*. Alle diese Verben können die kognitive Leistung bezeichnen, die wir im Deutschen mit 'verstehen' wiedergeben. Wenn wir uns aber die Kontexte anschauen, in denen die genannten portugiesischen Verben auftreten können, so wird deutlich, dass es sich keinesfalls um eine vollständige, sondern nur um partielle Synonymie handelt: *Não percebi o que ele disse.* 'Ich habe nicht begriffen, was er sagte'; *Compreendo-o muito bem* 'Ich verstehe ihn gut'; *Esta regra entende-se muito bem* 'Diese Regel lässt sich sehr gut nachvollziehen'; *Sabe bem português* 'Er kann gut Portugiesisch'.

Bei den Gegensatzrelationen sind die **Inkompatibilität** (*antonímia complementar*) und die **Antonymie** (*antonímia contrária*) zu unterscheiden. Während Inkompatibilität dann vorliegt, wenn sich die Extensionen zweier Lexeme nicht überschneiden ('tertium non datur', d.h. ein Drittes dazwischen nicht gegeben ist), z.B. *homem* 'Mann' - *mulher* 'Frau', *vivo* 'lebendig' - *morto* 'tot' (Opposition ohne Übergänge), sind bei der Antonymie die beiden Lexeme graduierbar, z.B. *grande* 'groß' - *pequeno* 'klein', *jovem* 'jung' - *velho* 'alt' ('tertium datur' - ein Drittes ist gegeben).

An diesen Beispielen kann man erkennen, dass sich Antonyme nicht immer aus einer Negation ergeben ('nicht heiß' ist nicht automatisch 'kalt ' etc.): *A água está quente? - Não, não está quente, está morna.* 'Ist das Wasser heiß? - Nein, es ist lauwarm' (Guerreiro 1970, 58-59). Auch die Bestimmung des Antonyms zu *casado* 'verheiratet' bereitet Schwierigkeiten: Es kämen *solteiro* 'Junggeselle', *divorciado* 'geschieden' oder *viúvo* 'verwitwet' in Frage.

Für Lexempaare wie *ir* 'gehen' - *vir* 'kommen', *à esquerda* 'links' - *à direita* 'rechts' etc. wird der Begriff der **direktionalen Antonymie** *(oposição direccional)* verwendet. Bei Kontrasten wie *comprar* 'kaufen' - *vender* 'verkaufen', *pai* 'Vater' - *filho* 'Sohn' handelt es sich um **konverse Antonymie** oder **Konversen** *(relação conversa)*.

Synonyme, Partonyme und Antonyme bilden sogenannte Wortfelder. Um Wortfelder zu ermitteln, werden die Lexeme, die in einer paradigmatischen Relation stehen, in semantische Merkmale zerlegt. Sobald dabei ein gemeinsames semantisches Merkmal ermittelt wird, z.B. bei den Adjektiven *frio* - *morno* - *quente* [Temperatur], liegt ein Wortfeld vor (8.4.2).

Grundlagenliteratur

Guerreiro (1970).

8.3.3 Syntagmatische Beziehungen im Wortschatz

Lexeme kommen in der Regel nicht isoliert, sondern in Kombination, d.h. in größeren syntagmatischen Verbindungen vor. Dabei zeigt sich, dass ein Lexem semantisch (nicht syntaktisch) durch ein anderes (mit)bedingt sein kann, z.B. *miar* durch *gato* in *o gato mia* 'die Katze miaut', deutsch *fieberhaft* durch *Suche* in *fieberhafte Suche*. Ein wesentliches Kriterium, um die verschiedenen Möglichkeiten der syntagmatischen Verbindungen voneinander abzugrenzen, ist der Grad der Lexikalisierung der Einzelelemente sowie der gesamten Kombinationen.

8.3.3.1 Phraseologismen

Phraseologismen (*unidade fraseológica, locução idiomática* u.a.[191]) sind definiert als kontextunabhängig lexikalisierte Kombinationen. Da die Abgrenzung gegenüber freien Kombinationen schwierig ist, schlägt Hundt (1994, 204) eine weite Definition vor:

> Zum Zentrum der Phr. [Phraseologie] gehören jene komplexen sprachlichen Zeichen der sekundären Nomination, die sich durch (relative) syntaktische und semantische Stabilität, Idiomatizität sowie Reproduzierbarkeit bzw. Lexikalisierung auszeichnen [...]. Je weniger diese Merkmale in ihrer Gesamtheit zutreffen, desto mehr rückt die jeweilige feste Wortverbindung an die Peripherie der Phr.

Als Beispiel für einen zentralen Phraseologismus nennt sie *ir por água abaixo* 'ins Wasser fallen', *enfiar um barrete a alguém* 'jmdn. an der Nase herumführen' und *não deitar foguetes antes da festa* 'den Tag nicht vor dem Abend loben'. Periphere Phraseologismen sind z.B. *doce como mel* 'süß wie Honig', *causar dó* 'Mitleid erregen' oder *estar na ordem do dia* 'an der Tagesordnung sein'.

---

[191] Es gab bisher in Portugal und Brasilien laut Hundt (1994, 204) keine linguistische Teildisziplin 'Phraseologie' und daher keinen exakten Terminus zur Bezeichnung des Phraseologismus. Der Begriff *fraseologia* scheint sich aber durchzusetzen, vgl. Bragança Junior (1998).

Phraseologismen bestehen aus mindestens zwei Komponenten, die in sehr unterschiedlicher syntaktischer Beziehung zueinander stehen können. Besonders häufig ist im Portugiesischen das Modell V + NP (Hundt 1994, 91): *não ver bóia* 'nichts kapieren', *fazer gato-sapato de alguém* 'jdn. reinlegen', *queimar as pestanas* 'wie verrückt arbeiten'. Manche Phraseologismen haben Wortgruppencharakter und andere eine explizite Satzstruktur. Zuluaga (1975, 227) zeigt außerdem auf, dass für Phraseologismen eine stabile Anordnung der Komponenten typisch ist: z.B. kann *são e salvo* 'gesund und munter' nicht umgestellt werden zu **salvo e são.*

Mitunter treten in Phraseologismen Lexeme auf, die ansonsten ungebräuchlich sind, z.B. *sem dizer chus nem bus* 'ohne ein Sterbenswörtchen (zu sagen)' (weder *chus, bus* im Portugiesischen noch *Sterbenswörtchen* im Deutschen kommen außerhalb dieses Phraseologismus vor).

Die folgenden konstitutiven Merkmale sind für Phraseologismen festzuhalten:

- Idiomatizität
- (syntaktische und semantische) Stabilität
- Lexikalisierung und Reproduzierbarkeit (vgl. auch Fleischer 1997, 30).

8.3.3.2 Kollokationen

Unter **Kollokation** (*colocação*) fasst man frequente Verbindungen eines Lexems mit anderen sprachlichen Elementen zusammen.[192] Wie die Phraseologismen sind Kollokationen mindestens zweigliedrig, doch nur bei der Kollokation bleibt die Basis - in der Regel ein Nomen - semantisch autonom und behält ihre wendungsexterne Bedeutung (Pöll 1996, 114). Die Komponenten des Phraseologismus hingegen bilden eine lexikalisch-semantische Einheit. Mit anderen Worten: Der Kollokation fehlen die Merkmale 'Lexikalisierung und Reproduzierbarkeit' sowie auch 'Idiomatizität'.

Zwei Beispiele sollen das verdeutlichen: In der Kollokation *correr o risco* behält *risco* seine Grundbedeutung 'Gefahr, Risiko', während *gelo* 'Eis' im Phraseologismus *quebrar o gelo* 'das Eis brechen' dies nicht tut. Der Phraseologismus beruht in diesem Fall auf einem metaphorischen Gebrauch von *gelo*. Die Bedeutung des Phraseologismus kann nicht den einzelnen Komponenten entnommen werden, sondern nur der gesamten Einheit.

Es ist noch zu hinterfragen, worin sich Kollokationen von syntagmatischen Wortbildungen unterscheiden. Die Spezifik der Kollokation scheint darin zu bestehen, dass auch in der Kombination auf die Bedeutung des Grundworts zurückgegriffen werden kann. Vergleicht man die Kollokation *febre elevada* und das Lexem *febre amarela*, so wird der Unterschied deutlich: im ersten Fall handelt es sich um Fieber, zu dessen Charakteristika es gehört, dass es erhöht sein kann. *Febre* und *elevar* 'steigen' bilden also eine Kollokation. Hingegen handelt es sich bei *febre amarela* 'Gelbfieber' nicht um Fieber, sondern um eine Krankheit, die möglicherweise mit Fieber einhergeht.

---

[192] Vgl. dazu v.a. Pöll (1996, 2000).

Grundlagenliteratur

Coseriu (1967); Hundt (1994); Pöll (1996).

8.4 Strukturale Semantik

Die antiken Scholastiker sahen die Bedeutung - DEFINITIO - in Anlehnung an Aristoteles[193] als eine Verbindung von notwendigen und hinreichenden Eigenschaften:

> DEFINITIO FIT PER GENUS PROXIMUM ET DIFFERENTIAM SPECIFICAM [Eine Definition macht man mit Bezug auf die nächsthöhere Gattung und den artbildenden Unterschied].

Die Bedeutung eines Lexems ergibt sich in diesem Verständnis aus allgemeinen (GENUS PROXIMUM) und spezifischen Merkmalen (DIFFERENTIAE SPECIFICAE).

In der **strukturalen Merkmalsemantik** wurden Grundzüge dieser Konzeption weitergeführt, indem man die Bedeutung von Lexemen in kleinste distinktive Bedeutungskomponenten zerlegte und diese in Merkmalsmatrizen zusammenfasste. Durch die distinktiven Merkmale stehen die Lexeme in sowohl paradigmatischer als auch syntagmatischer Opposition zueinander, d.h. die semantischen Merkmale der Lexeme legen ihre Distribution sowie ihre Kombinationsfähigkeit fest. Damit rückte man wesentlich von der traditionellen und rein semasiologischen Behandlung von 'Bedeutung' als kontinuierlichem Wortinhalt ab.

8.4.1 Sem, Semem, Klassem

Die distinktiven Bedeutungskomponenten lexikalischer Einheiten heißen **Seme** (*sema*). Die Intensionen, die sich aus der Gesamtheit aller Seme ergeben, werden **Sememe** (*semema*) genannt. Häufig vorkommende und oft auch grammatisch relevante Seme heißen **Klasseme**. Beispiele für Klasseme sind [unbelebt] vs. [belebt], [maskulin] vs. [feminin] oder [fliegt] vs. [fliegt nicht].

Mit diesem Instrumentarium kann man nun z.B. die Bedeutung von *filho* 'Sohn' zerlegen in die Seme [Mensch], [Nachkomme] und [maskulin]. Vergleicht man diese Semstruktur mit der von *filha* 'Tochter' [Mensch], [Nachkomme] und [feminin] oder mit *pai* 'Vater'[Mensch], [Elternteil] und [männlich], so stellt man fest, dass alle drei nur in einem einzigen paradigmabildendenen Sem, nämlich [Mensch], übereinstimmen. Zieht man weitere Sememe hinzu und vertieft die Semanalyse, so kommt man zu einer vollständigen Aufstellung des Paradigmas (oder Wortfeldes) der Verwandtschaftsbeziehungen.

193 Aristoteles, *Metamorphosen* VIII 3, 1043 b 23, zitiert in: Eisler, Rudolf (^{4}1927-1930): *Wörterbuch der philosophischen Begriffe*, 3 Bde., Berlin: Mittler & Sohn.

8.4.2 Wortfelder

Ein Novum in der strukturalen Semantik war die onomasiologisch motivierte Aufteilung des Wortschatzes in **Wortfelder** (*campos lexicais*), d.h. in Mengen von bedeutungsverwandten Lexemen, deren Extensionen sich gegenseitig begrenzen.

Als Standardbeispiel für ein solches Wortfeld gilt seit der Analyse von Pottier (1963) das Wortfeld der Sitzmöbel, das auf das Portugiesische übertragen (und leicht verändert) folgendermaßen ausschaut:

	'mit Rücken'	'aufrecht'	'für eine Person'	'mit Arm-lehnen'	'zum Sitzen'	'aus festem Material'
cadeira	+	+	+	-	+	+
poltrona	+	+	+	+	+	+
banquinho	-	+	+	-	+	+
sofá	+	+	-	+	+	+
pufe[194]	-	-	+	-	+	-

Das Wortfeld der Sitzmöbel, nach Pottier (1963)

Das Sem, auf das alle wesentlichen semantischen Merkmale zutreffen, wird **Archilexem** (*arquilexema*) genannt. Im Beispiel der Sitzmöbel ist das Klassem 'zum Sitzen' das Archilexem.

Die von Pottier aufgestellte Semstruktur müsste angesichts der Weiterentwicklung der Möbelindustrie heute weiter spezifiziert werden. Mittlerweile gibt es sackartige und mit Schaumstoffflocken gefüllte Sitzgelegenheiten und aufblasbare Sessel, für die neue Seme aufgenommen werden müssen. Hier setzt auch eine Kritik an der strukturalen Semantik an: die Welt der Referenten ändert sich und somit auch die Semstruktur der Repräsentanten des Wortfelds. Die Bezeichnungen aber bleiben über einen gewissen Zeitraum bestehen. Das liegt daran, dass die strukturale Semantik onomasiologisch vorgeht und Reduktionen und Abstraktionen der erfassten Objekte vornehmen muss. Außerdem wird ausschließlich die Denotation erfasst und Konnotationen bleiben in der nahezu atomistischen Bedeutungsaufsplittung unberücksichtigt. Hinzu kommt, dass die Wortfelder nur einzelsprachspezifisch aufgestellt werden können, denn auf asiatische oder afrikanische Sprachen dürfte z.B. unsere europäische Vorstellung von Sitzmöbeln nicht zutreffen.

8.4.3 Lexikalische Solidaritäten

Coseriu (1967) hat versucht, den Ansatz der strukturalen Semantik auf die syntagmatische Ebene anzuwenden. Die Untersuchung inhaltlicher Beziehungen in syntagmatischen Konstruktionen geht aber schon auf Porzig (1934) zurück, der diese Relationen als 'wesenhafte Bedeutungsbeziehungen' beschrieben hat.

Als **lexikalische Solidaritäten** (*solidariedades lexicais*) bezeichnete Coseriu (1967) syntagmatische Bedeutungsbeziehungen zwischen sprachlichen Elementen wie bei *Vorschub leisten*. Im Unterschied zu reinen Gebrauchsbeschränkungen

[194] < frz. *pouf* 'Sitzkissen'.

sind lexikalische Solidaritäten ihm zufolge durch einzelne semantische Merkmale lexikalischer Einheiten determiniert. Dabei handelt es sich um gerichtete semantische Beziehungen zwischen einem determinierenden (z.B. *louro* 'blond') und einem determinierten Lexem (z.B. *cabelo* 'Haar'); das Adjektiv *louro* tritt nur in Verbindung mit *cabelo* auf. In Abhängigkeit vom semantischen Status des determinierenden Elements unterscheidet Coseriu zwischen drei Typen von lexikalischen Solidaritäten.[195] Die Inhaltsbestimmung des determinierten Lexems durch das determinierende Lexem geschieht

- bei der **Affinität** durch ein klassenbildendes Merkmal (Klassem, vgl. 8.4), z.B. [+belebt] bei *nadar* 'schwimmen', [– belebt] aber *flutuar* 'treiben, schwimmen';
- bei der **Selektion** durch ein übergreifendes Merkmal (Archilexem, vgl. 8.4), z.B. [*ir / andar*] als Verb der Fortbewegung mit Verkehrsmitteln (*vou de carro* 'ich fahre mit dem Auto') oder zu Fuß (*temos que andar 10 minutos* 'Wir haben 10 min. zu Fuß zu gehen');
- bei der **Implikation** durch das ganze Lexem als solches: *ladrar* 'bellen' ist eingeschränkt auf *cão* 'Hund', d. h. es impliziert (schließt logisch ein) *cão* als determiniertes Lexem.[196]

Grundlagenliteratur

Geckeler (1971).

8.5 Kognitive Semantik

Die **kognitive Semantik** (*semántica cognitiva*), als Teil der relativ neuen Forschungsrichtung der Kognitiven Linguistik, kam wie unter anderem auch die kognitive Psychologie, Neurowissenschaft oder künstliche Intelligenz[197] in der Zeit der sogenannten kognitiven Wende auf, die sich als Gegenströmung zur behavioristischen[198] und zur strukturalistischen Forschung erklären lässt.

Bevor wir uns der wohl bekanntesten Ausprägung in der Semantik, der Prototypensemantik, zuwenden, sollen Darstellungen der Grundannahmen und Organisationsprinzipien der Kognitiven Linguistik vorausgeschickt werden, da sie noch nicht als bekannt vorausgesetzt werden können und zunehmend auch in

---

[195] Die folgende Darstellung orientiert sich an Pöll (2002, 83).

[196] In metonymischer Erweiterung ist eine Übertragung auch auf Personen denkbar, vgl. *Der Chef bellte wieder einmal vor Wut.*

[197] Für einen Überblick über die kognitiven Wissenschaften siehe De Mey (1992).

[198] Der Behaviorismus beschäftigte sich nur mit dem zu beobachtenden Verhalten des Menschen, die als Reaktion auf bestimmte Reize der Außenwelt verstanden wurden. Dieses Reiz-Reaktion-Verhalten wurde mit naturwissenschaftlichen, messbaren Methoden analysiert. Alles, was nicht beobachtbar war, also die inneren, mentalen Zustände, unter denen das Verhalten entstanden ist und sich entwickelt hat (die "Black-box-Phänomene"), wurden aus der Forschung ausgeschlossen. Die kognitiven Wissenschaften dagegen hatten den Anspruch, die reine positivistische Forschung zu ändern, indem sie die „Black-box-Phänomene" als Forschungsgegenstand in die Wissenschaft mit einbeziehen und diese sogar als Kernpunkt der Untersuchung betrachten.

Portugal auf Interesse stoßen.[199] Außerdem nimmt die Beschäftigung mit 'Bedeutung' für die gesamte Kognitive Linguistik die zentrale Position ein.

8.5.1 Kognitive Linguistik

In der kognitiven Linguistik geht es hauptsächlich um die Erforschung der mentalen Vorgänge. **Kognition** (*cognição*) wird in diesem Sinne als System mentaler Strukturen und Prozesse verstanden, mittels derer sprachliche wie nichtsprachliche Sinneswahrnehmungen verarbeitet, gespeichert und später angewendet werden.

Zu den ersten Hauptvertretern zählen die Nordamerikaner George Lakoff, Ronald Langacker, Charles Fillmore und Leonard Talmy. Zur selben Zeit entstanden in Europa ebenfalls wichtige Forschungszentren und Arbeiten, insbesondere in Belgien und Holland[200].

8.5.1.1 Grundannahmen der Kognitiven Linguistik

Wie es für junge Wissenschaftsdisziplinen üblich ist, gibt es in der kognitiven Linguistik noch keine einheitliche Theorie. Kognitive Linguistik ist eher das Ergebnis individueller Arbeiten unterschiedlicher Forscher. Aus diesem Grund existiert auch eine gewisse terminologische Unsicherheit. Dennoch gibt es Thesen und Grundideen in diesen individuellen Arbeiten, die in der Forschergemeinschaft allgemein akzeptiert werden.

Die Grundideen, die die kognitive Linguistik als solche identifizieren, sind zusammengefasst und vereinfacht dargestellt die folgenden:

- **Holistische Perspektive** von Sprache und Kognition: Sprache als kognitive Fähigkeit, die mit anderen kognitiven Fähigkeiten und kognitiven Bereichen verbunden ist;
- die Konzeptualisierung ist von unseren eigenen **körperlichen Erfahrungen mit der Außenwelt** bestimmt;
- die **Bedeutung** eines Satzes ist nicht die Summe der Bedeutung seiner Wörter, sondern setzt ein kreatives Moment voraus; Bedeutung tritt nicht nur an Lexemen, sondern auch in Phonologie, Morphologie, Syntax, Pragmatik zutage;
- die linguistischen Einheiten sind in Kategorien geordnet, die auf der Basis von **Prototypen** organisiert werden (vgl. 8.5.2);
- **Metaphorisierung** ist nicht nur eine Technik für die Erweiterung des Lexikons, sondern auch in der Grammatik und in jedem Bereich der Sprache vorhanden;
- Sprache wird in ihrem konkreten, alltäglichen Gebrauch gesehen (**usage-based**, *linguagem-no-uso*): Es geht hauptsächlich um mündliche Sprache und nicht um idealisierte perfekte Sprachanwendungen (Wichtigkeit der **Feldforschung**, *trabalho de campo*).

---

[199] Abgesehen von einigen Dissertationen muss noch vieles in diesem Bereich in Portugal und für das Portugiesische getan werden. Das Interesse steigt aber deutlich. 1998 fand in Porto der 1° *Encontro Internacional de Linguística Cognitiva* und zwei Jahre später (2000) in Braga die Konferenz *Linguagem e Cognição: A Perspectiva da Linguística Cognitiva* statt. 2003 wurde erneut in Braga eine Konferenz mit dem Thema *Linguagem, Cultura e Cognição: Estudos de Linguística Cognitiva* und unter Teilnahme von Hauptvertretern der kognitiven Linguistik durchgeführt. Zu den Ergebnissen vgl. Vilela / Silva (1999), Silva (2001).

[200] Einen Überblick über die ersten Schritte der Forschung zur kognitiven Linguistik findet man in Rudzka-Ostyn (1988).

8.5.1.2 Organisationsprinzipien

Die Reize, die wir von der Außenwelt empfangen, und die Erfahrungen, die wir mit der Welt machen, werden in unserem Gedächtnis nach bestimmten Prozessen und Organisationsprinzipien verarbeitet und geordnet. Da Sprache das kognitive Mittel *par excellence* ist, um die Kommunikation mit der Außenwelt herzustellen, spiegelt sie in ihren Strukturen diese Prinzipien wider. Das sprachliche und nichtsprachliche Wissen wird durch folgende Prozesse organisiert:

Embodiment (Verkörperlichung, *incorporação*): Weltwissen bedeutet Wissen über die Welt auf der Grundlage von Erfahrungen in der Welt. Die allerersten Erfahrungen macht der Mensch naturgemäß mit seinem Körper. Bereits in frühester Kindheit, wenn das Kind beim Saugen oder beim Greifen nach einem Gegenstand ein bestimmtes Ziel erreicht (satt werden, den Gegenstand in der Hand halten) wird diese körperliche Erfahrung in Form eines Schemas abgespeichert.[201] Für die linguistische Realisierung können folgende Beispiele angeführt werden:

- **Container Schema** (*esquema do contentor*): Wir erfahren unseren Körper einerseits als Container und andererseits als Objekt in einem Container, zum Beispiel in einem Raum, und bekommen so eine Vorstellung von der grundlegenden Unterscheidung zwischen *Innen* (*dentro*) und *Außen* (*fora*): *O ser humano inspira e expira.* 'Ein Lebewesen atmet ein und aus', *Estou em casa* 'Ich bin zu Hause'.
- **Part-Whole Schema** (*esquema de parte-todo*): Wir erfahren unseren Körper als Ganzes mit Teilen, die wir bewegen können. Diese Vorstellung von Teil-Ganzes-Beziehungen projizieren wir auch auf andere Gegenstände in der Welt, zum Beispiel auf die Familie, die Gesellschaft, das Unternehmen: *O meu filho é uma parte de mim.* 'Mein Sohn ist ein Teil von mir', *Os membros da tribo reuniram-se para discutir o problema.* 'Die Stammesmitglieder versammelten sich, um das Problem zu diskutieren'.
- **Source-Path-Goal Schema** (*esquema de origem-percurso-destino*): Jedes Mal, wenn wir irgendwohin gehen, gibt es einen Ausgangspunkt, einen Weg, einen Zielpunkt und eine Richtung. Dadurch ergibt sich unter anderem eine Vorstellung von Zeit. Zeit wird in vielen Sprachen, auch im Portugiesischen, mittels der eigenen Erfahrung der Körperbewegung konzeptualisiert. Das spiegelt sich z.B. in der Verwendung von Bewegungsverben als Zeitmarkern wider: *Ir* 'gehen' wird im Portugiesischen als Futurauxiliar verwendet.

Kategorisierung (*categorização*): Wie schon zuvor erwähnt wurde, sind wir im ständigen Kontakt mit der Außenwelt und empfangen kontinuierlich neue unterschiedliche Reize. Unser Gehirn kann nicht alles gleichermaßen aufnehmen; einige Reize werden wahrgenommen und andere ignoriert. Die Wahrnehmung setzt Selektion voraus. Damit der Speicherplatz im Gehirn mit der Menge von Reizen nicht überlastet wird, werden die wahrgenommenen Reize in Kategorien organisiert. Die Bildung und Erfüllung dieser Kategorien verlangt einen gewissen Abstraktionsgrad. In dem Kategorisierungsprozess spielen die so genannten

---

201 Piaget sprach hier von der "Einverleibung" von Objekten, Personen, Umweltgegebenheiten. Heutzutage spricht man in der kognitiven Linguistik von ***embodiment*** (Johnson 1987) oder auch von ***experientialism*** (*experiencialismo*).

kognitiven Modelle (*modelos cognitivos*)[202] eine entscheidende Rolle. Im Folgenden werden Beispiele für kognitive Modelle gegeben:

- Modell 1: *ir ao restaurante* 'ins Restaurant gehen': *escolher mesa* 'den Tisch wählen', *pedir a comida ao empregado* 'beim Ober bestellen', *comer* 'essen', *beber café* 'Kaffee trinken', *pagar* 'bezahlen';
- Modell 2: *estar na praia* 'am Strand sein': *sol* 'Sonne', *areia* 'Sand', *desportos náuticos* 'Meeressportarten', *pesca* 'Fischen'.

Metaphorisierung (*metaforização*): Jede neue Erfahrung, die ein Mensch macht, muss auf der Grundlage bereits gemachter Erfahrungen verarbeitet werden. Ein neuer Umweltreiz, in diesem Fall sprachlicher Art, trifft auf die in der Kognition bereits vorhandene, jedoch begrenzte Zahl von Schemata. Die Kognition überprüft alle Schemata und versucht, ein für den neuen Umweltreiz passendes Schema zu finden und den Reiz entsprechend zu verarbeiten. Gibt es unter den vorhandenen Schemata keines, mit dessen Hilfe der Umweltreiz direkt verarbeitet werden kann, so wird auf das Mittel der Metaphorisierung zurückgegriffen.[203] Zum Beispiel stellen wir uns das Leben als eine Reise vor. Die Geburt ist die erste Reise und der Tod ist die letzte:

Vir ao mundo 'zur Welt kommen'
Chegar ao mundo 'zur Welt kommen'
O bebé vem a caminho. 'Das Baby kommt.'

Ele deixou-nos. 'Er hat uns verlassen.'
Ele partiu. 'Er ist [von uns] gegangen.'
Ele foi para a sua última morada. 'Er ist zu seiner letzten Ruhestätte aufgebrochen. / Er hat seine letzte Reise angetreten.'

Metaphorisierung findet man auch in der Morphosyntax.[204] Nehmen wir die Satzstruktur und Wortbildung als Beispiel. Sprechen steht in Zusammenhang mit Zeit, denn es ist linear strukturiert, d.h. ein Wort kommt nach dem anderen, eines ist das erste, die anderen erscheinen später. Da Zeit als Abstraktum durch konkrete Raumvorstellungen verarbeitet wird, ist es nur logisch, auch Sprache mit Hilfe von Raumvorstellungen zu verarbeiten. Sprachliche Ausdrücke werden dabei als *Container* verstanden. Je größer ein Container ist, umso mehr Inhalt hat er normalerweise, und das, was in einem Container näher beieinander liegt, beeinflusst sich gegenseitig auch stärker. Diese Annahme ist die Grundlage für die beiden folgenden Metaphern: MEHR FORM IST MEHR INHALT und RÄUMLICHE NÄHE IST EINE ENGE BEZIEHUNG:

---

202 In der Literatur findet man auch andere Bezeichnungen für kognitive Modelle wie *frame*, *script* oder *idealized cognitive model*, die aber eher die individuelle oder die sozio-kulturelle Ebene pointieren.

203 Auf der Seite der Sprachproduktion verlaufen die Prozesse ähnlich. Die Kognition versucht, das für die Intention des Sprechers passende Schema/Konzept zu finden. Dieses ruft bestimmte syntaktische, lexikalische, morphologische und phonologische Merkmale auf, von denen die für die Intention relevanten ausgewählt und realisiert/artikuliert werden. Wird kein passendes Schema gefunden, wird eines der gespeicherten Schemata metaphorisch gebraucht.

204 Mehr über das Thema "Grammatik und Metapher" findet man in Schulze (2001).

MEHR FORM IST MEHR INHALT	RÄUMLICHE NÄHE IST EINE ENGE BEZIEHUNG
A professora falou, falou, falou.	*A Paula é infeliz.*
'Die Lehrerin sprach und sprach.'	'Paula ist unglücklich.'
Ele é muito muito simpático.	*A Paula não é feliz.*
'Er ist sehr, sehr sympathisch.'	'Paula ist nicht glücklich.'

Durch die Reduplikation des Ausdrucks (*falou; muito*) wird seine Form umfangreicher. Gleichzeitig ergibt sich eine Veränderung seines Inhaltes - eine Verstärkung. Auf der anderen Seite hat die Bildung *infeliz* aus dem Präfix *in-* und dem Adjektiv *feliz* eine wesentlich stärkere Wirkung als die bloße Verneinung.

Profiling (*proeminência*): Wenn wir die Welt wahrnehmen, nehmen wir nicht alles gleichzeitig wahr. Wir fokussieren unsere Aufmerksamkeit zunächst auf ein Element und alles, was ringsherum ist, befindet sich im Hintergrund. Danach wird die Aufmerksamkeit auf ein anderes Element gerichtet und dadurch gehört jetzt das erste zum Hintergrund. Diese asymmetrische Organisation der Wahrnehmung, bzw. der Elementen in einer Konstruktion, wird ***Profiling*** genannt. Das spiegelt sich auch in den sprachlichen Ausdrücken wider.

Zu jedem Ausdruck gehört ein Hintergrund oder **ground G** (*fundo*)[205] und ein hervorgehobenes Element, die **figure F** (*figura*). Um die *figura*, die eine Art Fokus der Aufmerksamkeit ist, wird die Szene organisiert. *Figura* ist also das, was als erstes wahrgenommen wird. *Fundo* ist daher typischerweise statischer, mit geringeren Kontrollfähigkeiten und größeren Dimensionen (normalerweise das Objekt eines Satzes). *Figura* dagegen ist salienter (auffälliger, markanter) und hat Kontrollfähigkeiten (normalerweise das Subjekt eines Satzes):

O rapaz está em cima do burro.	vs. ??*O burro está por baixo do rapaz.*
'Der Junge ist auf dem Esel.'	'Der Esel ist unter dem Jungen.'
F	G
O carro está à frente da casa.	vs. ??*A casa está atrás do carro.*
'Das Auto steht vor dem Haus.'	'Das Haus steht hinter dem Auto.'
F	G

Die Relationierung von *figura/fundo* wird in diesen Beispielen anders als bei der Wahrnehmung dargestellt.[206] Das, was man linguistisch vorfindet, sind Variationen dieser Relationierung, wie zum Beispiel in der Bildung von Passivsätzen, die *fundos* zu *figuras* machen:

O Paulo escreveu o livro.	vs. *O livro foi escrito pelo Paulo.*
'Paul schrieb ein Buch.'	'Das Buch wurde von Paul geschrieben.'
F	G

---

205 Die Termini *figura/fundo* stammen aus der Gestaltpsychologie und stellen eine grundlegende Beziehung dar, die sowohl in der Wahrnehmung und Konzeptualisierung als auch in der linguistischen Organisation präsent ist. Alles wird nach dem Prinzip der Relationierung von *figura/fundo* strukturiert.

206 Die mit '??' markierten Sätze sind grammatikalisch richtig, klingen aber unnatürlich und werden als Beschreibung von den Situationen wahrscheinlich nicht verwendet, weil sie Elemente, die *Fundo*-Eigenschaften haben, als *figuras* präsentieren.

Livro wurde in dem Passivsatz zur *figura* und nahm dadurch deren typische Eigenschaften an, wie zum Beispiel Kontrollfähigkeit. Diese Übertragung (eine Art Personifizierung) kann man nur aufgrund von Metaphorisierung erklären.

Grundlagenliteratur

Campo (2000); Schwarz (1996); Silva (1997).

8.5.2 Prototypensemantik

Die von Rosch angeregte **Prototypensemantik** *(semântica do protótipo)* kritisiert die in 8.4 erwähnte Aristotelische Konzeption von Wortbedeutungen, da es nicht nur allgemeine und spezifische semantische Merkmale gibt, sondern immer auch bessere und schlechtere Vertreter einer begrifflichen (und einzelsprachlichen semantischen) Kategorie (vgl. Rosch 1975). So liegt es nahe, das Merkmal [fliegt] als definitorisches Klassem für *Vogel* anzusehen, jedoch sind auch Pinguine und Strauße Vögel, wenn auch weniger typische als Adler.

Die Prototypensemantik entstand als Alternative zur strukturalen Merkmalssemantik (vgl. 8.4). Sie ist überwiegend semasiologisch orientiert, denn sie geht von einem sprachlichen Zeichen aus und rekonstruiert, wie die zugehörige Form intern strukturiert ist. Dabei unterscheidet sie zwischen besseren Vertretern einer Kategorie, der hypothetisch die Summe der hervorstechenden Merkmale in sich vereint, und schlechteren Vertretern. In der Kategorie *pássaro* 'Vogel' sind z.B. *pardal* 'Spatz' oder *corvo* 'Rabe' bessere Vertreter. Der *pinguim* hingegen gehört eher zu den schlechteren Vertretern der Kategorie Vogel. Prototypen haben immer auch etwas mit der Frequenz ihrer bewussten Wahrnehmung zu tun, weshalb sie nicht für alle Sprachgemeinschaften und Kulturen gültig sind. Ausgangspunkt sind offensichtlich stereotype,[207] prägnante, von Sprechern anerkannte Merkmale. Berlin und Kay (1969) haben anhand der Farbkategorien in einer cross-linguistischen (d.h. mehrere auch nicht verwandte Sprachen umfassenden) Untersuchung gezeigt, dass die Farben Schwarz und Weiß offenbar *basic colour terms* sind, deren semantische Merkmale universell gültig sind. Man kann deshalb ohne Probleme das prototypische Weiß und das prototypische Schwarz bestimmen. Bei allen anderen Farben divergieren die Farbsysteme und Bezeichnungen sowie die damit verbundenen Farbvorstellungen erheblich. Im Portugiesischen gibt es z.B. mehrere Bezeichnungen für Rot: *vermelho* und *encarnado* scheinen weitgehend synonym und eher dialektal unterschiedlich verteilt zu sein, *tinto* bezieht sich nur auf die Farbe des Weins und *ruivo* nur auf die Haarfarbe. Es gibt also im Portugiesischen für die Farbe Rot neutrale und spezifische Bezeichnungen mit je unterschiedlichen Farbvorstellungen. Dabei ist aber nicht klar, was als prototypisches Rot angesehen wird.

Sogenannte **Heckenausdrücke** (*hedges, modalizadores epistêmicos*) bezeichnen schlechte Vertreter einer Kategorie. Oft paraphrasiert man solche Vertreter:

---

[207] Der Begriff des **Stereotyps** (*estereótipo*) bezieht sich auf die Gesamtheit aller (in einer bestimmten Sprecher-gemeinschaft) typischen Merkmale eines Referenzobjekts.

Gazpacho é uma espécie de sopa fria 'Gazpacho ist eine Art kalte Suppe', *tomate é um fruto num sentido estrito, mas num sentido amplo, tomate é uma verdura* 'Die Tomate ist im engeren Sinn eine Frucht, aber im weiten Sinn ein Gemüse'. Dabei gelten in der Alltagssprache (in den sogenannten *folk categories*) andere Grenzen als in der Fachsprache (*expert categories*), wie es das Beispiel der Einordnung der Tomate anschaulich zeigt.

Allerdings kann nicht zu jedem Wort ein Prototyp gefunden werden. Was wäre ein prototypisches Tier, was eine prototypische Pflanze? Und was wäre ein prototypisches Rotkehlchen, eine prototypische Eiche? Eine prototypische Bedeutung lässt sich offenbar nur auf einer mittleren Ebene der Abstraktion finden. Daher wird in der Prototypensemantik zwischen drei Ebenen unterschieden: einem 'superior level', auf dem z.B. *animal* 'Tier' anzusiedeln ist, einem 'basic level', repräsentiert z.B. durch *pássaro* 'Vogel', und einem 'inferior level', mit z.B. *pardal* 'Spatz' als Vertreter. Nur auf dem *basic level* wird die Realität in Prototypen kategorisiert.

Außerdem zeigen sich Grenzen bei der prototypischen Beschreibung von Abstrakta wie 'Schönheit', bei denen die Bedeutung mit kulturspezifischen Wertevorstellungen zusammenhängt. Bei Verben und Adjektiven ist die Feststellung von Prototypen ebenfalls problematisch. Offenbar ist die Prototypikalität selbst prototypisch, da sie immer nur im Verhältnis zu anderen Vertretern der Kategorie festgelegt werden kann. Oft kann auch die Frage nach der Zugehörigkeit eines Objektes zu einem Begriff nicht immer eindeutig entschieden werden.

In der sogenannten erweiterten Version der Prototypensemantik (Blank 2001, 50) wird aus diesen Gründen die Vorstellung von einem einzigen Prototyp aufgegeben. Vielmehr geht man davon aus, dass es mehrere bessere Vertreter einer Kategorie gibt, die eine Art Zentrum bilden, und weitere Vertreter in der Peripherie. Ein Wort wie *jogo* 'Spiel' weist wohl kein einziges semantisches Merkmal auf, das auf alle möglichen Referenten im semantischen Bereich des Spielens zutrifft, der dennoch bestehende Zusammenhang zwischen den Referenten wird mit Ludwig Wittgenstein als Familienähnlichkeit bezeichnet. Er spricht in seiner Definition auch das Problem der unscharfen Ränder von Wortbedeutungen (engl. *fuzziness*) an:

> [...] In den Ballspielen gibt es Gewinnen und Verlieren; aber wenn ein Kind den Ball an die Wand wirft und wieder auffängt, so ist dieser Zug verschwunden [...] Man kann sagen, der Begriff Spiel' ist ein Begriff mit verschwommenen Rändern. (Wittgenstein 1977, 33).

Familienähnlichkeiten sind Netze von Ähnlichkeiten, deren Mitglieder einige Attribute gemeinsam haben, es gibt jedoch – und darin besteht der Unterschied zur traditionellen Prototypenvorstellung – keine Merkmale, die allen Mitgliedern gemeinsam sind.

Die erweiterte Version der Prototypensemantik nimmt also lediglich eine Beschreibung von Phänomenen vor, die einer kognitivistischen Interpretation erst noch bedürfen. Kleiber (1993, 113) fasst für die erweiterte Version zwei Grundthesen zusammen: a) Es gibt nur noch prototypische Effekte: Der Prototyp als Vertreter der kategoriellen Begriffe und als strukturelle Basis der Kategorie existiert nicht mehr; b) Die Relation, die die verschiedenen Vertreter derselben Kategorie verbindet, ist bei den Kategorien jedweder Art die der Familienähnlichkeit.

Ein Prototyp ist in der erweiterten Version nur noch ein Oberflächenphänomen und erscheint in unterschiedlichen Formen ("prototype effects"), wie es Lakoff als einer der einflussreichsten Verfechter dieses neuen Prototypizitätskonzepts darlegt:

> It is important to bear in mind that prototype effects are superficial. They may result from many factors. In the case of a graded category like *tall man*, which is fuzzy and does not have rigid boundaries, prototype effects may result from degree of category membership, while in the case of *bird*, which does have rigid boundaries, the prototype effects must result from some other aspect of internal category structure (Lakoff 1987, 45).

Grundlagenliteratur

Kleiber (1993); Schwarz (1992).

8.6 Bedeutungswandel

Semantischer Wandel oder **Bedeutungswandel** (*cambio semântico*) gehört zu den grundlegenden Voraussetzungen der Entwicklung von Sprache. Bedeutungen bleiben nicht unverändert bestehen, sondern wandeln sich.

Die Ursachen für Bedeutungswandel können vielfältig sein. Zum einen kann er dem Bestreben der Sprecher nach Expressivität entspringen. Zum anderen hilft Bedeutungswandel, ebenso wie die Entlehnung, lexikalische Lücken zu schließen. Die Durchsetzung einer veränderten Bedeutung verläuft allerdings langsam. Bedeutungszuweisungen, die in einer ersten Phase okkasionell sind, können später usuell werden, also von der *parole* in die *langue* überwechseln, sie müssen es aber nicht. Mitunter bleiben sie ephemer und semantische Eintagsfliegen.

Neben den innersprachlichen Verfahren der Bedeutungserweiterung und -verengung, der Ellipse und der Volksetymologie spielen insbesondere außersprachlich motivierte metaphorische und metonymische Bedeutungsübertragungen eine wichtige Rolle. Dabei beruht die Übertragung bei der **Metapher** *(metáfora)* auf der Similarität, z.B. bei *rato* 'Maus' > 'Computermaus', bei der **Metonymie** *(metonimia)* auf der Kontiguität des Referenten, z.B. bei *raridade* 'Seltenheit > Sehenswürdigkeit':

> Während die Metonymie eine Bewegung *innerhalb eines* Frames ist [...], bedeutet die Metapher einen Transfer *zwischen zwei distanten* Frames. In dieser Perspektive ist die Metonymie eine äußerst *'welthaltige'*, auf der faktischen Welt (so wie wir sie sehen) basierende, aber häufig auch sehr unauffällige Beziehung [...]. Die Metapher dagegen [...] ist eine eindeutig *'geschaffene'* Beziehung (Detges 1999, 37).

Oft wird fälschlicherweise von Metaphern gesprochen, wo es sich eigentlich um Metonymie handelt. Blank (1997, 230) führt das teilweise darauf zurück, dass die Metonymie weniger auffällig und schwerer semantisch zu erfassen ist:

> Im Schatten der Metapher fristet die Metonymie in der rhetorischen und sprachwissenschaftlichen Forschung ein gewisses Mauerblümchendasein.

Beispiele für Metaphern sind: *perna* 'Bein' > 'Tischbein', *barba* 'Bart' > 'wilder Trieb des Rebstocks', *serra* 'Säge' > 'Bergkette', *instalar* 'einbauen' > 'ein Computer-Programm einrichten' oder auch lat. TREPALIUM, 'Folter' > *trabalho*, 'Arbeit'. Aus metonymischem Bedeutungswandel hervorgegangen sind: PREHENSIO 'Akt des Ergreifens' > *prisão* 'Gefangenschaft' > 'Gefängnis', EXTRANEUS 'fremd, ausländisch' > vlt. 'seltsam, fremdartig' > *estranho*, FOCUS 'Herd' > *fogo* 'Feuer', MONETA 'Münzstätte' > *moeda* 'Münze', 'Geldstück'.

Volksetymologie (*etimologia popular*) ist ein Mechanismus, der auf der Similarität von *signifiants* basiert, die dann irrtümlicherweise mit bestimmten Bedeutungen assoziiert werden: *vagabundo* 'Vagabund' > *vagamundo* (< *vagar* 'herumirren' + *mundo*), apt. *bailar* 'schwanken' > 'tanzen'. Bei der **Ellipse** (*elipse*) wird der *signifiant* auf wesentliche Bestandteile reduziert: VIA STRATA 'beschichteter Weg', 'Straße' > *estrada* 'Straße', (NON) RE(M) NATA(M) 'keine geborene Sache, nichts auf der Welt' > *nada* 'nichts'. Ein moderneres Beispiel ist *vinho do Porto* > *Porto* 'Portwein'.

Bedeutungserweiterung ist der Wandel von spezifischen zu allgemeineren Konzepten und liegt z.B. vor bei COMEDERE 'verzehren, aufessen' > vlt. 'essen' > *comer* und PASSER 'Spatz' > *pássaro* 'kleiner Vogel', der gegenläufige Prozess der **Bedeutungsverengung** vollzog sich bei AVEM 'Vogel' > *ave* 'großer Vogel', COMPARARE 'beschaffen' > *comprar* 'kaufen', HOMO 'Mensch' > vlt. 'Mann' > *homem*.

Grundlage für jeglichen Bedeutungswandel dürfte die polysemische Struktur der Lexeme sein. Alle Bedeutungsnuancen, die allmählich hervortreten, waren in der sememischen Struktur der Lexeme bereits vorher potentiell angelegt.

Grundlagenliteratur

Blank (1997 und 2001); Klein (1997).

Übungsaufgaben

1) Suchen Sie in verschiedenen einsprachigen portugiesischen und brasilianischen Wörterbüchern nach Homonymen und Polysemien. Vergleichen Sie ihre lexikographische Darstellung mit den Richtlinien in Zöfgen (1990).

2) Suchen Sie in einem Wörterbuch der Synonymie und Antonymie a) Synonyme für *crime, nível* und *solidão*, b) Antonyme für *feliz, dar* und *aptidão*.

3) Nehmen Sie nach Pöll (1996) eine Abgrenzung der Kollokationen von den Funktionsverbgefügen vor und bringen Sie jeweils fünf Beispiele.

4) Vergleichen Sie die Bildfelder (Metaphorik) und Ausdrücke des Deutschen und Portugiesischen auf der Grundlage eines Idiomatik-Wörterbuchs (z.B. Nomina wie *cabeça, chá, chapéu, pedra, pele, perna, ovo, peixe* etc. in Schemann / Schemann-Diaz (1979) mit ihren deutschen "Äquivalenten" in Schemann (2002).

5) Versuchen Sie, die Bedeutung folgender Lexempaare zu definieren, indem Sie wesentliche und periphere semantische Merkmale angeben, so dass die antonymische Relation klar wird: *janela - porto, comprar – vender, pai – mãe.*

6) Analysieren Sie mittels Internet-Abfragen die Verteilung der beiden portugiesischen Bezeichnungen für Schwarz *preto* und *negro* in verschiedenen semantischen Kontexten. Überlegen Sie, ob das Ergebnis der Annahme von Berlin / Kay (1969) vom universellen, prototypischen Schwarz widerspricht.

7) Überlegen Sie, welche Art von Bedeutungswandel bei den folgenden Lexemen ablief, und zeigen Sie auch Zweifelsfälle auf: *boca* 'Mund' > '(Fluss-) Mündung', BRŪMA 'Winter' > *bruma* 'Nebel', CIBU 'Essen' > *cibo* 'Vogelfutter', COLLOCĀRE 'aufstellen, aufbauen, aufhängen' > *colgar* 'aufhängen', CORIU 'Haut von Tieren' > *couro* 'Leder', *dente de leão* 'Zahn des Löwen' > 'Löwenzahn', PENSĀRE '(ab)wiegen' > *pensar* 'denken, abwägen', PERNA 'Kniekehle' > *perna* 'Bein', PORTU ‚Hafeneinfahrt' > *porto* 'Hafen', POTIŌNE 'Trank, Getränk' > *peçonha* 'Gift', VOTA 'Ehegelübde' > *boda* 'Hochzeit'.

8) Suchen Sie in portugiesischen Tageszeitungen im Internet, insbesondere in politischen Artikeln Beispiele für Heckenausdrücke (*uma espécie de, cerca de, pouco mais ou menos, quase, que só, quase que apenas, algo/qualquer coisa de, seja qual for, em qualquer altura, de qualquer modo etc.*).

9 Pragmalinguistik

Im Zuge der pragmatischen Wende in den letzten drei Jahrzehnten des 20. Jh. entstanden diverse Forschungsansätze, die das sprachliche Handeln, die Sprechsituation, Deixis, Präsuppositionen und Konversation in den Mittelpunkt stellten: die Konversationsanalyse, die Theorie der Sprechakte, die Dialoganalyse und die Gesprächs- bzw. Diskursanalyse. Schlieben-Lange ([2]1979, 11-22) nannte ihrerseits als zentrale Bereiche der **Pragmalinguistik** (*pragmática linguística*) die Zeichenverwendung, die Dialogforschung und die Sprechhandlungstheorie. Ernst (2002) seinerseits stellt die Sprechhandlungstheorie, die Gesprächsforschung und die Textlinguistik in den Mittelpunkt.

Wir wollen nun diese pragmalinguistischen Bereiche, die bisher im sprachwissenschaftlichen Grundkurs auf der Grundlage des Portugiesischen zu wenig berücksichtigt wurden, hier einbringen und damit zugleich an den aktuellen Forschungsstand heranführen.

9.1 Pragmatische Dimensionen

9.1.1 Referenz und Deixis

Der Bereich der **Pragmatik** (< gr. *Πραγμα* 'Handeln, Tätigkeit', *pragmática*) geht auf die Semiotik von Peirce und vor allem von Morris zurück (vgl. 3.3.2), deren zeichenwissenschaftliche Konzeption neben der *Syntaktik* (Syntax), der formalen Relation der Zeichen zueinander, und der *Semantik*, der Beziehung zwischen den Zeichen und den Objekten, die durch sie bezeichnet (designiert) werden, als dritten Bereich die *Pragmatik* postulierte. Diese erfasste die Beziehung zwischen Zeichen und Interpret und versteht Sprache als Handlungsweise mit Diskurstexten, d.h. Sprechen wird als eine Form der Kommunikation mittels Zeichen bzw. des sprachlichen Verhaltens betrachtet. Damit folgt man Morris darin, die Pragmatik als einen Teil der Semiotik zu sehen, der sich mit den Verwendungen der Zeichen durch Zeichenbenutzer und der Wirkung der Zeichen befasst.

Falls sich damit die grundlegende Frage erhebt, ob die Pragmalinguistik der Semiotik oder der Handlungs- oder der Verhaltenstheorie als Teildisziplin unterstellt werden muss, ist das von Seiten jeder Einzeldisziplin anders zu beantworten.

Für den Linguisten, der Sprache als genuinen Gegenstandsbereich systemlinguistisch und mit diversen Verwendungsfunktionen versteht, rückt diese Frage jedoch in den Hintergrund. Während man z.B. im Rahmen der Morphosyntax den Satz als grundlegende linguistische Struktureinheit von Subjekt und Prädikat begreift, so ist die **Satzbedeutung** (*significação da frase*) in der Semantik zu behandeln und der **Sinn eines Satzes** (*sentido da frase*) im funktionalen Gegenstandsbereich der Pragmatik; entsprechend nehmen wir in Aussagen i.a. Bezug auf (real existierende oder vorgestellte) Referenten, sprechen ihnen bestimmte Eigenschaften zu und machen Aussagen über Ereignisse und Sachverhalte: diese beiden Teilhandlungen nennen wir **Referenz** (*referência*) und

Prädikation (*predicação*), und sie werden linguistisch im Rahmen der *Äußerung* (*enunciação*) behandelt. Wie wir bereits im Kap. 3 gesehen haben, wurde Referenz definiert als die Beziehung zwischen dem sprachlichen Ausdruck (der Bezeichnung) und dem bezeichneten Objekt. Diese Bezugnahme kann einerseits satzsemantisch (intensional) verstanden werden, andererseits verweist sie (extensionl) auf die Objekte, Sachverhalte, Ereignisse in der Sprechsituation, in der realen oder möglichen, vergangenen oder zukünftigen Welt, auf die **Diskurswelt** (*universo do discurso*), also auch auf abstrakte Begrifflichkeiten, die durchaus auch "nebulös" und semantisch unscharf (vage) sein können. Vor allem die sprechaktionale **Referenzsemantik** (*semântica referencial*) geht der Suche nach Regeln dieser Bezugnahme und ihren Funktionen nach.

Bei den referierenden Ausdrücken sind verschiedene Arten von **Deiktika** (< *gr.* δείκνυμι 'zeigen', also Zeigewörter, *deícticos*) oder **indexikalischen Ausdrücken** (*expressões indexicais*) zu unterscheiden, deren Referenz grundlegend durch die Parameter der Sprechsituation festgelegt ist und die von den semantisch begrifflichen 'Nennwörtern' abgehoben werden müssen.

Den "Koordinatenausgangspunkt" des Zeigfelds der subjektiven Orientierung nannte Bühler (1978, 102-104) die zentrale deiktische **Origo** ('Origo des Zeigfeldes') oder das *Ego-hic-nunc* (ICH-HIER-JETZT) des Sprechers und meinte damit folgende Erkenntnis: jeder Sprecher (Äußerungsträger) bildet ein personales, temporales und lokales Deixisfeld, das durch die Wahrnehmung seines Umfelds determiniert ist. Durch eine Äußerung wie *Este livro está em frente dos meus olhos* 'Dieses Buch liegt vor meinen Augen' lassen sich folgende Marken finden:

- die 'Ortsmarke' durch ein Buch als Objekt (auf das in einer bestimmten Position zu etwas anderem referiert wird;
- die 'Zeitmarke' durch Präsens als absolute Gegenwärtigkeit (*está* 'befindet sich jetzt');
- die 'Individualmarke' durch *meus olhos* ('meine Augen' als ein Teil von meiner wirklichen, egozentrischen Sprecher-Leser-Existenz).

Ausgehend von Bühler sind inzwischen mehrere neue Ansätze zur Deixis[208] vorgelegt worden, was u.a. dazu geführt hat, das sprachliche Zeigen als eine 'deiktische (zeigende) Prozedur' in der Funktion einer "grundlegenden Kooperation beim Verständigungshandeln zwischen S [Sprecher] und H [Hörer]" (Redder 2002, 287) zu verstehen, bei dem auf den Präsuppositionsbestand und das gemeinsame Wissen von S und H zurückgegriffen wird.

Folgende klassische **Funktionsarten von Deixis** (*função deíctica*) werden bisher gemeinhin unterschieden:

- **Personaldeixis** (*deixis pessoal*): Ausdrucksfomen wie z.B. *eu, tu, nos, a gente, meu, teu,nosso, vosso* 'ich, du, wir, man, mein, dein, unser, euer' etc. Zu diesen Selbst- und Fremdanreden kommen Eigennamen und Nomina, die sich auf bestimmte Referenten

---

208 Bühler selbst hatte drei Zeigmodi unterschieden: die grundlegende 'demonstratio ad oculos' (d.h. die Personal-, Lokal- und Temporaldeixis), ferner die 'Deixis am Phantasma', womit er die Versetzung in der Vorstellung meinte (Bühler 1978, 133-135), und die Anaphora. Ernst (2002, 43-62) unterscheidet sechs deiktische Dimensionen: Personal-, Lokal-, Temporal-, Sozial-, Situations- und Diskursdeixis.

beziehen (z.B. *Fernando Pessoa*), auch indirekt (z.B. *o autor da "Chuva oblíqua"* 'Der Autor von *Chuva obliqua*);
- **Lokaldeixis** (*deixis espacial*): Ausdrucksformen wie z.B. *aqui, atrás de mim, aí, por baixo,* 'hier, hinter mir, dort, unten'; [209]
- **Temporaldeixis** (*deixis temporal*): Ausdrucksformen wie z.B. *agora, amanhã, esta noite, hoje* 'jetzt, morgen, heute abend, heute' (eine notwendige 'Kalenderdeixis' dazu behandelt Sennholz 1996, 114-125); zur Temporaldeixis gehören auch Zeitstufen des Präsens, Futur, Perfekt der Verben u.a.m.

Die Ausdrucksformen können dann jeweils weiter differenziert werden in Autodeiktika und Heterodeiktika (Sennholz 1996, 172-189). **Autodeixis** wird so verstanden, dass die Sprecher-Origo und das Deixisobjekt als Ausgangs- und Zielpunkt der Deixisrelation zusammenfallen, d.h. die Sachverhaltsgrößen (also Sachverhaltsträger, -ort und -zeit) mit den Äußerungsgrößen (Äußerungsträger, -ort, -zeit) identisch sind; die autodeiktischen Bezeichnungen der Objekte brauchen in der Regel keine Zeigegesten, weshalb sie ja auch meist implizit sind und nicht ausgedrückt werden. (Als Beispiel für eine implizite lokale, temporale und personale Autodeixis zugleich kann das Schild an einer Toilette dienen: *Ocupado* 'Besetzt'). Die **Heterodeixis** ist der Typ von Deixisrelation, bei dem Origo und Deixisobjekt *nicht* zusammenfallen. Als Beispiel dafür kann ein Schild außen an einer Eingangstür genommen werden, auf dem geschrieben steht: *Neste prédio é proibido fumar* 'In diesem Gebäude ist das Rauchen verboten'.

Weiterhin sind **Proformen** mit deiktischer Funktion zu nennen, die für Objekte, Personen, Ereignisse oder Sachverhalte stehen; in der Regel handelt es sich dabei um Pronomina ausgedrückt werden. Ihre Referenz ist zwar identisch mit einem Deixisobjekt, dieses jedoch ist unbestimmt (vage) gekennzeichnet, z.B. *essa coisa aqui* 'diese Sache hier', *eis o livro de que te falei* 'hier ist das Buch, von dem ich dir erzählt habe', *aquele fulano* 'jener Typ'. Es wird deutlich, dass man deiktische Ausdrücke nicht allein auf die konkrete Sprechsituation beziehen kann bzw. von ihr allein ableiten sollte.

Sennholz fügte den klassischen Deixisformen die **Versetzungsdeixis** (*deixis deslocado*) hinzu, die er definiert

> als die Form der Deixis, bei der die Origo des jeweiligen deiktischen Ausdrucks **nicht** mit dem Äußerungsort, der Äußerungszeit und/oder dem Äußerungsträger zusammenfällt, sondern von der realen, konkreten Äußerungssituation weg in eine von den Deixispartnern oder wenigstens einem der Deixispartner zu imaginierende Situation versetzt ist (Sennfeld 1996, 219).

Neben der realen, sich ständig verändernden Sprechsituation gibt es immer andere Situationen, auf die Bezug genommen wird. Auch andere Text- und Bildwelten mit wiederum völlig anderen Referenzrahmen können hinzukommen bzw. dazwischentreten. In diesem Sinne sind sehr verschiedene mögliche Welten mit ganz eigenen Referenzrahmen denkbar; aus der logischen Semantik wurde dazu der Begriff des ***universe of discourse*** (*universo de discurso*)[210] eingeführt,

---

[209] Carvalho (1976) systematisiert die pt. Lokaldeiktika als ternäres System (*este rapaz aqui/esse rapaz aí/aquele rapaz ali*), doch auch binär und quaternär geordnete Systeme sind im Portugiesischen nachweisbar; vgl. auch die Grammatik von Gärtner 1998, A 1060-1065).

[210] Die *Grammática* von Mateus / Brito / Duarte / Faria (^{5}2003, 70) verwendet *universo de referência*.

durch den unterschiedlichste Welten modelliert werden können. Die Deixis mit ihren Funktionen kommt hier zentral ins Spiel:

> Both deixis and anaphora are far more complex than the somewhat schematic account of them given here might suggest. What has been said will be sufficient, it is hoped, to justify the assertation that deixis is more basic than anaphora. Anaphora presupposes that the referent should already have its place in the universe-of-discourse. Deixis does not; indeed deixis is one of the principal means open to us of putting entities into the universe-of-discourse so that we can refer to them subsequently (Lyons 1977, 673).

Für die Textlinguistik stellen die textdeiktischen Verfahren ganz wesentliche Grundphänomene zur Herstellung von Textkohärenz und Textkonnexion dar. Dies geschieht z.B. durch den Einsatz rückverweisender Pronomina als **Anaphern** (*anáforas*) und vorverweisende Pronomina als **Kataphern** (*catáforas*).[211] Um die koreferente Funktion der Pronomina zu kennzeichnen, werden sie und der Referent durch Referenzindices markiert. Ein Beispiel für ein anaphorisches Pronomen ist *O João$_i$ está zangado; roubaram-lhe$_i$ a bolsa* 'Hans ist verärgert; man hat ihm die Tasche gestohlen'. Ein kataphorisches Pronomen ist im folgenden Satz enthalten: *Não o$_i$ vejo, o João$_i$* 'Ich sehe ihn nicht, den Hans'.

Schon diese wenigen Hinweise auf Referenz und Deixis machen deutlich, dass indexikalische Zeichen wie überhaupt der Akt des Referierens viele Probleme mit sich bringen: Gesprächsgegenstände, Sachverhalte, Situationen oder Themen verändern sich ja im Verlauf eines Gesprächs, sie sind nicht statisch. Levinson schlägt deshalb zu Recht vor, die genannten traditionellen Deixis-Kategorisierungen durch weitere zu ergänzen, und zwar um:

- **Diskurs-** oder **Textdeixis** (*deixis discursiva*): Ausdrucksformen zum Referieren auf "Teile des laufenden Diskurses, aus dem die Äußerung mit dem betreffenden Referenzausdruck stammt" (Levinson ([3]2000, 68). In dem kleinen Text *Verdade?– foi* tudo *que o João podia dizer* 'Wirklich? – war alles, was er sagen konnte' referiert *tudo* 'alles' z.B. anaphorisch auf die Fragehandlung *Verdade?*;
- **Sozialdeixis** (*deixis social*): Ausdrucksformen, die sich auf das **Höflichkeitsprinzip** (*princípio de delicadeza*) beziehen, wie sie etwa auch in den portugiesischen **Anredeformen** *formas de tratamento*) auftreten: *Minha senhora, deseja que abre a janela?* ' Meine Dame, möchten Sie dass ich das Fenster öffne', *Qual livro destes escolhe V.ª Ex.ª?* 'Welches dieser Bücher nehmen Sie?'.

In der Sprechsituation werden durch die Dialogpartner die verschiedensten Deiktika verwendet, weshalb in einigen Ansätzen auch der umfassende Begriff einer 'Situationsdeixis' oder 'Textdeixis' bevorzugt wird.[212] Das kann anhand der

[211] Da es sich ja schließlich um kognitive Funktionen der Textverarbeitung handelt, spricht man besser von Anaphorese und Kataphorese. Die Anaphorese und Kataphorese sind textprozedurale Verfahren, die für die große Flexibilität der Textkompetenz von Sprecher und Hörer stehen und für den kommunikativen Fortgang wie auch Rückgriff in veränderter Form stehen.

[212] Redder (2000, 291) kommt nach ihrem kritischen Überblick verschiedenster Ansätze zur Textdeixis zu dem Schluss: "Für die detaillierte Behandlung von Rededeixis und Textdeixis wären freilich empirische Studien erforderlich, die leider noch immer höchst selten sind."

Demonstrativa - zusammen mit Zeigegesten - deutlich gemacht werden.[213] Allerdings können im gesprochenen Portugiesisch dann zu der deiktischen auch andere Funktionen wie anaphorische und *passe-partout*-Funktionen hinzutreten, wie Brauer Figueiredo (1996, 342 und 1999) hinsichtlich *aquilo* herausgearbeitet hat. *Aquilo* 'jener' wird in diaphasisch (vgl. 10.2.1) markierten Kontexten auch von gebildeten Sprechern oft benutzt, um auf irgendwelche (nicht direkt referierte) Personen zu verweisen. Auch andere demonstrative Deiktika wie *isso* und *isto* haben scheinbar keine semantische oder referentielle Funktion, erfüllen aber zweifellos eine diskursive Gliederungsfunktion im portugiesischen Gespräch, z.B. in *ah isso já se tem que pagar* 'na, dann müssen wir wohl schon zahlen'.

Grundlagenliteratur

Fonseca (1996, 437-445); Gouveia (1996, 388-419); Levinson ([3]2000, 59-105); Redder (2000).

9.1.2 Universalpragmatik und Konversationsmaximen

Ein Ausgangspunkt für eine pragmalinguistische Sichtweise sprachlicher Phänomene ist sicher darin zu sehen, dass die Wort- oder Satzbedeutung nicht nur in der Relation von Bezeichnung zu Bezeichneten zu suchen ist, nicht in der Wahrheit oder Falschheit einer Aussage (allein), sondern in der erfolgreichen Verwendung von Sprachzeichen im kommunikativen Umgang. Um hier Klarheit zu erreichen, schlug Wittgenstein (1977, 43) vor, nicht nach der Bedeutung eines Wortes, sondern nach seinem Gebrauch in der Sprache zu fragen, und er stelle fest: "Die Bedeutung eines Wortes ist sein Gebrauch in der Sprache"; das sollte wohl gleichfalls für Sätze in ihrem Gebrauch gelten. Und Wittgenstein fügte hinzu, dass das einfache Zeigen auf einen Namensträger die Bedeutung seines Namens nur manchmal erklärt. Der sprachliche Gebrauch aber beruht auf seinem wirklichen Vorkommen in Texten, in wechselnden Kontexten, Situationen und Sprachspielen, er manifestiert sich durch Handeln mit und durch Sprache.

Die Theorie des sprachlichen Handelns entwickelte sich aus der angelsächsischen *ordinary language philosophy* (Philosophie der Alltagssprache), indem der englische Philosoph John Austin Mitte der 1950er Jahre in seinen Harvard-Vorlesungen fragte, wie wir denn mit sprachlichen Ausdrücken handeln (*How to do things with words*). Austin erweiterte die Perspektive der logischen Semantik, indem er feststellte, dass es Sätze gibt, die weder wahr noch falsch sind, durch die sich aber ein Sprecher persönlich verpflichtet, etwas zu tun (z.B. *Lavarei os dentes* 'Ich putze mir die Zähne'), also etwas zu versprechen, (Handlungs-) Angebote zu machen, Fragen zu stellen usw., was sich als komplexe Sprechhandlungen darstellte, die es genauer zu analysieren galt. Systematisch folgten diesen Fragen der Alltagssprache dann andere "Pragmatiker": Searle mit seiner Monographie

---

213 Weinrich (1982, 299), dessen Textgrammatik des Französischen viele Analogien zum Portugiesischen ermöglicht, verdeutlicht die unterschiedlichen kommunikativen Nah- und Fernbereiche durch instruktive Zeigegesten auch anhand "identischer" Demonstrativa; vgl. das pt. Beispiel: A. *Posso comer essa pera*? B: *Toma antes essa maçã* 'A: Kann ich *diesen* Apfel essen? B: Nimm lieber *diesen* Apfel'.

Speech act theory (1969), Strawson, Ryle wie auch Grice (Konversationsmaximen), in Deutschland Jürgen Habermas (1971) mit seinen "Vorbereitenden Bemerkungen zu einer Theorie der kommunikativen Kompetenz", Dieter Wunderlich und andere mehr.

Im Zuge dieser Philosophie des Alltags stellte sich die Frage, ob es sich bei der Sprechakttheorie (vgl. 9.2) um eine philosophische oder um eine linguistische Theorie handelt und inwiefern die durch Habermas angestoßene Diskussion einer **Universalpragmatik** (*pragmática universal*) die Linguistik weiterführt. Habermas (1971, 102-103) hob hervor:

> Sprechakte nennt Searle die elementaren Einheiten der Rede, weil der Sprecher mit dem Akt des Aussprechens genau die Handlung vollzieht, die der in der Äußerung verwendete performatorische Ausdruck zugleich darstellt.

Er rückte seinerseits die Problematik der performativen Sätze in den Vordergrund, indem er postulierte:

> Ein Sprechakt ist nämlich aus einem performativen Satz und einem davon abhängigen Satz propositionalen Gehalts zusammengesetzt. Auch wenn die performativen Bestandteile nicht ausdrücklich verbalisiert werden, sind sie im Sprechvorgang stets impliziert; sie müssen daher in der Tiefenstruktur eines *jeden* Satzes auftreten (Habermas 1971, 104).

Durch einen performativen Ausdruck wird eine bestimmte Sprechhandlung ausgedrückt, durch ihren Vollzug in einer Sprechsituation erfüllt sie ihre Funktion. Habermas unterschied deshalb zwischen einem linguistischen und einem institutionellen Sinn.

> Mit Hilfe von Sprechakten erzeugen wir allgemeine Bedingungen der Situierung von Sätzen, also Strukturen der Redesituation; zugleich sind diese Strukturen aber auch in der Rede selbst vertreten - eben als die sprachlichen Ausdrücke, die wir *pragmatische Universalien* nennen. [...] Eine Theorie der kommunikativen Kompetenz muss die Leistungen erklären, die Sprecher oder Hörer mit Hilfe pragmatischer Universalien vornehmen, wenn sie Sätze in Äußerungen transformieren (Habermas 1971, 103).

Im Anschluss an Dieter Wunderlich zählt Habermas (1971, 109) dann solche Wortklassen und sprachlichen Ausdrücke auf, die sich universal-pragmatisch auf die Sprechsituation beziehen und die er **pragmatische Universalien** (*unversais pragmáticos*) und dialogkonstituierend nennt:

- Personalpronomina (die auf Gesprächsteilnehmer und Sachverhalte in der Sprechsituation verweisen, also performativ/deiktisch zugleich sind);
- Wendungen zur Redeeröffnung und der Anrede;
- deiktische Ausdrücke zur Bezeichnung von Raum und Zeit (Artikel, Zahlwörter, Demonstrativa);
- performatorische Verben (z.B. *fragen, befehlen, behaupten, schwören*);
- intentionale Verben (die nicht performativ zu verwenden sind) sowie einige Modaladverbien.

Im Zuge der Entwicklung und Diskussion um die Theorie der Sprechakte und Implikaturen formulierte Grice (1968) seine **Konversationsmaximen** (*máximas/*

axiomas/normas conversacionais) bzw. Interaktionspostulate. Das Scheitern von Kommunikation im Alltag war für ihn der Anlass, nach den Gründen dafür zu suchen und normative Kriterien des Gelingens aufzustellen: seine übergreifende Maxime sah er im **Kooperationsprinzip** (*princípio da cooperação*):

> Mache deinen Gesprächsbeitrag jeweils so, wie es von dem akzeptierten Zweck oder der akzeptierten Richtung des Gesprächs, an dem du teilnimmst, gerade verlangt wird.[214]

In Anlehnung an Kants Kategorien der Quantität, Qualität, Relation und Modalität entwickelte Grice dazu vier speziellere Maximen:

- die **Maxime der Quantität** (*máxima de quantidade*): "Mache deinen Beitrag so informativ wie (für den gegebenen Gesprächszweck) nötig. Mache deinen Beitrag nicht informativer als nötig" [*Torna a tua contribuição tão informativa quanto é requerido (para o presente propósito da troca). Não tornes a tua contribuição mais informativa do que é requerido*];
- die **Maxime der Qualität** (*máxima de qualidade):* "Sage nichts, was du für falsch hältst. Sage nichts, wofür dir angemessene Gründe fehlen" [*Não digas o que crês ser falso. Não digas aquilo para que não tens provas adequadas*]. Diese Maxime betrifft die Wahrheit der Äußerungen und damit auch die Ethik;
- die **Maxime der Relation** (*máxima de relação*): "Sei relevant" [*Sê relevante*]. Wenngleich die kürzeste Maxime, hat sie zu einer lebhaften Diskussion geführt, insbesondere durch die Monographie von Sperber/Wilson (1986) über **Relevanz** (*princípio de relevância*) und **Inferenz** (*inferência*)[215] in kommunikativen Abläufen;
- die **Maxime der Modalität** (*máxima de modo*): "Vermeide Dunkelheit des Ausdrucks. Vermeide Mehrdeutigkeit. Sei kurz (vermeide unnötige Weitschweifigkeit). Der Reihe nach!" [*Sê perspícuo (Evita obscuridade de expressão. Evita ambiguidades. Sê breve [evita desnecessária prolixidade). Sê metódico*] Hiermit wird die Klarheit des Ausdrucks zur Richtschnur der Alltagskonversation gemacht (was natürlich nicht für alle Text- oder Diskurstypen so gelten kann).

Grice merkt selbstkritisch an, dass seine Liste der Maximen durchaus offen ist, dass wohl auch Maximen anderer Provenienz Gültigkeit beanspruchen könnten, also etwa moralische ("Sei höflich!" [*Sê cortês e delicado*]), ästhetische oder gesellschaftliche Kriterien, die zum Prinzip erhoben werden. Die Sprach- und Kommunikationskulturen unterscheiden sich, z.B. in den Entschuldigungsgebräuchen im Portugiesischen und Deutschen.[216] Grice hatte den Gesichtspunkt der Relevanz und Zweckdienlichkeit "in maximal effektivem Informationsaustausch" zugrunde gelegt, quasi mit dem Blick des Kybernetikers, der eine normierte Regelung zu beschreiben und deren Prinzipien zu erfassen versucht: so ist es wenig erstaunlich, dass Grice die vier genannten Prinzipien analog im rationalen Verhalten, Handeln und bei kooperativer Interaktion wieder erkennt.

---

[214] Grice 1968, alle Zitate zu den Maximen nach Hoffmann (1996, 168-170).

[215] 'Inferenz' ist in der kognitiven Textverarbeitung eine bestimmte Art des Schlussfolgerns, das auf unausgesprochenen Inhalten beruht und sich durch Implikationen, Präsuppositionen, kollektive Wissenbestände aufbaut.

[216] Vgl. dazu Johnen / Schmidt-Radefeldt / Weise (2003); die Maxime der Höflichkeit (*princípio de delicadeza*) führt Gouveia (1996, 409-412) – in Anlehnung an Geoffrey Leech (1983) – besonders aus (das EP ist reich an Ausdrücken der Höflichkeit, z.B. *podia, poderia, é capaz de, importa-se* 'Könnten Sie / Würden Sie ...' etc.: *O senhor importa-se, por favor, de não cuspir na rua.* [Würden Sie es bitte unterlassen, auf die Strasse zu spucken]).

Grundlagenliteratur

Grice (1968/1975/1996); Hoffmann (1996) 106-182).

9.2 Theorie der Sprechakte

9.2.1 Komponenten eines Sprechakts

Austin (1958/1962/2002) unterschied in seiner **Theorie der Sprechakte** (*teoria dos actos de fala*) zunächst zwischen **konstativen Äußerungen** (*enunciados constativos*), mit denen wir Sachverhalte bzw. die Welt beschreiben (z.B. *Estou com sede* 'Ich habe Durst') und die wahr oder falsch sein können, und **performativen Äußerungen** (*enunciados performativos*, von engl. *"to perform an act"*), mit denen wir die Welt verändern (z.B. *Baptizo este nave espacial com o nome de "Mar de Rosas"* 'Ich taufe dieses Raumschiff auf den Namen *Mar de Rosas*' oder *Sinto-me com sorte* 'Auf gut Glück'[217]). Die mit dieser grundlegenden Unterscheidung verbundene Problematik gab zu vielen Diskussionen Anlass. Austin kam zu dem Schluss, dass letztlich alle Äußerungen als sprachliche Handlungen (engl. *linguistic acts*) die Welt verändern. Und in der Tat: durch sprachliches Handeln verändern wir prinzipiell die Welt.

Austin zerlegte den **Sprechakt** (*acto de fala*) in einzelne Komponenten oder "Teilakte", und so mag er von Anbeginn an einer gewissen Mehrdeutigkeit der neuen Begrifflichkeit nicht unschuldig sein. Nach Austin besteht jeder Akt des Sprechens aus einem lokutionären und einem illokutionären Akt (mit Ausnahme der Interjektionen). Jeder **lokutionäre Akt** (*acto locucionário*) wiederum setzt sich aus drei Teilakten zusammen:

(1) dem **phonetischen Akt** (*acto fonético*) der Hervorbringung bestimmter Laute oder Geräusche;
(2) dem **phatischen Akt** (*acto fático*) als dem Äußern bestimmter Wörter (die Teil eines bestimmten Wortschatzes sind, eine bestimmte grammatische Struktur und Intonation aufweisen usw.); und
(3) dem **rhetischen Akt** (*acto rético*) der Verwendung dieser Wörter in einem mehr oder weniger präzisen **Sinn** (*sentido*) und mit mehr oder weniger präziser Referenz (*referência*), wobei Sinn und Referenz eines Wortes seine Bedeutung ausmachen.

Jeder konkrete Sprechakt (zum phonetischen Sprechakt vgl. Kap. 4) ist ein einmaliges (d. h. nicht wiederholbares) physikalisches Ereignis, insofern als die akustischen Qualitäten der den Sprechakt konstituierenden Sequenz von Schalleinheiten nicht wiederholbar sind; das betrifft vor allem den phonetischen und phatischen Akt. Wenn alle drei genannten lokutionären Teilakte gegeben sind, kann damit ein Illokutionsakt vollzogen werden; es gilt nur noch, die spezifische '**Illokutionskraf**t' (*força ilocucionária*) dem Ganzen zuzuordnen, also was die Absicht der Äußerung, ihr "pragmatischer Sinn" ist: also primär z.B. etwas zu fragen, zu versprechen, zu informieren, sekundär dann sicher noch einiges mehr.

---

217 Diese Aufforderung bei GOOGLE zeigt "Performativität", deren "pragmatische" Umsetzung sekundenschnell durch Button-Click erfolgt.

Searle (1969) seinerseits entwickelt diesen Ansatz von Austin zu einer umfassenden Theorie weiter, indem er bei einer normalen Äußerung den Vollzug vier verschiedener Teilakte unterscheidet:

(1) **Äußerungsakt** (*acto locutivo, locução*), also die eigentliche Lokution, das Aussprechen (oder Schreiben) der sprachlichen Ausdrücke;
(2) **Propositionsakt** oder **propositionaler Akt** (*acto proposicional*), der aus dem Referenzakt (dem Referieren auf determinierte Objekte der Wirklichkeit) und dem Prädikationsakt (dem Zuordnen einer Eigenschaft, eines Zustands oder einer Handlung zu dem Referenzobjekt) besteht;
(3) **Illokutionsakt** oder **illokutionärer Akt** (*acto [de fala] ilocutório / ilocutivo*, kurz: *ilocução*[218]), d.h. der sprechaktionale Vollzug des propositionalen Aktes vermittels einer Intention (z.B. *etwas versprechen, fragen, beschwören*);
(4) **Perlokutionsakt** oder **perlokutionärer Akt** (*acto perlocutório, perlocução*), d.h. durch die als 1 bis 3 genannten sprachlichen Akte wird etwas im Hörer ausgelöst (bzw. auf seinen Handlungswillen, seine Gedanken, Anschauungen und Gefühle eingewirkt).[219]

Der Oberbegriff "Sprechakt" wird von Searle (1971, 40) für die Teilakte (1) bis (3) zusammen verwendet, d.h. das Vollziehen dieser drei Akte: das Äußern bestimmter sprachlicher Ausdrücke mit einem semantischen Gehalt des Referierens und Prädizierens und mit der Intention und illokutiven Kraft, eine Sprechhandlung vollziehen zu wollen, z.B. des Behauptens (*João fuma muito* 'Hans raucht viel'), des Fragens (*O João fuma muito?* 'Raucht Hans viel?'), des Befehlens (*Fuma muito, João!* 'Rauch viel, Hans!'), des Wünschens (*Oxalá o João fumasse muito! Praza as céus que o João fume muito!* 'Hoffentlich raucht Hans viel!').

Searle (1971, 49) betont, dass **Behauptungen** (*afirmações, asserções*) zu unterscheiden sind von **Propositionen** (*proposições*) und **Aussagen** (*enunciados*):

> Afirmar e assertar são actos, mas uma proposição não é um acto. Uma proposição é o que é assertado no acto de asserção, o que é afirmado no acto de afirmação. Ou dizendo de outra forma, uma asserção é um compromisso (de um tipo bastante especial) com a verdade da proposição [Aussagen und Behaupten sind Akte, Propositionen dagegen nicht. Eine Proposition ist etwas, das im Akt des Behauptens behauptet, in dem des Aussagens ausgesagt wird. Oder um es andersherum auszudrücken: eine Behauptung ist eine (sehr spezielle Art der) Anerkennung der Wahrheit einer Proposition] (Searle 1981, 42-43).

---

218 Nicht zu verwechseln mit pt. *elocução* (Artikulations- oder Sprechweise, auch Vortragskunst), ein Begriff der Poetik (Metrik) oder der Rhetorik (*elocutio*), mit dem der Bereich zwischen gedanklicher Elaboration (*discurso interior / lógica interior*) und lautlicher Artikulation (Rhythmus, Sprechpausen, Lautdauer und -stärke, Tonhöhe, Melodie) bezeichnet wird; vgl. Melo (1976, 89-94).

219 Searle weist darauf hin, dass Perlokutionen durchaus nicht hundertprozentig vorhersagbar, d.h. berechenbar sind, z.B. ob man jemanden *überredet* oder ihn *überzeugt*: "Por exemplo, ao sustentar um argumento, podemos *persuadir* ou *convencer* alguém; se o aviso de qualquer coisa, posso assustá-lo ou alarmá-lo, pedindo alguma coisa, posso levá-lo a fazê-la; informando-o posso *convencê-lo, esclarecê-lo, edificá-lo, inspirá-lo, fazê-lo tomar consciência*. As expressões em itálico designam actos perlocucionais" [Zum Beispiel kann ich jemanden durch Argumentieren *überreden* oder *überzeugen*, durch Warnen *erschrecken* oder *alarmieren*, durch Auffordern *dazu bringen, etwas zu tun*, durch Informieren *überzeugen, aufklären, belehren, anregen, dazu bringen, etwas zu begreifen*. Die in dieser Aufzählung kursiv gedruckten Ausdrücke bezeichnen perlokutionäre Akte] (Searle 1981, 37).

Das Ziel seiner umfassenderen Sprachtheorie[220] ist es jedoch, die Regelhaftigkeit des sprachlichen Handelns aufzuzeigen, denn für Searle ist Sprechen eine regelgeleitete Form von intentionalem Verhalten (Searle 1981, 52; vgl. Searle 1971, 65 und 81). So unterscheidet er zwischen regulativen Regeln (diese regeln bereits bestehende Verhaltensformen, wie z.B. Anstandsregeln oder Tätigkeiten, die von Regeln unabhängig sind) und konstitutiven Regeln; diese letzteren "regeln nicht nur, sondern erzeugen oder prägen auch neue Formen des Verhaltens" (Searle 1971, 54).

Verben wie *behaupten, fragen, schwören, warnen, versprechen* oder *taufen* sind **performative Verben** (*verbos performativos*) und bezeichnen Illokutionen; eine explizit performative Formel (auch 'Präfix' genannt) enthält den pragmatischen Ausdruck *hiermit*, der den Handlungsakt im Vollzug definitiv werden lässt, z.B. *Baptizo-te com o nome Pedro* 'Ich taufe Dich (hiermit) auf den Namen Peter', *Prometo que te trago o livro amanhã* 'Ich verspreche dir (hiermit), das Buch morgen vorbei zu bringen'. Es entstand eine Diskussion darum, ob für jeden performativen Sprechakt in der Tiefenstruktur ein performatives Präfix wie

#Ich/Wir [1.Pers.] + perf.-Verb[+Präs.] + hiermit + du/Sie/ihr [2.Pers.] + Proposition #

anzusetzen wäre. Bei einigen dieser Sprechakte darf das explizite performative Präfix nicht getilgt werden, z.B. beim Taufakt. Eike von Savigny (1993, 139) nennt diese Sprechakte "primär illokutive Akte". Bei anderen dieser Sprechakte kann, wird oder muss das performative Präfix jedoch getilgt werden (z.B. beim Fragen, Befehlen, Wünschen, Grüßen, Fluchen, Lügen, Ironisieren usw.). Die optionale Tilgbarkeit des Performativ-Präfixes (z.B. beim Versprechen) und seine Rekonstruktion in verschiedenen Diskurs- oder Textformen (z.B. auch in portugiesischen politischen Redetexten, dazu Schmidt-Radefeldt 1972) hängt sicher von Faktoren des Kontextes, der Sprecher/Hörer-Relation wie auch der jeweiligen Sprechsituation ab.

An dieser Stelle sei auch auf die Theorie der **Fehlschläge** (*erros / falácia dos actos de fala*)[221] verwiesen, die insbesondere mit den performativen Sprechakten verbunden ist: aufgrund der situationellen und personellen Umstände ist oft nicht klar, wie ein Sprecher seine Äußerung verstanden haben will, weil Konventionen des uneigentlichen Sprachgebrauchs die Unterscheidung zwischen Bedeutung und Sinn verschleiern. Eine Äußerung wie "Der Hund ist bissig" ohne jederlei Indikator für die illokutive Rolle kann entweder ein einfacher Behauptungssprechakt sein, oder ein Sprechakt der Warnung (Sprecher warnt Hörer vor dem Hund), oder ein Sprechakt der Empfehlung (Sprecher-Hundezüchter bietet dem Hörer-Käufer den gewünschten bissigen Hund an). Missverständnisse über das, was "schön", "wahr" oder "wünschenswert" ist, werden jedoch - falls möglich - im Diskurs geklärt. Hier wird deutlich, dass die Sprechakttheorie von Austin und Searle erweitert werden muss, es kann nicht

---

220 Wichtig in dieser Theorie ist auch das 'Prinzip der Ausdrückbarkeit', das besagt, dass man alles, was man meinen, auch sagen kann; allerdings (so präzisiert Searle) kann es nicht immer sein, dass die vom Sprecher beabsichtigten Wirkungen beim Hörer auch erzielt werden: was ein Sprecher sagt und meint, welche Wirkung es beim Hörer auslöst bzw. was dieser versteht, ist nicht (immer) deckungsgleich.

221 Vgl. Searle (1971, 199-234); Searle (1981, 173-206).

nur der Sprecher (sprachlich handelnde Sprecher) allein im Zentrum des Interesses stehen: die Dialog- und Diskursanalyse hat durch ihre sehr differenzierte Beschreibung von Dialogsequenzen dem Rechnung getragen.

Verben, die Perlokutionen bezeichnen, heißen **perlokutive Verben** (*verbos perlocutivos*). Dazu gehören z.B. *überzeugen, provozieren* oder *erschrecken;* sie werden nicht performativ verwendet, vgl. **Ich erschrecke Dich hiermit.* Die Verwendungsbedingungen sind derart, dass der Sprecher das angestrebte Handlungsergebnis nicht vorhersagen kann.[222]

Das Modellbeispiel für einen Sprechakt in Searle (1971) ist das **Versprechen** (*prometer*); mit dem Gelingen dieses Sprechakts sind neun Bedingungen verbunden: zuerst (1) müssen normale Input- und Outputbedingungen erfüllt sein (also Bedingungen des sinnvollen Sprechens und Verstehens, der Sprachbewusstheit und Sprachkompetenz auf Seiten von Sprecher und Hörer, keinerlei externe Hindernisse der Kommunikation usw. Des weiteren umfassen die Bedingungen des propositionalen Gehalts, dass der Sprecher eine Proposition p mit seiner Äußerung ausdrückt (2) und dass er darin einen zukünftigen Akt ausdrückt (3). Diese beiden Bedingungen regeln den propositionalen Gehalt (*condições /regras de conteúdo proposicional*). Die vierte Bedingung besagt, dass der Hörer lieber der Ausführung als der Unterlassung dieser zukünftigen Handlung des Sprechers entgegen sieht, dass diese Handlung also vorteilhaft für ihn ist (4); bei einem normalen Verlauf der Ereignisse hätte der Sprecher diese Handlung nicht durchgeführt, so die fünfte Bedingung. Diese Bedingungen (4) und (5) nennt Searle "vorbereitende Bedingungen" (*condições preparatórias*). Natürlich muss der Sprecher wirklich die Absicht haben, die Handlung auch durchzuführen, d.h. seine Absicht muss aufrichtig sein (*condição / regra de sinceridade,* Aufrichtigkeitsbedingung, (6)) und er muss wissen bzw. zu erkennen geben, dass er auch bereit ist, sich mit dieser Absichtserklärung zur Durchführung der Handlung zu verpflichten (*condição essencial* / wesentliche Bedingung, (7)). Die bisher genannten Regeln (Regel 2 bis 7) betreffen den *Indikator der illokutiven Rolle* des Sprechakts (*regras de emprego do indicador de força ilocucional*). Eine achte Bedingung ist eine Bedingung auf Gegenseitigkeit - sie besteht dann darin, dass beide Gesprächspartner erkennen, was die Sprechhandlung genau meint (was ihr Sinn ist). Die Regel (1) wie auch die Bedingungen (8) und (9) (d.h., dass der Sprechakt voll im Rahmen der semantischen Regeln der Sprache liegt) gelten für alle Arten normaler Sprechakte.

Als Nachsatz sei angemerkt, dass im Portugiesischen zu unterschieden ist zwischen dem allgemeineren Begriff der 'Sprechhandlung' (*acto comunicativo*) und dem spezielleren technischen Begriff 'Sprechakt' (*acto de fala*), der dann weiter

---

[222] Über die Perlokutionen wurde in den 1970er und 1980er heftig diskutiert; Vorschläge zu einer Klassifikation der perlokutiven Verben machten Holly (1979) und Eyner (1987); zur Begriffsklärung zwischen 'perlokutivem Akt' und 'perlokutivem Effekt' trug Rolf (1982) bei, insofern unter handlungstheoretischem Aspekt zwischen Akten einerseits und Wirkungen andererseits als eigenständige Einheiten eines Handlungszusammenhangs zu unterscheiden ist; Erfolg und Erreichen des Ziels kann keine Bedingung für den Vollzug einer Handlung sein.

differenziert werden kann. In der lusitanistischen Linguistik wird *'acto de fala'*, *'acto linguístico'*, *'acto de linguagem'* (Searle 1984, 11) fast gleichwertig verwendet.

Grundlagenliteratur

Auer (1999, 70-102); Austin (1958/1996; 1962/2002); Gouveia (1996); Hindelang ([4]2004); Hoffmann (1996, 132-162); Linke/Nussbaumer/Portmann ([5]2004, 197-232); Savigny (1993); Searle (1969; dt. 1971; pt. 1981).

9.2.2 Klassifikation der Sprechakte

Da die Menge der Sprechhandlungen einer Sprache nach verschiedensten Kriterien (linguistischen, philosophischen, kognitiven usw.) geordnet werden kann, stellt sich die Frage nach einer Typologie (Taxonomie) der Illokutionen.

Austin schlug ansatzweise eine erste Klassifikation von Illokutionen auf der Basis von fünf Verbgruppen vor, war sich aber der Problemhaftigkeit dabei bewusst ("I distinguish five more general classes: but I am far from equally happy about all of them", Austin 1962/2002, 150), wobei er mit seiner Theorie gegen die beiden Fetische von der logischen Wahrheit/Falschheit (*true/false*) und von Wert/Faktivität (*value/fact*) Front machen wollte. Austin schlug folgende Klassen von Äußerungen vor:

(1) **Verdiktive Äußerungen** (*verdictives; sentenças*)- die er in weitere sieben Unterklassen unterteilte - bezeichnen die (juristische) Beweisführung und das Verhängen von Urteilen, Ratgeben, Warnen, Einräumen, Berechnen, Beschreiben (z.B. engl. *to acquit, convict, locate, rate, value, assess*);

(2) **Exerzitive** (*exercitives; decisões/intervenções*) - die zur Bezeichnung von Entscheidungen für oder gegen bestimmte Handlungsverläufe eingesetzt werden (z.B. engl. *to warn, resign, veto, order, command, direct, pray, beg, approve, protest*);

(3) **Kommissiva** (*commissive; enunciações de obrigação*) - dienen zur Bezeichnung von Akten, vermittels derer der Sprecher zu einem Handlungsverlauf gedrängt wird oder sich selbst zu einer Handlung verpflichtet (z.B. engl. *to promise, contract, vow, agree, engage, I give my word, consent, favour*);

(4) **Konduktiva** (*behabitives; enunciações de comportamento*), deren Funktion darin zu sehen ist, sprechaktional durch eine standardisierte, konventionelle Reaktion auf das Verhalten des anderen zu reagieren und eine Wertehaltung auszudrücken (z.B. engl. *to apologize, thank, deplore, congratulate, resent, welcome, bid farewell, bless, curse, condole*);

(5) **Expositiva** (*expositives; enunciações de argumentação*) - mit denen der Sprecher seine Position in der Rede herausstellt, untermauert, differenziert und verstärkend bezeichnet (z.B. engl. *to affirm, deny, report, remark, mention, accept, agree, deduce, postulate, answer, testify, correct, ask*).

Eine andere Klassifikation der Sprechakte - auch mit fünf Klassen - wurde von Habermas (1971, 111-114) vorgeschlagen, die wir durch portugiesische Verben illustrieren:

(1) die Klasse der **Kommunikativa** (also solche, die den Modus des Sprechens bezeichnen, z.B. pt. *falar* 'sprechen', *responder* 'antworten', *replicar* 'erwidern', *citar* 'zitieren');

(2) die Klasse der **Konstativa** (solche, die den Sinn der kognitiven Verwendung von Sätzen ausdrücken und die Unterscheidung zwischen privater/öffentlicher Welt erlauben, z.B. pt. *manter* 'aufrechterhalten', *afirmar* 'behaupten', *informar* 'informieren', *relatar* 'berichten', *contar* 'erzählen', *pôr em dúvida* 'bezweifeln');

(3) die Klasse der **Repräsentativa** (solche, die den pragmatischen Sinn der Selbstdarstellung eines Sprechers vor einem Hörer bezeichnen und meist eingebettete Intentionalsätze zur Folge haben (z.B. pt. *saber* 'wissen', *pensar* 'denken', *achar* 'finden', *julgar* 'glauben', *confessar* 'bekennen', *dissimular* 'verhehlen', *ocultar* 'verbergen')[223];

(4) die Klasse der **Regulativa** "dient dazu, den Sinn der praktischen Verwendung von Sätzen auszudrücken. Sie expliziert den Sinn des Verhältnisses, das Sprecher/Hörer zu Regeln einnehmen, die sie befolgen oder verletzen können." (Habermas 1971, 112). Beispiele wären *advertir* 'warnen', *exortar* 'auffordern', *proibir* 'verbieten', *interdizer* 'untersagen', *opor-se* 'sich widersetzen', *obrigar* 'zwingen', *comprometer-se* 'sich verpflichten', *prometer* 'versprechen', *desculpar[-se]* 'sich entschuldigen', *perdoar* 'verzeihen';

(5) die letzte Klasse der **institutionellen Sprechakte** (die nach Habermas nicht zu den pragmatischen Universalien gehört) bezeichnet den Vollzug institutionell geregelter Handlungen. Beispiele sind pt. *cumprimentar/saudar* 'grüßen', *felicitar/dar os parabéns* 'beglückwünschen', *agradecer* 'danken', *dar pêsames* 'kondolieren', *apostar* 'wetten', *celebrar esponsais/casar[-se]* 'sich (einander) versprechen', *baptizar* 'taufen', *amaldiçoar* 'verleumden', *publicar* 'bekanntgeben '*nomear* 'ernennen', *condenar* 'verurteilen', *sentenciar* 'urteilen'. Da diese **Institutiva** (wie wir sie nennen können) eng mit den sozialen Strukturen und Einrichtungen der jeweiligen Sprachgemeinschaft zusammenhängen, ist ihre einzelsprachliche Ausdrucksweise und Verwendung von besonderer Bedeutung.

Searle (1980), der als Kriterien für seine Klassifikation von Illokutionsakten neben grammatischen auch noch eine Menge anderer angibt (z.B. den Illokutionszweck (*illocutionry point*) als Teil der Illokutionskraft, die Entsprechungsrichtung (*direction of fit)* von Welt und Worten, und den mental-psychischen Zustand (*psychological state)* des Sprechers) teilt seine fünf Klassen (hier wieder durch portugiesische Verben ergänzt) folgendermaßen ein:

(1) **Assertiva** (Repräsentativa): der Illokutionszweck zielt bei Sprechakten dieser Klasse darauf, dass der Sprecher etwas (p) behauptet, festlegt, von dessen Wahrheit er wissentlich und psychisch überzeugt ist und wovon er den Angesprochenen überzeugen will (also z.B. *afirmar* 'behaupten', *manter* 'bestehen auf', *defender* 'verteidigen', *saber* 'wissen', *informar* 'informieren', *referir* 'wiedergeben', *relatar* 'berichten', *identificar* 'feststellen');

(2) **Direktiva:** diese Klasse von Sprechakten umfasst solche, die den Hörer zu zukünftigen Handlungen reaktiv bewegen, verpflichten oder veranlassen sollen: Aufforderungen, Bitten, Befehlen, Raten, Fragen – also auch die von Wunderlich (1976, 181-250) als 'erotetisch' bezeichnete und umfassend analysierte Klasse (pt. z.B. *exortar* 'fordern', *pedir* 'bitten', *convidar a* 'dazu einladen', *intimidar* 'einschüchtern', *rogar que* [+subj.] 'auffordern', *ordenar* 'befehlen', *aconselhar* 'raten', *perguntar* 'fragen');

---

[223] Habermas (1971, 112) verweist hier auf Beispiele wie "Ich verschweige dir nicht, dass ich nicht unvermögend bin" oder "Ich sage nicht, dass der Kreter Kallimachos kein Lügner ist", durch die indirekt-implizit etwas feinsinnig mitgeteilt wird.

(3) **Kommissiva**: durch Sprechakte dieser Art verpflichtet sich der Sprecher selbst zu nachfolgenden, zukünftigen Handlungen, also durch Versprechen, Angebot, Drohung (z.B. *prometer* 'versprechen', *oferecer* 'anbieten', *ameaçar* 'drohen');

(4) **Expressiva**: durch diese Sprechakte drückt der Sprecher eine psychische Einstellung der Aufrichtigkeit (vgl. die o.g. Aufrichtigkeitsbedingungen) aus, sie sind stark gesellschaftlich, gewohnheitsmäßig bzw. rituell determiniert, also Danken, Entschuldigen, Begrüßen, Gratulieren (*desculpar-se* 'sich entschuldigen', *escusar-se* 'sich entschuldigen', *cumprimentar* 'grüßen', *saudar* 'grüßen', *dar as-boas-vindas* 'willkommen heißen', *felicitar* 'beglückwünschen', *dar os parabens* 'gratulieren'etc.);

(5) **Deklarativa**: diese Klasse von deklarativen Sprechakten findet sich vorrangig in sozialen Institutionen/Situationen - meist performativ verwendet, ihr Vollzug zielt bei Gelingen auf eine Übereinstimmung des geäußerten propositionalen Gehalts und der (veränderten) Wirklichkeit: Taufen, Ernennen, den Krieg / die Liebe erklären, Definieren u. a. (pt. *baptizar* 'taufen', *nomear* 'ernennen', *declarar guerra / o amor / falência / impostos / culpado* 'den Krieg / seine Liebe / das Ableben / die Steuern / für schuldig erklären', *definir* 'festlegen'etc.).

Von Seiten der Linguistik hat Wunderlich (1976) eine kurze Typologie der Illokutionen vorgelegt, bevor dann eine Menge Einzeluntersuchungen zu besonderen Sprechakttypen vor allem in der Germanistik entstanden[224]. Wunderlich (1976, 77) unterscheidet nun acht Typen, wobei ihm wichtig ist, welche einem grammatischen Modus entsprechen (Klasse 1, 3), welche Sprechakte im Diskursgeschehen reaktiv (Kl. 2, 4, und 5) und welche initiativ sind (Klasse 1, 3, 4 und 8); dem Vokativ spricht er eine Sonderrolle zu, weil dieser initiativ ist und auch zur Aufrechterhaltung der Kommunikation dient:

(1) **direktiv** (Aufforderungen, Bitten, Befehle, Anweisungen, Anordnungen, Instruktionen, Normsetzungen);

(2) **kommissiv** (Versprechungen, Ankündigungen, Drohungen);

(3) **erotetisch** (Fragen);[225]

(4) **repräsentativ** (Behauptungen, Feststellungen, Berichte, Beschreibungen, Erklärungen, Versicherungen);

(5) **satisfaktiv** (Entschuldigungen, Danksagungen, Antworten, Begründungen, Rechtfertigungen);

(6) **retraktiv** (Zurückziehen eines Versprechens, Korrektur einer Behauptung, Erlaubnisse);

(7) **deklarativ** (Benennungen, Definitionen, Ernennungen, Schuldsprüche, Festsetzen einer Tagesordnung, Eröffnung einer Sitzung;

(8) **vokativ** (Anreden, Anrufe, Aufrufe).

Diese Taxonomien haben zu einer vielfachen Kritik Anlass gegeben, wie man sich

---

224 Übersichtlich in Form von Diagrammen haben Kohl/Kranz (1992) den letzten Forschungsstand der zur Klassifikation und Spezifikation der Illokutionsakte (mit Bibliographie) vorgelegt, insbesondere die Typen der sprachlichen Informationshandlungen, Aufforderungen, Fragehandlungen, kommissiven Sprechakte, Expressiva, Bewertungen, Bewertungsbewertungen, Sprechaktbewertungen, so dass hier auch *lügen, schmeicheln, aufhetzen* oder *intrigieren* ihren Platz finden.

225 Dem Thema "Fragesätze und Fragen" hat Wunderlich (1976, 181-250) eine besondere Untersuchung gewidmet; zur Typologie der Frage-Sprechakte vgl. auch Hindelang ([4]2004).

denken kann (deshalb haben wir sie hier referiert). Es wurde immer wieder festgestellt, dass schon den klassischen Satzformtypen (Satzmodi) im Grunde immer bestimmte Illokutionstypen prototypisch zugeordnet wurden (und weiterhin werden): mit Aussagesätzen (Deklarativsätzen) werden Aussagen gemacht, mit Fragesätzen (Interrogativsätzen) Fragen gestellt, mit Aufforderungssätzen (Imperativen) Befehle erteilt, jedoch gehen die sprechaktionalen Funktionen darüber weit hinaus. Die Analyse der Sprechakte hat die Verwendungsfunktionen dieser klassischen Satztypen in ihrer großen Diversität aufgezeigt und zu einem ersten theoretischen Gesamtkonzept geführt; das Konzept kann jedoch nicht alle Funktionen von Äußerungen erfassen und rekonstruiert die sprachliche Verwendungswirklichkeit auf inadäquate Weise.[226] Weiterhin ist kritisch anzumerken, dass eine Proposition aber auch durch andere sprachliche Mittel (z.B. durch Intonation, Partikeln) semantisch-pragmatisch determiniert sein kann, denn Sprechakt-Funktionen sind ohne Berücksichtigung des Diskurses und seiner pragmalinguistischen Hintergründe nicht eindeutig zu interpretieren.

Grundlagenliteratur

Cohen 1980 (in Kußmaul 1980, 9-52); Hindelang ([4]2004); Kohl/Kranz (1992); Levinson (2000, 247-308); Searle (1980); Wunderlich (1976).

9.2.3 Indirekte Sprechakte

Bisher war weitgehend von direkten Sprechakten die Rede, die in der Sprechakttheorie der Normalfall sind. Wenn aber der Satzmodus einer Äußerung nicht mit ihrem prototypischen Illokutionstyp übereinstimmt (also von der primären Illokution abweicht) und der propositionale Gehalt keine eindeutigen illokutiven Basisindikatoren[227] enthält, dann muss man von einem **indirekten Sprechakt** (*acto de fala indirecto*) ausgehen. Franck (1975, 219) definierte:

> Ein Sprechakt ist dann indirekt ausgedrückt, wenn der mit sprachlichen Mitteln angezeigte Illokutionstyp (nach der normalen Interpretation aller Illokutionsindikatoren) nicht mit der primär intendierten illokutiven Funktion übereinstimmt.

Wenn der Sprecher sagt: *Há corrente de ar*! 'Es zieht!', so wird dies konventionell als Aufforderung verstanden, die Tür zu schließen (wenn denn eine offen steht),

---

226 Searle kritisierte an Austins Ansatz, dass er zu sehr an Sprechaktverben orientiert sei, dass er in erster Linie eine lexikalische Klassifikation verfolgt und die Kriterien nicht klar genug herausgearbeitet habe, dass sich seine einzelnen Klassen zudem auch überschneiden. An Searles Ansatz wurde kritisiert, dass in seiner Formulierung der illokutionären Zwecke willkürliche Vorentscheidungen enthalten seien, dass das Kriterium der Anpassungsrichtung von Wort und Welt nicht hinreichend differenziert sei, dass für ihn der propositionale Gehalt der Äußerung entscheidend für die Zugehörigkeit zu einem Sprechakttyp sei (was so nicht stimmt, man denke bspw. an Äußerungen wie *Tenho dito* 'Ich habe alles gesagt', wodurch der Sprecher deklarativ und imperativisch das Ende des Gesprächs signalisiert – also eine Doppelfunktion vollzogen wird).

227 Als linguistische **Basisindikatoren** für die Identifizierung einer Illokution gelten folgende: ein explizit performatives Präfix, der Satztyp mit seinen morphosyntaktischen Spezifika, Partikeln, prosodische Merkmale und der propositionale Gehalt.

ohne dass sprachliche Indikatoren dieses in der Äußerung verdeutlichen; wenn ein Sprecher fragt: *É capaz de fechar essa janela?* 'Können Sie das Fenster schließen?', dann wird üblicherweise nicht nach der körperlichen Fähigkeit des Angesprochenen gefragt, das Fenster schließen *zu können*. Und insbesondere Äußerungen in Form von rhetorischen Fragen (z.B. *E porque eu hei-de saber?* 'Und warum sollte ich das wissen?' sind im Dialog illokutiv oft nicht eindeutig als Frage oder Behauptung festlegbar, was vielleicht vom Sprecher sogar so intendiert ist. Von der Satzbedeutung (der "eigentlichen" Bedeutung) ist nicht auf die uneigentliche Bedeutung (= Sinn) oder den Illokutionstyp der Äußerung zu schließen.

Austin verstand indirekte Sprechakte - wie die Ernennung eines Pferdes zum Konsul oder das "Versprechen", jemandem eine Tracht Prügel zu verabreichen - als kommunikative "Unglücksfälle"; er meinte, der Gebrauch nicht-expliziter Formeln sei ein Unglücksfall, denn nur die primär expliziten Performativ-Präfixe geben eine eindeutige Sprechaktzuordnung her. Searles Position zu den indirekten Sprechakten ging dahin, dass für ihn die Eindeutigkeit eines Sprechakts abhängig von der Tiefenstruktur des Satzes ist (zur generativen Syntax vgl. Kap. 6.6) und die illokutionäre Rolle durch den Kontext und gemeinsames Hintergrundwissen der Gesprächspartner bestimmt wird. Searle (1980, 132-134) bringt eine Menge Beispiele von Sprechakten, die als indirekte Sprechakte in der Gruppe der Direktiva (Auffordern oder Bitten) verstanden werden. Ein portugiesisches Beispiel ist *É capaz de passar o sal?* 'Könnten Sie mir das Salz reichen?'. Idiomatisierte Höflichkeitsformeln und versprachlichte Verschleierungstaktiken kommen hier durch die Formulierung ins Spiel, die jede einschichtige Sprechakttypologie unterlaufen. Im Anschluss an Franck kam Schlieben-Lange zu der interessanten Feststellung:

> Der Grad der Wahrscheinlichkeit indirekter Sprechakte lässt also offensichtlich wichtige Schlüsse zu auf die Wertsysteme der jeweils untersuchten Gesellschaften. Sind wenig indirekte Sprechakte möglich, so ist die Gesellschaft stark durchinstitutionalisiert. Sind dagegen viele indirekte Sprechakte möglich, so ist anzunehmen, dass die Möglichkeiten der Selbstdarstellung hoch bewertet werden (Schlieben-Lange 1975, 92).

Diese Hypothese wartet noch auf die Beweisführung.

Neben der besonderen einzelsprachlichen Analyse der Sprechakte (auch sprachvergleichend) wird es also zuerst darum gehen, operationalisierbare Kriterien für die Erfassung direkter und indirekter Sprechakte vorzulegen und zu überprüfen (etwa syntaktische und semantische Eigenschaften des illokutiven Verbs, seine Distribution in Kontexten und Sprechsituationen, jedoch nicht ausschließlich seine mögliche performative Verwendung u.a.m.). Flüche, Ausrufe, Anrufe und andere Kommunikationsphänomene müssen darin ihren Platz finden.

Es gibt einige Kritikpunkte an der Theorie der Sprechakte. So muss der Hörer als Partizipant am Sprechakt stärker einbezogen werden. Linke / Nussbaumer / Portmann (2004) weisen darauf hin, dass die Sprechakttheorie vorrangig *sprecherorientiert* ist (der Sprecher steht zu sehr im Mittelpunkt, der Hörer erscheint nur im Rahmen der Perlokution) und dass *der Satz als grundlegende Einheit* eigentlich nie überwunden wurde ("Satzverhaftetheit").[228] Weiterhin kritisieren sie, dass das *kommunikative Wechselspiel* und *authentische Sprechaktsequenzen* nicht in adäquater Weise zugrunde gelegt werden, dass man bei Äußerungen primäre, sekundäre, tertiäre Sprechaktfunktionen annehmen muss, dass "eine Sprachgemeinschaft nicht nur ein Set von Sprechakten und konventionalisierten Realisierungsmöglichkeiten derselben kennt, sondern eben auch ganz bestimmte Muster von Sprechaktsequenzen, deren Beherrschung ebenfalls einen Teil unserer kommunikativen Kompetenz darstellt." (Linke / Nussbaumer / Portmann [5]2004, 219). Dieser Aspekt ist gerade auch für die fremdsprachliche Kompetenz von großer Relevanz.

Grundlagenliteratur

Ernst (2002, 89-112); Hindelang ([4]2004); Meyer-Hermann (1976); Linke / Nussbaumer / Portmann ([5]2004, 193-232); Searle (1980).

9.3 Dialoganalyse und Textlinguistik

9.3.1 Interaktion und Dialogsequenzen

Aus den Sozialwissenschaften (Soziologie, Psychologie) wurde der Begriff der Interaktion in die Sprachwissenschaft übernommen. **Interaktion** (*interacção*) bezeichnet das aufeinander bezogene Handeln von zwei oder mehr Personen, Gruppen oder Systemen, wobei zwei Momente wichtig sind: einerseits löst das Sprechen, Handeln oder Verhalten (*actio*) der einen Person eine nachfolgende Handlung bei der anderen aus (*reactio*), andererseits beeinflusst oder verändert dieses wechselseitige Handeln (sozial-psychologische Interaktion) zugleich immer auch die Haltungen, Einstellungen oder Erwartungen des anderen und hat einen veränderten Fortlauf der Interaktion zur Folge. Interaktion (im Sinne von Kommunikation) findet in der Regel in gesellschaftlichen Vernetzungen und sozio-kulturellen Sprechsituationen statt, die durch die Systeme der Kommunikationsmittel (Sprache, Gestik/Mimik, weitere Symbole) vorgegeben sind. In der Pragmalinguistik haben diese Einsichten inzwischen zu dem neuen Ansatz einer "interaktionalen Linguistik"[229] geführt.

Wie Pedro (1996, 452-453) verdeutlicht, erfordert jede verbale Interaktion eine Situation mit determinierten Raum- und Zeitkoordinaten, wobei eine ständige, flexible Anpassung der Gesprächsteilnehmer vonstatten geht, Anpassungen an die gegebenen und sich verändernden Örtlichkeiten oder Zeitlichkeiten, an institutionelle Verhältnisse, an die Gesprächsteilnehmer vermittels formaler und inhaltlicher Sprachgestaltung, z.B. durch Verwendung verschiedener Register (*registo*), durch Redestrukturierung oder Redeverteilung wie **Sprecherwahl**

---

[228] Man denke an Verbotsschilder (*avisos*) wie Proibido fumar [Rauchen verboten] oder Proibido estacionar [Parken verboten], die performativ das Gesetz vertreten. In Frankreich und auch in Portugal wird dazu oft auf die genaue gesetzliche Verordnung verwiesen.

[229] Die Online-Zeitschrift www.gespraechsforschung-osz.de, die nun schon sieben Jahre erscheint, hat die "interaktionale Linguistik" zu ihrem zentralen Forschungsanliegen gemacht (vgl. Nr. 1/2000, S. 79-85).

(*tomada de vez*), durch **sprachliche Indikatoren** (*marcadores linguísticos*) als Ausdruck von Schichtzugehörigkeit, der Macht, der Solidarität, der Höflichkeit, der eigenen Identität (im EP und BP z.B. ausgedrückt durch ein reiches Spektrum an Anredeformen), durch Sprachdefizite (*elaborierter* versus *restringierter Kode/ código elaborado* versus *código restrito*) oder kommunikative Ungleichheit (*desigualdade comunicativa*). Alle diese sozialen und institutionellen Hintergründe schlagen sich in der verbalen Interaktion nieder, sind aber wohl letztlich auf pragmatische Ursachen rückführbar, und so kommt Pedro (1996, 475) zu dem Schluss: "A função de um enunciado pode ser estabelecida pragmaticamente" [Die Funktion einer Äußerung kann pragmatisch begründet sein].

Der semiotische Einbezug der Interaktion in die Dialoganalyse hat einen besonders starken Impuls Anfang der 1970er Jahre durch die ethnomethodologischen Arbeiten von Goffman zu den "Interaktionsritualen" erhalten. Wie Auer (1999, 148) hervorhebt, lassen sich zwei Linien in den Arbeiten Goffmans erkennen:

> eine, die mehr auf 'rituelle' Aspekte der Interaktion abzielt und mit dem Begriff des *face* verbunden ist, und eine mehr strukturelle [...] Für die verbale Interaktionsanalyse sind beide Dimensionen von größter Wichtigkeit.

In der Tat sind diese Ansätze zur Erfassung von sozialen Ordnungen und "Interaktionsritualen", der gesellschaftlichen Gesichtsbewahrung und des Gesichtsverlusts, der Höflichkeit, Ehrerbietung, Sprecher- und Hörerrollen bis hin zur Imagepflege und den diversen Verhaltensritualen gerade auch interkulturell von größter Wichtigkeit. Verbale Interaktionen und Gespräche haben in verschiedenen Sprachgemeinschaften unterschiedliche Gangarten (*footings*, wie es Goffman nannte). Hier eröffnen sich gerade für die lusitanistische Sprach- und Kulturwissenschaft neue, interessante Aufgabenbereiche.

Die Begrifflichkeiten 'Interaktion' und 'Dialog' sollen hier eng verstanden werden, insofern die dialogische Sequenz (in ihrem Kern als eine Zweiheit) dyadisch strukturiert ist: die Organisation des **Sprecherwechsels** (*turno, alternância de vez*) und der dialogischen Sequenzen (z.B. Gruß/Gegengruß, Frage/Antwort, Bitte/Entsprechung, Behauptung/Widerspruch usw.) macht das deutlich.

Auch Marcuschi ([2]1991) begründete seine Konversationsanalyse auf eben dieser spezifischen **Paar-Struktur** (*organização de turno a turno, organização de seqüências*), indem er als "pares conversacionais" (oder nach Schegloff "pares adjacentes", also 'Nachbarschaftspaare') folgende anführt: *pergunta - resposta* 'Frage - Antwort', *ordem - execução* 'Befehl - Ausführung', *convite - aceitação/recusa* 'Einladung - Annahme/Ablehnung', *cumprimento - cumprimento* 'Begrüßung - Begrüßung', *xingamento - defesa/revide* 'Beschimpfung - Verteidigung/Revanche', *acusação - defesa/justificativa* 'Beschuldigung - Verteidigung/Rechtfertigung', *pedido de desculpa - perdão* 'Bitte um Entschuldigung - Vergebung' (Marcuschi [2]1991, 35). Weigand (1989, 35-56) hat dieses "dialogische Prinzip" – wie auch Henne/Rehbock ([4]2001) und manch andere – als konstitutiv für die Textkompetenz herausgestellt.

Wenden wir uns hier kurz Frage und Antwort zu, die als Sprechhandlungen diverse Funktionen erfüllen können. Im Falle der Wissensfrage etwa bittet ein

Sprecher den Hörer, ihm eine bestimmte Information zu liefern. Das Frageziel wird in der Regel klar benannt:

> A_1: *Gosteria saber porque é que o doutor Fernandes tratava os seus patrões* [Ich würde gern wissen, warum Dr. Fernandes seine Vorgesetzten behandelt hat]?
> B_1: *Porque é um amigo* [Weil er ein Freund ist].
> A_2: *Por que razão, em que doenças* [Aus welchem Grund, wegen welcher Krankheiten]?
> B_2: *Gripes, anginas, rouquidão* [Grippe, Angina, Heiserkeit].

In dieser Sequenz ist in der Wissensfrage A_1 das primäre Frageziel der Grund (v_{caus}), warum der Arzt Dr. Fernandes seine Arbeitgeber behandelt hat; die Antwort B_1 ist jedoch unbefriedigend für A (wenngleich durch B_1 der Bereich der Variablen v_{caus} korrekt bedient wird); der Sprecher A wollte aber (ursprünglich) die Behandlungsursache, d.h. die Krankheit(en), wissen. Deshalb muss A_2 eine präzisierende Nachfrage stellen und erhält eine (wohl) exhaustive Aufzählung der Krankheitsnamen.[230]

Dieses Beispiel macht deutlich, dass die einleitende Höflichkeitsformel (*Quero saber/gostaria de saber/sabe você* 'Ich möchte/würde gern wissen/Wissen Sie' u.a.) den Fragetyp bezeichnet (Frage nach Wissen), dass das Frageziel nicht immer eindeutig ist und dass Beantwortungen nicht immer vollständig gegeben werden. Antworten können auch "leer" sein, etwa wenn durch Proformen geantwortet wird, wobei semantisch lediglich die erfragte Kategorie (Variablensorte) bedient wird:

> A_1: *Não vou* [Ich gehe nicht].
> B_1: *E porquê não* [Und warum nicht]?
> A_2: *Porque não* [Darum nicht].

Der Sprecherwechsel wird interaktiv durch A_2 vollzogen, es wird aus Gründen der kommunikativen Kooperation überhaupt geantwortet - jedoch semantisch bleibt die Antwort leer und ist auch in diesem Sinne von A intendiert.

Eine andere Dialogsequenz, die als Sequenzpaar besondere linguistische Aufmerksamkeit gefunden hat, ist die Frage in der Funktion des Handlungsangebots:

> A_1: *Canto* [Soll ich singen]?
> B_1: *Canta* [Ja]![231]

---

230 Alle Beispiele in diesem Kapitel aus Schmidt-Radefeldt (1979, 155; 156 f.), wo auch andere Frageziele der 'K-Fragen' nach Sorten geordnet sind (nach Lebewesen *Quem?* 'Wer', Handlungen *Fez o quê?* 'Was haben Sie gemacht', Ereignissen *O que é que aconteceu?* 'Was ist passiert', Sachen *O que está na mesa?* 'Was liegt auf dem Tisch', Zeitpunkten *Quando vamos comer?* 'Wann gehen wir essen', Mengen *Quanto tempo?* 'Wie lange', Orten *Onde na Baixa?* 'Wo in der Baixa', Absichten, Art und Weise, Eigenschaften usw.), d.h. als Variablen-Sorten behandelt werden. Aber: Ein scheinbar primäres Frageziel v_{loc} nach dem Ort (z.B. *Onde está o champô?* 'Wo ist das Shampoo' gewinnt als Ruf unter der Dusche pragmatisch den Sinn "*Passa-me o champô – por favor*! 'Gib mir bitte das Shampoo').

231 Wir haben es hier mit einer Besonderheit des Portugiesischen zu tun: auf Entscheidungsfragen antwortet man in der Regel mit der Wiederholung des Vollverbs der Frage und nicht (nur) mit 'Ja' oder 'Nein'.

In dieser Sequenz, die eine bestimmte Sprechsituation und vor allem bestimmte Voraussetzungen zwischen den Dialogpartnern erforderlich macht (menschliche Beziehungsverhältnisse zwischen A und B ebenso wie besondere Fähigkeiten des A u.a.m.), wird die verbale Handlungsannahme des B_1 für A zu einer Handlungsverpflichtung.[232]

Im Rahmen der Dialogforschung lassen sich zusätzlich zu den bereits im Rahmen der Konversationsanalyse (Grice) und der Sprechakttheorie (Searle) genannten weitere kommunikative Prinzipien anführen. Fritz / Hundschnurscher (1994, 253-256) zählen bei Frage-Antwort-Sequenzen das Prinzip der Informativität und der Relevanz hinzu, was vor allem für die Qualität der Antworten gilt, weiterhin solche Prinzipien wie Ökonomie, Rationalität und Nützlichkeit.[233]

Bei Frage-Antwort-Sequenzen kommen nun auch stark die **Präsuppositionen** *(presuposições)*, d.h. Sinnvoraussetzungen, ins Spiel. Dieser Begriff stammt aus der logischen Semantik und hat sich jedoch gerade für die Dialoganalyse als sehr nützlich erwiesen. Jeder Sprecher verwirklicht mit seiner Äußerung bestimmte Erwartungen. Mit seiner Fragehandlung setzt er jedoch oft schon etwas voraus, er präsupponiert Sachverhalte, die Existenz von Dingen oder Personen und vor allem Wissen und Können des Angesprochenen. Der Angesprochene akzeptiert diese Präsuppositionen oder nicht; er kann (und sollte) sich argumentativ gegen falsche Präsuppositionen (gegen Unterstellungen) mit Protest wehren. Durch Äußerungen wie

- *O João gritou* [João schrie] wird präsupponiert, dass es João gibt (existentielle Präsupposition);
- *O facto de João ter gritado surpreende-me* [Die Tatsache, dass João geschrieen hat, überrascht mich] wird durch das faktive Prädikat präsupponiert, dass *O João gritou* eine wahre Aussage ist;
- *Foi o João quem apanhou o ladrão* [João hat den Dieb gefangen] wird durch die Reliefstellung von 'João' bewirkt, dass die Präsupposition 'jemand hat den Dieb gefangen' wahr sein muss;[234]
- *O João saiu quando Maria telefonou* [João ging hinaus, als Maria telefonierte] erscheint der eingefügte Temporalsatz *quando a Maria telefonou* als präsupponiert, er fungiert in der Dialogsequenz zugleich auch als 'Thema' (*tema*) - gegenüber dem Rhema (*rema*)[235] 'O João saiu';
- *O João, que ama a Luísa, é um homen simpático* [João, der Luisa liebt, ist ein sympathischer Mann], wo der nicht-restringierte Relativsatz präsupponiert ist;

---

232 Vgl. dazu ausführlich Schmidt-Radefeldt (1979, 189-195) und Johnen (2006d).

233 Fritz/Hundschnurscher wissen natürlich um die Komplexität von authentischen Kommunikationssituationen und interaktiven Komplikationen dabei, so dass sie auch Konflikte, z.B interkulturelle, einbeziehen: "Man kann beispielsweise aus strategischen Gründen Fragen sowie Antworten möglichst uninformativ halten oder aufgrund des Prinzips der Höflichkeit relevante Fragen unterlassen" (Fritz / Hundschnurscher 1994, 256).

234 Eine Frage nach einem Lebewesen oder einer Person wie in *Sobre quem recaiu a responsabilidade?* 'Wen traf die Verantwortung' präsupponiert aber nicht, dass es überhaupt jemanden geben muss, man denke an die Antwort im Kinderspiel "Wer hat Angst vorm schwarzen Mann".

235 Thema versus Rhema sind Begriffe der funktionalen Satzperspektive, die sich anhand von Frage-Antwort-Sequenzen gut exemplifizieren lassen (vgl. Bußmann [3]2002). Vgl. 6.3.4.1.

- *O João continuou a narrar* [João erzählte weiter] steuern aspektuelle Implikationen die Präsupposition ' João hatte zuvor schon erzählt';
- *A Maria é mais feia do que a Fernanda* [Maria ist hässlicher als Fernanda] wird 'Fernanda ist hässlich' präsupponiert;
- *Já deixou de bater a sua mulher?* [Haben Sie schon aufgehört, Ihre Frau zu schlagen?]; die klassische "spouse-beating-question" unterstellt den Ehestand des Befragten und seine Gewohnheitstaten.[236]

Die Dialogpartner bringen in das Gespräch immer schon gemeinsames Wissen ein, das Grundlage für Fragevoraussetzungen sein kann, das sich dann aber im Ablauf des Dialogs auf verschiedenste Weise verändern kann. Die Beiträge im *Handbuch der Dialoganalyse* von Fritz / Hundsnurscher (1994) geben einen umfassenden Forschungsüberblick zum Dialog und öffnen die pragmalinguistische Orientierung hinsichtlich der Gesprächsanalyse etwa durch eine Dialog-Typologie (Fritz / Hundschnuscher 1994, 203-238) oder durch eine sprechakttheoretische Dialoganalyse (ebd., 95-112).

Grundlagenliteratur

Fritz / Hundsnurscher (1994); Levinson (2000, 322-346); Marcuschi (²1991, 34-52).

9.3.2 Diskursanalyse

Die Gesprächs- oder **Diskursanalyse** (*análise do discurso*) hat als Gegenstandsbereich mündliche Texte (gesprochene Rede) mit wechselnder Sprecher-Hörer-Rolle (Dialog). Die empirische Grundlage für diese Forschungen sind authentische Texte (Sprach-Corpora), die sprachlich-spontanes und auch nicht-sprachliches Handeln aufzeichnen; bestenfalls sind dies Video-Aufzeichnungen, deren verbale und non-verbale Phänomene "notiert", d.h. transkribiert werden. Die Beschreibungskonventionen dafür müssen definiert werden.

Als leitende Fragen für den Ansatz seiner **Konversationsanalyse** (*análise da conversação*) nannte Marcuschi:

> Como é que as pessoas se entendem ao conversar? Como sabem que estão agindo coordenada e cooperativamente? Como usam seus conhecimentos lingüísticos e outros para criar condições adequadas à compreensão mútua? Como criam, desenvolvem e resolvem conflitos interacionais [Wie verstehen sich Menschen durch Gespräche? Wieso wissen sie, dass sie dabei sinnvoll und kooperativ handeln? Wie setzen sie dabei sprachliche und sonstige Fähigkeiten ein, um angemessene Bedingungen für ein gegenseitiges Verstehen zu schaffen? Wie erzeugen, entwickeln und lösen sie Interaktionskonflikte] (Marcuschi ²1991, 7)?

Der Bezug der Diskursanalyse zur Textlinguistik, zur Dialoganalyse, zur Sprechakttheorie, zur Konversations- oder Argumentationsanalye ist bei der Analyse von Gesprächstexten immer gegeben. Dem Begriff '**Diskursanalyse**' liegt der Ansatz der amerikanischen **Ethnomethodologie** (*etnometodologia*) zugrunde, der

---

[236] Alle Beispiele zur *pressuposição* stammen aus *VERBO. Enciclopedia Luso-Brasileira de Cultura*, Bd. 15/1973, Spalte 1047-1050; vgl. auch Fritz/Hundschurscher (1994, 250-252) und Bußmann (³2002).

sich zum Ziel setzte, die Strukturen und Prozesse alltäglicher Interaktion und sprachlichen Handelns in unterschiedlichen Ethnien und Kulturen zu beschreiben.[237]

Phänomene der griechisch-lateinischen Tradition (man denke an den Platonischen Dialog ebenso wie die Tradition der Rhetorik mit ihren Redestrategien und der Rolle des Hörers) finden sich im 'Diskurs', 'Gespräch' 'Dialog' auf neue Art wieder.

9.3.3 Gesprächstypen und Sprachcorpora

Es ist aufschlussreich, welchen alltäglichen Sprechsituationen sich die Diskursanalyse zugewendet hat und welche **Corpora** (Sg.: Corpus, *corpus linguístico)* dabei entstanden sind.[238] Telefondialoge, Verkaufs- und Einkaufsgespräche, Gespräche im Rahmen wirtschaftlicher Tätigkeitsbereiche, Beratungs- und Dienstleistungsgespräche, Arzt-Patienten-Gespräche in der Ambulanz oder in der Psychotherapie, *small-talk* im Kiosk, Partygespräche, Schlichtungsgespräche, Auskünfte am Service-Encounter sowie politische Diskussionen ergaben Corpora. Meist waren es also Alltagsgespräche, bei denen sich die Gesprächspartner persönlich kannten oder aber ganz anonym blieben, zu denen sich Spontan-Gruppen bildeten und danach wieder trennten, die ein mehr oder weniger großes Informationsbedürfnis hatten und sich durch ein minimales Gespräch ergänzten. Die daraus resultierenden Textsorten des Gesprächs könnten und müssten also nach recht unterschiedlichen Kriterien geordnet werden. [239]

Zum EP ist auf das Corpus des *Português fundamental* zu verweisen, d.h. Nascimento (1987) und Casteleiro / Nascimento (2001). Ein anderes großes Corpus entstand bei der Erstellung des DLPC (2001), das auch über das Internet konsultiert werden kann.[240]

Zum gesprochenen BP ist auf die Corpora des Makro-Projekts NURC zur Erfassung des *Português brasileiro culto* zu verweisen (vgl. zur urbanen Varietät

---

[237] Diese soziologischen (Kommunikationssoziologie) und ethnografischen Ansätze (kognitive Anthropologie) führten schon in den 1960er Jahren in den USA zu dieser Forschungsrichtung, die das soziokulturelle Wissen von Sprachgemeinschaften untersuchen wollte, mit dem grundlegenden Ziel der Verknüpfung der Situationsanalyse mit den pragmatischen Eigenschaften der Konversation und der gesamten Alltagssprechtätigkeit (vgl. Marcuschi [2]1991, 8).

[238] Die grundlegende Wichtigkeit von Corpora für die Linguistik wird durch die *Einführung* von Lemnitzer/Zinsmeister (2006) deutlich - von der Qualität eines Corpus, von seiner beschreibenden und erklärenden Analyse und seiner Potentialität hängt vieles ab.

[239] Hinsichtlich der heute zugänglichen Corpora des gesprochenen Deutschen sind am besten die Webseiten des IdS (Institut für deutsche Sprache, Mannheim) zu konsultieren; hier liegen diverse Datenbanken vor, die mit unterschiedlichsten Zielorientierungen angelegt wurden. Weiterhin finden sich im Anhang vieler Monographien zum gesprochenen Deutschen die dort transkribierten und herangezogenen Corpora (z.B. in Henne/Rehbock [4]2001 ein Verkaufsgespräch, S. 86-117, ein Partygespräch S. 122-151; Sucharowski 1985).

[240] Weitere Corpora des gesprochenen EP finden sich in Brauer-Figueiredo (1999), Kunow (1997), Meyer-Hermann (1973 und 1979), Rodrigues (1998 und 2006) sowie zitiert in den Beiträgen des Sammelbands Schmidt-Radefeldt (2006). Leider sind viele Corpora des gesprochenen Portugiesisch in unveröffentlichten Arbeiten nicht zugänglich.

von São Paulo die Corpora von Castilho / Preti 1986 und 1987 sowie Urbano / Hudinilson 1988), zu Rio de Janeiro von Callou 1991, zu Salvador von Mota / Rollemberg 1994).

9.3.4 Diskurseinheiten und Beschreibungsbegriffe

Die Beschreibung und Erklärung des Diskurses macht es erforderlich, diskursrelevante Phänomene festzulegen und für diese neue Termini zu schaffen und zu definieren. Hierzu liegen diverse Vorschläge vor (die wissenschaftlich durchaus noch diskutierbar sind), denn fast jede Einführung zu diesem Gegenstandsbereich entwirft ein eigenes Glossar mit entsprechenden Definitionen.[241]

Der **Diskurs** (*discurso*) ist definiert als "eine begrenzte Folge von sprachlichen Äußerungen, die dialogisch ausgerichtet ist und eine thematische Orientierung aufweist" (Brinker/Sager ³2001, 11). Dazu kann präzisiert werden, dass "begrenzt" soviel wie "abgeschlossen" (zeitlich) meint, dass "Äußerung" als pragmatische Verbalhandlung zu verstehen ist (es gibt ja auch non-verbale Reaktionen, die äußerungsäquivalent sein können), sowie dass "dialogisch" den direkten, unmittelbaren Kontakt zwischen den Gesprächspartnern bezeichnet.[242]

Henne/Rehbock (⁴2001, 14-15) entwerfen ihre Systematik der Analyse auf drei Ebenen: auf der Makroebene unterscheiden sie die Gesprächseröffnung, die Gesprächbeendigung, die Gesprächsmitte sowie Gesprächsränder. Auf einer mittleren Ebene führen sie den Gesprächsschritt, den Sprecherwechsel, den Sprechakt, Gliederungssignale und das *back-channel-behavior* ein, zuletzt auf der Mikroebene diverse strukturelle sprechaktinterne Phänomene (der Syntax, Lexik, Phonologie und Prosodie).

Zur Beschreibung des Diskurses im EP hat sich Rodrigues (1998) dem **Gesprächsschrittwechsel** (*alternância de vez*) und den dabei operierenden Konversationssignalen zugewendet; in einer umfassenderen Arbeit (Rodrigues 2004) geht es erneut um **Gesprächsschrittübernahme** (*tomada de vez)*, **Gesprächsschrittbewahrung** (*manutenção de vez*), **Gesprächsschrittabgabe** (*cedência de vez*) und **Gesprächsschrittabforderung** (*reclamação de vez*). Im allgemeinen Rahmen der Beschreibung des gesprochenen EP werden dazu diverse Signale funktional herangezogen (konversationelle, interaktive, topografische und Sprecherwechselsignale), wie auch Phänomene der **Selbst**- und **Fremdreparatur** (*autoreperação; alter-reparação*) und der **Fokussierung** (*focalização*).

Die **Gesprächseröffnung** (*abertura do discurso*) findet sich in der Regel am Anfang eines Gesprächs, sei es konkret durch eine Anredeform (*Meus Senhores e Senhoras* 'Meine Damen und Herren', eine Begrüßungsfloskel (*Sejam-]bemvindos!* 'Herzlich Willkommen', sportlich *Viva!* 'Gruß'), eine Kontaktpartikel (*Olá!* 'Hallo'), sei es durch entsprechende Gestik/Mimik. Die jeweilige Textsorte,

---

[241] Als Einführungen zur Gesprächsanalyse sind Henne / Rehbock (⁴2001), Brinker/ Sager (³2001), Schwitalla (²2003) und Rodrigues (1998 und 2004) zu empfehlen. Sehr gute Dienste leisten das Glossar von Eva Schoenke (www.user.uni-bremen.de/~schoenke/metagloss/-index.html) oder die Datenbank GAIS (Gesprächsanalytische Informationssysteme, zu konsultieren unter gais.ids-mannheim.de/gais/ gespraechsanalyse).

[242] Vgl. www-user.uni-bremen.de%7Eschoenke/tlgl/tlgl1.html bzw. www.user.uni-bremen.de /~schoenke/tlgl/glgl.html. Dieses Glossar umfasst auch textlinguistische Termini.

Situation und soziale Distanz der Sprecher determiniert das zu wählende Register bzw. die Stilebene. Diskurse werden wie andere Texte abgeschlossen, durch einen **Gesprächsabschluss** (*fecha do discurso*), wenn die geplante Gesprächszeit abgelaufen ist, wenn das Gespräch sich in seinen relevanten Thematiken erschöpft hat, wenn die Gesprächsteilnehmer aufgrund anderer Zwänge zu einem Ende kommen wollen oder müssen. Auch hier kommen sprechsituationsadäquate Ausdrücke und Signale zur Verwendung (im Alltag etwa *Adeus* < [*Encomendo-te*] *a Deus* 'Grüß Gott', *Até logo!* 'Bis bald', *Até à vista!* 'Auf Wiedersehen', *Até mais ver* 'Bis zum nächsten Mal', *Deus te acompanhe!* 'Gott sei mit dir', nähesprachlich *Chau!* (< it. *Ciao*) u.a.m.

Betrachten wir ein Beispiel: Ein formell-höfliches Telefongespräch im Deutschen etwa beginnt meist mit der eigenen Namensnennung, dem die Selbstidentifizierung des anderen Gesprächsteilnehmers folgt; es wird durch ein "Auf Wiederhören" o.ä. abgeschlossen. Diese Sprachkonventionen und -rituale sind in ständiger Veränderung, hängen von den Sprechsituationen, den Individuen (Alter, Erziehung, Bildung usw.) und vor allem der jeweiligen Sprachvarietät in jeder Sprachgemeinschaft ab (vgl. 10.2). Im EP sagt der Sprecher z.B. *Está (lá)*?, verkürzt *Tá (lá)*? 'Hören Sie', was durch *Está/Estou* (+ *sim*) 'Ja' beantwortet wird, was wiederum die Nachfrage *Quem fala*? 'Wer ist am Apparat' notwendig macht, der die namentliche Identifizierung *(aqui) fala NN* 'Hier ist NN' folgt. Zum Abschluss seines Telefonats sagt der Sprecher im EP höflich *Com licença* '(wörtlich) Mit Verlaub'.

Jeder Diskurs oder Dialog setzt sich aus **Gesprächsschritten** (*turnos/vezes*) als den Grundeinheiten zusammen, wobei hier grundlegend zwischen initiierenden und respondierenden (reaktivierenden) Gesprächsschritten zu unterscheiden ist (Brinker / Sager ^{3}2001, 71-74). Dieses Schema der *actio/reactio* wird bei Frage-Antwort-Sequenzen besonders klar, weil die Beantwortung einer Frage weitgehend obligatorisch ist. Der respondierende Gesprächsschritt seinerseits kann akzeptierend, zurückweisend oder selektierend sein. Die aufeinander folgenden Gesprächsschritte sind grammatisch, thematisch und kommunikativ-funktional miteinander verknüpft, wodurch verschiedenartige Kohärenzen feststellbar sind, die sich durch den Diskursverlauf hindurch entwickeln.

Gesprächsakte (*actos discursivos*) sind die kleinsten Gesprächseinheiten der Diskursanalyse, die als

> sprachliche und gestisch-mimische minimal-kommunikative Gesprächseinheiten, die innerhalb eines Gesprächs einen handlungsplanmäßigen, auf jeden Fall spezifischen Stellenwert haben (Henne / Rehbock ^{4}2001, 176).

Die Gesprächsakte (die oft Kontaktsignale enthalten) gewährleisten vor allem die Verknüpfung und die Fortführung des Gesprächs. Bei den **Gliederungssignalen** oder **Diskurspartikeln** (*sinais discursivas / sinais conversacionais verbais*) sind zwei Sorten zu unterscheiden: **Sprechersignale** (*sinais do falante*), die den Hörer orientieren, und **Hörersignale** (*sinais do ouvinte*), die den Sprecher orientieren (vgl. Christl 1992). Vorangestellte Sprechersignale im Portugiesischen sind am Beginn eines Gesprächsschritts z.B. *olha* 'Pass auf', *epa* 'Hör mal' etc., am Ende eines Sprecherwechsels, z.B. *né?/não é ?* 'Stimmt's', *certo?* 'Wirklich', *diga lá* 'Oder was sagst du', *é ou não é?* 'Ist es so oder nicht', *de acordo?* 'Einverstanden', *entende?*

'Verstehst du', *E então?* 'Und nun', *sacô?/tá* 'Kapiert' etc. Diese Signale stehen oft am Ende eines Gesprächsakts oder einer Gesprächshandlung und eröffnen dem anderen Gesprächspartner die Intervention.

Hörersignale können nach funktionalen Gesichtspunkten geordnet werden. Marcuschi (²1991, 68), der für das BP eine erste Zusammenstellung dieser Signale vorlegt, unterscheidet hier drei Arten: **Signale der Zustimmung** (*sinais convergentes do ouvinte)* wie z.B. *ah sim/claro* 'Na klar', *pois não* 'nicht wahr?', *de fato* 'Aber wirklich', *ótimo* 'Bestens',dann **nachforschend-kritische Signale** (*sinais indagativos*) wie z.B. *será?/mesmo?/é?* 'Wirklich?', *como?/não diga/o quê?*'Wie bitte' und schließlich **Signale der Nichtzustimmung** (*sinais divergentes*) wie z.B. *não* 'Nein', *essa não* 'Das nicht', *nada disso* 'Überhaupt nicht', *peraí* 'Warte mal', *duvido* 'Das glaub ich nicht', *discordo* 'Nicht einverstanden'.

Da die **Partikeln** (*partículas*)[243] sehr unterschiedliche semantische und pragmatische Funktionen im Diskurs entfalten können, sind sie strukturell und funktional sehr schwierig zu ordnen.

Der dialogische Diskurs im Alltag einer Sprachgemeinschaft dient zum Aufbau, Erhalt und zur Absicherung sozialer Beziehungen, zur argumentativen Lösung von Konflikten wie auch zur wechselseitigen mitmenschlichen Bereicherung; er unterliegt den Sprach-, Handlungs- und Verhaltensnormen und Konventionen, die vor dem Hintergrund einer allgemeinen und besonderen *Diskursethik* geregelt sind, was bei der Erforschung aller technischen Phänomene des Diskurses nicht in Vergessenheit geraten sollte. Ebenso darf dabei die *Heterogenität* der Diskurspartner und ihrer deiktischen Positionen, der Diskursthematiken und der Sprechakte nicht außer Acht gelassen werden (vgl. dazu Joaquim Fonseca 1992, 249-29).

Grundlagenliteratur

Brinker / Sager (³2001); Ehlich (1996, 211-226); Ernst (2002, 128-154); Henne / Rehbock (⁴2001); Levinson (2000, 309-402); Linke / Nussbaumer / Portmann (⁵2004, 293-334); Rodrigues (1998 und 2004); Schwitalla (²2003).

[243] Vgl. die Beispiele für Partikeln in Franco (1991), Johnen (2006a, 2006b, 2006c), Kunow (1997), Marcuschi (²1991, 61-74), Rodrigues (1998 und 2006), Schmidt-Radefeldt (1994, 201).

Übungsaufgaben

1) Wandeln Sie in folgenden Sätzen die indirekte in direkte Rede um (Regeln dazu vgl. *Nova Gramática* von Cunha/Cintra1984, 633-635), erörtern Sie dazu die Transposition von Lokal-, Personal- und Zeitadverbialdeiktika:

   Rodrigo perguntou se [êle] havia falado com o Dr. Assis Brasil. O motorista respondeu-lhe baixinho que êle não conhecia o senhor Doutor. Bateu no bôlso onde guardara o dinheiro e disse aquilo ali era a chave de destrancar dificuldade.

2) Suchen Sie in pt. dialogischen Texten (Theaterstücken, TV-Interviews, Comics etc.) Beispiele für die fünf "pragmatisch-universalen Ausdrücke" (nach Habermas 1971) und präzisieren Sie deren besondere sprechaktionale Funktion im Dialog.

3) Überprüfen Sie die Gültigkeit der Griceschen Maximen anhand von pt. oder dt. Texten aus den Bereichen Politik, Religion, Werbung, Alltagsgespräche.

4) Zur Maxime der Qualität lesen Sie Weinrich (2000), fragen Sie unter semiotischen Gesichtspunkt, ob man nur mit sprachlichen Zeichen (etwa Euphemismen (z.B. *ethnische Säuberung [limpeza étnica], Kollateralschäden [danos colaterais], facility manager [porteiro], freisetzen/outsourcing [demitir], neutralisieren [neutralizar], Entsorgungspark* etc.) und Sprechakten lügen kann (vgl auch 'Graduiertenkolleg Kulturen der Lüge', Universität Regensburg www.uni-regensburg.de.Fakultaeten /phil-Fak_IV/Kultur_der-Luege/ mit Bibliographie).

75) Suchen Sie bitte Satzbeispiele des Portugiesischen zu den genannten Sprechaktverben - insbesondere zu performativ verwendeten Verben (z.B. mithilfe von Busse, *Dicionário sintáctico de verbos portugueses,* 1994) und ergänzen Sie die Äußerungen (etwa bei den Institutiva) durch Angabe der Faktoren/Elemente der Sprechsituation.

6) Diskutieren Sie den Begriff der Präsuppostion bzw. Implikation, wobei Sie die Aussage *O João está doente* [Hans ist krank] als wahr zugrunde legen und folgende Äußerungen vergleichen: *A Fátima não lamenta que o João esteja doente. A Fátima lamenta que o João esteja donte? A Fátima lamenta [do facto] que o João esteja doente.* Welche semantischen Eigenschaften für Präsuppositionen lassen sich ableiten?

7) Lesen Sie das Kapitel "Ordnung der Interaktion" in Auer (1999, 148-163) oder besser noch das dort referierte Buch von Goffman, *Interaktionsrituale* (1971) und suchen Sie konkrete Beispiele aus dem lusophonen Sprach- und Kulturraum.

8) Welche methodologischen Probleme bei der Korpuserstellung ergeben sich aus dem 'Beobachter-Paradoxon' (Labov)? Lesen Sie dazu Brinker/ Sager ([3]2001, 31-39; Henne / Rehbock ([4]2001, 39-54).

10 Sprache und Gesellschaft

10.1 Soziolinguistik

Die **Soziolinguistik** (*sociolinguística*) steht als interdisziplinäres Fach sowohl inhaltlich als auch methodisch zwischen der Soziologie und der Linguistik. Sprache wird dabei primär als soziales Phänomen, d.h. als sprachliche Realität einer bestimmten Sprachgemeinschaft aufgefasst. Methodisch wird der Empirie (der Datenerhebung) ein hoher Stellenwert beigemessen.[244]

Bereits in der Antike ist der Zusammenhang zwischen Sprache und Gesellschaft thematisiert worden.[245] Die Herausbildung einer eigenen linguistischen Teildisziplin 'Soziolinguistik' vollzog sich jedoch erst mit den gesellschaftspolitischen Veränderungen in den 1960er und frühen 1970er Jahren. Die Anfänge der Soziolinguistik liegen im anglo-amerikanischen Raum, in Großbritannien und Nordamerika (USA und Kanada).

Ausgangspunkt für die Entwicklung der Soziolinguistik waren vor allem ethnolinguistische Untersuchungen in der Tradition von Sapirs[246] Relativitätstheorie, welche die enge Beziehung zwischen Sprache und Kultur betonten. Zu erwähnen sind des weiteren die Arbeiten von Weinreich (1953) und Haugen (1966), die auf empirischer Basis u.a. die sprachliche Realität einzelner Sprechergruppen beschreiben.[247] Dem Phänomen der Mehrsprachigkeit wurde dabei besondere Aufmerksamkeit gewidmet.

10.1.1 Bilinguismus und Diglossie

Als wegweisend für alle späteren Untersuchungen zur Mehrsprachigkeit erwies sich Fergusons Aufsatz "Diglossia" (1959), in welchem er **Diglossie** (*diglossia*) als das Verhältnis von zwei Varianten einer Einzelsprache definiert: Der sogenannten **low variety** (L-Variety)

> the primary dialects of the language (which may include a standard or regional standards)

steht die **high variety** (H-Variety) gegenüber, die als

---

[244] Eine ausführliche Beschreibung, Definition und Diskussion der soziolinguistischen Grundbegriffe bieten Ammon/Dittmar/Mattheier (²2005, 200-378).

[245] Siehe dazu u.a. Schlieben-Lange (³1991, 15-26).

[246] Sapir schlug 1921 eine alternative Sicht auf die Sprache vor, indem er annahm, dass die Sprache die Art und Weise beeinflusst, in der Menschen denken. Sapirs Ideen wurden von seinem Lehrer Whorf weiterentwickelt (Sapir-Whorf-Hypothese, genannt auch 'sprachliche Relativitätstheorie'). Bis heute sind die von der Relativitätstheorie aufgeworfenen Fragen wissenschaftlich ungelöst (vgl. Werlen 1989).

[247] Maßgebend für die Etablierung und kritische Hinterfragung der Soziolinguistik waren die Untersuchungen von Bernstein (1971-1975), in denen zwei Formen des Sprachgebrauchs festgestellt wurden: der "restricted code" der Arbeiterklasse und der "elaborated code" der Mittelklasse in Großbritannien. Beide Codes spiegeln bestimmte Rollensysteme und Wertorientierungen der Gesellschaft wider.

> very divergent, highly codified (often grammatically more complex) superposed vehicle of a large and respected body of written literature, [...], which is learned largely by formal education and is used for most written and formal spoken purposes but is not used by any sector of the community for ordinary conversation (Ferguson 1959, 336)

charakterisiert ist. Als Beispiele für diglossische Situationen nennt Ferguson das Verhältnis von Hochdeutsch und Schweizerdeutsch, Hocharabisch und arabischen Regionalvarianten sowie von Französisch und Kreolisch auf Haïti.

Später hat Fishman (1971) das Konzept der Diglossie auch auf bilinguale Gesellschaften ausgedehnt, in denen zwei nicht verwandte Sprachen jeweils unterschiedliche Verwendungssphären abdecken. Diglossie ist nach Fishman (1971, 74) die Koexistenz zweier Sprachen, deren Werte zueinander komplementär sind:

> This separation was most often along the lines of a H(igh) language, on the one hand, utilized in conjunction with religion, education, and other aspects of high culture, and a L(ow) language, on the other hand, utilized in conjunction with everyday pursuits of heart, home, and lower work sphere.

Auf der Grundlage dieser Definition können wir z.B. in bezug auf Angola oder Mosambik von Diglossie sprechen, da dort die Bantusprachen auf der einen und Portugiesisch auf der anderen Seite unterschiedliche gesellschaftliche Funktionen der Kommunikation erfüllen. Diglossie bzw. Polyglossie (vgl. Berschin 1994) tritt in diesen Ländern gepaart mit **Bilinguismus** (*bilinguismo*) auf, der als individuelle Zweisprachigkeit definiert wird.[248]

In Portugal setzten soziolinguistische Studien erst relativ spät ein, was man damit erklären kann, dass dort - im Unterschied etwa zu den Ursprungsländern der Soziolinguistik England und den USA - keine echten sprachlichen Konflikte bestehen und Portugal einsprachig sowie sprachlich homogen ist.[249] Daher ist es auch nicht verwunderlich, dass die meisten soziolinguistischen Untersuchungen zum Portugiesischen aus Brasilien stammen (mehr dazu vgl. 11.2).

Die Situation der soziolinguistischen Forschung bis zu den 1980er Jahren ist in Hammermüller (1982) dokumentiert. Für den Beginn der 1990er Jahre konnte Matias (1994) eine Zunahme an Forschungsprojekten und universitären Abschlussarbeiten zur Soziolinguistik feststellen. Schwerpunktthemen sind der

---

[248] Badia i Margarit (1968) unterscheidet zusätzlich zwischen 'bilingüisme natural' und 'bilingüisme ambiental', wofür Kremnitz (1990) die deutschen Termini 'individuelle Zwei-/Mehrsprachigkeit' und 'gesellschaftliche oder soziale Zwei-/Mehrsprachigkeit' vorschlägt. Die individuelle Mehrsprachigkeit kann in der Familie erworben sein, aber auch bei gebildeten Eliten durch schulische oder universitäre Erziehung. Die gesellschaftliche Mehrsprachigkeit ergibt sich aus dem Sprachkontakt, aus dem Zusammenleben von zwei oder mehreren Sprachen in einem Gebiet. Daneben wird manchmal noch die 'institutionelle Mehrsprachigkeit' genannt, die sich darin äußert, dass die in einem Land vorkommende gesellschaftliche Mehrsprachigkeit gesetzlich geregelt ist. Zur Wissenschaftsgeschichte und Abgrenzung der beiden Begriffe Diglossie und Bilinguismus vgl. den Überblick in Sinner (2001).

[249] Als weitere Gründe für die späte Beschäftigung mit soziolinguistischen Themen führt Hammermüller (1982) Geldknappheit und den Mangel an Spezialisten auf dem Gebiet der Soziolinguistik an (vgl. auch Matias 1994, 325).

Bilinguismus in spanisch-portugiesischen Grenzgebieten (vgl. Matias 1984 und Santos 1967), Diskursanalysen, Sprache der Geschlechter, Stadtsprachen und didaktische Probleme der Varianz.

Grundlagenliteratur

Berschin (1994); Hammermüller (1982); Matias (1994); Schlieben-Lange (³1991).

10.1.2 Sprach(en)politik

Spach(en)politik als ein wichtiger Bereich soziolinguistischer Forschung umfasst alle Maßnahmen und Regeln, mit denen der Gebrauch einer Sprache (*política linguística*) oder der Gebrauch mehrerer Sprachen (*política de línguas*) geregelt wird. Solche Regeln und Maßnahmen liegen meist in der Verantwortung von Politikern und nicht von Linguisten. Insbesondere wird die Orthographie von staatlichen Stellen geregelt, jedoch werden heutzutage sogar oft schon einzelne Wörter und Ausdrücke als ***political correct*** (*politicamente correcto*) vorgegeben. Auch bei lexikologischen und terminologischen Fragen greifen verschiedene von den Regierungen beauftragte Institutionen regulierend oder präskriptiv ein.

Sprachenpolitik spielt v.a. in mehrsprachigen Ländern mit konkurrierenden Sprachen eine Rolle. In den lusophonen afrikanischen Ländern (vgl. 1.2.1) wurde nach der Unabhängigkeit eine exoglossische, am europäischen Standard des Portugiesischen ausgerichtete Sprachenpolitik verfolgt, die die Sprache der ehemaligen Kolonialmacht zur offiziellen Sprache erhob. In Brasilien gab es zwar keine eklatanten Sprachenkonflikte, doch wurde Portugiesisch dort erst 1988 durch die *Carta Constitucional* zur offiziellen Sprache Brasiliens erklärt, und 1996 trat die sogenannte *Lei Darcy Ribeiro*[250] in Kraft, die den Unterricht des Portugiesischen als landesweites Kommunikationsmittel vorschreibt.

10.2 Varietätenlinguistik

In den Kapiteln zur Morphologie und zur Syntax wurde deutlich, dass die meisten Theorien von einem homogenen Sprachsystem ausgehen, das für alle Mitglieder einer Sprachgemeinschaft in gleicher Weise gültig sei (z.B. eine standardisierte Normgrammatik, ein Normwörterbuch). Analog geht man in der Generativen Transformationsgrammatik von der Kompetenz eines idealisierten Sprechers/Hörers aus. Diesen Homogenitätsannahmen, die lange Zeit in der Linguistik vorherrschten, steht in der Realität eine Heterogenität der historischen Einzelsprachen mit ihren verschiedensten Dimensionen - den Varietäten - gegenüber, die wir im folgenden auf mehreren Ebenen beschreiben wollen.

---

250 Benannt nach dem Schriftsteller, Philosophen und Politiker Darcy Ribeiro, der nach politischem Exil Anfang der 1980er Jahre nach Brasilien zurückkehrte, wo er unter anderem Kultusminister in der Regierung des Bundesstaates Rio de Janeiro war.

10.2.1 Sprache als Diasystem

Soziolinguistische Studien, Schulen und Strömungen haben zuerst und grundlegend die Tatsache, dass Sprachgemeinschaften nicht als homogene Gruppen betrachtet werden können, in ihre Theorie einbezogen. Die Soziolinguistik geht von mehreren soziokulturell determinierten Sprachformen bzw. **Varietäten** (*variedades*) aus, die sich funktional auf unterschiedlichen Sprachgebrauchsebenen (Dimensionen) voneinander unterscheiden. Man kann die Soziolinguistik unter diesem Aspekt auch als **Varietätenlinguistik** (*linguística variacional*) bezeichnen.

Als Problemlösung für die Erfassung dieser verschiedenenartigen Phänomene von Sprache wurde die Konzeption einer 'Varietätengrammatik' vorgeschlagen: Im Anschluss an Labovs Variablenregeln konzipierte Klein eine Varietätengrammatik (als eine "probabilistische Grammatik"), die zwei Aufgaben genügen sollte: einerseits neben strikt grammatischen Eigenschaften (also Phonologie, Morphosyntax) auch "lexikalische ebenso wie bestimmte Besonderheiten im kommunikativen Verhalten (z.B. die Wahl der Anredeform oder die Regeln des Rederechts)" charakterisieren, andererseits "die einzelnen Varietäten in ihrem Verhältnis zueinander beschreiben" und ihren Zusammenhang mit wie auch immer gearteten außersprachlichen Faktoren (z.B. soziale Schicht, geographische Verteilung, Besonderheiten der Redesituation) offenlegen (Klein 1988, 997).[251]

Zentraler Begriff der Varietätenlinguistik ist die **Varietät** (*variedade*); dieses linguistische Konstrukt ist definiert als Bündelung außersprachlich determinierter sprachlicher **Varianten** (*variantes*). Für die portugiesische Nationalsprache bedeutete dies auch, die historisch entstandenen regionalen Varietäten als solche anzuerkennen:

> Enquanto língua histórica, a depender do transcurso de sua história, as línguas apresentam maior ou menor diversidade nas suas realizações. No caso do português, se pode falar hoje de suas variantes ou variedades básicas [...], a de Portugal e do Brasil, já que as de Angola, Moçambique, Cabo Verde, Guiné-Bissau, S. Tomé e Príncipe até 1975 estiveram em dependência estricta e directa da variante de Portugal e só há uma década se definem em liberdade os seus rumos [Als historische Sprachen in Abhängigkeit vom Verlauf ihrer Geschichte weisen Sprachen eine mehr oder weniger ausgeprägte Diversität in ihren Manifestationen auf. Für das Portugiesische kann man heute von seinen grundlegenden Varietäten oder Varianten, der von Portugal und der von Brasilien ausgehen, während die Varietäten in Angola, Mosambik, Kapverde, Guinea-

---

[251] "Alle Varietäten, die man beschreiben möchte, haben also dieselbe Grammatik und dieselben Regeln; sie unterscheiden sich lediglich durch die Wahrscheinlichkeit, mit der diese Regeln angewandt werden" (Klein 1988, 997) – was erlaubt, auch feine graduelle Unterschiede zwischen den einzelnen Varietäten zu erfassen. Ein "Varietätenraum" ist nach Klein eine geordnete Menge von Varietäten, die durch diasystematische Unterscheidungsmerkmale charakterisiert werden können; zur Beschreibung von pragmatischer Äquivalenz von sprachlichen Ausdrücken wäre die jeweilige kommunikative Absicht zugrunde zu legen (vgl. Klein 1976, 42-43; 1988; Nabrings 1981, 218-220; Adamzik 1998, 188 jedoch erscheint es wenig ratsam, "der Mehrzahl der variationslinguistischen Studien darin zu folgen, dass ein bestimmtes Grammatikmodell zugrundegelegt wird".

Bissau, São Tomé e Príncipe bis 1975 strikt und direkt von der portugiesischen Variante abhingen und erst seit einem Jahrzehnt in Freiheit ihre eigenen Wege bestimmen] (Mattos e Silva 1988, 64).[252]

Das Zitat belegt, dass die Begriffe 'variedade' und 'variante' in der portugiesischen Linguistik synonym verwendet werden, während man in der deutschsprachigen Soziolinguistik von den 'Varietäten' als der Gesamtheit spezifischer Varianten zu sprechen pflegt; dem fügen wir den Begriff der 'Variante' hinzu, wobei zwei (oder mehr) Ausdrücke "Varianten von einander [sind], wenn sie in einem bestimmten Aspekt als gleich angesehen werden können" (Klein 1976, 42)[253] - Varianz ist *per se* relativ.

Die Varietäten einer Sprache sind auf allen linguistischen Beschreibungsebenen nachweisbar - in der Aussprache (Phonematik), im Wort- und Satzbau (Morphosyntax), im Wortschatz (Lexikologie, Idiomatik), und insbesondere in der pragmatischen Sprachverwendung. Die Sprache eines Kulturraums kann folglich nur als offenes, dynamisches System verstanden werden, das unterschiedlichste **Gebrauchsnormen** (*normas de uso*) - aus allen anderen Varietäten - integrieren kann, bzw. an dessen Seite unterschiedlichste Varietäten Verwendung finden können. Man spricht daher von der Sprache als einem **Diasystem**[254] (*diassistema*, von gr. δια 'hindurch, bezüglich'), das aus unterschiedlichsten Varietäten gebildet wird und ständig Varianten aus ihnen integriert. Das Diasystem hält ein **Repertoire** (*repertório*) von sprachlichen Mitteln für spezifische Kommunikationsabsichten und -situationen bereit, die der **kompetente Sprachbenutzer** (*sujeito falante competente*) in den verschiedenen Sprachsituationen ziehen kann. Es ist also neben der grammatischen Kompetenz, wie sie die generative Grammatik von Chomsky für den idealen Sprecher/Hörer postuliert hatte[255], sicher auch die Fähigkeit anzunehmen, Varietäten und Varianten sprachbewusst einzuordnen und metasprachlich auf Nachfragen zu bewerten - man denke nur an die sogenannten Stilebenen (vgl. 10.2.2.3).

Eine Sprache ist deshalb ein Diasystem, weil durch sie hindurch Differenzierungslinien (Dimensionen) verlaufen, die der Linguist als Varietäten und Varian-

---

252 Diese Zitate aus Mattos e Silva (1988) können unter www.instituto-camoes.pt/cvc/hlp/biblioteca/diversidade.pdf nachgelesen werden.

253 In der Phonologie verwendete Trubetzkoy den Begiff der 'freien Variante', so sind z.B. im Deutschen das Zungenspitzen- und das Zäpfchen-r freie Varianten des Phonems /r/. In der Lexikologie bezeichnet dt. *Kohle, Eier, Zaster,* EP *massa*, BP *milho, mangos, sonante* denotativ 'Geld', als konnotative Varianten sind die genannten Varianten diastratisch und diaphasich (als kolloquial-vulgär bzw. pt. als *calão*) markiert.

254 Der Begriff stammt von dem Sprachkontakt-Linguisten Weinreich (1954), der die Frage stellte: "Is a structural dialectology possible?" und von einem 'System von Systemen' sprach.

255 Die Dichotomie der GTG von **Performanz** (*performance*) und **Kompetenz** (*competência*) - letztere eingeschränkt auf Fähigkeiten wie (a) auf der Grundlage eines endlichen Inventars von Elementen (Laute, Wörter) einen syntaktisch unendlichen Gebrauch zu machen (b) grammatische Mehrdeutigkeiten, Paraphrasebeziehungen, Grammatikalität zu beurteilen usw. ist aus Sicht der Variationslinguistik unhaltbar: Das Sprachsystem selbst enthält und empfängt ja ständig viele dialektale oder soziolektale Varianten (aus dem Umfeld seiner Verwendungen), so dass die Kompetenz des Sprecher/Hörers (wie "ideal" er auch sein mag) auch die Urteilsfähigkeit über graduelle grammatische Abweichungen im Sprachgebrauch umfassen muss.

ten (Stil- bzw. Sprachgebrauchsweisen) kennzeichnet und differenzierend beschreibt. So lassen sich verschiedene diasystematische Dimensionen unterscheiden, mithilfe derer die Sprachverwendung beschrieben und erklärt werden kann. **Diasystematische Markierungen** (*marcações diassistemáticas*) sind gegen einander abgrenzbar (relative Abgegrenztheit), sie können sich partiell überschneiden (Intersektionalität), sie ergänzen sich (Komplementarität) und sie sind miteinander vernetzt (Interrelationalität).

Zur Bezeichnung der diasystematischen Varietäten schuf Flydal (1951) - in Anlehnung an den Begriff der 'Diachronie' von Ferdinand de Saussure - die Termini 'diatopisch', 'diastratisch' und 'diaphasisch'. Für die romanischen Sprachen stellte Coseriu (1976) fest:

> In der Synchronie finden sich also wiederholte Rede und Sprachtechnik, und die synchronische Technik enthält verschiedene Systeme, die nicht zugleich, in demselben Text, funktionieren. In diesem Sinn sagt man, daß eine historische Sprache, auch synchronisch betrachtet, nicht ein System ist, sondern ein Diasystem, ein Gefüge von Systemen. [...] Wir müssen also der Verschiedenheit der Sprachtechnik in der synchronischen Sprache Rechnung tragen. Dabei stellen wir drei Arten von Unterschieden fest: a) im Raum: diatopische Unterschiede, b) in den sozial-kulturellen Schichten: diastratische Unterschiede, c) zwischen den Typen der subjektiven Ausdrucksweisen (z.B. zwischen einer familiären und einer gehobenen Ausdrucksweise: diaphasische Unterschiede. [...] Die diatopischen, diastratischen und diaphasischen Unterschiede treten in der historischen Sprache miteinander kombiniert auf: für jede Mundart kann man Sprachstufen und Sprachstile feststellen; für jede Sprachstufe mundartliche und stilistische Unterschiede, usw. [...] Die Grenzen zwischen Mundarten, Sprachstufen und Sprachstilen müssen nicht unbedingt zusammenfallen (Coseriu 1976, 27-29).

Dieses dreiteilige Modell, das Coseriu auch "Architektur der Sprache" nannte, wurde später erweitert durch neue Dimensionen (Nabrings 1981; Haensch 1982: *diafrecuente, diaintegrativo, dianormativo, diatécnico*) und auf das Portugiesische durch Holtus (1994, dt. 1999; 2000) und Schmidt-Radefeldt (1999b) angewandt. Die so in die spanische Lexikographie durch Haensch und danach in die portugiesische Grammatikographie durch Holtus eingeführten diasystematischen Markierungen können als differenzierter Beschreibungskatalog genutzt werden. Wenngleich es sich um eine offene Liste handelt, die durch weitere Forschung eine systematische Gesamtschau (Theorie) erhoffen lässt, scheint sie uns gerade auch aus didaktischen Gründen geeignet, die Vielfalt möglicher Sprachverwendungen zu verdeutlichen. Das abstrakte, unmarkierte Norm-Gebilde "Sprache", die sogenannte **Gemeinsprache** (*língua padrão*), die als eine Gebrauchsnorm (*norma de uso*) in einer universellen Sprachgemeinschaft verstanden werden kann, wird durch viele Varietäten oder Subvarietäten in Form von Varianten durchkreuzt, wie es das folgende Diagramm verdeutlicht:

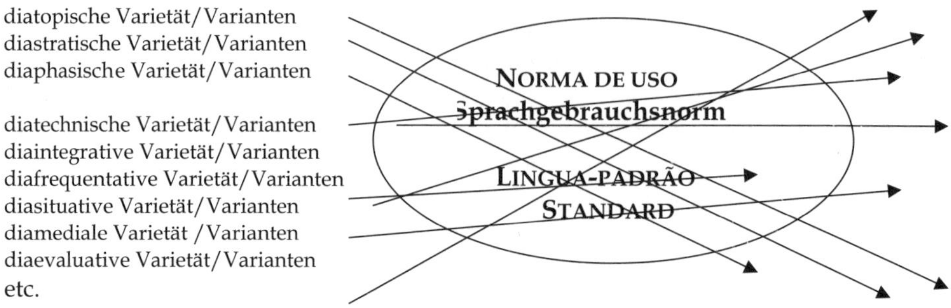

Varietäten und Gebrauchsnorm, nach Schmidt-Radefeldt (1999b, 21)

Die hier benannten Varietäten sind im Grunde funktionelle Parameter, die bei der Gemeinsprache entweder als Redestile im weiten Sinn (d.h. *linguagens*) oder als Analyseparameter intervenieren, "im Sprechen können Elemente aus verschiedenen funktionellen Sprachen vorkommen", wie Kabatek (1996, 36) feststellt und fortführt:

> Die Sprecher aber gehören nicht nur einer einzigen, homogenen historischen Sprachgemeinschaft an, sondern sie sind Mitglieder verschiedener Gruppen, und ihre Sozialisation besteht aus dem Erlernen verschiedener Techniken, verschiedener funktioneller Sprachen und vor allem verschiedener Normen. Im Sprechen können sie Elemente verschiedener Sprachen und Normen zum Ausdruck bringen (Kabatek 1996, 36).[256]

Ein anderer Grund für die Erweiterung zu einem polysystematischen Modell war auch die Einsicht, dass vor allem zwischen kommunikativen Prozessen von minimaler vs. maximaler gesellschaftlicher Relevanz zu unterscheiden ist. Dieses Grundprinzip ist von Koch / Oesterreicher (1990) beschrieben worden als der Gegensatz von kommunikativer Nähe und kommunikativer Distanz (vgl. 10.2.2.5). Dabei wird berücksichtigt, dass die Dimensionen in einem dynamischen Verhältnis zueinander stehen, d.h. bestimmte sprachliche Phänomene können sich durch die einzelnen Dimensionen bewegen und ihre Markiertheit[257] wechseln.

So kann z.B. ein ursprünglicher Dialekt-Ausdruck (diatopische Varietät) Eingang in die Sprache der Jugend (diastratische Varietät) und von dort in niedrige stilistische Verwendungen (diaphasische Varietät) übernommen werden. Diese Beweglichkeit funktioniert aber nur in einer Richtung (im Diagramm

---

256 Ziel von Kabatek (1996) war es, das Bewusstsein von Variation, Interferenz, metasprachlichem Sprechen der Sprecher[innen] im Gegenwartsgalicischen zu untersuchen.

257 Als 'markiert' gelten in der Linguistik diejenigen sprachlichen Einheiten, die mehr Merk-male (semantische, phonologische, morphologische) haben als andere, die man dann 'unmarkiert' nennt. So gilt z.B. die enklitische Stellung des Objektpronomens als unmarkiert, da dies die normale Stellung im bejahten Hauptsatz ist: *Chamo-me Maria* 'Ich heiße Maria'. Im verneinten Satz hingegen steht das Pronomen proklitisch zum gebeugten Verb: *Não me chamo Maria* 'Ich heiße nicht Maria'. Da dieser Stellungstyp erst durch das Merkmal [verneint] ausgelöst wird, ist er gegenüber der Enklise markiert.

Varietätenkette durch einen nach oben weisenden Pfeil symbolisiert) und nicht umgekehrt, denn ein diaphasisch markierter Ausdruck kann nicht sekundär zu einem diastratisch markierten werden und ein diastratisch markierter Ausdruck nicht zu einem diatopisch markierten. Dieses Prinzip der unidirektionalen Beweglichkeit nennen Koch / Oesterreicher "Varietätenkette": sprachliche Ausdrücke kommen so in die nähesprachliche Kompetenz und können von da aus sogar in den (unmarkierten) Distanzbereich gelangen. Neu an diesem Modell ist der Einbezug der Dimension der Konzeption (vgl. 10.2.2.5), die den anderen Dimensionen übergelagert ist:

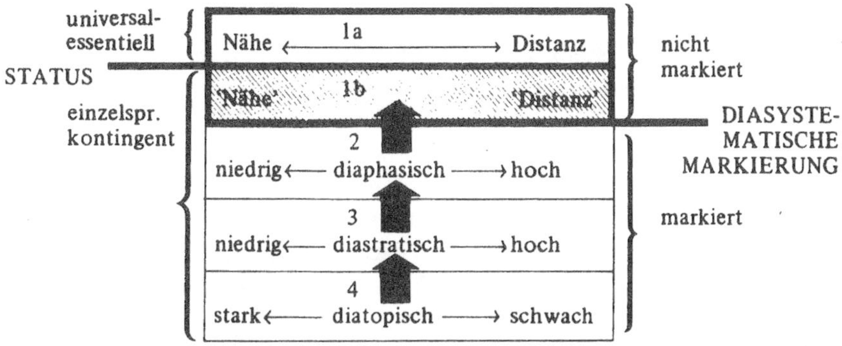

Die Varietätenkette, Koch / Oesterreicher (1990, 15)

Dass es auf der konzeptuellen Ebene universale Muster gibt, ist ebenfalls von Koch / Oesterreicher (1990, 50-126) belegt worden.

Grundlagenliteratur

Adamzik (1998); Ammon /Arnuzzo-Landszweert (2001); Faria / Pedro / Duarte / Gouveia (1996, 479-484); Holtus (1994 und 1996); Nabrings (1981).

10.2.2 Die offene Liste der Varietäten

Einerseits können wir im Folgenden nur einige diasystematische Varietäten mit ihren Markierungen exemplarisch aufgreifen, andererseits kann die Liste nicht in absoluter Vollständigkeit präsentiert werden. Weitere Forschungen werden die hier vorgeschlagenen Differenzierungen verfeinern, durch materialreiche Beschreibungen (Sprachcorpora) konsolidieren und die Beschreibung der Diasysteme des Portugiesischen mit dem Reichtum seiner vielen Subsysteme vorstellen.

Bezüglich der diastratischen und diaphasischen Varianz des EP und BP liegen mehrere Untersuchungen vor, deren Ergebnisse in den Abschnitten weiter unten und an anderer Stelle behandelt werden. Eine Art Synopse über das ganze Feld des portugiesischen Diasystems bietet Holtus (1994 bzw. 1999); dort werden auch sprachliche Phänomene der Varietäten im Hinblick auf ihre Berücksichtigung in Grammatiken und Wörterbüchern zusammengestellt. Bisherige varietätenlinguistische Arbeiten konzentrierten sich v.a. auf die Phonetik/Phonologie und Wortbildung/Wortschatz (z.B. Cunha / Cintra 1984), das Tempus-Modus-Aspekt-

System (z.B. Hundertmark-Santos Martins ²1998), soziolinguistisch auf den Gebrauch der Pronomina (Petruck 1989) und die Anredeformen (z.B. Kilbury-Meissner 1982, Hammermüller 1983) des Portugiesischen.

10.2.2.1 Zur diatopischen Varietät

Die **diatopische Variation** (*variação diatópica*) einer Sprache umfasst Phänomene der (primär/sekundär)[258] dialektalen, regionalen, arealen, urbanen, dörflichen Verteilung im Raum. Die Dialektologie, Dialekt- oder Sprachgeographie und Geolinguistik haben eine lange Tradition, begründen sich heute oft auch sozialwissenschaftlich/soziolinguistisch und verwenden alle verfügbaren wissenschaftlichen Mittel zur Erstellung und Aufbereitung von Daten.[259] Wenn man sich Eigenschaften des "Dialekts" vergegenwärtigt, so können Kriterien wie die regionale Gebundenheit, die (partielle) Verstehbarkeit durch alle Landesbewohner und das Fehlen schriftlicher Kodierung (Bußmann ³2002) auch für die portugiesischen diatopischen Sub-Varietäten nur eingeschränkt gelten, denn immer muss man dabei die besonderen regionalen Gegebenheiten (wie sie sich historisch und kulturell entwickelt haben) berücksichtigen.

Die Literatur zur Varietätenlinguistik des EP bestätigt hinsichtlich der diatopischen Variation immer wieder eine erstaunlich große Homogenität:

> De um ponto de vista diatópico o diassistema do português caracteriza-se - apesar da existência de pequenas diferenças - por um grau relativamente elevado de homogeneidade [Das Diasystem des Portugiesischen zeichnet sich in diatopischer Hinsicht - trotz kleinerer bestehender Unterschiede - durch ein relativ hohes Maß an Homogenität aus] (Holtus 1994, 625; 1999, 45).

Für andere portugiesische diatopische Varietäten wie die lateinamerikanischen (BP[260], Uruguay), afrikanischen, asiatischen oder für die portugiesisch-basierten Kreolsprachen (vgl. Kap. 11.4) steht die Beschreibung regionaler Varianz noch am Anfang. Im Folgenden soll unter diatopischem Blickwinkel das Staatsgebiet Portugals vorgestellt werden.

---

[258] Coseriu (1980, 116) unterscheidet primäre (schon vor Entstehung der Gemeinsprache existierende), sekundäre (durch spätere Differenzierung der Gemeinsprache entstandene) und tertiäre (durch Differenzierung der exemplarischen Norm der Gemeinsprache entstandene) Dialekte.

[259] Man denke hier an die Sprachatlanten, vgl. dazu den Gesamtüberblick "Romanische Sprachatlanten" von Winkelmann / Lausberg (2001, 1043-1044 und 1054-1058, insbesondere zum ALPI, ALEPG, ALLP, ALGa) und ihrem Fazit: "Inzwischen sind mit Ausnahme Portugals alle romanischsprachigen Länder Europas durch groß- und kleinräumige Sprachatlanten relativ gut erforscht" (ebd.1008). Zu den Atlanten des BP (AliB *Atlas lingüístico do Brasil* und den regionalen Atlanten) Suzanna A. Marcelino Cardoso, "A dialectologia no Brasil: perspectivas", in: DELTA 15 (1999), S. 233-255 und DELTA 17 (2001), S- 25-44, ebenso: www.alib.ufba.br/grandesnomes.asp (Zugriff 23.05.2006).

[260] Zur regionalen Varianz des BP Cunha/Cintra (1984, 19-23) sowie den Überblick in Bueno (1955, 311-319).

Neben der überregionalen Standardvarietät (*língua padrão*) sind folgende diatopische Varietäten (die als Varianten den allgemeinen Sprachgebrauch des EP durchkreuzen können) zu nennen:[261]

- **galicische Dialekte** (*dialectos galegos*) im nördlichen Grenzgebiet[262];
- **nördliche portugiesche *Dialekte*** (*dialectos portugueses setentrionais*) mit weiteren Sub-Varietäten (*transmontano, alto-minhoto, beixo-minhoto, duriense, beirão*) und den urbanen Varietäten Braga und Porto;
- **zentral-südliche Dialekte** (*dialectos portugueses centro-meridionais*) - wozu auch die urbane Varietät Lissabons zählt - mit Sub-Varietäten (an der Küste *estremenho-beirão*, den urbanen Varietäten Aveiro und Coimbra und im Landesinneren *ribatejano, baixo beirão*, im Alentejo *alentejano* und in der Algarve *algarvio*), dazu Mundarten (*falares / variedades regionais*[263]), die in Sub-Varietäten wie Stadt- oder Dorfmundarten (*variedades urbanas/ aldeães*) noch weiter unterteilt werden können;
- die beiden Insel-Varietäten auf **Madeira** (*madeirense*) und den **Azoren** (*açoriano*);
- das **Mirandesische** (*mirandês*) im Concelho der Miranda do Douro (mit drei Sub-Varietäten, dem *sendinês* mit noch weiteren Sub-Varietäten, dem *raiano* und *central*) sowie das *riodonorês* und *guadramilês* ("locolecto");
- und damit zuletzt die Gruppe **grenzüberschreitender Varietäten** (*variedades fronteiriças*) - wie schon genannt das Galicische und Mirandesische -, dazu das ***barranquenho*** im Alentejo (Distrikt Beja/Olivenza), das durch das *hispano-estremeño* und Andalusische beinflusst ist.[264]

Die diatopische Varietät **Mirandesisch** (*lhéngua mirandesa*) - seit 1999 offiziell anerkannte Landessprache neben dem Portugiesischen - geht auf eine asturisch-leonesiche Basis zurück und nimmt ein klar abgegrenztes Areal ein. Seit acht Jahrhunderten ist das Mirandesische mit dem Portugiesischen verbunden (im Rahmen des Staatsgebiets), wurde Ende des 19. Jh. durch den Dialektologen Leite de Vasconcelos "wiederentdeckt" und durch mehrere Studien in das Zentrum des Interesses gerückt. Wiederum ein halbes Jahrhundert danach wandten sich dieser auch ethnologisch interessanten Region im nordöstlichen Grenzgebiet Portugals zwei Wissenschaftler zu: der Ethnologe Jorge Dias und der Linguist José Herculano de Carvalho publizierten eine interdisziplinäre Untersuchung der

---

261 Eine Dialektkarte findet sich in Schmidt-Radefeldt (1997, 364):

262 Es würde hier zu weit führen, die sprachliche Variation in Galicien darzustellen; die *Real Academia Galega* und das *Instituto da Língua Galega* brachten schon 1982 "Normas ortográficas e morfolóxicas do idioma galego" auf den Weg mit dem Ziel einer Ausbau-Sprache. Vgl. zum heutigen Galicisch Fred Boller (1995: *Die Isoglossenstaffelung in der galicisch-portugiesisch-spanischen Kontaktzone und im Lombada-Aliste-Grenzgebiet*, 2 Bde. Kiel: Westensee Verlag; Santos (1967); Ulfried Herrmann (1987): *Das Galicische: Studien zur Geschichte und aktuellen Situation einer der nationalen Sprachen in Spanien*, Frankfurt am Main: TFM; Michaela Luyken (1994): *Das Galicische. Eine Fallstudie zur Verschriftungsproblematik romanischer Minderheitensprachen*, Wilhelmsfeld: Egert Verlag; Kabatek (1996); Adrian Bröking (2002): *Sprachdynamik in Galicien. Untersuchungen zur sprachlichen Variation in Spaniens Nordwesten*, Tübingen: Narr.

263 Lindley Cintra (^{2}1995) verwendete 'dialecto' für Varietäten innerhalb von Zonen oder Gebieten, 'falar' für kleinere Ortschaften, 'localidades' in der Bedeutung von 'locolecto' bei Faria / Pedro / Duarte / Gouveia (1996, 483).

264 Zu allen 'variedades fronteiriças' mit weiterführender Literatur Schmidt-Radefeldt (1996), insbesondere Matias (1984 und 1994) und Santos (1967).

dörflichen Varietät *riodonorês* diesseits und jenseits der Grenze.[265] Zur regionalen Varietät des Mirandesischen erschien sogar eine *Fonologia mirandesa* von Carvalho (1958). Zweifellos gehört es mit ca. 6.000 bis 12.000 Einwohnern (sofern die ausgewanderten Mirandeser mitgezählt werden) zu den kleinsten der bedrohten Minderheitensprachen (nach der Bewertung durch 'Euromosaic' Platz 34 von 48 Minderheitensprachen der EU, vgl. Merlan 2004, 98). Hinsichtlich des angestrebten Ausbaus ist festzustellen, dass das Mirandesische kodifiziert ist (Orthographie, Grammatik und literarische Textsammlungen liegen vor, schulischer Sprachunterricht, mediale Verbesserungen wie spezielle TV-Sendungen und Presseberichte sind angelaufen) und auch fach- bzw. wissenschaftliche Publikationen und Kongresstätigkeiten haben stark zugenommen. Forschungen zum Mirandesischen werden am *Centro de Linguística da Universidade de Lisboa* (Manuela Barros Ferreira), am *Centro dos Estudos Mirandeses* der Universität Porto (José F. Meirinhos), am Institut für Allgemeine Sprachwissenschaft in Coimbra (Cristina dos Santos P. Martins) und durch die Aktivitäten der *Associaçon de Lhéngua Mirandesa* (ALM) in Lissabon/Miranda do Douro gefördert. Aufgrund ihrer diachronen und synchronen Komplexität hat diese Regional- und Minderheitensprache in einem "Europa der Regionen" in den letzten fünfzehn Jahren erneut wachsende Aufmerksamkeit gefunden; als diatopische Varietät mit stark diaintegrativen Varianten sowie Bi- und Trilingualismus (Portugiesisch, Asturisch-Leonesich, Kastilisch) und einer zunehmend diaplanerischen Dimension gewinnt das Mirandesische einen immer größeren Stellenwert in der Varietätenlinguistik des Portugiesischen.[266]

Sofern man dem Sprachkontakt eine diatopische (im weiteren Sinne) Dimension zugestehen will, wäre hier auf den diaintegrativen Aspekt diatopischer Varietäten zu verweisen. Aufgrund von Sprach- und Kulturkontakt gelangen fremdsprachliche Elemente (**Xenismen**, *expressões xenoglóssicas*) in ein Diasystem und werden als **diaintegrative Varianten** (*variedade diaintegrativa*) integriert. Der Sprachkontakt und die Sprachgeschichte stellen eine ständige Fremdbeeinflussung des Sprachgebrauchs unter Beweis: Lehn- und Fremdwörter wie Gräzismen, Latinismen, Gotismen, Arabismen, Italianismen, Gallizismen, Hispanismen, Germanismen, Anglo-Amerikanismen.[267]

Grundlagenliteratur

Ferreira / Carrilho / Lobo / Saramago / Cruz (1996, 476-502); Kröll (1994), Mateus / Brito / Duarte / Faria ([5]2003, 23-51); Schmidt-Radefeldt (1996, 1997); Winkelmann / Lausberg (2001).

---

265 Jorge Dias / Carvalho, J. G.: "O falar de Rio de Onor", in: *Biblos* 30 (1954) 191-244.

266 Vgl. www.mirandes.no.sapo.pt; www.clul.ul.pt/sectores/projecto/mirandes.html, (letzter Zugriff 17. 05. 2006)

267 Vgl. 2.2 und die Kapitel 7.1.1 bis 7.1.6.

10.2.2.2 Zur diastratischen Varietät

Die **diastratische Varietät** (*variedade diastrática*) umfasst den Sprachgebrauch, wie er sich in den sozialen Schichtungen (lat. *stratum* "Schicht") einer Sprachgemeinschaft widerspiegelt. Er betrifft die soziolektalen Markierungen von **Gruppen- bzw. Sondersprachen** (*gírias*, im BP oft auch *dialeto*, z.B. *dialeto social, dialeto de idade, de sexo*[268]), d.h. diesen Varietäten liegen soziolektale und soziolinguistische Schichtungen und Gruppenzugehörigkeiten der Sprecher zugrunde. Das DLPC (2001, 1899) definiert **gíria** als

> linguagem verbal peculiar que é usada por uma comunidade restrita de pessoas ou por determinados grupos sociais, permitirem-lhes comunicarem entre si sem serem entendidos pelos outros [Sondersprache, die von einer begrenzten Personengruppe bzw. bestimmten gesellschaftlichen Gruppen verwendet wird und die Kommunikation untereinander bei Ausschluss anderer Teilnehmer ermöglicht].

Andere Sprecher werden also durch die Verwendung von *gíria* ausgeschlossen, was durch ihre Geheim- oder Fachsprachlichkeit gegeben ist. Wir wollen den diastratischen Varietäten auch die Studentensprache (*gíria dos estudantes*), die Jugendsprache(n) (*linguagem dos adolescentes*), die Sprache der Fischer (*linguagem dos pescadores*), die Sprache der Randgruppen (*linguagem dos marginais*), der Drogenszene (also auch "Szenesprachen", *gírias das subculturas*) u.a.m. zuordnen. Zu allen diesen und anderen Bereichen wurden Wortschätze über lange Zeiträume zusammengetragen (vgl. dazu die Bibliographie in Kröll 1994). Einige Beispiele des heutigen Portugiesisch mögen das verdeutlichen:

- **Lexikon der Drogenszene**: (*cena* 'Fall, Szene, Lage', *taco* 'Geld, Drogenportion'; *madié* 'Kerl, Typ', *malabar* 'klauen', *morfa* 'Morphium', *naitar* 'Drogen nehmen', *passador* 'Drogenverkäufer', *pedraga* 'Drogenrausch', *snif, snifar* 'Geruchsdroge inhalieren', Synonyme für *cocaína* (*gulosa, branca, traço, linha de coca, kiza, bilu*), für *haxixe* (*maconha, merla, bagulho, bolota*), für LSD (*doce, ácidos, golfinho, panteras*) wie auch idiomatische Ausdrücke, z.B. *dar um bacalhau* (= *injectar heroina* 'Heroin spritzen'), *falar com o artur* (= *fumar um cigarro de haxixe ou erva* 'Haschisch, Gras rauchen') etc. [269]
- **Lexikon der Delinquenz**: dieser Sprachgebrauch ist nach Remenche (2003, 102) im Bereich des Strafvollzugs geprägt durch starke Aggressivität, durch Metaphorik (*barro, batatão, pescoço*), durch Konkretisierungen im ruralen Bezeichnungsbereich, durch Termini der Homosexualität, durch disphorische, d.h. negativ-pejorisierende Formulierungen und Denkfiguren (*feinha* 'Eheweib', *choca* 'Gesöff im Gefängnis', *porvinho* 'Erfrischungsgetränk', *cascuda* 'Trinkgefäß im Gefängnis' usw., durch viele apokopische, aphäresische, reduktive Wortbildungen (*doca* < *do catorze* = *super*, *treta* < *conversa de treta* 'Quatsch', *turra* < *terrorista*) u.a.m.

  Die 'gíria' der Delinquenten ist stark mündlich, weicht morphologisch und syntaktisch nicht von der allgemeinen Sprachgebrauchsnorm ab, wie Remenche (2003, 33) feststellt: heute verbreiten auch die Medien diese 'gíria' einer Randgruppe, so dass Begrifflichkeiten des brasilianischen Strafgesetzbuches (z.B. *doze, dezasseis, duquetreze* §§ des *Código penal*) in den allgemeinen Sprachgebrauch Eingang finden können.

---

268 Vgl. www.ciberduvidas.sapo.pt/php/resposta.php?id=8038 (Zugriff 21.05.2006).

269 Beispiele aus dem *Dicionário de calão* (1988); das Gros der Einträge dieses Wörterbuchs liegt im Bereich der diaphasischen/diamedialen Varietät der Mündlichkeit (*calão*).

Am Ende dieses Abschnitts seien noch zwei diasystematische Varietäten behandelt, die sowohl auf der sozialen wie auch der biologisch-biographischen Ebene anzusiedeln sind: natürliches Geschlecht und Alter (die schon genannte Jugendsprache wie auch die Kindersprache sind ebenso nicht nur sozial, sondern auch durch das biologische Alter determiniert):

Die **diasexuelle Varietät** (*variedade sexual*) markiert die Sprache der Frauen als einen besonderen Sprachgebrauch (meist der "Männersprache" gegenübergestellt). Wenngleich die anderen großen romanischen Sprachen in der *gender*-Forschung mit dem Anglo-Amerikanischen gleichgezogen haben, bleibt nach ersten Studien von Matias (1994) und Albrecht (1997) hinsichtlich des Portugiesischen noch einiges zu tun. Es sind ja nicht nur anthropologische Unterschiede, die sich gerade auch in den romanischen Sprachen patriarchalisch grammatikalisiert haben (männlich/weiblich vs. maskulinum/femininum: eine weibliche Person sagt *obrigada*, eine männliche Person *obrigado* 'Danke'), sondern bei der diasexuellen Markiertheit geht es um den spezifischen Sprachgebrauch, den Frauen (oder Männer) in ihrem sozialen Umfeld machen und interiorisiert haben. Biologische (Frau, Mutter) und soziale Rollenschemata finden ihren sprachlichen Ausdruck, werden adaptiert und im interaktiven Diskursverhalten verwendet. Vorurteile und stereotype Bewertungen (vgl. *diaevaluative Markierung*) finden sich hier auf beiden Seiten der Geschlechter, besonders auch was das Sprachverhalten anbetrifft (das weibliche Gesprächsverhalten sei abschwächend, in Frage stellend, Zustimmung heischend, entschuldigend, selbstabwertend, unsicher wie eine 'language of apology', partikelreich insbesondere durch Bestätigungs-*tags* wie "DEKLARATIVE AUSSAGE +, *não é*?" '..., nicht wahr?'[270]). Biologische und rechtliche Ungleichheit wird (un?)bewusst tradiert, die sexistische bzw. machistische Sprachverwendung muss in das gesellschaftliche kollektive Bewusstsein gelangen, um dann vielleicht diasprachplanerische Konsequenzen (vgl. *variadade diaplanificatoria*) zu haben: ebenso wie Feminina die Frau in der beruflichen Tätigkeit bezeichnen (*auditora, juíza, médica, presidenta, ministra* etc.), so sollten analog auch Maskulina für männliche Berufsausübungen zur Verfügung stehen (*enfermeiro, modisto, peleiro* etc.). Einen ersten Beitrag zum Portugiesischen zu diesem Thema hat Albrecht (1997) vorgelegt. Zur diasexuellen Varietät im Rahmen der unterschiedlichen Gesellschaftsformen der lusophonen Staaten mangelt es an wissenschaftlich fundierten Studien.

Die **diagenerationelle Varietät** (*variedade de idade*) bezieht sich auf den alters- und generationengebundenen Sprachgebrauch, bezieht sich auf die Generationen oder treffender auf das "Sprechalter" der Mitglieder einer Gesellschaft (Kindheit, Jugend bzw. Adoleszenz, mittleres Alter bzw. Erwachsene, Alte) - wobei das soziale Alter mit dem biologischen durchaus nicht immer übereinstimmen muss.[271] Das Individuum durchläuft in seinem Leben verschiedene Phasen der

---

[270] Trömel-Plötz (1978) 59-62; die hier genannten Merkmale der "Frauensprache" (weitere bei Pusch (1984) und Klann-Delius (2005) sind hypothetisch angenommen und warten auf wissenschaftlich fundierte Beschreibungen - gerade auch im Portugiesischen.

[271] Die Beiträge im Themenband "Sprechalter" (OBST *Osnabrücker Beiträge zur Sprachtheorie* 62, 2001, hrsg. von Svenja Sachweh und Joachim Gessinger) eröffnen das weite Feld diverser Kommunikation: Erwachsene oder Großeltern erzählen und hören den Jugendlichen zu,

Sprachverwendung, nimmt z.B. Elemente aus seinem Jugendwortschatz lebenslang mit, Elemente aus ideologisch-politisch stark geprägten Zeiten - man denke an die Sprache der *retornados* ('Rückkehrer') aus Angola nach 1975, die heute noch *iá* ('Ja'), *bué* ('viel'), *bazar* ('weggehen') - typische Ausdrücke aus der Kolonialzeit - benutzen. Quer zu dieser hier genannten diasystematischen Dimension des alterspezifischen Sprechens steht also immer zugleich die diasexuelle und diaskolare (schulische oder andere Bildung betreffende) Varietät, so dass man gerade bei den diastratischen Varietäten oft mit "hybriden" Verwendungsweisen rechnen muss. Ein weiteres Beispiel für Hybridität ist die Sprache des Internet-Chat (vgl. 10.2.2.11).

Grundlagenliteratur

Albrecht (1997); Holtus (1994; 1999; 2000); Klann-Delius (2005); Kröll (1994); Matias (1994); Petruck (1989); Pusch (1984); Schmidt-Radefeldt (1998).

10.2.2.3 Zur diaphasischen Varietät

Mit der diaphasischen Markierung (*variedade diafásica*) kommen wir zu innersprachlichen Varietäten, wie sie vor allem als "Stilebenen", "Funktionalstile", "Register" in unterschiedlichen linguistischen theoretischen Traditionen Eingang fanden. Nabrings (1981, 184-216) referiert diese Forschungsansätze und konstatierte (schon damals):

> In der Bundesrepublik ist bislang weder die Funktionalstilistik noch die Register-Konzeption auf ein breites Interesse gestoßen (Nabrings 1981, 206).

Der Grund dafür mag u.a. darin zu suchen sein, dass bei allen diesen Ansätzen immer auch die *Parameter der Sprechsituation* zur Beschreibung der Sprachverwendung herangezogen werden müssen - die Beschreibung der gesprochenen Sprache (um die es hier vorrangig ging) macht die Nennung der Faktoren der Redekonstellation erforderlich (vgl. unten *diasituative Varietät*).

Für das fremdsprachliche Studium der Romanistik jedoch - wo es z.B. in der Lexikografie bei der Notierung fremdsprachiger Lexeme und Ausdrücke sehr nützlich ist, auch deren stilistische Markierung für eine adäquate Verwendung anzugeben -, haben Register- und Stilangaben immer schon eine wichtige Rolle gespielt. Im Rahmen der Konzeption eines Diasystems jedoch muss immer auch die *Sprechsituation* (Kontext/Kotext) mit den jeweils relevanten Faktoren herangezogen werden, da es sich ja um ein Sprachgebrauchsmodell handelt.

Wenn wir, wie schon gesagt, von einer unmarkierten Sprachgebrauchsnorm (Standardvarietät, *língua padrão*) ausgehen, die durch eine Standardgrammatik und ein Standardwörterbuch kodiert ist, so kann man strukturalistisch beim **Schrift- und Redestil** (*estilo/modo de falar ou escrever*) allgemein unterscheiden:

Jugendliche sprechen mit Jugendlichen, Jungen sprechen mit Mädchen, Alte mit Kindern im Vorschulalter usw. usw.

Português [+ cuidado/cultivado/culto]

....

Norma de uso (não marcado)
(« universale Sprachgebrauchsnorm des Portugiesischen »)

....

Português [+ comum/corrente/usual] com marcações diassistemáticas
Português [+ coloquial /+ familar]
Português [+ popular]
Português [+ vulgar /+ baixo/+ obceno], *calão/gíria*

Stilebenen des Portugiesischen, Schmidt-Radefeldt

Diese diaphasischen Stilebenen, die sich besonders gut zur Markierung einzelner Vorkommen (Varianten) eignen, wenn solche in einem ansonsten unmarkierten (bzw. verschieden markierten) Text oder Diskurs plötzlich verwendet werden (die sog. "Stilbrüche"(*estilo vicioso*) - vgl. auch 'dianormative Varietät'), können sich partiell mit anderen diasystematischen Parametern überschneiden.[272]

Insbesondere die unterste Stilebene hat seit jeher das Interesse der Philologen gefunden: der **calão** (von sp. *caló* 'Zigeuner, Farbiger') war ursprünglich (wie der frz. *argot*) eine Sondersprache von Berufsgruppen oder einer Gesellschaftsschicht, dann Gaunersprache und bezeichnet heute die niedrigste Stufe des mündlichen Sprachgebrauchs (oft auch *calão baixo* 'unterer *calão*' genannt). Jugendliche verwenden Ausdrücke des *calão*, mit Vorliebe auch *calão erótico*). Auch diese Bezeichnung beinhaltet den Aspekt von Sondersprachlichkeit und Geheimsprache (*calão dos médicos, calão dos jornalistas*, also negativ konnotiert als "Fachjargon"). Wie unscharf die Bezeichnungen *calão, jargão* (und auch *gíria*) sind, wird auch daran deutlich, dass alle drei Soziolekte sind, d.h. die Sprache von Sondergruppen (*linguagem própria de um grupo social, sobretudo ao nível do vocabulário*), und dazu auch geheimsprachliche Verwendungsweisen aufweisen und dass Ausdrücke daraus Teil der (mündlichen) Umgangssprache geworden sind. Wie spezifisch und einzelsprachlich gebunden dieses Vokabular ist, wird deutlich, wenn man Übersetzungsäquivalente sucht, etwa zwischen Ausdrücken der bras. *gíria* und dem frz. *argot* (z.B. pt. *puta, mulher de má nota, mulher de comédia, mulher de viração, mulher de fado* etc., denotativ äquivalent frz. *putain, catiche, gagneuse, pavute, grue, radineuse, tapineuse* etc., oder pt. *puxa-vida*! fr. *merde alors*!, vgl. Audubert 1996). Spezielle soziale Bereiche des *calão* sind Verbrechen und Delikte, Drogen, Prostitution und Militär (*linguagem da guerra colonial*); nicht wenige Ausdrücke des *calão* finden sich im mündlichen allgemeinen Sprachgebrauch wieder.

Grundlagenliteratur

Kröll (1994a); Lapa ([11]1984, 60-74); Nabrings (1981); Petruck (1989); zu speziellen Wörterbüchern vgl. Bibliographie.

---

272 Müller (1985, 226) hatte für das Französische ein analoges Schema vorgeschlagen, um qualitative Register diaphasisch zu unterscheiden; Brauer-Figueiredo (1999, 14) differenziert einerseits zwischen "linguagem falada/escrita", andererseits diastratisch zwischen "linguagem culta/popular" als Endpunkte eines Kontinuums.

10.2.2.4 Zur diamedialen Varietät

Die **diamediale Differenzierung** (*marcação diamedial*) betrifft die Spezifika und Differenzierungen, die aufgrund des eingesetzten Mediums entstehen: Mündlichkeit versus Schriftlichkeit, was oft schon allein einen Stilunterschied bezeichnet; die bereits behandelte diaphasische Markiertheit kommt hier voll zum Zuge. Die diamediale Varietät resultiert also mit ihren markanten Eigenschaften aus dem Medium selbst: ein Schriftsatz hat seine tradierten Formen und Floskeln, ist etwa im Fall der diatechnischen Varietät normiert und kodiert, wohingegen im Mündlichen weniger vollständige Sätze verwendet werden und die Sprechsituation für mannigfache Verkürzungen im sprachlichen Ausdruck dienlich ist. Diese diamedialen Eigenschaften korrelieren nun in erster Linie mit der Konzeption (vgl. 10.2.2.5), aber auch mit diaphasischer und diastratischer Variation.

Die Abgrenzung zwischen der Varietät des Mündlichen und Schriftlichen stellt sich insbesondere in defizitär oder unzureichend alphabetisierten Sprachgemeinschaften als sehr problematisch dar. Brasilien (mit ca. 15 % Analphabetismus) initiierte an der Universidade de São Paulo das Projekt NURC[273], um sprachpolitisch die "norma falada culta" (gesprochene Hoch-/Standardsprache) auf der Basis von Sprachcorpora festzuhalten und zugleich dem Beschreibungsziel einer "gramática do português falado" näher zu kommen. Diese "norma culta" ist zu verstehen als

> variedade [...] que corresponde aos usos e atitudes de determinado segmento da sociedade, precisamente aquele que desfruta de prestígio dentro da comunidade maior, em virtude de razões políticas, econômicas e culturais [Varietät, die den Gebrauchsweisen und Einstellungen eines bestimmten Gesellschaftssegments entspricht, die das Prestige der Bevölkerungsmehrheit genießt, aus politischen, wirtschaftlichen und kulturellen Gründen] (Teixara de Castilho/Preti 1986, 2).

Neben diesen beiden klassischen Medien verbaler Vermittlung treten bei natürlichen Sprachen dann in der *face-to-face*-Kommunikation noch die gestisch-mimischen Zeichen (und möglicherweise weitere "diasemiotische" Zeichenvermittlungen hinzu - vor allem bildlich-ikonische - und die aktuelle Realität der jeweiligen Sprechsituation).[274]

In den Zeiten der Internet-Nutzung wird das Problem der Interferenz von diamedialer Überlappung gerade beim Chatten (doch auch schon beim Redigieren der E-Mail) bewusst und virulent; der Konflikt beim Einbruch des orthographischen Kodes aufgrund der Prädominanz des Mündlichen (sowie neuer Zeichenkodierungen) wird auf auf eine neue Weise gelöst werden.

---

273 NURC: Projeto de Estudo da Norma Lingüística Urbana Culta do Brasil, vgl. Castilho/Preti 1986.

274 Schweickard (1984, 86-96) verdeutlicht so diatopische (regionalsprachliche) und diamediale (Formulierungen des Mündlichen) in der Bild+Text-Beziehung anhand des *Astérix*.

Grundlagenliteratur

Brauer-Figueiredo (1999); Fiehler / Barden / Elstermann / Kraft (2004); Koch / Oesterreicher (1990); Scotti-Rosin (1994).

10.2.2.5 Zur diakonzeptionellen Varietät

"Niemand schreibt so, wie er spricht" - dieses Diktum betrifft nun weniger das Medium als vielmehr die Konzeption, den Entwurf von Sprache, für den sich der Sprecher in Abhängigkeit von der Situation und v.a. von seinem Verhältnis zum Gesprächspartner entscheidet. Medium und Konzeption werden seit Söll (1974) und insbesondere seit Koch / Oesterreicher (1990) zunächst als zwei Dichotomien streng voneinander geschieden:

Medium	**Konzeption**
phonisch, in Form von Lauten	*gesprochen* (Oralität)
graphisch, in Form von Schriftzeichen	*geschrieben* (Skripturalität)

In der Realität gibt es aber mehrere Kombinationsmöglichkeiten:

- phonisch - gesprochen (hohe Affinität), z.B. Unterhaltung mit Freund;
- phonisch - geschrieben (niedrige Affinität), z.B. Predigt, Festrede, Fachvortrag;
- graphisch - gesprochen (niedrige Affinität), z.B. wörtliche Rede in Roman, Privatbrief, Chat;
- graphisch - geschrieben (hohe Affinität), z.B. Zeitungsartikel.

Man kann also in einem "mündlichen" Stil schreiben und in einem "schriftsprachlichen" Stil sprechen.

Das folgende Schema verdeutlicht, inwiefern hier Nähe vs. Distanz zum Gesprächspartner eine Rolle spielen:

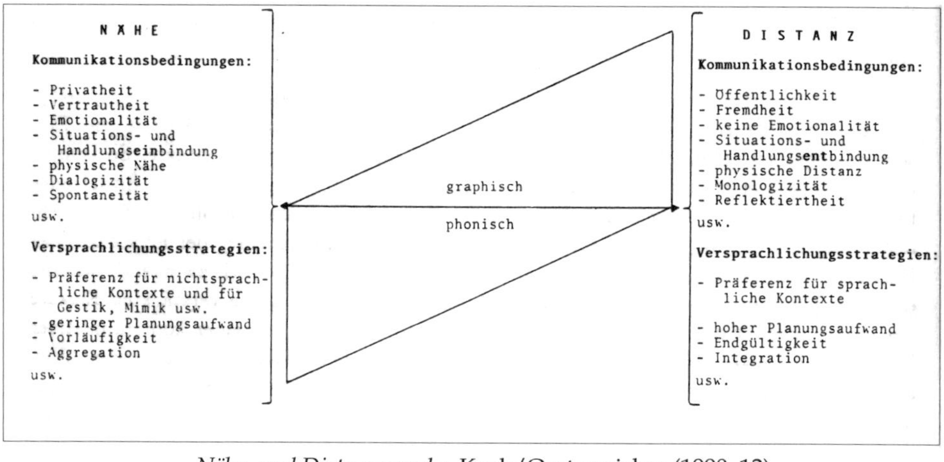

Nähe- und Distanzsprache, Koch/Oesterreicher (1990, 12)

Als konstitutiv für das Konzept der Mündlichkeit erweisen sich somit die raumzeitliche Nähe - aber auch die emotionale und soziale Nähe, d.h. die Bekanntheit und Vertrautheit der Gesprächspartner. Als typische Eigenschaften für die Sprache der Nähe gelten eine dialogisch konstituierte, offene Themenentwicklung sowie Emotionalität und Spontaneität. Das Konzept der Schriftlichkeit ist dagegen geprägt durch raum-zeitliche, soziale und emotionale Distanz. Distanzsprachliches Charakteristikum ist die monologische Themenorganisation, auf die der Kommunikationspartner keinen Einfluss hat.

Während das Medium eine echte Dichotomie darstellt, ist die Unterscheidung zwischen konzeptioneller Mündlichkeit und konzeptioneller Schriftlichkeit gradueller Natur: Nähe und Distanz bilden nach Koch / Oesterreicher (1990, 588) zwei entgegengesetzte Endpunkte eines Kontinuums.

10.2.2.6 Zur diatechnischen Varietät

Fachsprache und fachsprachliche Kommunikation werden als **diatechnische Varietät** (*variedade diatécnica*) verstanden, ihre Verwendung findet vor allem in berufsspezifischen Tätigkeitsfeldern und Sachbereichen statt; sie beruht auf der Gemeinsprache und macht davon einen besonderen Gebrauch, indem sie fach- und sachrelevant kodifiziert und gerade auch terminologische Präzisierungen des Wortschatzes einführt. Die Differenzierung des Sprachgebrauchs geschieht aufgrund fachwissenschaftlicher und fachsprachlicher Entwicklungen, Erfordernissen und Techniken zugleich: In fast allen sozialen Bereichen haben sich Fachsprachen entwickelt und erfahren ständige Fortentwicklungen: im Rechtswesen, in der Wirtschaft, in der Politik, in der Medizin, der Technik, Biologie, Physik usw., in den neuen Informationstechnologien (IT) und den Natur- wie Kulturwissenschaften. Neue Sprach- und Kommunikationserfordernisse bringen einen neuen Fachwortschatz, eindeutige (definierte) Begriffe (Termini) für eine effiziente Kommunikation im Zuge zunehmender Globalisierung hervor.

Die diatechnische Varietät ist als Funktionalstil geprägt: sachliche Klarheit und logische Abfolge des Textes/Diskurses ist angesagt im Hinblick auf eine bestimmte Intention des Textproduzenten. In der Syntax werden kompakte Strukturen bevorzugt, Hypotaxe ebenso wie Partizipial-, Gerundial- und Infinitivkonstruktionen. Aussagesätze in der Funktion des Beschreibens, Beweisens, Argumentierens herrschen vor, dazu im Deutschen Nominalstil und das imperfektive Präsens des Verbs, unpersönliche und passivische Verbformen, Neologismen (Anglizismen), Kunstwörter, Akronyme sowie andere semiotische, meist bildliche Zeichenmittel (Abbildungen, Diagramme, Tabellen usw.).

Innerhalb der Fachsprachentheorie ist von verschiedener Seite (Hoffmann 1985, 58-60; Fluck 1991, 16-17, Roelcke 1999, 34-42) eine horizontale und eine vertikale Gliederung/Schichtung vorgeschlagen worden:

- **horizontal** werden die diatechnischen Varietäten nach Fächern bzw. Fachgebieten differenziert (Recht, Wirtschaft, Politik, oder Chemie, Physik, Mathematik, oder Medizin, Humanmedizin, Veterinärmedizin usw., innerhalb der Wissenschaftsdisziplinen etwa der Medizin dann wiederum in viele

Teilbereiche[275]), - wobei der Differenzierungsgrad zwischen diesen Teil- und Unterteilbereichen problematisch bleiben muss;

- **vertikal** geschichtet sind die diatechnischen Varietäten hinsichtlich innersprachlicher (stilistischer) Kriterien oder kommunikativ-pragmatischer Verwendungsweisen.

Im Folgenden sollen zwei Beispieltexte für Fachsprache vorgestellt werden, ein ethnologischer und ein juristischer.

Der erste Text aus der Ethnologie erscheint syntaktisch standardsprachlich, lexikalisch weist er einige Fachbegriffe auf (Bezeichnungen aus Bantusprachen, die auf genuines Brauchtum und seine Wirklichkeit verweisen), Anmerkungen wie "[47]" und Verweise auf Bilder (*figuras*) indizieren authentisches Dokumentationsmaterial im Kontext der Abhandlung; der Stil ist sachlich, deskriptiv, informativ und folgerichtig entwickelt. Die Allgemeinverständlichkeit dieser Varietät (ethnologische Fachsprache) ist auch für Laien noch voll gewährleistet.

DIATECHNISCHE VARIETÄT A - WISSENSCHAFTLICHE PROSA (Ethnologie)

O Maconde distingue entre dois tipos de caça: a que é feita por um indivíduo só ou acompanhado de mais um ou dois amigos, e a caçada colectiva.

A caçada individual (*kulumbata*) é feita por um caçador (*wakulumbata*) armado de arco e flechas (fig. 91) ou espinguarda de carregar pela boca ([47]) (*yuti*), podendo ser acompanhado por um ou dois companheiros e por um cão de caça (*ñavanga*), com um chocalho de madeira (fig. 92) (*liandja*), para se meter nas brenhas e fazer fugir as gazelas para terrenos mais limpos, onde os caçadores lhes possam atirar.

A caçada colectiva é feita por todos os homens de uma povoação ou duas, e, além das armas, usam rede (*lungau*, pl. *dingau*) (fig. 93). Esta caçada colectiva com batida diz-se *enda kulumba dabya dinyama* ("indo caçar para matar animais") (figs. 94 e 95). Muitas vezes, no tempo seco, quando a fome de carne e a saudade de aventura começam a oprimir o Maconde, há um que lança o grito: *Tuke kulumba!* ("Vamos à caça!"). E logo começam os preparativos. (Jorge Dias, *Os Macondes de Moçambique*, 3 vols. Lisboa: Junta de Investigações do Ultramar 1964, Vol. 1: S. 127)

[Der Makonde unterschiedet zwei Arten der Jagd: einerseits die Jagd, die einer allein oder von ein, zwei Freunden begleitet unternimmt, andererseits die Gemeinschaftsjagd.

Die Jagd des einzelnen (*kulumbata*) wird von einem Jäger (*wakulumbata*) durchgeführt, der mit Pfeil und Bogen bewaffnet ist (Abb. 91) oder mit einer Flinte zwischen den Zähnen ([47]) (*yuti*), möglicherweise von ein oder zwei Begleitern und von einem Jagdhund (*ñavanga*) begleitet wird, mit einer Viehglocke aus Holz (Abb. 92) (*liandja*), um ins Dorngestrüpp einzudringen und die Gazellen zu übersichtlichen Stellen aufzuscheuchen, wo die Jäger sie dann erlegen können.

Die Gemeinschaftsjagd wird von allen Mitgliedern eines oder zweier Dörfer durchgeführt, wobei sie außer den Waffen auch Netze verwenden (*lungau*, pl. *dingau*) (Abb. 93). Diese gemeinschaftliche Treibjagd wird auch *enda kulumba dabya dinyama* ('jagen gehen, um Tiere zu töten') (Abb. 94 e 95) genannt. Viele Male in der Trockenzeit, wenn der Hunger auf Fleisch und die Unternehmungslust die Makonden niederdrücken, stößt einer dann den Schrei aus: *Tuke kulumba!* ('Auf die Jagd!'). Und sofort beginnen die Vorbereitungen].

---

275 Anatomie, Physiologie, Pathologie, Pharmakologie, Toxikologie, Immunologie, Urologie, Gynäkologie usw., und diese Bereiche sind einerseits untereinander, andererseits mit anderen affinen Wissenschaften (Chemie, Biologie, Physik etc.) verbunden.

Der zweite Text B ist der Rechtssprache (*linguagem do direito*) zuzuordnen: syntaktische und argumentative Formen (*Sendo... sendo*) deuten auf eine starke Kodifizierung hin, eine kohärent definierte Begrifflichkeit verweist auf das Internationale Privatrecht (genauer Erbrecht): der Erbe kann die Erbschaft (*herança*) entweder in schlichter, einfacher Weise oder unter dem Vorbehalt der Inventarerrichtung annehmen: im letzteren Fall haftet er für die Verbindlichkeiten (*encargos*) nur mit dem inventarisierten Vermögen (*os bens inventariados*) - mit der Ausnahmeklausel (*salvo se*), dass die Gläubiger (*credores*) oder Vermächtnisnehmer (*legatários*) weitere Besitztümer nachweisen; im ersteren Fall jedoch soll die Haftung (*responsabilidade*) auch nicht den Wert der ererbten Güter übersteigen, jedoch obliegt die Beweislast (*incumbe provar*) dem Erben, dass im Erbe keine ausreichenden Werte (*valores suficientes*) zur Erfüllung der Verbindlichkeiten (*cumprimentos dos encargos*) enthalten sind.

DIATECHNISCHE VARIETÄT B – JURISTISCHE FACHSPRACHE (*Código Civil*)

1. Sendo a herança aceita a beneficio de inventário, só respondem pelos encargos respectivos os bens inventariados, salvo se os credores ou legatários provarem a existência de otros bens.

2. Sendo a herança aceita pura e simplesmente, a responsabilidade pelois encargos tambén não excede o valor dos bens herdados, mas incumbe, neste caso, ao herdeiro provar que na herança não exitem valores suficientes para cumprimentos dos encargos. (*Código Civil*, Art. 2071)

[1. Wenn die Erbschaft unter der Vergünstigung des Inventars angenommen wird, haften für die entsprechenden Verbindlichkeiten nur die inventarisierten Vermögensgegenstände, außer wenn die Gläubiger oder Vermächtnisnehmer das Vorhandensein von anderen Vermögensgütern beweisen.
2. Wenn die Erbschaft schlicht und einfach angenommen wurde, übersteigt die Haftung ebenfalls nicht den Wert der ererbten Güter, aber es obliegt in diesem Fall dem Erben zu beweisen, dass in der Erbschaft keine ausreichenden Werte für die Erfüllung der Verbindlichkeiten vorhanden sind].[276]

Hinter Fachtexten steht immer solides spezielles Fachwissen. Wenngleich die Geschichte der Fachwissenschaften eine längere Geschichte aufweist (zum Portugiesischen vgl. Verdelho 1994), so beginnt dieser Bereich interdisziplinär sich immer stärker zu entwickeln.[277]

---

[276] Quelle: Erik Jayme, "Gutachten zum portugiesischen Erbrecht", in: Jayme (Hrsg.): *Das Recht der lusophonen Länder. Tagungsreferate, Rechtsprechung, Gutachten*. Baden-Baden: Nomos 2000, 194).

[277] In unserer Bibliographie sind auch Wörterbücher zur fachsprachlichen Terminologie (*Dicionários especializados*), zur Linguistik und zu sprachwissenschaftlichen Teilbereichen, zu besonderen Wissenschaftsbereichen wie Veterinärmedizin, zur industriellen Technik und zum Bauwesen, zu Rechts- und Wirtschaftssprache oder zur Informatik zusammengestellt (dazu auch Herget 2006). Das Fachwissen einzelner Disziplinen verlangt zunehmend mehr derartige Hilfsmittel: einige monolinguale Wörterbücher und Glossare zu allen Wissenschaften (von brasilianischen Holzarten über Kunsthandwerk bis zur Gastronomie werden unter www.linguateca.pt/lex_esp.html) genannt.

Grundlagenliteratur

Adamzik (1998); Fluck (1976, [5]1996); Roelcke (1999); Verdelho (1994).

10.2.2.7 Diasituative und diatextuelle Varietät

Manche der bereits genannten diasystematischen Varietäten werden durch situative, institutionelle, kulturspezifische Sprechsituationen determiniert (vor allem durch die diaphasischen Varietäten): der Rede- bzw. Diskursstil differiert, je nachdem, ob sich die Interaktion und das Sprechen in einem Klassenzimmer, Gerichtssaal, Börsen- oder Plenarsaal, auf einer Polizeiwache oder dem Friedhof, während einer Voodoo-Sitzung oder eines TV-Interviews ereignet. Die **diasituative Markierung** (*variedade diassituativa*) steht in direkter, diatextueller Beziehung zu der Textsorte, die an diesem Ort angebracht ist (Predigt, Beichte: Kirche, Bewerbungsgespräch: Firma, Krankheitsschilderung: Arztsprechstunde, Friedhofskapelle: Kondolenz usw.). Der Mensch spricht situationsadäquat, er wählt ein Register entsprechend der Sprechsituation aus.

Die Redekonstellation (Bußmann [3]2002) setzt sich aus diversen außersprachlichen Merkmalen zusammen, wie z.B. Teilnehmerzahl, Identität der Gesprächsteilnehmer (Alter, Geschlecht, Bildung, Bekanntschaftsgrad, Vorwissen, Rang- und Rollenbezug), dazu Parameter wie Ort-Zeit-Medium-Thematik-Intention der kommunikativen Interaktion u.a.m. (vgl. dazu Nabrings 1981, 210-211)

Die **diatextuelle Variation** (*variedade diatextual*) bezieht sich auf die Differenzierung/Markierung der Text- und Diskurstypen, wie sie im sozialen Gebrauch nachweisbar sind. Jede Kultur verfügt über eigene Texttypen, Textsorten (insbesondere in der Literatur, man denke an Formen der *Cantigas* oder *Fado*-Texte) und Diskurstypen. Einleitungs- und Schlusssignale, Textgliederungssignale kennzeichnen besondere Diskurse (vgl. dazu Christl 1992, 450-477), die Textkonstellation, die Verwendungssituation des Diskurstextes und seine Textfunktion sind ausschlaggebende Parameter für eine Zuordnung. Gerade auch die Diatextualität weist viele hybride Bildungen und Überschneidungen auf, so dass eine klare Abgrenzung zu anderen Varietäten oft problematisch bleibt.

Grundlagenliteratur

Bayer (1974); Linke/Nussbaumer/Portmann ([5]2004, 197-200, 280); Nabrings (1981).

10.2.2.8 Zur diaevaluativen Varietät

Im Rahmen der diaphasischen Varietäten wurden bereits die "Stilebenen" von sprachlichen Texten und Diskursen aufgezeigt, ohne dass Bewertungen aufgenommen wurden. Es gibt dazu aber noch Sprachgebrauchsmarkierungen aufgrund bestimmter Wertvorstellungen und -konventionen, Ästhetiken usw., die sich als Wort- oder Stilmerkmale **diaevaluativ** (*marcação diaevaluativa*) darstellen: im Wortschatz (Wörterbuch) etwa [+pejorativ], [+archaisch], in der Sprechweise [+langatmig], [+emphatisch], [+euphonisch], [+kakophonisch], im Sprech- oder Schreibstil [+schwülstig], [+ manieriert], [+hochtrabend] usw.

10.2.2.9 Zur diafrequentativen Varietät

Die Differenzierung nach Häufigkeit legt über das Diasystem das Netz der Frequenz: **diafrequentativ** (*dimensão diafrequentativa*) lassen sich Phone, Phoneme oder Intoneme (intonatorische Marker), Morpheme oder Wörter (Lexeme), syntaktische Gebilde ebenso auszählen wie alle anderen diasystematischen Formelemente. Relative und absolute Häufigkeiten sprachlicher Ausdrücke (Frequenzanalysen) in allen Vorkommensformen bringen ihren Nutzen für die Sprachdidaktik, Corpus-Linguistik und andere Teilbereiche der Sprachwissenschaft.

Nicht völlig analog zu den Ansätzen eines 'Français Fondamental' wurde seit Ende der 1960er Jahre auch das 'Português Fundamental' entwickelt; einerseits stand eine normative Grammatik des EP mit ihrem Regelsystem im Mittelpunkt, andererseits der Wortschatz auf Grundlage von Frequenzstatistiken (vgl. Nascimento 1999). Besondere Forschungsaktivitäten entfaltet hinsichtlich der Erstellung von Korpora seit vielen Jahren das CLUL (*Centro de Linguística da Universidade de Lisboa*: www.clul.ul.pt). Das **Referenz-Corpus** (*corpus de referência*) des gegenwärtigen Portugiesischen (CRCP: *Corpus de Referência do Português contemporâneo*) hatte im April 2002 insgesamt 201 Millionen Wörter erfasst, wobei auch gerade die diatopischen Varietäten und das Gesprochene Portugiesisch in einem Extra-Corpus (*Português Falado: Variedades Geográficas e Sociais*) sowie auch ein Frequenz-Wörterbuch (*Léxico Multifuncional Computatorizado do Português Contemporâneo*, LMCPC) erstellt wurden.[278]

10.2.2.10 Zur diaplanerischen Varietät

Die **diaplanerische Varietät** (*dimensão diaplanificadora*) bezieht sich auf die (meist) dirigistische Sprachveränderung und -planung, also auf staatliche "Sprachpolitik" (z.B. Sprachgesetze, Erlässe und Empfehlungen zum kulturellen Erbe wie etwa schulische Verbreitung von Minderheitensprachen), durch Einflussnahme von "Sprachpflege-Gesellschaften" für den "richtigen" und "guten" Sprachgebrauch, in der Regel vermittels Orthografie (*ortografia*) und Orthoepie (*ortoépia*) und Norm-Grammatik.[279]

---

[278] Das Corpus wurde aus dem CRPC herausgezogen. Es umfasst 15.354.243 Wörter (Vorkommen, occorrência) aus Schrifttexten der letzten beiden Jahrzehnte des 20. Jh. (Verteilung der Textgattungen: 56% journalistische, 20% belletristische, 20% technisch-wissenschaftlich-didaktische und 4% diverse Texte). Dieses Wörterbuch steht online zur Verfügung (die genannte Webseite ist auch auf Englisch zugänglich) und alle erfassten Lemmata lassen sich in der alphabetischen Indexierung, in fallender und numerischer Frequenz einsehen und abrufen. Das Corpus gilt als nicht abgeschlossen.

[279] Wenngleich derartige Maßnahmen heute im Bereich traditioneller, standardisierter Nationalsprachen zu großen Diskussionen der betroffenen Öffentlichkeit Anlass geben (können), so sind Orthografie-Kodifikationen von diatopischen, noch nicht verschriftlichten Varietäten oft nur unter großen Schwierigkeiten fertigzustellen (vgl. z.B. zum Miran-

Das Portugiesische wurde bereits unter D. Dinis (1279-1325) zur Amtssprache erhoben und verfügt seit dem 16. Jh. über einen Standard, der sich in einer weitgehenden Einheitlichkeit in Aussprache, Graphie, Grammatik und Lexik sowie in einer allseitigen Verwendungsmöglichkeit in der mündlichen wie schriftlichen, formellen wie informellen Sprache äußert. Sowohl Woll (1994, 390) als auch Gärtner (1997, 340) vertreten die Auffassung, dass sich die portugiesische Sprache danach bis heute vorwiegend ungesteuert entwickelt hat. Das gilt sowohl für die frühe Zeit des Ausbaus im Mittelalter als auch für die jüngere Vergangenheit. Zwar entstanden im 16. Jh. erste Grammatiken, Wörterbücher und Traktate (vgl. 2.10.1), ihr Einfluss sowohl auf die Literatursprache als auch auf die Umgangssprache wird von den Linguisten jedoch als gering eingeschätzt.

Die 1779 gegründete *Academia Real das Sciencias*, die heutige *Academia das Ciências de Lisboa*, hat bis auf ihre Federführung in Fragen der Orthographie[280] nichts Wesentliches zur **Sprachpflege** beigetragen. Eine Grammatik hat sie nicht herausgegeben, und das erste vollständige Akademie-Wörterbuch erschien erst 2001.[281] Allerdings ist es wie die anderen portugiesischen Wörterbücher ebenfalls eher ein Referenzwerk und besitzt nach den Worten von Antunes / Correia / Gonçalves (2004, 1) keinen "poder normativo" - keine normative Macht.

Die *Sociedade da Língua Portuguesa* (SLP) ist seit ihrer Gründung 1949 im traditionellen Sinne sprachpflegerisch tätig. Sie tritt in den Medien durch Diskussionen zur Sprachpflege, insbesondere gegen eine Banalisierung der portugiesischen Sprache, in Erscheinung und befasst sich auch mit Klagen der Bevölkerung über den Sprachzustand. Die Rolle der SLP wird von den Sprachwissenschaftlern als problematisch angesehen, da ihre Argumente kaum der wissenschaftlichen Kritik ausgesetzt werden (vgl. Schmidt-Radefeldt 2002, 215).

Das 1992 gegründete *Instituto Camões* (IC)[282] widmet sich der Verbreitung und wissenschaftlichen Förderung des Portugiesischen auf allen Kontinenten. Besonderes Interesse findet dabei die Thematik Portugiesisch als Fremdsprache, als internationale Verkehrssprache und als Wissenschaftssprache. Das IC unterstützt weltweit ca. 80 Portugiesisch-Lektorate an Universitäten und Hochschulen und vergibt auch Stipendien. Es beschäftigen sich darüber hinaus noch etliche weitere Institutionen[283] mit der Sprachpflege, Verbreitung und Erforschung der portugiesischen Sprache.

Ein wichtiger Schritt zur Wahrung und Förderung der portugiesischen Sprache bestand in der Gründung der *Comunidade dos Países de Língua Portuguesa* (CPLP) im Jahr 1996. Gründungsmitglieder waren Angola, Brasilien, Kap Verde, Guinea-Bissau, Mosambik, Portugal sowie São Tomé und Príncipe. Nach ihrer

---

desischen die *Convenção Ortográfica da Língua Mirandesa / Cumbençon ortográfica mirandes* 1999).

280 Zur Entwicklung der Orthographie vgl. Thielemann (1997) sowie Kemmler (2001) sowie 4.6.

281 *Academia das Ciências de Lisboa* (2001): *Dicionário da língua portuguesa contemporânea*, 2 Bde, Lisboa: Verbo. Vgl. oben S. 148.

282 Auf der Homepage des IC, www.instituto-camoes.pt findet man zu allen Aktivitäten des Instituts sowie generell zur portugiesischen Sprache viele Informationen, Zahlenmaterial, Kartendokumentationen, wissenschaftliche Darstellungen und weiterführende Links.

283 In Schmidt-Radefeldt (2002, 214-215) sind diese Institutionen und Organisationen zusammengestellt. Die Fundação C. Gulbenkian (FCG) hat besondere Verdienste in der Kulturförderung.

Unabhängigkeit von Indonesien 2002 trat auch die Republik Timor-Leste der Gemeinschaft bei. Der Sitz der CPLP befindet sich in Lissabon. Die notwendigen Finanzmittel stellen größtenteils die acht Mitgliedsstaaten gemeinsam.[284]

Mit **Sprachregelung**, v.a. mit der Terminologiebildung, befassen sich vorwiegend universitäre Einrichtungen. Die wichtigsten sollen hier aufgezählt werden:

- Das *Instituto de Linguística Teórica e Computacional* (ILTEC) erarbeitet Terminologielisten zu verschiedenen Fachsprachen und bildet Spezialisten für die Terminologiearbeit aus. 1993 gab das Institut den *Dicionário de Termos Informáticos* heraus.[285]
- die *Associação de Informação Terminológica* (AiT) wurde 2000 durch das ILTEC in Zusammenarbeit mit der *Universidade de Lisboa* gegründet und widmet sich in erster Linie der Bekanntmachung und Verbreitung von Terminologielisten. Außerdem kann das ILTEC bei terminologischen Fragen konsultiert werden. [286]
- der *Centro de Estudos em Léxico e Terminologia* (CELexTe) ist eine spezielle Arbeitsgruppe des ILTEC, das seine Schwerpunkte in der Erforschung des portugiesischen Wortschatzes als Bestandteil des internationalen Lexikons und ebenfalls in der Terminologiearbeit setzt. [287]
- Zu den Instrumenten von CELexTe gehört auch der *Observatório de Neologia do Português* (ONP), der seit 2004 über die Aufnahme von Neologismen in die portugiesische Sprache wacht.[288]

Drei aktuelle Aspekte der Sprachplanung sollen anhand konkreter Sachverhalte aufgegriffen werden:

1) Zur Sprachplanung und Sprachpflege des EP ist allgemein auf die vielseitige Webseite der *Ciberdúvidas da língua portuguesa* zu verweisen (ciberduvidas.sapo.pt), an die sich jeder lusophone Sprachbenutzer mit seinen Sprachproblemen wenden kann. Als Motto der Begrüßung liest man hier:

> Ter dúvidas é saber. Não hesite em nos enviar as suas perguntas. Os nossos especialistas e consultores responder-lhe-ão o mais depressa possível [Zweifeln bedeutet Wissen. Zögern Sie nicht, uns Ihre Fragen zu schicken. Unsere Spezialisten und Ratgeber werden so schnell wie möglich antworten].

Der Kontakt mit dieser Internet-Institution ermöglicht Auskünfte zu Problemen der korrekten Grammatik und Orthographie des Portugiesischen (dianormative Varianten) zu erhalten, zur Verwendungsart der vielen Anglizismen und anderen Neologismen, zu Fragen der Beurteilung von Varietäten und Varianten (Stilprobleme) im lusophonen Sprachraum. [289]

---

[284] In Große (1997) findet sich ein ausführlicher Überblick über die Geschichte, die Institutionen und die Ziele der CPLP. Auch die offizielle Homepage www.cplp.org gibt Auskunft über geschichtliche und aktuelle Aktivitäten.

[285] Näheres zum Institut erfährt man auf der Seite www.iltec.pt.

[286] Auf der offiziellen Homepage www.ait.pt findet man z.B. Terminologielisten zu verschiedenen Fachgebieten.

[287] Diese Arbeitsgruppe stellt unter www.iltec.pt/celexte/home.htm umfangreiche Corpora zur Verfügung.

[288] Vgl. dazu Correia (2005).

[289] Allerdings wird nicht offengelegt, wer diese "Spezialisten" oder "Ratgeber" auf der anderen Seite sind; der Internet-Benutzer hofft auf linguistische Kompetenz, die sich jedoch meist als stark normorientiert und konservativ herausstellt. Eingedenk der Problematik, die mit dem Eingriff von Gesellschaften und Institutionen in die Sprachentwicklung gegeben ist, fehlt es

2) Zur Varietät des BP kann auf sprachgesetzgeberische Ansätze hingewiesen werden, wie sie durch das Einbringen eines Sprachgesetzentwurfs des Abgeordneten Aldo Rebelo zu einer allgemeinen Bildungsdebatte in Brasilien führten (vgl. Kersch 2006). Diese interne sprachpolitische Debatte, die im Parlament wie auch im Internet vehement geführt wurde, bezog sich auf die Abwehr der Fremdwörter (*defesa da língua*) und brachte das gesamte brasilianische Bildungsproblem zur Diskussion.
3) International sei auf die gemeinschaftliche Sprachpolitik der EU verwiesen, die durch die *European Charter for Regional and Minority Languages* von 1992 Druck auf die Mitgliedstaaten ausübt (ETS no. 148)[290]. Diese Konvention musste (und wurde) von mindestens fünf Staaten gezeichnet, ratifiziert und in Kraft gesetzt werden - was durch die Unterschriften von Großbritannien, Spanien, Österreich, Deutschland, Ungarn und weiterer Länder geschah - Portugal hat jedoch bisher noch nicht unterzeichnet. Nichtsdestoweniger hat die Nationalversammlung in Lissabon ein Gesetz zur Anerkennung des Mirandesischen am 29. 01. 1999 in Kraft gesetzt.[291] Langfristig wird sich Portugal dem internationalen Anspruch auf Anerkennung des Mirandesischen im europäischen Kontext diaplanerisch nicht verschließen können.

Grundlagenliteratur

Gärtner (1997); Schmidt-Radefeldt (2002); Scotti-Rosin (1988); Woll (1994).

10.2.2.11 Sprache des Chat - eine hybride Varietät

Wie alle modernen Kultursprachen wird auch das Portugiesische rege im Internet benutzt. Unter den romanischen Sprachen ist es allerdings nur die vierthäufigste im Netz vertretene Sprache[292]; gemessen an der Sprecherzahl scheint es demnach noch relativ wenig vertreten zu sein. Gründe dafür sind nicht zuletzt in der Alphabetisierungssituation[293] und im Zugang zum Internet zu suchen, die sich drastisch senkend auf die Zahl der Nutzer in ruralen Gebieten sowie v.a. in Brasilien und den afrikanischen Ländern portugiesischer Sprache auswirkt.

Die im Internet benutzte Sprache - insbesondere die **Chatsprache** (*linguagem chat, chatês*) - offenbart teilweise einen völlig neuartigen Sprachgebrauch. Die Bezeichnung 'chat' ('Schwatz') macht bereits deutlich, dass die neue, internetspezifische Kommunikationsform dem mündlichen Alltagsgespräch zuzuordnen

---

in Portugal und Brasilien an einem 'Instituto da Língua Portuguesa' (analog vielleicht dem *Institut für Deutsche Sprache*, Mannheim), wie schon bedauert wurde (Schmidt-Radefeldt 2002, 217).

290 Portugiesische Version: www.coe.int/t/e/legal_affairs/local_and_regional_democracy /regional_or_minority_languages/1_the_charter/Portuguese.pdf.

291 Der Artikel 1 lautet: "O presente diploma visa reconhecer e promover a língua mirandesa" [Das vorliegende Gesetz hat die Anerkennung und Förderung der mirandesischen Sprache zum Ziel].

292 Quelle: ciberdúvidas.sapo.pt/controversias/220903.html (Zugriff am 16.6.2006). Nach Angaben unter www.ecin.de (Zugriff am 15.6.2006) nutzten im Jahr 2002 ca. 37% der Portugiesen das Internet.

293 Offiziell gab es im Jahr 2002 noch 9% Analphabeten in Portugal; bei den Jugendlichen waren es praktisch nur 1-2%, bei den über 60Jährigen allerdings noch nahezu 40% (www.min-edu.pt/Scripts/ASP/destaque/recenseamento02.asp, Zugriff am 15.6.2006). Für Brasilien wird die Analphabetenrate wie bereits erwähnt mit 15% angegeben.

ist, auch wenn die Teilnehmer dabei nicht sprechen, sondern schreiben. Die Neuartigkeit des Chat besteht darin, dass zum ersten Mal im großen Stil das Medium der Schrift zur dialogischen, synchronen Kommunikation im Distanzbereich verwendet wird.

Daraus ergeben sich auch neue Aufgaben für die Linguistik[294], die versuchen muss, eine kommunikationstheoretische Einordnung dieser Kommunikationsform in vorhandene Traditionen von Mündlichkeit und Schriftlichkeit vorzunehmen.[295] In Bezug zur Varietätenproblematik haben wir es jedoch nicht nur mit der diamedialen, sondern auch mit der diakonzeptionellen, diastratischen, diaphasischen, diasituationellen Variationsebene zu tun, um nur einige der Möglichkeiten zu nennen. Wir können daher die Chatsprache mit gutem Grund als eine hybride Varietät bezeichnen.

Der diamediale und diakonzeptuale Mischcharakter der Chatsprache zeigt sich darin, dass sie trotz medial schriftlicher Realisierung sehr nah an der Nähesprache bleibt, wobei zu berücksichtigen ist, dass die Struktur und die sprachliche Ausgestaltung in Abhängigkeit von der kommunikativen Zwecksetzung (diasituativ) erheblich variieren kann. So gibt es weniger elaborierte Sequenzen, wenn es um schnelle Unterhaltung im **Chat-Raum** (*sala chat*) geht, oder stärker elaborierte Texte, z.B. in Meinungsäußerungen zu bestimmten Themen wie der folgenden:

> Mas como disse, são criticazinhas q acho q não são assim tão importantes. A idéia do site parece-me q já e antiga, mas epa, foi preciso vcs chegarem para realizarem a tal de idéia. [Aber wie ich schon sagte, handelt es sich um kleine Kritiken, die nicht so wichtig sind. Die Grundidee der Webseite scheint mir schon alt zu sein, aber was soll's, was zählt, ist, dass ihr diese Idee verwirklichen konntet.]

Die Einleitung des Beitrags durch *mas como disse* 'aber wie ich schon sagte' verdeutlicht, dass der Sender tatsächlich das Gefühl hat, etwas zu sagen. Die Kommunikation wird wie ein Gespräch aufgebaut.

Auf der Ebene der Lexik manifestiert sich dies u.a. in folgendem:

- durch die Präferenz für einfache, kurze und umgangssprachlich markierte Ausdrücke (*criticazinha*, eine typisch umgangssprachliche Verkleinerung von *crítica* 'Kritik');
- durch typisch sprechsprachliche Partikeln und Interjektionen (im obigen Text: *mas epa* 'aber Mensch');
- durch die gehäufte Verwendung von Floskeln und sprachlichen Versatzstücken (*mas como disse* 'wie ich schon sagte', *acho que* 'ich finde, dass').

Auf der Ebene der Syntax fallen auf:

- einfacher Satzbau (*kero fazer amizade com uma mulher* 'ich möchte die Bekanntschaft einer Frau machen') und oft unklare Satzgrenzen sowie unvollständige Sätze (*Alguém de Vila Real a teclar?* 'Jemand aus Vila Real am Bildschirm?',*Alguma interessada*? 'Jemand Interessierte[R] da?');

---

[294] Da die Chat-Forschung erst am Anfang steht, sind in naher Zukunft völlig neuartige Erkenntnisse zu erwarten. Möglicherweise lassen sich etwa auch Sprachwandelerscheinungen in diesem Medium sehr früh nachweisen.

[295] Für einen Überblick über die Forschungsliteratur ist www.mediensprache.net/de/websprache/chat/index.asp zu empfehlen.

- eine assoziative, interaktive und oft sprunghafte Themenentwicklung.

Chatsprache ist somit trotz der genuinen Schriftlichkeit diamedial der gesprochenen Sprache zuzurechnen: Chattexte sind getippte Gespräche. Die einzelnen Gesprächsschritte bleiben an die aktuelle Äußerungssituation gebunden, nehmen direkt aufeinander Bezug und folgen darin den für das Gespräch typischen Handlungssequenzen und -mustern (Storrer 2001, 463).

Zu den typischen Erscheinungen der Chat-Sprache gehören des weiteren die sog. "Smileys" bzw. "Emoticons", die international sind. Das Emoticon :-) drückt z.B. Freude oder Lächeln aus, :-\ Verlegenheit etc.. **Emoticons** sind Ersatz für Gestik und Mimik, die für Gespräche typisch und wichtig sind und zu einer Semiotik des Gesprächs wesentlich dazugehören.[296]

Ein weiteres Merkmal der Chatsprache sind die zahlreichen Verstöße gegen orthographische Regeln sowie Abkürzungen, die besonders die häufigen Funktionswörter betreffen: <q> für *que* 'dass', <pr> für *para* 'für', <tb> für *também* 'auch', <mt> für *muito* 'sehr', <ñ> für *não* 'nein' etc. Derartige Abkürzungen sind mit dem Streben nach Aufwandminimierung beim Tippen zu erklären. Ebenfalls als Ausdruck von Sprachökonomie ist die Verwendung des ansonsten im Portugiesischen unbekannten Graphems <k> zu werten: <fikei> statt <fiquei>, <pk> für <porque>, <kero fazer> statt <quero fazer> etc. sowie die Benutzung des Graphems <x> anstelle des Digraphen[297] <ch> wie in <axas> anstelle von <achas>.[298] Akzente werden in der Regel weggelassen.

An diesem Punkt insbesondere setzt die normative Kritik an, und es wird deutlich, dass auch auf der diaplanerischen und diaevaluativen Ebene Wesensmerkmale der Chatsprache festzustellen sind.

Da im Alltagsbewusstsein die Schriftsprache mit Sprache im Allgemeinen identifiziert wird, wird die Sprache im Internet oft als Anzeichen des Sprachverfalls gewertet. Dass sich in diesem Medium Sprachneuerungen und Neologismen besonders schnell und ungehemmt verbreiten können, liegt im Charakter des Mediums begründet. Doch Sprachwandel und das Auftauchen neuer Lexik an sich dürfte kaum beunruhigend sein, da das ganz normale Vorgänge der sprachgeschichtlichen Entwicklung sind. Was jedoch wirklich neu ist, ist das Fehlen eines Mindestmaßes an sprachpolitischer Intervention, um die Neuentwicklungen harmonisch in das System der Sprache zu integrieren. Das betrifft insbesondere die Lehnwörter, die vor allem aus dem Englischen stammen.

Während bspw. die Regierung in Québec (dem französischsprachigen Teil Kanadas) oder auch die katalanische Regierung sprachplanerische Maßnahmen ergriffen haben, die effektiv die Aufnahme von Entlehnungen in der Internetsprache steuern, fehlt ein solcher Einfluss in Portugal völlig. So liest man in dem

---

[296] Kommunikation durch Smileys ist eine hybride Kommunikationsform, die eine genuin semiotische Varietät darstellt; vgl. http://home.allgaeu.org/cwalter/smileys.html

[297] Zu Digraphen vgl. 4.6.2.

[298] Alle Beispiele sind dem Chat-Raum Chat IOL, www.iol.pt/chat.php, Zugriff am 15.6.2005 entnommen.

Artikel "A praga dos neologismos" ('Die Plage der Neologismen') von Paulo Querido[299]:

> Em Portugal pura e simplesmente não se encontra nenhuma plataforma ou iniciativa - seja política, institucional, governamental ou privada - que lance as fundações para a defesa do Português na Internet. No Brasil o panorama parece ser idêntico [In Portugal gibt es einfach keine Plattfom, weder eine politische, institutionelle, administrative noch private, die eine Basis für die Verteidigung der portugiesischen Sprache im Internet bieten würde. In Brasilien scheint es genauso auszusehen].

Es kann wohl ungeachtet aller Bedenken festgestellt werden, dass die Sprache im Internet nicht den Verfall des Portugiesischen einläutet, sondern im Gegenteil den wirklichen Sprachgebrauch (v.a. der Jugendlichen) widerspiegelt.

Zum Schluss soll erwähnt werden, dass die beschriebenen Merkmale der Sprache in genuin portugiesischen Chaträumen auch in den anderen lusophonen Staaten auftreten, so dass Chatsprache einen wesentlichen Beitrag zur Globalisierung und womöglich zum Abbau diatopischer Varietät leistet.[300]

Grundlagenliteratur

Beißwenger (2003); Santos (2001); Storrer (2001).

10.2.2.12 Perspektiven

Die ganze Komplexität eines Diasystems mit seinen vielfätigen interrelationalen Dimensionen und Varianten lässt sich besonders gut anhand des heutigen Galicischen verdeutlichen: alle ausgemachten diasystematischen Dimensionen sind - wie Kabatek (1996) gezeigt hat - im heutigen Galicischen nachweisbar (diaphasisch, diastratisch, diaplanerisch, dianormativ, diasituativ, diamedial, diaevaluativ etc.). Vor allem aber werden ihre Vernetzungen bzw. Überschneidungen untereinander offensichtlich; die klar aufscheinenden Kastilianismen im Galicischen z.B. sind als diachrone, diaintegrative Varianz ebenso zu nennen wie bei den dianormativen Varianten (etwa bei der Selbstkorrektur der Sprecher im Bestreben, "que se fala ben galego" (vgl. Kabatek 1996, 82-85 und dort die Einzelbeispiele im Verbalsystem 125-180). Ein sprachliches Diasystem weist auf allen linguistischen Beschreibungsebenen - Phonematik, Morphosyntax, Lexikologie, Idiomatik und Pragmatik - derartige diasystematische Markierungen auf, die jedoch das System darüber nicht vergessen lassen.

---

299 Publiziert im Beiheft *Única* zur Wochenzeitschrift EXPRESSO am 9.8.2003, zu lesen unter ciberduvidas.sapo.pt/controversias/220903_2.html (Zugriff am 18.6.2005).

300 Ein an der *Universidade de Lisboa* durchgeführtes Projekt zur portugiesischen Sprache in der Internet-Kommunikation fand Eingang in das crosslinguistische Buch von Schlobinski, Peter/Siever, Torsten (Hrsg.) (2005): *Sprachliche und textuelle Aspekte in Weblogs. Ein internationales Projekt*, Hannover: Universität (Networx Nr. 46).

Übungsaufgaben

1) Lesen Sie Fishman (1971) und vergleichen Sie seine Auffassung von Bilinguismus und Diglossie mit anderen in Sinner (2001) vorgestellten Theorien. Überlegen Sie, wie man die Sprachsituation in den spanisch-portugiesischen Grenzgebieten charakterisieren kann.

2) Stellen Sie diachrone, diatopische, diaintegrative, diamediale Merkmale des Mirandesischen auf der Grundlage von Merlan (2004) zusammen und vergleichen Sie die sprachpolitischen Entwicklungen mit denen des Galicischen und des Katalanischen.

3) Zur Asymmetrie der Geschlechterdifferenzierung (a) im Sprachsystem, (b) im Sprachgebrauch und (c) in nonverbaler Kommunikation lesen Sie bitte Klann-Delius (2005, S. 19-106) und Trömel-Plötz (1978) und suchen Sie dazu dann nach Äquivalenten/Analogien im Portugiesischen.

4) Vergleichen Sie die beiden aktuellen Gíria-Wörterbücher des EP (Nobre [2]2000) und des BP (Gurgel 1990) hinsichtlich ausgewählter Lemmata, idiomatischer Wendungen, metaphorischer Ausdrücke, und versuchen Sie dabei, 'gíria' (diastratisch) und 'calão' (diaphasisch) klar zu trennen.

5) Lesen Sie den Aufsatz von Albrecht (1997), suchen Sie in pt. Tageszeitungen nach Berufsbezeichnungen und vergleichen Sie diese mit den deutschen.

11 Weiterentwicklung des Portugiesischen außerhalb Portugals

In diesem letzten Kapitel wollen wir den Bogen zum ersten Kapitel - wo es um die Verbreitung des Portugiesischen in der Welt ging - schlagen und skizzieren, wie sich die portugiesische Sprache in den ehemaligen Expansionsgebieten weiterentwickelt hat.

11.1 Portugiesisch - eine plurizentrische Sprache?

Prinzipiell ist jede Nationalsprache ein eigenständiges Diasystem, d.h. eine "Super-Varietät" - also auch das Portugiesische in den Nationen außerhalb Portugals. Das BP und das Portugiesische in Afrika werden jedoch aus europäischer Sicht oft als Dialekte, als diatopische Varietäten,[301] des EP betrachtet, was jedoch aus verschiedenen Gründen nicht gelten kann. Wir haben in 10.2.2.1 die Dialekte definiert als Varietäten, die durch Unterschiede "im geographischen Raum" bestimmt werden (Coseriu 1992, 280). Nur die syntopischen, d.h. auf einen Ort bezogenen Ausprägungen, werden nach dieser Definition zu den Dialekten gezählt.

Das Akademie-Wörterbuch (DLPC 2001, 3706) verwendet anstelle von 'Dialekt' den Begriff 'variedade'[302] und definiert diesen zutreffend als "Conjunto de usos de uma língua próprios de uma comunidade linguística" [Menge von Sprachgebrauchsweisen, die einer Sprachgemeinschaft eigen sind]. Weiter heißt es dort:

> São diferentes as variedades do português faladas em Angola, Brasil, Cabo-Verde, Guiné, Moçambique e Portugal [Die Varietäten des gesprochenen Portugiesisch in Angola, Brasilien, den Kapverden, Guinea, Mosambik und Portugal sind unterschiedlich].

Jedes dieser Diasysteme hat also seinen autonomen Wert (meist als Nationalsprache).

In jüngster Zeit wird in der Linguistik die adäquate Konzeptualisierung der Varietätenräume auch romanischer Standardsprachen in einem neuen Licht betrachtet (vgl. Bierbach 2000; Oesterreicher 2000). Wichtige Denkanstöße lieferte hier wiederum das Englische, das mit seinen nationalen Varietäten (britisches, amerikanisches, australisches Englisch) schon detailliert untersucht ist. Daher spricht man schon seit längerem von *the Englishes*.[303]

Es geht um die Frage, ob Sprachen, deren Varietätenraum nicht mit nur einem Staatsgebiet zusammenfällt, noch als eine einheitliche Sprache betrachtet werden sollen. Wenn (phonetische, lexikalische, morphosyntaktische) Phänomene von

---

[301] Vasconcellos (1987 [1901]) zählt das Portugiesische in Afrika sogar zu den *dialectes d'outremer*, S. 23).

[302] Zur Frage der "variedade" vgl. Elia (1979, 1989, 1994).

[303] Die Zeitschrift *World Englishes* ist bereits in 26 Nummern erschienen.

Sprachen eine klar räumliche Verteilung aufweisen, die nicht als diatopisch (im definierten Sinn) gelten können, da sie nicht auf ein und demselben Territorium ("im Raum") verbreitet sind, so ist davon auszugehen, dass sich unterschiedliche normative Zentren mit je eigenen Diasystematiken entwickeln.

Sprachen, die mehrere normative Zentren haben, werden mit Clyne (1992) **plurizentrische Sprachen** (*línguas pluricêntricas*) genannt. Es scheint heute Konsens darüber zu bestehen, dass die portugiesische Sprache zunächst mit den beiden normativen Zentren Portugal und Brasilien als eine plurizentrische Sprache gelten kann.[304] Damit wird keineswegs behauptet, dass das BP und das EP zwei unterschiedliche *Sprachen* wären. Dennoch muss anerkannt werden, dass sich neben der sprachinternen auch die sprachplanerische Entwicklung in Brasilien unabhängig vom Mutterland Portugal (Woll 1994, 391-392) vollzog. Portugal setzte dort keine nennenswerten sprachpolitischen Maßnahmen durch. Der offizielle Sprachgebrauch in der brasilianischen Schriftsprache, und zunächst auch in der Literatur, orientierte sich am europäischen Standard.

Der niedrige Bildungsstand und die hohe Analphabetenrate in Brasilien führten im mündlichen Bereich hingegen zu einem ungesteuerten und heute noch weitgehend unerforschten "Wildwuchs" (Woll 1994, 392). Die Kluft zwischen gesprochener und geschriebener Sprache ist eklatant, so dass man zumindest in wichtigen Teilen der Grammatik von einer diglossischen Tendenz sprechen kann (vgl. dazu Gärtner 1997). Ungeachtet dessen entstanden gerade in Brasilien bereits frühzeitig, im ausgehenden 19. Jh., Arbeiten zur lexikalischen, phonetischen und grammatischen Kodifizierung (vgl. dazu Gärtner 1997). Einen bedeutenden Aufschwung bei der Erstellung normativer Gebrauchsgrammatiken erfuhr die portugiesische Sprache in Brasilien mit dem Erscheinen der *Gramática do Português Contemporâneo* von Celso Cunha im Jahre 1975.

Für die brasilianische Linguistin Mattos e Silva steht fest, dass sich ein eigener Standard in Brasilien entwickelt hat:

> A variante portuguesa e a brasileira apresentam normas linguísticas caracterizadoras que fazem com que de imediato se identifique um português de um brasileiro [...] [Die portugiesische und die brasilianische Varietät repräsentieren charakteristische Sprachnormen, die dazu führen, dass sich ein Portugiese sofort gut von einem Brasilianer unterscheiden lässt] (Mattos e Silva 1988, 63).

Allerdings ist dieser Standard nicht landesweit und einheitlich verbreitet. Das BP ist, wie jede Nationalsprache, diasystematisch diversifiziert. Bezüglich der regionalen Varianz[305] bemerkte schon Teyssier (1989, 79):

> As divisões 'dialectais' no Brasil são menos geográficas que sócio-culturais. As diferenças na maneira de falar são maiores, num determinado lugar, entre um homem culto e o vizinho analfabeto que entre dois brasileiros do mesmo nível cultural originários de duas regiões distantes uma da outra [Die 'dialektale' Glie-

[304] Vgl. auch Mateus/Brito/Duarte/Faria ([5]2003, 45): "Português europeu e português brasileiro: duas variedades nacionais da língua portuguesa"; Milton Azevedo (2005, 20): "while substantial differences exist between BP and EP, they are outweighed by the similarities, and consequently BP and EP are varieties of the same language", "learning to use one variety does not preclude understanding the other".

[305] Vgl. v.a. Nascentes (1922) und Cunha/Cintra (1984, 19-23) sowie Bueno (1955, 311-319).

derung Brasiliens ist weniger geographisch als vielmehr sozio-kulturell. Die Unterschiede in der Sprechweise sind an einem bestimmten Ort größer zwischen einem Gebildeten und seinem analphabetischen Nachbarn als zwischen zwei Brasilianern gleichen Bildungsniveaus, aber aus zwei weit voneinander entfernten Regionen].

Die Ergebnisse neuerer variationslinguistischer Untersuchungen haben dies mittlerweile bestätigt (vgl. dazu 11.2.2). Auch Pessoa (2003, 2) stellt klar: "No Brasil não existe 'a norma-padrão'". Das BP wird nicht durch *eine* Norm, sondern vielmehr durch *mehrere* regionalspezifische sowie urbane 'normas cultas' (z.B. Rio de Janeiro, São Paulo) repräsentiert. An der von Portugal getrennten Entwicklung des BP gibt es also keinen Zweifel: Es hat seine eigene "Sprachgeschichte" (vgl. den Periodisierungsvorschlag in Pessoa 2003, 35).

Das Portugiesische in Afrika hat, soweit aus der Datenlage hervorgeht, hingegen noch keinen eigenen Standard herausgebildet, vielleicht ist es aber einfach noch zu wenig untersucht, als dass abgesicherte Aussagen über das Diasystem möglich wären. Auch über die Sprachnormierung lässt sich wenig sagen. Als schriftsprachlicher Standard dient explizit das europäische Portugiesisch, doch ähnlich wie in Brasilien ist die Kluft zwischen Schrift- und Sprechsprache beträchtlich; zudem existieren auch regionale Unterschiede. Einige sprachliche Besonderheiten werden in 11.2.3 vorgestellt. Sie deuten, wie es auch Marques (1985) für Angola und Gonçalves (1996) für Mosambik feststellen, darauf hin, dass sich in diesen Ländern ein eigener Standard entwickelt.

In den Ländern, in denen sich neben dem Portugiesischen als Amtssprache auch Kreolvarietäten (vgl. 11.4) herausgebildet haben, die einem völlig anderen Standard als dem Portugiesischen folgen, bleibt abzuwarten, inwiefern sich die teilweise bereits kodifizierten *crioulos* zu Nationalsprachen mit eigenem Diasystem entwickeln.

Grundlagenliteratur

Elia (1994); Clyne (1992); Oesterreicher (2000); www.lingua-portuguesa.ufrn.br/pt_3.4.f.php.

11.2 Das brasilianische Portugiesisch

11.2.1 Entstehung des brasilianischen Portugiesisch

Es sollte zunächst im Blick behalten werden, dass auch nach 500 Jahren Eigenentwicklung die Verständigung zwischen Portugiesen und Brasilianern uneingeschränkt garantiert ist.[306] Daher ist neben dem Kontrast beider Varietäten v.a. auch auf die Parallelen hinzuweisen, wie Große (1997, 366) zu Recht fordert.

---

[306] Bemerkenswert ist daher, dass seit einer Reihe von Jahren Übersetzungen oder besser Übertragungen brasilianischer Literatur ins europäische Portugiesisch angefertigt werden. Der Roman *Na margem do Rio Piedra eu sentei e chorei* des brasilianischen Bestseller-Autors Paulo Coelho erschien in einer *edição portuguesa,* in welcher typische brasilianische Wörter und syntaktische Strukturen portugisiert wurden (Große 2000). Schwamborn (2004) weist

Doch bereits kurz nach der Einführung auf dem neuen Kontinent im 16. Jh. und dann insbesondere im 19. Jh. (vgl. Gärtner 1997) war das BP spezifischen Einflüssen ausgesetzt, und zwar:

- durch die zahlreichen indigenen (amerindischen) Sprachen;
- durch die ebenfalls zahlreichen afrikanischen Sprachen, die im Zuge des Sklavenhandels ab 1549 nach Brasilien kamen;
- durch die Sprachen der europäischen und asiatischen Einwanderer ab dem 19. Jh., insbesondere Italiener, Deutsche, Tschechen und Japaner.

Im Nordwesten des Landes sind heute noch einige amerindische Sprachen (größtenteils aussterbend) verbreitet[307]; Nachfahren der deutschen und italienischen Emigranten verwenden deutsche oder italienische Dialekte[308] als "home languages" (d.h. im häuslichen Bereich); afrikanische Sprachen bleiben auf religiöse Kulthandlungen beschränkt.[309]

Das BP entstand und entwickelte sich demnach stets in Sprachkontaktsituationen. Dass sich der Sprachkontakt als sprachexterner Faktor auch auf die sprachinterne Entwicklung auswirkt, steht außer Frage, nur ist die Frage nach dem Wie nicht immer befriedigend zu beantworten.

Es existieren mehrere Entstehungstheorien, um die Besonderheiten des BP zu erklären:

- Die **evolutionistische Hypothese**, die anhand der literarischen Strömung des *romantismo*, der wegen seiner vorherrschenden Thematik auch *indianismo* genannt wird[310], schließt auf eine von den indigenen amerindischen Sprache inspirierte Eigenentwicklung des BP. Diese These wurde jedoch von Pinto (1978) und Ataliba Castilho (^{3}1999) entkräftet, da literarische Sprache niemals als Indiz für reale Sprachentwicklungen hergenommen werden kann;
- Die **kreolistische Hypothese** greift sowohl auf afrikanistische Arbeiten als auch auf Untersuchungen zum Tupi zu und versucht, den Einfluss der Substratsprachen auf die Herausbildung des BP nachzuweisen, wobei mitunter ein und dasselbe Phänomen sowohl durch Einfluss afrikanischer Sprachen wie auch des Tupi erklärt wird.[311] Guy (1981) versuchte, die kreolistische Hypothese mit modernen linguistischen Erkenntnissen zu untermauern. Er sieht das umgangssprachliche BP (*português brasileiro popular*) als kreolisierte Sprache an, die sich allerdings bereits im Stadium der Entkreolisierung

---

ebenfalls auf Portugiesisch-Adaptationen von brasilianischen Romanen hin, wogegen in die gegenläufige Richtung sehr viel seltener übertragen wird. Die Werke Saramagos beispielsweise werden in Brasilien unverändert herausgebracht.

307 Im Jahr 1985 zählte man auf brasilianischem Territorium rund 161.000 Sprecher von Tupi-Sprachen und dem Zweig der Macro-Jê-Sprachen. Informationen und Zahlen unter www.labeurb.unicamp.br/elb/index.html, Zugriff am 20.6.2005. Graphische Darstellung der Sprachfamilien unter www.socioambiental.org/pib/portugues/indenos/divers.shtm.

308 Vgl. dazu u.a. Altenhofen (1995) und Baranow (1988).

309 Anhänger des *candomblé*-Kults verwenden z.B. Formeln aus verschiedenen westafrikanischen Sprachen wie Yorubá, Kimbundu oder Kikongo. Vgl. Castro (2001).

310 Hauptvertreter war José de Alencar mit dem Roman *Iracema* (1865).

311 Es geht dabei im wesentlichen um Sprachmischung und weniger um Kreolisierung im strengen Sinn. So interpretierte Mendonça (^{4}1973, 61-62) die Semivokalisierung des L-Lautes zu [j] (anstelle [ʎ]) als Auswirkung der Bantusprachen, obwohl es sich dabei um ein universales Phänomen handelt, wie Silva Neto mit Blick auf das Französische nachwies (Silva Neto ^{6}1992, 595).

befinden würde, da der afrikanische Einfluss nicht mehr zu erkennen sei. Es gibt jedoch keine ausreichenden Hinweise, die die Annahme einer Kreolsprache in Brasilien rechtfertigen würden. Die historische Existenz einer halbkreolisierten Varietät (*semi-crioulo*) scheint hingegen, wie von Holm (1992) dargelegt worden ist, plausibel;[312]

- Die **internalistische Hypothese** besagt, dass alle Unterschiede zwischen BP und EP im System der portugiesischen Sprache latent vorhanden waren. Das BP repräsentiert nach dieser Auffassung eine relativ konservative Varietät des Portugiesischen mit Charakteristika aus dem 15. und 16. Jh. Alle späteren sprachinternen Entwicklungen des EP hätte die brasilianische Varietät nicht mitgemacht und von daher wären die heutigen Differenzen zu erklären;
- Die "**innovationistische**" **Hypothese** wird von Tarallo vertreten. Seiner Meinung nach habe das brasilianische Portugiesisch seit dem Ende des 19. Jh. "mudanças sintáticas aleatórias" [systemfremde syntaktische Veränderungen] (Tarallo, ²1996, 70) erfahren und sich dadurch vom EP entfernt. Doch die ausschließliche Kontrastierung des BP mit modernen Texten aus Portugal wird von anderen Linguisten kritisiert (vgl. Ribeiro 1998, 101-102). Bezieht man ältere Texte aus der Zeit der kolonialen Eroberung ein, erscheint nicht das BP, sondern das EP als innovativ.

Keine der hier vorgestellten Hypothesen kann die Entstehung des BP vollständig und befriedigend erklären. Daher sollte ein pluralistisches Herleitungsmodell akzeptiert werden.

Grundlagenliteratur

Gärtner (1997); Mattos e Silva (1988); Noll (1999); Pinto (1978)

11.2.2 Variationslinguistik

Die Variationslinguistik als eine empirisch basierte und dadurch spezifische Anwendung soziolinguistischer Forschung hat zum Ziel, die Variation im System einer Sprache als eine immanente Eigenschaft anzuerkennen und diese mit einer großen Menge an Daten abzusichern.

Die Prinzipien der **Variationslinguistik** (*lingüística variacionista*) sind in verschiedenen Arbeiten von Labov, Weinreich und Sankoff (vgl. Naro 1992) formuliert und basieren auf den folgenden Grundannahmen:

- ein Sprachsystem ist nicht homogen aufgebaut; **Heterogenität** sprachlicher Strukturen ist eine notwendige Eigenschaft von Sprache;
- es ist möglich, diese Variation **systematisch** zu beschreiben, und zwar auf der Basis linguistischer und nicht-linguistischer Faktoren (*fatores condicionadores*)[313],
- **Intuition** als Quelle für sprachliche Daten wird **abgelehnt** und Sprache wird immer als in einen sozialen Kontext eingebettete Struktur analysiert;
- besondere Bedeutung wird der **Frequenz** von Daten beigemessen;
- es ist möglich, auf der Basis der Auswertung von Faktoren und Frequenzen **Regeln** zu formulieren (vgl. Scherre / Naro 1997, 94).

---

312 Zimmermann (1996) mahnt weitere Untersuchungen an, um die These von (post-) kreolischen Varietäten im BP zu bestätigen oder zu verwerfen.

313 Dazu gehören neben dem unmittelbaren sprachlichen Kontext auch Alter, Geschlecht, Bildungsstand, regionale Herkunft und andere soziolinguistische Faktoren.

In Brasilien ist durch die Anwendung variationslinguistischer Methoden die außerordentlich weit gefächerte regionale und soziale Hierarchie sprachlicher Phänomene bereits gut dokumentiert. Im Rahmen eines lateinamerikanischen Großprojekts zur Analyse von Stadtsprachen des Spanischen und später auch des Portugiesischen begann man in den späten 1960er Jahren, zunächst sprachliche Daten von fünf brasilianischen Hauptstädten (Recife, Salvador, Rio de Janeiro, São Paulo und Porto Alegre) parametrisch zu erfassen. Daraus ging das so genannte *Projeto de Estudo da Norma Lingüística Urbana Culta do Brasil* (kurz NURC genannt) hervor. Schwerpunktmäßig in São Paulo wurden insgesamt 340 Stunden Tonbandmitschnitte von Gesprächen mit 407 Personen aufgenommen.

Die Ergebnisse sind in einer Vielzahl von Publikationen dargelegt. Das Vorgehen und die Art der Resultate soll im folgenden am Beispiel der Konkordanzproblematik aufgezeigt werden.

Im korrekten portugiesischen Satz konkordieren Subjekt und Prädikat in Numerus und Person. Scherre / Naro (1997) haben im Gebiet von Rio de Janeiro nun zahlreiche dianormative Abweichungen von dieser Regel festgestellt und entsprechendes Datenmaterial gesammelt. Im Corpus kamen Sätze wie *Eles conhece Roma* 'sie kennen Rom', *eles ganha mais* 'sie verdienen mehr', *eles também não diz ...* sie sagen auch nicht, dass ...', *aí bateu dois senhoras na porta* 'hier haben zwei Frauen an die Tür geklopft', *os vizinhos daqui é ótimo* 'die Nachbarn hier sind sehr nett' etc. vor. [314]

Die Anwendung variationslinguistischer Untersuchungsmethoden hat ergeben, dass die Nicht-Konkordanz bestimmten Regelmäßigkeiten folgt:

- wenn die Flexionsendung 'salient', d.h. phonologisch markant ist wie in *estão, baterão, vieram*, so wird zu 80% die Konkordanz eingehalten; bei geringer phonischer Salienz nimmt die Beachtung der Konkordanzregeln ab;
- Nicht-Konkordanz ist umso häufiger, je geringer die Schulbildung der Befragten ist, d.h. mit höherem Bildungsgrad wird die Konkordanz stärker eingehalten;
- wenn das Subjekt dem Verb folgt bzw. wenn es von diesem weit entfernt platziert ist, so ist die Wahrscheinlichkeit für die Nicht-Einhaltung der Konkordanzregeln groß;
- Frauen halten sich stärker an die Konkordanzregeln.

Alle Ergebnisse sind empirisch-statistisch abgesichert, parametrisch ausgewertet und in entsprechenden Tabellen dargestellt. Am Ende ihrer Analyse kommen Scherre / Naro (1997, 110) zu folgender Erkenntnis:

> Pelo que apresentamos ao longo deste artigo, verifica-se que a variação na concordância no português falado do Brasil está definitivamente internalizada na mente dos seus falantes. Neste momento da língua, trata-se de uma variação inerente, altamente estruturada em função de aspectos lingüísticos e sociais [Wie wir in diesem Artikel gezeigt haben, ist die Variation der Konkordanzregeln im gesprochenen Portugiesisch Brasiliens im Bewusstsein der Sprecher verankert. Zum gegenwärtigen Zeitpunkt der Sprachentwicklung handelt es sich um eine inhärente und strukturierte Variation in Abhängigkeit von sprachlichen und sozialen Faktoren].

[314] Alle Beispiele aus Scherre / Naro (1997, 96-97).

Die Anwendung variationslinguistischer Methoden hat entscheidend zu der Kenntnis der realen diatopischen Varianz des BP beigetragen.

11.2.3 Sprachliche Besonderheiten im BP

In den folgenden Abschnitten wird nur ein Überblick über Besonderheiten des BP gegeben. Dabei muss selbstverständlich von der soeben beschriebenen Variationsbreite abstrahiert werden. Ausführlich werden Fragen der brasilianischen Varietät z.B. in Elia (1979, 1989, 1994), Noll (1999), Große (1997) und Gärtner (1997) diskutiert und vorgestellt.

11.2.3.1 Phonetik

Die phonetischen Besonderheiten des BP betreffen sowohl die Aussprache als auch die Prosodie und die suprasegmentale Gliederung der Rede.

Bei den **Vokalen** sind im BP folgende Besonderheiten zu beobachten:

- die Opposition zwischen /a/ und /ɑ/, die z.B. im EP zur Differenzierung zwischen der Perfektform *trabalh*/a/*mos* 'wir arbeiteten' und der 3. P. Pl. Präsens *trabalh/ɑ/mos* 'wir arbeiten' genutzt wird, ist neutralisiert;
- die unterschiedliche Öffnung der Vokale in der unbetonten Silbe, die im EP zum Kontrast zwischen *pr*/ɛ/*gar* 'ein Gebet sprechen' und pr/ə/gar 'einen Nagel einschlagen' führt, ist im BP neutralisiert;
- die für das EP typische Vokalreduzierung findet nicht statt, so dass das BP insgesamt vokalreicher klingt.

Dieser Eindruck wird durch einige Besonderheiten im **Konsonantensystem** gestützt:

- das End-l wird zum Halbvokal /w/: *animal* /ɐnimaɫ/im EP wird zu /animaw/ oder seltener /anima/ im BP;
- das End-r wird in Nord-Brasilien aspiriert oder völlig elidiert: *amar* klingt dann /amah/ oder /ama/;[315]
- besonders als Pluralmarker am Nomen kann das End-s ausfallen: *os animai*[s].

Ein besonders auffälliges Merkmal des BP ist die **Affrizierung** (zu Affrikaten vgl. 4.2.2) von /t/ und /d/ vor den Vokalen /e/ und /i/: *tia* 'Tante' /tʃia/, *dia* 'Tag' /dʒia/, *dente* 'Zahn' /dẽtʃi/, *onde* 'wo' /õdʒi/ etc.[316]

11.2.3.2 Lexik

In der Lexik fallen neben den bekannten Brasilianismen wie *bonde* 'Straßenbahn', *trem* 'Zug' oder *xícara* 'Tasse' insbesondere viele Entlehnungen aus dem Tupi und aus afrikanischen Sprachen auf. Aus dem Tupi stammen z.B. *capim* 'Gras', *pipoca* 'Mais' oder *mingau* 'Vater', aus dem Kimbundu wurden z.B. *caçula* 'Jüngster, kleiner Junge' oder *senzala* 'Hütte' übernommen. Der afro-brasilianische Wortschatz ist ausführlich in Cacciatore ([3]1988) und Castro (2001) dargestellt.

---

315 In manchen Gegenden Brasiliens wird aber das /r/ auch als Vibrant wie in Portugal realisiert.

316 Vgl. Noll (1996b).

Es würde den Rahmen einer Einführung sprengen, wollte man auch nur ansatzweise versuchen, hier einen Überblick über die typisch brasilianische Lexik zu geben. Wichtig erscheint uns der Hinweis, dass im BP die gleichen Wortbildungsmuster produktiv sind wie im EP (vgl. Alves 1990).

Grundlagenliteratur

Alves (1990); Castro (2001); Noll (1999, mit Wortlisten S. 70-85).

11.2.3.3 Syntax

Die Besonderheiten im Bereich der Syntax betreffen insbesondere das Pronominalsystem sowie damit zusammenhängend die Verbflexion.

Mit der Ausweitung der Verwendung von *você* und von *a gente* sowie dem gleichzeitigen Abbau des Gebrauchs von *tu*[317] und von *vós* sind die Formen der 3. Person im Flexionsparadigma mehrfach vertreten: *eu falo / ele, você, a gente fala / nós falamos / eles, vocês falam*, bzw. *eu falo / ele, você, a gente fala / eles falam*; oder auch bei den wenig gebildeten Sprechern *eu falo / ele, você, a gente, eles, vocês fala*.

In der Verbalflexion ist von einer außerordentlich großen diatopischen wie diastratischen Varianz auszugehen. Je reduzierter die Verbalformen sind, um so wichtiger wird der Gebrauch der Personalpronomina, die allein die jeweilige Person und den Numerus eindeutig kennzeichnen. Das bedeutet im Unterschied zum EP, dass der sogenannte **pro-drop-Parameter** (*parâmetro pro-drop*)[318] im BP nicht vorhanden ist. Daher werden hier die Personalpronomina viel häufiger verwendet, auch da, wo sie im Kontext überflüssig sind: *Mesmo que eu não fizesse o pré-vestibular, eu acho que eu passaria por causa da base que eu tinha.* 'Selbst wenn ich das Vorexamen nicht bestehen würde, würde ich sicher durchkommen wegen meiner Vorleistungen', *Aí vocês vão entrar em atrito porque vocês vão começar a brigar.* 'Ihr werdet jetzt Schwierigkeiten bekommen, denn Ihr werdet anfangen, Euch zu streiten'.[319]

Das Nomen *a gente* (eigentlich: 'die Leute') ist auch im EP bereits stark pronominalisiert, wird dort aber überwiegend unpersönlich im Sinne von 'man' und in der Regel auch mit der Verbform der 1. Person Plural verwendet. Als Ersatz für 'wir' gilt *a gente* in Portugal als diaphasisch und diastratisch niedrig markiert. Im BP hingegen ist es im Standard-Paradigma an die Stelle von *nós* 'wir' getreten und steht mit der 3. Person Singular: *Eu e a Paula, a gente ficava (dizendo): Herodes tinha razão*! 'Ich und Paula, wir sagten uns: Herodes hatte recht'.[320]

Der extensive Gebrauch von *você* anstelle von *tu* zieht auch Veränderungen bei den Possessivpronomina nach sich: *seu* (eigentlich Possessivpronomen der 3. Person) kann sich nun auch auf die 2. Person beziehen. Daraus ergeben sich

---

317 Außer in Rio Grande do Sul und einigen Gebieten im Norden.

318 Dieser Begriff stammt aus der Generativen Transformationsgrammatik und bezeichnet die Eigenschaft einer Sprache, ohne die lexikalische Füllung der Subjektstelle grammatikalische Sätze generieren zu können.

319 Alle Beispiele stammen aus Lamoglia Duarte (1996).

320 Beispiel aus Lamoglia Duarte (1996). Vgl. dazu auch Lopes (1993) und Merlan (2006).

zweideutige Aussagen: *Comprei seu livro ontem* kann also bedeuten: 'Ich habe sein/ihr/Ihr Buch gestern gekauft' oder 'Ich habe dein Buch gestern gekauft'. Daher gibt es im BP die Tendenz, eventuelle Zweideutigkeiten durch den Zusatz der betonten Personalpronomina auszuräumen: *Comprei o livro dele/dela/de você ontem.* 'Ich habe sein/ihr/Ihr/Dein Buch gestern gekauft'.

Die direkten Objektpronomina der 3. Person - *o, a, os, as* - werden entweder ganz weggelassen oder durch die nominale Vollform oder aber durch das betonte Objektpronomen ersetzt: *Seu filho estava no Shopping. Eu vi seu filho lá* oder *eu vi ele lá* oder *eu vi lá* 'Sein/ihr/Ihr/Dein Sohn war im Shopping-Center. Ich habe ihn dort gesehen'. Hinzu kommt, dass das indirekte Objektpronomen *lhe* auch als direktes Objektpronomen für *você* verwendet wird: *Você gosta muito de cinema. Eu lhe vejo sempre no Multiplex* 'Sie mögen wohl Kino sehr. Ich sehe Sie immer im Multiplex'. In dieser Funktion kommt statt *lhe* auch das Objektpronomen der 2. Person Singular *te* vor.

Eine weitere Besonderheit des BP bei den Objektpronomina besteht in deren Positionierung im Satz. Generell wird die Proklise (die Stellung vor dem konjugierten Verb) bevorzugt.[321] Das Objektpronomen (außer den unbetonten Formen *o, a, os, as*) kommt sogar satzinitial vor: *Lhe disse que não viesse* 'Ich sagte ihm, dass er nicht kommen solle'; *Me passe esse livro* 'Reichen Sie mir doch bitte das Buch da'.[322]

Auf die besondere Beliebtheit des Gerundiums im brasilianischen Portugiesisch wird immer wieder hingewiesen. In der Regel - bei weitem aber nicht immer![323] - wird *estar* + Gerundium anstelle des in Portugal üblichen *estar* + *a* + Infinitiv verwendet, um durativen und kontinuativen Aspekt auszudrücken. Das hat - wohl auch unter dem Einfluss des Englischen - mittlerweile ein solches Ausmaß angenommen, dass bereits einige Linguisten Alarm schlagen[324]. Dem hält Machado entgegen:

> A absorção de vocábulos estrangeiros nem de longe ameaça a estrutura da língua, apesar das ridicularias repetidas nos últimos anos, como o fenômeno atoleimado da 'gerundiação': *vamos estar fazendo, vamos estar cobrando, vou estar anunciando sua chegada.* Essa craca lingüística é modismo resultante do cruzamento simiesco de tempos verbais ingleses, incorporados sem pudor por aqui [Die Aufnahme von fremdsprachlichen Wörtern bedroht die Strukturen der Sprache bei weitem nicht,

321 Da die Enklise wenig benutzt wird, gilt sie bei Sprechern mit ungenügender Schulbildung als besonders korrekt. Sie wird daher mitunter an der falschen Stelle verwendet (und es kommt zu hyperkorrekten Bildungen): *O livro que dei-lhe [lhe dei] de presente é muito bom.* 'Das Buch, das ich Dir geschenkt habe, finde ich sehr gut', *Eu não disse-lhe [lhe disse] que viesse!* 'Ich habe ihm nicht gesagt, dass er kommen soll!'.

322 Alle Beispiele aus Mattos e Silva, Rosa Virgínia (s.d.): *O português brasileiro*, www.instituto-camoes.pt/cvc/hlp/hlpbrasil (Zugriff am 23.6.2005).

323 Dietrich (1984) zeigt an vielen Beispielen aus Brasilien und Portugal, dass die Konstruktionen *estar* + Gerundium und der sogenannte gerundiale Infinitiv nicht völlig synonymisch sind und daher auch nicht immer ausgetauscht werden können. Während mit *estar* + Gerundium immer der Verlauf betont wird, stellt *estar +a* + Infinitiv den präsentischen Aspekt heraus. Zu den Verbalperiphrasen in romanischen Sprachen und im Portugiesischen vgl. auch Dietrich (1996).

324 Vgl. z.B. *Gerundismo*, www.osletradosunip.hpg.ig.com.br/Gerundismo.htm (Zugriff am 14.12.2004).

auch wenn es in den letzten Jahren immer wieder lächerliche Anspielungen wie z.B. auf das alberne Phänomen der 'Gerundisierung' gab: *vamos estar fazendo, vamos estar cobrando, vou estar anunciando sua chegada*. Das ist nur ein sprachlicher Modismus, der aus einer siamesischen Verbindung mit englischen Verbformen resultiert, die hier einfach übernommen werden] (Machado, 2003, 54).

Die Liste der syntaktischen Besonderheiten ließe sich um den Gebrauch von Präpositionen, Abweichungen in der Verbvalenz und anderes mehr ergänzen.[325]

Grundlagenliteratur

Houaiss (1985); Noll (1999)

11.3 Portugiesisch in Afrika

Besonderheiten des afrikanischen Portugiesisch sind zum einen aufgrund der räumlichen und politischen Trennung, zum anderen aber auch aufgrund des Kontakts zu den afrikanischen Sprachen. Wie im Abschnitt 1.2.1 beschrieben wurde, beschränkte sich der Kontakt mit den afrikanischen Sprachen bis ins 19. Jh. auf die Küstengebiete und die Städte. Zum Sprachkontakt in größerem Umfang kam es erst nach der Berliner Konferenz von 1885, als die Kolonisierung des Landesinneren begann. So war es also in erster Linie das Portugiesische des ausgehenden 19. Jh., das in diesen Ländern in Kontakt zu den afrikanischen Sprachen trat.[326]

11.3.1 Zum Status des Portugiesischen

Wir beziehen uns hier lediglich auf Angola und Mosambik. Über das Portugiesische in den anderen ehemaligen afrikanischen Kolonialgebieten, das dort neben den Kreolsprachen in einem Diglossie-Verhältnis stehen, ist bisher zu wenig bekannt. [327]

Es ist zunächst festzuhalten, dass das Portugiesische in Afrika eine außerordentliche Varianzbreite aufweist. In den großen Städten, wo das Bildungsniveau generell höher ist und mehrere Ethnien aufeinandertreffen bzw. sich die ethnische Herkunft von Generation zu Generation verliert, sind die Portugiesisch-Kenntnisse besser. Je weiter man sich andererseits von den Städten

---

325 Vgl. Bagno 2002, Große 1997.

326 Das erklärt einige Unterschiede im BP und im Portugiesischen Angolas bzw. Mosambiks. Die Tatsache jedoch, dass in Brasilien und in Afrika dieselben oder doch miteinander verwandte Sprachen (v.a. Bantusprachen) in Kontakt zum Portugiesischen traten, führte zu einer Vielzahl von Übereinstimmungen in der Lexik und der Morphosyntax (vgl. Gärtner 1986).

327 Die Afrolusitanistik ist insgesamt eine relativ junge Disziplin innerhalb der Lusitanistik und geht v.a. auf die Forschungszentren in Leipzig und Rennes zurück. Die Webseite http://afrolusitanistik.de/PERL/perl.htm bietet einen Überblick nicht nur über den Gegenstand, sondern auch über Projekte, wichtige Literatur, Ansätze und Perspektiven der Afrolusitanistik.

entfernt, desto mehr nehmen die informellen Gesprächssituationen zu und desto mehr tendiert die Sprache zum Nähebereich. Die Kenntnis der portugiesischen Distanzsprache nimmt ab und die Rolle der afrikanischen Sprachen nimmt zu, so dass es auch stärker zu Sprachvermischungen kommt. Daraus ergibt sich das Nebeneinander mehrerer deutlich unterschiedlicher Portugiesisch-Varietäten.

Ein Kreolportugiesisch hat sich in Angola und Mosambik nicht herausgebildet. Für die großen angolanischen Städte Luanda und Benguela ist ein sekundäres Kreolisch (*secundary creole* bei Valkhoff 1966) bzw. eine Art Semikreolisch (nach Holm 1992) unter dem Namen *linguagem dos musseques* ('Sprache der Vorstadtsiedlungen') mehrfach beschrieben worden. Diese Varietät hat auch Eingang in die angolanische Literatur gefunden und wurde z.B. von dem Schriftsteller Luandino Vieira[328] benutzt.

11.3.2 Sprachliche Besonderheiten

Trotz unterschiedlicher Sprachensituation und Sprachenpolitik (vgl. 1.2.1) lassen sich, besonders in der Phonetik und in der Morphosyntax, für Angola und Mosambik gemeinsame Spezifika in der portugiesischen Sprache aufzählen. Auf lexikalischem Gebiet hingegen entstanden jeweils unterschiedliche Neuerungen, was auf die unterschiedlichen Realitäten der Länder sowie auch auf die unterschiedlichen Kontaktsprachen zurückzuführen ist. Einige der Besonderheiten sollen nun vorgestellt werden.

11.3.2.1 Phonetik/Phonologie

Im Gespräch mit lusophonen Afrikanern fällt zunächst die weiche, melodische Aussprache und Intonation auf. Man bekommt den Eindruck einer Fülle von Vokalen, was mit der Vokalisierung von Konsonanten wie auch mit Vokalaphärese (Vokalschwund) oder -epenthese (Vokaleinschub) zusammenhängt: *escola* 'Schule' wird /sikola/ ausgesprochen (Aphärese + Epenthese), *ritmo* 'Rhythmus 'wird zu /ritimo/, *claro* 'klar' zu /calalo/, *Moçambique* zu /mosambiki/ (Epenthese). Durch Hinzufügung von Vokalen wird Konsonantenhäufung vermieden und eine gleichmäßige Vokal-Konsonant-Alternanz (CVCV-Struktur) erreicht, die auch für die afrikanischen Kontaktsprachen typisch ist. Mitunter kommt es auch zur Vokalemphase, d.h. zur Verstärkung durch zusätzlich eingeschobene Vokale: *fome* 'Hunger' wird dann zu /fomoe/. Diphthonge werden oft geschlossen: *janeiro* 'Januar' wird als /ʒanero/ realisiert. Auch einfache Vokale werden gern geschlossen ausgesprochen: *depressa* 'schnell' wird /dipresa/ ausgesprochen. Anfangsvokale werden mitunter aspiriert.

Im Konsonantensystem herrschen einfache und halbvokalische Laute vor. Häufig kommt es zur Sonorisierung der Verschlusslaute /k/ und /t/ (Perl / Döll / Dyrba / Endruschat / Gärtner / Hundt / Huth / Leiste / Thiele 1994, 123). Bekannt ist das Phänomen der Neutralisierung bei den alveolaren Lauten /l/ und /r/, was möglicherweise damit zusammenhängt, dass in den Bantusprachen diese beiden Laute freie Varianten ein und desselben Phonems sind. So kommt es

328 Hinweise zu seiner Sprache im Roman *Luuanda* gibt es auf der Homepage des angolanischen Schriftstellerverbands www.uea-angola.org/artigo.cfm?ID=507, Zugriff am 22.6.2005. Zur *linguagem dos musseques* vgl. Endruschat (1986), Perl (1989); zu Kreolisch vgl. 11.3.

zu zahlreichen Umlautungen: *fora* 'außerhalb' /fola/, *carro* 'Auto' /kalu/, *era* 'er/sie war' /ela/. Beide Laute tendieren zum Wegfall, ebenso wie das End-s, sowohl als Pluralmarker als auch in anderen Distributionen. Des weiteren wird in der Regel nicht zwischen /r/ und /R/ unterschieden: *caro* 'teuer' klingt genauso wie *carro* 'Auto'. Konsonantenverbindungen wie /mb/ werden mitunter vereinfacht: *tombo* 'Grab' /tomu/.

Die Entwicklung der Nasallaute folgt offenbar zwei Tendenzen: Einerseits werden sie nur unvollständig realisiert wie in *bem* 'gut' /be/ (Vasconcellos erwähnt auch die Fälle *então* /anda/ sowie *benção* 'Segnung' /besá/), andererseits wiederum werden Konsonanten nasaliert, insbesondere stimmhafte: *dom* 'Herr' /ndo/ (Vasconcellos 1987, 158).

Die genannten Merkmale sind lediglich Beobachtungen, die am Rande verschiedener Beschreibungen[329] des afrikanischen Portugiesisch bisher gemacht wurden. Eine systematische Phonetik der afrikanischen Varietäten des Portugiesischen steht noch aus.

11.3.2.2 Lexik

In der Lexik des afrikanischen Portugiesisch sind drei Entwicklungen zu nennen:

- Übernahmen aus Bantu-Sprachen (Bantuismen);
- Derivationen und Bildung von syntagmatischen Neologismen;
- Bedeutungsveränderungen bereits existierender portugiesischer Lexeme.

Im Portugiesischen **Angolas** stammen die meisten Bantuismen aus dem Kimbundu, der um Luanda gesprochenen nationalen Sprache. Die genaue Herkunft dieser Lexeme kann jedoch nicht immer zweifelsfrei festgestellt werden, da alle Bantusprachen eng miteinander verwandt sind. Beispiele sind *kariengue* 'Schwarzarbeit', *kamba* 'Freund, Genosse', *kazukuta* 'Unordnung', *kitanda* 'Kiosk', *kota* 'Chef', *maka* 'Diskussion', *musseke* 'Slum'.[330]

Von einigen Bantuismen existieren bereits Derivate. Besonders produktiv sind dabei die Personensuffixe *-ista* und *-eiro*: *karienguista* 'Schwarzhändler', *kazukuteiro* 'Unruhestifter', *kitandeira* 'Marktfrau'.[331]

Für das Portugiesische von **Mosambik** sind die folgenden Bantuismen zu nennen: *capulana* 'Tuchrock', *lobolo* 'Brautpreis', *machamba* 'Feld', *chibalo* 'Zwangsarbeit', *mulungo* 'Weißer'.[332] Auch hier gibt es bereits Beispiele für Derivationen: *lobolar* 'Brautpreis bezahlen', *machambeiro* 'Feldarbeiter'.

Typisch für Mosambik ist die Aufnahme von Anglizismen, die teilweise phonologisch und morphologisch vollständig in die portugiesische Sprache integriert sind. In Perl / Döll / Dyrba / Endruschat / Gärtner / Hundt / Huth / Leiste / Thiele (1994, 135-136) werden folgende bereits ältere Anglizismen

---

329 Vgl. z.B. Vasconcellos (1987, S. 157-158), Schuchardt (1888, S. 250-251), Perl / Döll / Dyrba / Endruschat / Gärtner / Hundt / Huth / Leiste / Thiele (1994, S. 123).

330 Das Graphem <k> ist eigentlich im Portugiesischen unbekannt, ist aber in den Alphabeten der *línguas nacionais* als Buchstabe vorhanden und wird daher oft beibehalten, wenn Bantuwörter in das Portugiesische aufgenommen werden.

331 Der Anteil der Bantuismen ist in der gesprochenen Sprache und im Nähebereich besonders hoch, vgl. Endruschat (1998a), Mingas (2000), Pinto (2004)

332 Weitere Bantuismen im mosambikanischen Portugiesisch in Braun (1984).

genannt: *buque* < engl. *book, maningue* < engl. *many, xitolo* < *store, machimbombo* < engl. *machin pump* 'Autobus', aber auch jüngere Entlehnungen wie *zipe* < engl. *zip* 'Reißverschluss', *flat, chuinga* < engl. *chewing gum*.[333]

Bezüglich der Neubildung von Lexemen durch Wortbildung (vgl. 5.2) ist, wie auch für das BP, zu vermerken, dass sich die Verfahren nicht grundsätzlich von denen im EP unterscheiden. In der gesamten Lusophonie entstehen Neologismen nach dem gleichen Muster. Man kann lediglich bestimmte Präferenzen in der einen oder anderen Varietät feststellen. So hat das afrikanischen Portugiesisch eine Vorliebe für die Negation mittels des Präfixes *in-*, das im EP nicht mehr produktiv ist. Belegt sind für Angola *inamistoso* 'nicht-freundschaftlich' und für Angola sowie Mosambik *incumprimento* 'Nichterfüllung' (Perl / Döll / Dyrba / Endruschat / Gärtner / Hundt / Huth / Leiste / Thiele 1994, 87).

Für Mosambik sind einige Fälle "falscher" Analogiebildungen dokumentiert. Mittels Suffixen wurden Ableitungen gebildet, die im EP nicht bekannt sind: *taxeiro* 'Taxi-Fahrer' (anstatt *taxista*), *intervencionamento* 'Intervention' (anstatt *intervenção*). Für Angola ist hier *bicheiro* 'Wartender' (< *bicha*[334] 'Warteschlange') zu erwähnen.

In beiden Varietäten werden neue gesellschaftliche Realitäten vorzugsweise durch Nominalsyntagmen des Typs N+Adj. oder N+de+N bezeichnet. In Angola entstanden auf diese Weise *brigada juvenil* 'Jugendbrigade', *escola do partido* 'Parteischule', in Mosambik *aldeia comunal* 'Gemeinschaftsdorf' und *grupo dinamizador* 'Dynamisatorengruppe'[335]. Diese Designate beziehen sich auf Realitäten, die es in Portugal nicht gibt. Daher klingen solche Bildungen zwar in den Ohren eines Portugiesen nicht fremd, aber er kann sie nicht dem korrekten Denotat zuordnen.

So ähnlich verhält es sich mit den Bedeutungsverschiebungen bereits bestehender portugiesischer Lexeme: der Denotatsbezug ist typisch angolanisch oder mosambikanisch, die Form entspricht jedoch dem Standard-Portugiesischen. Beispiele für Angola sind: *cooperante* 'Mitarbeiter' > 'ausländischer Spezialist', *superação* 'Überwindung' > 'Weiterbildung', für Mosambik: *caniço* 'Schilfrohr' > 'Schilfsiedlung', *cimento* 'Zement' > 'Zementstadt'. [336]

Für das mosambikanische Portugiesisch sind eigenständige Phraseologismen dokumentiert (Perl / Döll / Dyrba / Endruschat / Gärtner / Hundt / Huth / Leiste / Thiele 1994, S. 137-139). Oft sind auch Bantuismen Bestandteil der phraseologischen Verbindungen: *dobrar os espinhos das micaias* 'Schwierigkeiten überwinden' (wörtlich: 'die Dornen der Micaia-Pflanze zurückbiegen'), *defender-se que nem uma hlehlwa* 'sich mit Händen und Füßen wehren' (wörtlich: 'sich verteidigen wie nicht einmal eine *hlehlwa*-Pflanze'). Es liegt in der Natur von Phraseologismen, dass sie auf sinnlichen oder emotionalen Empfindungen aufbauen, die den Menschen in seiner Umwelt typischerweise umgeben.

---

[333] Zu Anglizismen im mosambikanischen Portugiesisch Döll 1989.

[334] *Bicha* gilt heutzutage als sexuell konnotiert und ist im EP und BP ersetzt worden durch *fila*.

[335] Als 'Dynamisatoren' wurden im gerade unabhängig gewordenen Mosambik Personen bezeichnet, die die kommunistische Idee auch ins rurale Hinterland tragen sollten.

[336] Weitere Beispiele in Perl / Döll / Dyrba / Endruschat / Gärtner / Hundt / Huth / Leiste / Thiele (1994).

11.3.2.3 Syntax

Die Syntax ist derjenige Bereich, der für das afrikanische Portugiesisch bisher am besten erforscht ist. Zur Syntax der afrikanischen Portugiesisch-Varietäten liegen zahlreiche Einzeluntersuchungen vor. Carvalho (1986) konzentrierte ihre Analyse auf Besonderheiten bei der Konstruktion von Passivsätzen im afrikanischen Portugiesisch. Dolbeth e Costa (unveröff., 1985)[337] analysierte Aufsätze angolanischer Schüler und stellte im Bereich der Syntax v.a. den Ausfall von Präpositionen nach Verben fest. Endruschat / Huth (1993) weisen den Einfluss der Bantusprachen auf die Syntax des angolanischen Portugiesisch nach, der sich in informellen Texten wie Leserzuschriften und Briefen im standardfremden Gebrauch von Präpositionen, falschen Rektionszuweisungen des Verbs, in der Verwendung von *tem* anstelle von *há* als 'es gibt' und im regelwidrigen Ausfall des Artikels gefunden. Für das mosambikanische Portugiesisch soll v.a. auf die Arbeiten von Gonçalves (1989, 1996) hingewiesen werden.[338]

Die folgenden Spezifika treten sowohl im angolanischen als auch im mosambikanischen Portugiesisch auf ('A' steht in den folgenden Beispielen für Angola und 'M' für Mosambik):[339]

- Ausfall von synsemantischen und redundanten Elementen wie Konjunktionen, Artikeln oder Pluralmarkern: *Parece-me [que] o economismo destes elementos contribui para a crise de moedas.* 'Es scheint, dass der Ökonomismus dieser Leute zur Währungskrise beiträgt' (M), Perl / Döll / Dyrba / Endruschat / Gärtner / Hundt / Huth / Leiste / Thiele 1994, 192);
- fehlerhafte Konstruktionen in komplexen Äußerungen wie Nichtbeachtung der Tempus- und Modusregeln oder fehlende syntaktische Kongruenzen: *Acho que não há [haja] nenhum moçambicano que não sabe [saiba] qual é o objectivo.* 'Ich glaube nicht, dass es auch nur einen Mosambikaner gibt, der nicht weiß, worin das Ziel besteht' (M), (Perl / Döll / Dyrba / Endruschat / Gärtner / Hundt / Huth / Leiste / Thiele 1994, 172);
- Unsicherheiten bei der Verbrektion und im Gebrauch präpositionaler Anschlüsse: [...] *recomendaram-no a [Ø] viajar nas próximas semanas por se encontrar cansado.* 'Man riet ihm, in den nächsten Wochen zu verreisen, da er müde war' (A), (Perl / Döll / Dyrba / Endruschat / Gärtner / Hundt / Huth / Leiste / Thiele 1994, 95);
- veränderte Stellung der Objektsklitika: *O estudante liceal se manifestou [manifestou-se] aplicado.* 'Der Schüler erwies sich als fleißig' (A), (Perl / Döll / Dyrba / Endruschat / Gärtner / Hundt / Huth / Leiste / Thiele 1994, 95);
- hyperkorrekter Gebrauch des persönlichen Infinitivs: *Não sabemos como lavarmos [lavar] os depósitos de água* 'Wir wissen nicht, wie die Wasserbehälter auszuwaschen sind' (M), (Perl / Döll / Dyrba / Endruschat / Gärtner / Hundt / Huth / Leiste / Thiele 1994, 176);
- Verwendung von *haver* zur Bildung zusammengesetzter Zeitformen: *A primeira fase deste processo havia [tinha] sido iniciado a 10 de Dezembro passado* 'Die erste Phase des

337 Unveröffentlichte Studie "Perspectivas do bilinguismo nacional na República Popular de Angola e sua problemática no ensino", referiert in Endruschat (1990b).

338 Auch wenn, wie meist betont wird, die gebildeten Mosambikaner ein sehr reines, dem europäischen Standard entsprechendes Portugiesisch sprechen, so sind gerade für diese Varietät zahlreiche syntaktische Besonderheiten dokumentiert.

339 Wir geben in eckigen Klammern jeweils die Standardkonstruktionen an.

Prozesses ist am 10. Dezember des vergangenen Jahres initiiert worden'(A), (Perl / Döll / Dyrba / Endruschat / Gärtner / Hundt / Huth / Leiste / Thiele 1994, 95);

- Unregelmäßigkeiten im Gebrauch des bestimmten Artikels, der entweder fehlen kann oder überflüssigerweise hinzugesetzt wird: *Toda Ø [a] gente pode ter a sua caderneta.* 'Jedermann kann sein Heft haben', *O agrupamento formou-se em 1976 cujo o [Ø] nome era Mulemba.* 'Die Gruppe, deren Name Mulemba war, wurde im Jahr 1976 gegründet' (A), (Perl / Döll / Dyrba / Endruschat / Gärtner / Hundt / Huth / Leiste / Thiele 1994, 95).

Grundlagenliteratur

Berschin (1994); Endruschat (1998a); Massa (1994); Perl / Döll / Dyrba/ Endruschat/ Gärtner/ Hundt / Huth/ Leiste/ Thiele (²1994).

11.4 Portugiesischbasierte Kreolsprachen

11.4.1 Mischsprachen, Pidgins, Kreolsprachen

In Sprachkontaktsituationen ist die Beeinflussung einer Sprache durch eine andere der Normalfall. Aber eine solche Sprachmischung führt nicht notwendigerweise zu Entstehung von Mischsprachen, d.h. zu Pidgin- oder Kreolsprachen.

Ein **Pidgin** (*pidgin*) ist eine in Grammatik und Wortschatz reduzierte Mischsprache, die für die Verständigung in bestimmten (zumeist Handels-) Kontaktsituationen ausreicht. Die älteste Pidgin-Sprache, von der wir wissen, ist die **Lingua Franca**, die sich im Mittelalter im Levantehandel mit den Arabern herausgebildet hatte und von Europäern verschiedener Muttersprache als Handelssprache benutzt wurde.[340]

Hinsichtlich der Struktur sind Pidgins immer auf eine Basissprache zu beziehen (Englisch, Französisch, Portugiesisch usw.), und sie zeichnen sich durch Reduktion, Vereinfachung und Umstrukturierung aus. Pidgin-Sprachen sind immer "Zweit"-Sprachen, die deutlich durch die jeweiligen Erstsprachen (d.h. Muttersprachen) geprägt sind. Vor allem lebt ein Pidgin nur im Bereich des Mündlichen.

Eine **Kreolsprache** (*língua crioula*) entsteht im Zuge von Expansion und Kolonisation, und zwar in der Regel innerhalb von wenigen Jahrzehnten. Die meisten Kreolsprachen bildeten sich in Sprachkontaktsituationen zwischen Sprechern europäischer und nichteuropäischer (vor allem afrikanischer) Sprachen im Rahmen der Sklaverei und der Plantagenwirtschaft heraus, d.h. in einer mehrsprachigen Gesellschaft mit sozialem Gefälle. Kreolsprachen sind zudem meist exogen, d.h. sie sind in der Regel nicht im Sprachgebiet der Basissprache oder einer der anderen am Kontakt beteiligten Sprachen entstanden, oft auf Inseln oder in geographisch isolierten Gebieten.

Die Erforschung der Kreolsprachen ist für die Linguistik in vielerlei Hinsicht von Interesse. Nicht nur lässt sich an ihrem Beispiel wie im Zeitraffer die

---

340 Vgl. Noll (1999a), Metzeltin (1996).

Entstehung von neuen Sprachen nachvollziehen, sondern es können durch die Analyse ihrer Genese, ihrer Verbreitung und innerer Struktur Erkenntnisse hinsichtlich des Spracherwerbs und hinsichtlich so genannter Lernersprachensysteme gewonnen werden. Davon profitieren die Erst- und Zweitsprachenerwerbsforschung, die Aphasieforschung und nicht zuletzt auch die Universalienforschung und die Allgemeine Linguistik. Daneben sind Kreolsprachen zum Untersuchungsgegenstand der Dialektologie und der Historischen Linguistik geworden, da sie auf bereits etablierten Sprachen aufbauen, jedoch nicht als deren dialektale Varietäten[341] oder genetische Nachfahren gelten können. Auch die Generative Transformationsgrammatik hat die Kreolsprachen für sich entdeckt (Muysken 1981, DeGraff 1999).

Während man lange der Meinung war, dass Kreolsprachen keinen eigenständigen Sprachtyp repräsentieren, sondern nur aus ihrer Geschichte heraus als mehr oder weniger "kreolisierte" Sprachen zu erklären seien (vgl. Mufwene 1996), setzt sich durch zahlreiche Einzelstudien immer mehr die Erkenntnis durch, dass Kreolsprachen synchron klar von nicht-kreolisierten Sprachen unterschieden werden können und aufgrund der im folgenden Zitat genannten drei Merkmale einen eigenen Sprachtyp darstellen:

> They have little or no inflectional affixation; they make little or no use of tone to lexically contrast monosyllables or encode syntax; and they have semantically regular derivational affixation (Holm 2005, 63, basierend auf McWorther 1998).

Diese Merkmale sind die Folge des historisch begründeten, aber unterbrochenen Einflusses der Lexifier-Sprache (d.h. der europäischen Superstratsprache, die v.a. den Wortschatz beigesteuert hat) und deren Vermischung mit strukturellen Eigenschaften der (nicht-europäischen) Substratsprachen.[342]

Mittlerweile hat sich die Kreolistik als methodisch und empirisch abgesicherte Wissenschaftsdisziplin etabliert, die sich nicht mehr nur mit dem Status und der Entstehung von Kreolsprachen befasst, sondern auch mit sprachinternen und typologischen Fragestellungen.

Grundlagenliteratur

Holm ([2]2005).

11.4.2 Entstehungshypothesen

Zur Erklärung der Entstehung von Kreolsprachen sind u.a. folgende Hypothesen aufgestellt worden:

- Die **Evolutionstheorie** geht davon aus, dass Kreolsprachen sich durch Vereinfachung, Reduktion und Umstrukturierung aus ihren Basissprachen entwickelt haben. Nach Auffassung vieler Kreolisten entstehen Kreolsprachen immer aus Pidgins, es gibt aber

---

[341] Die sogenannte Approximationstheorie geht z.B. davon aus, dass sich die Kreolsprachen als Varietäten der jeweiligen Superstratsprache immer stärker annähern; sie gilt angesichts der vielfältigen typologischen Spezifika der Kreolsprachen heute als widerlegt.

[342] In der Kreolistik werden die Begriffe Substrat- und Superstratsprache anders definiert als in der Historischen Sprachwissenschaft (vgl. 2.2).

auch Kreolsprachen, denen kein Pidgin vorausgegangen ist (vgl. Couto 1996). Den Substratsprachen wird in dieser Theorie durchaus Bedeutung beigemessen;

- die **Mischsprachenhypothese** definiert das Kreol als eine Synthese aus afrikanischer Grammatik und europäischem Wortschatz. In der Tat ist der Anteil nicht-europäischen Wortschatzes sehr gering, aber es wurden ebenfalls grammatische Strukturen - wenn auch vereinfacht - aus den europäischen Sprachen übernommen. Ohne Zweifel sind Kreolsprachen Mischsprachen, aber wenn man sie auf die Mischung reduziert, wird ihr eigenständiger typologischer Charakter und der Bruch mit dem System sowohl der Substrat- als auch der Superstratsprache völlig verkannt;
- die **monogenetische Relexifizierungstheorie** geht davon aus, dass alle Pidgins und Kreolsprachen aus einem portugiesisches Proto-Pidgin in Westafrika hervorgegangen und dann jeweils mit dem Wortschatz anderer Sprachen"relexifiziert" worden seien. Voraussetzung dafür wäre jedoch ein direkter Kontakt zwischen Sprechern der *Lingua Franca* und Sprechern des portugiesisch-basierten Pidgin gewesen, wofür es aber nur wenige historische Anhaltspunkte gibt. Deshalb hat diese Theorie heute kaum noch Anhänger;
- die **Hypothese des 'Bioprogramms',** zuerst dargelegt in Bickerton (1981), erklärt die Entstehung von Kreolsprachen - wie auch den Erstsprachenerwerb beim Kind und die Entstehung der menschlichen Sprache - durch das sogenannte "bioprogram for language", einen natürlichen, angeborenen Spracherwerbsmechanismus. Die Substratsprachen hätten, zumindest in den ersten Erwerbsphasen, keinen Einfluss auf den Kreolisierungsprozess;
- die **Substrathypothese** geht vom Einfluss der (afrikanischen oder anderen) Sklavensprachen auf das entstehende Kreol aus. Ein solcher Einfluss ist in der Forschung zwar umstritten, aber er ist nachweisbar. In jüngster Zeit befassen sich viele Kreolisten intensiv mit Substrateinflüssen und sind auf diesem Wege zu überraschenden Übereinstimmungen zwischen afrikanischen und Kreolsprachen gelangt. Zufällige Parallelen oder Universale können aber nicht eindeutig von Substrateinflüssen abgegrenzt werden;
- im **Reanalysemodell** wird die Kreolisierung einer Sprache aus irrtümlichen Reanalysen (d.h. Interpretationen) fremdsprachlicher Einheiten durch die Kreolisierer abgeleitet. Die Reanalyse geschieht unter dem Einfluss der Muttersprache und führt dazu, dass die europäische Sprache der eigenen Sprache angepasst wird.

Da keines der Modelle allein in der Lage ist, die Genese von Kreolsprachen befriedigend zu erklären, geht man in der Regel von einem pluridetermininierten Ansatz aus und greift auf Erkenntnisse aller Hypothesen zurück.

Grundlagenliteratur

Couto (1996); Lang (1981).

11.4.3 Allgemeine sprachliche Merkmale von Kreolsprachen

In der Morphosyntax sind folgende typische Merkmale herausgearbeitet worden:

- die Satzgliedfolge ist immer SVO (vgl. 6.3.4), unabhängig von der konkreten lexikalischen Füllung der Kategorien und vom Satztyp;
- die Nominalflexion ist weitgehend abgebaut, die Pluralmarkierung übernimmt der (oft agglutinierte, d.h. untrennbar angefügte) bestimmte Artikel Plural oder das Personalpronomen der 3. P. Pl.; der Plural kann auch durch Reduplikation des in den Plural zu setzenden Wortes) markiert werden; auch die Genusflexion ist schwach

ausgeprägt, der Unterschied im Genus wird dann z.B. durch die Verwendung von Markern für 'Frau' oder 'Mann' realisiert;
- Verlust der Kopula 'sein' bis auf wenige Reste;
- Verlust der Verbalflexion, Ersatz durch prädeterminierende Tempus- und Aspektmorpheme;
- serielle Verben (d.h. Aneinanderreihung mehrerer nicht-flektierter Verbformen) zum Ausdruck von Aspekt oder Tempus.

In der Phonologie fällt die Präferenz der Silbenstruktur CVCV auf. Der Wortschatz geht v.a. auf die europäische Superstratsprache zurück, Einflüsse der nicht-europäischen Substratsprachen sind noch geringer als z.B. in den angolanischen und mosambikanischen Varietäten des Portugiesischen.

Grundlagenliteratur

Bartens (1995).

11.4.4 Verbreitung portugiesischbasierter Kreolsprachen

Portugiesisch-basierte Kreolsprachen werden heute in Westafrika und Asien von ca. 1 Mio. Sprechern gesprochen. In Afrika sind Kreolisch-Varietäten auf den Kapverdischen Inseln, in Guinea-Bissau sowie auf São Tomé e Príncipe verbreitet. Zu erwähnen ist noch die Insel Annobón, auf der das ebenfalls portugiesischbasierte *Fa d'Ambú* ('Sprache von Annobón') verbreitet ist.[343] In Indien, China und Malaysia[344] gibt es heute nur noch wenige Sprecher.

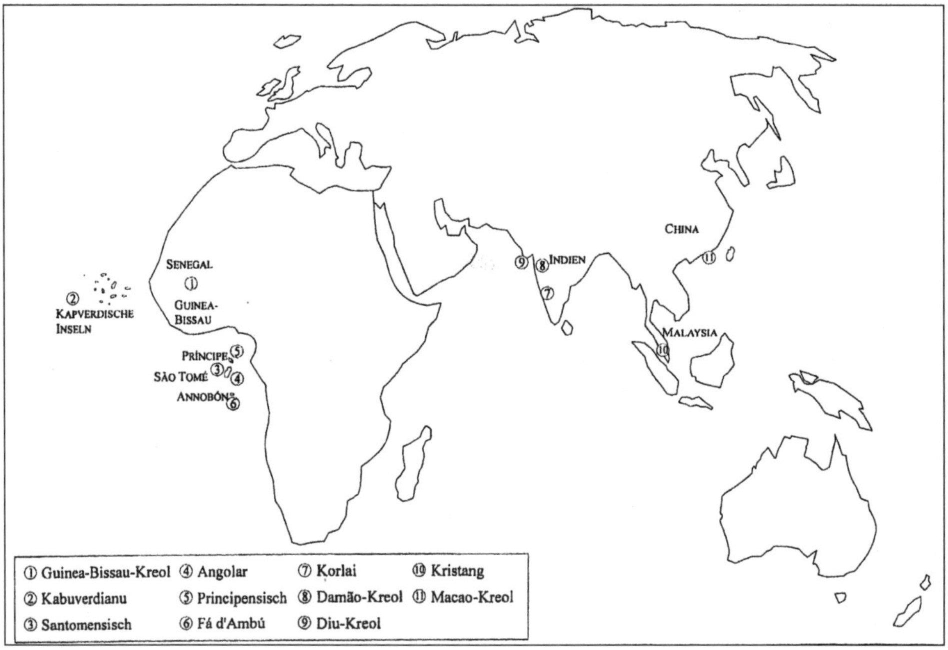

Die portugiesischen Kreolsprachen, Thiele (1997, 427)

343 Vgl. Post (1992).

344 Vgl. Clancy Clements (1996, 2000).

11.4.5 Das *kabuverdianu*

Im folgenden soll das Kreolische der Kapverdischen Inseln (Eigenbezeichnung: *kabuverdianu*) näher vorgestellt werden. Es ist die am vollständigsten erforschte portugiesische Kreolsprache.

11.4.5.1 Soziolinguistische Situation

Mehr als die Hälfte der Kapverdianer sprechen heute das *kabuverdianu* als Muttersprache.[345] Es existiert in mehreren Varianten. Während in den stärker vom Portugiesischen beeinflussten Städten ein *crioulo levinho* 'leichtes Kreolisch' gesprochen wird, ist in den ländlichen Gebieten ein stärker afrikanisch geprägtes *crioulo pesado / fundo* 'schweres Kreolisch' verbreitet. Somit ist das kapverdische Kreolisch vom Stadt-Land-Gefälle geprägt, was auch mit sozialen Unterschieden und der beruflichen Situation der Sprecher einhergeht. Das Kreolische ist zu einem wichtigen Faktor der nationalen Integration geworden und soll als offizielle Sprache auf den Kapverden alsbald eingeführt werden.

11.4.5.2 Sprachliche Besonderheiten

Das kapverdische Kreolisch verfügt seit 1998 über ein in großen Teilen phonologisch basiertes Alphabet ALUPEC (*Alfabetu Unifikadu pa Skrita di Kabuverdianu* 'Vereinheitlichtes Alphabet für die Schreibung des *kabuverdianu*')[346], das als Basis für eine verbindliche Orthographieregelung auf dem gesamten Archipel dienen soll.

Trotz des nahezu hundertprozentig portugiesischen Wortschatzes ist es für einen Portugiesisch-Sprecher schwer, auf Anhieb einen Text in *kabuverdianu* zu verstehen. Der folgende kleine Textausschnitt aus dem *kredu linguistiku*[347] zeigt, wie sehr sich v.a. die Morphosyntax vom Portugiesischen entfernt hat:

> É bon ki tudu lingua prezervadu na forma skrita através di gramátika, disionáriu y testu skrebedu [Es ist gut, dass jede Sprache bewahrt wird in schriftlicher Form durch Grammatik, Wörterbuch und schriftlichem Text].
>
> Grupus di lingua minoritáriu dentu di un país mas grandi ta merese dadu oportunidadi di prende papia, lé y skrebe lingua nasional [Sprachliche Minderheitengruppen innerhalb eines größeren Landes verdienen es, dass ihnen

---

345 Die Kapverdischen Inseln bilden ein Archipel mit 15 Inseln vulkanischen Ursprungs, die 452–716 km entfernt von der Küste Senegals (Westafrika) liegen. Von ihnen sind neun Inseln bewohnt. Man unterteilt die Inseln in die nördlich gelegenen *Ilhas do Barlavento* ('Inseln über dem Winde') die südlich gelegenen *Ilhas do Sotavento* ('Inseln unter dem Winde'). Etwa die Hälfte der 351.000 Einwohner lebt auf der Hauptinsel Santiago, wo sich auch die Hauptstadt Praia mit 40.000 Einwohnern befindet. Die Kapverdischen Inseln waren der Hauptumschlagplatz des Sklavenhandels zwischen Afrika und Brasilien, was die Entstehung eines Kreols begünstigte.

346 Das ALUPEC besteht aus 23 Graphemen (Buchstaben) und 4 Digraphen (Kombinationen aus 2 Graphemen): A B S D E F G H I J DJ L LH M N NH N O P K R T U V X TX Z. Es ist in der Lage, allen *kabuverdianu*-Varianten als Schrift zu dienen.

347 Quelle: Summer Institute of Linguistics, www.sil.org.

die Gelegenheit gegeben wird, die Nationalsprache sprechen, lesen und schreiben zu lernen].

Tudu steht anstelle von *cada* 'jede/r', *papia*[348] bedeutet 'sprechen' und *skrebedu* entspricht *escrito* 'geschrieben' in Passivsätzen[349].

Verbale Formen treten als unveränderter Stamm in allen Personen sowie in Singular und Plural auf, d.h. wir haben in allen Tempora und Modi eine einzige, unveränderliche Form für alle sechs Personen:

- Infinitiv: *sér* 'sein' / *anda* 'gehen'
- Aktiv: Präsens: *é* / *anda*; Vergangenheit: *éra* oder *sérba* / *andába*
- Passiv: Präsens: *sédu* / *andádu*; Vergangenheit: *séda* / *andáda*

Tempus, Modus und Aspekt werden durch verbale Marker gekennzeichnet. *Ta* markiert Futur oder auch eine andauernde bzw. gewohnheitsmäßige Handlung: *ta merese* 'verdient'. Das Suffix *-ba* drückt Vergangenheit oder den Konditional aus: *tudu kusa tenba si razon* 'Jede Sache hatte ihren Grund'. *Ta* und *ba* können kombiniert auftreten: *kuazi ki ka ta izistiba* 'das existierte quasi nicht'. Die Verneinung geschieht durch die Voranstellung der Partikel *ka*: *nu ka sabe* 'wir wissen nicht'.

Grundlagenliteratur

Lang (1993); Thiele (1991).

11.4.5.3 Linguistische Beschreibungen

Neben dem bereits erwähnten vereinheitlichten Alphabet verfügt das *kabuverdianu* über ein grammatisches Regelwerk (Quint 2000). In mehreren Arbeiten hat Veiga (1995, 2000) die Grammatik des *kabuverdianu* vorwiegend aus kontrastiver Sicht dargestellt. Die syntaktische Studie von Baptista (2002) beschreibt die Varietät von Sotavento.

Es liegen auch mehrere Wörterbücher zum kapverdischen Kreol vor. Das kapverdisch-portugiesische Wörterbuch von Mendes / Quint / Ragageles / Semedo (2002) beinhaltet neben den ca. 15.000 Einträgen auch spezifische Glossare zu Fauna und Flora, Maßeinheiten und Toponymen. Quint legte ein kapverdisch-französisches Wörterbuch vor.[350] Insbesondere für deutsche Studierende ist das *Dicionário do Crioulo da Ilha de Santiago* (Cabo Verde) zu nennen, das

---

348 Von diesem Verb leitet sich der Name einer anderen Kreolsprache, des *papiamento*, ab. Diese Kreolsprache spanischen und portugiesischen Ursprungs wird auf den Karibik-Inseln Aruba, Curaçao und Bonaire gesprochen (vgl. Kramer, Johannes (2004): *Die iberoromanische Kreolsprache Papiamento*, Hamburg: Buske).

349 Dieses sogenannte Mediopassiv (vgl. Perl / Döll / Dyrba / Endruschat / Gärtner / Hundt / Huth / Leiste / Thiele [2]1994, 161) wird über das untrennbar mit dem Verbstamm verbundene Suffix *-du* realisiert: *tudu lingua prezervadu* 'jede Sprache wird bewahrt', *nu sta kastigadu* 'wir werden bestraft'.

350 Online kann man zum *kabuverdianu* folgendes Wörterbuch konsultieren: www.priberam.pt/dcvpo/dcvpo.aspx.

eine kleine Einführung in Phonetik und Morphosyntax umfasst und zu jedem Lemma überzeugende Satzbeispiele anführt.

Schließlich soll erwähnt werden, dass es einige Lehrbücher des *kabuverdianu* gibt, die sich allerdings an den portugiesischen und französischen Lerner richten (Veiga 2002, Quint / Semedo 2003). Für das deutsche Zielpublikum liegt ein Lehrbuch noch nicht vor, aber das Internet bietet Möglichkeiten, sich die Grundlagen dieser Kreolsprache anzueignen.

Übungsaufgaben

1) Lesen Sie Mattos e Silva (1988) und verschaffen Sie sich einen Überblick über den Rückgang der indigenen amerindischen Sprachen Brasiliens.

2) Das Pronominalsystem gehört zu denjenigen Bereichen, in denen sich das BP am stärksten vom EP unterscheidet. In der Arbeit von Lamoglia Duarte (1996) werden weitere interessante Aspekte dazu genannt. Erarbeiten Sie eine Gegenüberstellung der beiden Pronominalsysteme als ein Argument für die Plurizentrik-These.

3) Im Kapitel 7 in Bagno (2002) werden pseudo-passive Konstruktionen mit dem Reflexivpronomen *se* besprochen. Lesen Sie dieses Kapitel und erklären Sie, inwiefern Sätze des Typs *Comédias para se ler na escola* von der Norm des EP abweichen.

4) Lesen Sie Gonçalves (1996) und stellen Sie die Abweichungen vom EP, die aus den Beispielen im angehängten Corpus hervorgehen, zusammen.

5) Informieren Sie sich über Besonderheiten der angolanischen *linguagem dos musseques*.

6) Suchen Sie im oder im *Dictionnaire encyclopédique et bilingue: Cabo Verde / Cap-Vert* Ortsnamen und rekonstruieren Sie die entsprechenden europäischen Reminiszenzen.

7) Suchen und erklären Sie mithilfe der Wörterbücher des kabuverdianu Reduplikationen im *kabuverdianu*, z.B. *fati-fati, fatxi-fatxi, gon-gon* etc.

12 Bibliographie

12.1 Einführungen

Adamzik, Kirsten (2004): *Textlinguistik. Eine einführende Darstellung*, Tübingen: Niemeyer.

Auer, Peter (1999): *Sprachliche Interaktion. Eine Einführung anhand von 22 Klassikern*, Tübingen: Niemeyer.

Baldinger, Kurt (1958): *Die Herausbildung der Sprachräume auf der Pyrenäenhalbinsel*, Berlin: Akademie Verlag.

Bollée, Annegret / Neumann-Holzschuh, Ingrid (2003): *Spanische Sprachgeschichte*, Stuttgart u.a.: Klett (Uni-Wissen).

Brinker, Klaus / Sager, Sven F. (³2001): *Linguistische Gesprächsanalyse. Eine Einführung*, Berlin: Schmidt.

Canepari, Luciano (2005): *A Handbook of pronunciation*, München: Lincom.

Christl, Joachim (1992): *Gliederungssignale oder Sprechersignale ?*, Hamburg: Kovač.

Coseriu, Eugenio (²1992): *Einführung in die allgemeine Sprachwissenschaft*, Tübingen: Francke.

Dietrich, Wolf / Geckeler, Horst (⁴2004): *Einführung in die spanische Sprachwissenschaft. Ein Lehr- und Arbeitsbuch*, Berlin: Schmidt.

Ernst, Peter (2002): *Pragmalinguistik. Grundlagen – Anwendungen – Probleme*, Berlin / New York: de Gruyter.

Eyner, Peter (1987): *Perlokution*. Tübingen: Niemeyer.

Fluck, Hans-Rüdiger (1976, ⁵1996): *Fachsprachen. Einführung und Bibliographie*, Tübingen: UTB.

Fritz, Gerd / Hundschurscher, Franz (1994): *Handbuch der Dialoganalyse*, Tübingen: Niemeyer.

Henne, Helmut / Rehbock, Helmut (⁴2001): *Einführung in die Gesprächsanalyse*, Berlin / New York: de Gruyter.

Hoffmann, Lothar (²1985): *Kommunikationsmittel Fachsprache. Eine Einführung*, Tübingen: Narr.

Hoffmann, Ludger (Hrsg.) (1996): *Sprachwissenschaft. Ein Reader*, Berlin / New York: De Gruyter.

HSK: *Handbücher zur Sprach- und Kommunikationswissenschaft*: HSK 3: *Soziolinguistik*, hrsg. von Ammon, Ulrich / Dittmar, Norbert / Mattheier, Klaus J. / Trudgill, Peter, 2 Bde., Berlin / New York: de Gruyter, [¹1987] ²2005 verändert; HSK 5: *Wörterbücher*, hrsg. von Hausmann, Franz-Josef / Reichmann, Oskar / Wiegand, Herbert Ernst / Zgusta, Ladislav, 2 Bde., Berlin / New York: de Gruyter, 1989 / 1990; HSK 12: *Kontaktlinguistik*, hrsg. von Goebl, Hans / Nelde, Peter H. / Stary / Wölck, Wolfgang, 2 Bde., Berlin / New York: de Gruyter 1996 / 1997; HSK 16: *Text- und Gesprächslinguistik*, hrsg. von Brinker, Klaus / Antos, Gerd / Heinemann, Wolfgang / Sager, Sven F., 2 Bde., Berlin / New York: de Gruyter, Band 1: 2000; HSK 23: *Romanische Sprachgeschichte*, hrsg. von Ernst, Gerhard / Gleßgen, Martin-Dietrich / Schmitt, Christian / Schweickard, Wolfgang, 3 Bde., Berlin / New York: de Gruyter 2003 / 2007 (im Druck).

Koch, Peter / Oesterreicher Wulf (1990): *Gesprochene Sprache in der Romania: Französisch, Italienisch, Spanisch*, Tübingen: Niemeyer.

Kremnitz, Georg (1990): *Gesellschaftliche Mehrsprachigkeit. Institutionelle, gesellschaftliche und individuelle Aspekte. Eine Einführung*, Wien: Braumüller.

Kußmaul, Paul (Hrsg.) (1980): *Sprechakttheorie. Ein Reader*, Wiesbaden: Athenaion.

Lapesa, Rafael (81991): *Historia de la lengua española*, Madrid: Gredos.

Lausberg, Heinrich (31969): *Romanische Sprachwissenschaft*, Berlin: de Gruyter (Sammlung Göschen).

Lemnitzer, Lothar / Zinsmeister, Heike (2006): *Korpuslinguistik. Eine Einführung*, Tübingen: Narr.

Lindner, Gerhard (1981): *Grundlagen und Anwendung der Phonetik*, Berlin: Akademie-Verlag.

Linke, Angelika / Nussbaumer, Markus / Portmann, Paul R. (52004): *Studienbuch Linguistik*, Tübingen: Niemeyer (Reihe German.Linguistik 121: Kollegbuch).

Lleal, Coloma (1990): *La formación de las lenguas romances peninsulares*, Barcelona: Barcanova.

Lüdtke, Helmut (2005): *Der Ursprung der romanischen Sprachen. Eine Geschichte der sprachlichen Kommunikation*, Kiel: Westensee Verlag.

Lustig, Wolf / Tiedemann, Paul (2000): *Internet für Romanisten. Eine praxisorientierte Einführung*, Darmstadt: WB (www.romanistik.uni-mainz.de / ifr /).

Meibauer, Jörg [1999] (22001): *Pragmatik*, Tübingen: Stauffenburg.

Messner, Dieter / Müller, Hans-Joachim (11983): *Ibero-Romanisch. Einführung in Sprache und Literatur*, Darmstadt: WB.

Morris, Charles William (1938): *Foundations of the theory of signs. Esthetics and the theory of signs* [dt. Übersetzung von Roland Posner: *Grundlagen der Zeichentheorie. Ästhetik und Zeichentheorie*, München: Hanser 1972].

Nöth, Winfried (22000): *Handbuch der Semiotik*, Stuttgart / Weimar: Metzler.

Oliveira, Fátima (1996): "Semântica", in: Faria / Pedro / Duarte / Gouveia (1996), S. 333-382.

Pöckl, Wolfgang / Rainer, Franz / Pöll, Bernhard (32003): *Einführung in die romanische Sprachwissenschaft*, Tübingen: Niemeyer (Romanistische Arbeitshefte; 33).

Pompino-Marschall, Bernd (22003): *Einführung in die Phonetik*, Berlin: de Gruyter

Posner, Rebecca (1996): *The Romance languages*, Cambridge: CUP.

Ramers, Karl-Heinz / Vater, Heinz (1991): *Einführung in die Phonologie*, Hürth-Efferen: Gabel Verlag.

Ruhlen, Merritt [1987] (1991): *A guide to the world's languages*, Bd. 1: Classification, Stanford, CA: Stanford UP.

Saussure, Ferdinand de ([11916]): *Cours de linguistique générale*, (Hrsg. Tullio de Mauro), Paris: Payot [Dt. Übersetzung [11931] (21967), (32001): *Grundfragen der Allgemeinen Sprachwissenschaft*, hrsg. von Bally, Charles / Sechehaye, Albert, unter Mitwirkung von Riedlinger, Albert, Berlin: Walter de Gruyter & Co.; sp. Übers. (31959): *Curso de Lingüística General*, Buenos Aires: Editorial Losada; pt. Übers. (1971): *Curso de linguística geral*, Lisboa: Publicações D. Quixote].

Schönrich, Gerhard (1999): *Semiotik zur Einführung*, Hamburg: Junius.

Schpak-Dolt, Nikolaus (1999): *Einführung in die spanische Morphologie*, Tübingen: Niemeyer.

Schwarze, Christoph / Dieter Wunderlich (Hrsg.) (1985): *Handbuch der Lexikologie*, Königstein / Ts.: Athenäum.

Sökeland, Werner (1980): *Indirektheit von Sprechhandlungen*, Tübingen: Niemeyer.

Tagliavini, Carlo (21998 [1973]): *Einführung in die romanische Philologie*, Tübingen / Basel: Francke (UTB für Wissenschaft: Große Reihe).

Tovar, Manuel (31989): *Einführung in die Sprachgeschichte der Iberischen Halbinsel. Das heutige Spanisch und seine historischen Grundlagen*, Tübingen: Narr.

Trubetzkoy, Nikolai S. (61977): *Grundzüge der Phonologie*, Göttingen: Vandenhoek & Ruprecht.

Ungerer, Friedrich / Schmid, Hans-Jörg (1996): *An Introduction to Cognitive Linguistics*, Harlow: Longman.

Vidos, Benedek Elemer (1975): *Handbuch der romanischen Sprachwissenschaft*, München: Hueber.
Vossler, Karl (1954): *Einführung ins Vulgärlatein* (hrsg. von Helmut Schmeck), München: Hueber.
Wartburg, Walter von (1950): *Die Ausgliederung der romanischen Sprachräume*, Bern: Francke.
Weinreich, Uriel (1953): *Languages in Contact. Findings and Problems*, The Hague: Mouton.
Wesch, Andreas (2003): *Grundkurs Sprachwissenschaft Spanisch*, Stuttgart: Klett.

12.2 Einführungen zu Teilbereichen der portugiesischen Sprachwissenschaft

Azevedo, Milton M. (2005): *Portuguese: A linguistic Introduction*, Cambridge: CUP.
Barbosa, Jorge Morais (1994): *Introdução ao estudo da fonologia e morfologia do português*, Coimbra: Livraria Almedina.
Campo, José Luís de Azevedo do (2000): *Einführung in die kognitive Linguistik für Lusitanisten und Hispanisten*, Rostock: Universität, Institut für Romanistik.
Chaves de Melo, Gladstone (⁶1981): *Iniciação à Filologia e à Lingüística Portuguesa*, Rio de Janeiro: Ao Livro Técnico.
Couto, Hildo Honório de (1983): *Uma introdução à Semiótica*, Rio de Janeiro: Presença.
Couto, Hildo Honório do (1996): *Introdução ao estudo das línguas crioulas e pidgins*, Brasília: Editora da Universidade de Brasília.
Faria, Isabel Hub / Pedro, Emília Ribeiro / Duarte, Inês / Gouveia, Carlos A.M. (Hrsg.) (1996): *Introdução à linguística geral e portuguesa*, Lisboa: Caminho.
Fonseca, Fernanda Irene / Fonseca, Joaquim (1977): *Pragmática linguística e ensino do português*, Coimbra: Almedina.
Fonseca, Vasco da (1984): *Introduction à l'étude de la langue portugaise à l'usage des étrangers*, Lisboa: ICALP.
Marques, Maria Emília Ricardo (1996): *Introdução aos estudos linguísticos*, Lisboa: Universidade Aberta.
Martins, Maria Raquel Delgado (1988): *Ouvir falar. Introdução à fonética do português*, Lisboa: Caminho.
Neto, Serafim da Silva (²1976): *Introdução ao estudo da filologia portuguesa* (bearb. von Evanildo Bechara und Joram Pinto de Lima), Rio de Janeiro: Grifo.
Romano, Ruggiero / Gil, Fernando / Ducrot, Oswald (Hrsg.) (1984): *Linguagem. Enunciação. Enciclopédia Einaudi*, Lisboa: Imprensa Nacional / Casa da Moeda.
Roschmann, Christian / Ramos da Silva, Eliane / Hauptmann, Susanne (2001): *Einführung in die portugiesisch / brasilianische Rechtssprache / Introdução a terminologia juridica*, Bern: Stämpfli.

12.3 Sprachwissenschaftliche Terminologie (Deutsch / Portugiesisch)

Borba, Francisco da Silva (²1976): *Pequeno vocabulário de lingüística moderna*, São Paulo: Ed. Nacional.
Bußmann, Hadumod (²1990; ³2002): *Lexikon der Sprachwissenschaft*, Stuttgart: Kröner.
Crystal, David (1993): *Die Cambridge Enzyklopädie der Sprache*, Frankfurt am Main: Campus (Übers. aus d. Engl.)
Dicionário de Termos Linguísticos, Arbeitsgruppe Maria Helena Mira Mateus / Maria Francisca Xavier, 2 Bde., Lisboa: Associação Portuguesa de Linguística / Instituto de Linguística Teórica e Computacional, Edições Cosmos. Im Internet bei AIT/ *Associação de Informação Terminológica* abrufbar: www.ait.pt/recursos/dic_term_ling/dtl_pdf/Q.pdf

Dubois, Jean / Giacomo, Mathée / Guépin, Louis / Marcellesi, Christiane / Marcellesi, Jean B. / Mevel, Jean-Pierre (Hrsg.) (1988): *Dicionário de Lingüística* [Übers. aus dem Franz.], São Paulo: Cultrix.

Ducrot, Oswald / Todorov, Tzvetan (61982): *Dicionário das Ciências da Linguagem*, Lisboa : Dom Quixote [Paris 1972, Übers. aus d. Franz.].

Glück, Helmut (Hrsg.) (22000): *Metzler Lexikon Sprache*, Stuttgart / Weimar: Metzler.

Jota, Zélio dos Santos (1976): *Dicionário de Linguística*, Rio de Janeiro: Presença.

Lewandowski, Theodor (1973): *Linguistisches Wörterbuch*, Heidelberg: Quelle & Meyer.

Lista de termos linguísticos, http: / / label.ist.utl.pt / pt / projectos / pdf / lista-termos.pdf

Welte, Werner (1974): *moderne linguistik - terminologie / bibliographie. Ein handbuch und nachschlagewerk auf der basis der generativ-transformationellen sprachtheorie*, 2 Bde., München: Hueber.

12.4 Zeitschriften zur portugiesischen Linguistk

ALFA: *Revista de Lingüística.* Universidade Estadual Paulista, UNESP.

APK: *Aufsätze zur portugiesischen Kulturgeschichte. Portugiesische Forschungen der Görresgesellschaft*, Münster: Aschendorffsche Verlagsbuchhandlung (eingestellt).

BEPB: *Bulletin des Etudes Portugaises et Brésiliennes*, Institut français de Lisbonne.

BF: *Boletim de Filologia*, Lisboa: CLUL.

BSLP: *Boletim da Sociedade da Língua Portuguesa.* Lisboa: Sociedade da Língua Portuguesa.

D.E.L.T.A.: *Documentação de Estudos em Lingüística Téórica e Aplicada*, São Paulo.

Diacrítica: Revista do Centro de Estudos Humanísticos, Univ. do Minho, Braga.

IBEROAMERICANA. Lateinamerika - Spanien - Portugal, Frankfurt am Main: Vervuert.

IBEROROMANIA. Zeitschrift für iberoromanische Sprachen und Literaturen in Europa und Amerika, Tübingen: Niemeyer.

ICALP. Revista. Instituto de Cultura e Língua Portuguesa (no. 1 [1985] bis Nr. 23).

Lusorama: Zeitschrift der Lusitanistik. Revista de Estudos sobre os Países de língua Portuguesa, Frankfurt am Main: TFM.

RBLA: *Revista Brasileira de Lingüística Aplicada*, Belo Horizonte.

RILI: *Revista Internacional de Lingüística Iberoamericana*, Madrid: Vervuert.

RILP: *Revista Internacional de Língua Portuguesa*, Associação das Universidades de Língua Portuguesa [AULP].

RPF: *Revista Portuguesa de Filologia*, Coimbra.

12.5 Bibliographien (Auswahl)

Baranow, Ulf Gregor (Hrsg.) (1990): *Bibliografia indexicada de dissertações e teses em letras e lingüística defendidas em Universidades brasileiras*, vol. 1: Lingüística, Recife, Anpoll.

Bibliografia de Linguística Portuguesa (1987), Lisboa: Litoral Edições.

Bibliografia Dialectal Galego-Portuguesa (1976), Lisboa: CLUL.

Bibliographie der Hispanistik in der Bundesrepublik, Österreich und der deutschsprachigen Schweiz (seit 1978, auch online), hrsg. von Christoph Strosetzki im Auftrag des Deutschen Hispanistenverbandes, Frankfurt: Vervuert, www.uni-muenster.de/ hispanistikbibliographie.

Biblioteca Nacional Digital (BND): www.purl.pt.

BL - *Bibliographie Linguistique* [1939-1986], Dordrecht / Boston: Kluwer, www.kb.nl/kb/ blonline.

BLL - *Bibliographie Unselbständiger Literatur* - Linguistik (BUL-L) [1971-1979]; ab 1979 Bibliographie Linguistischer Literatur (BLL): Bibliographie zur allgemeinen Linguistik und zur anglistischen, germanistischen und romanistischen Linguistik, hrsg. von Elke Suchan et al., Frankfurt am Main: Klostermann.

CCL - *Currents Contents in Linguistics*, Inhaltsverzeichnisse Linguistischer Fachzeitschriften hrsg. von Elke Suchan et al., DFG Sondersammelgebiet, Stadt- und Universitätsbibliothek Frankfurt am Main (laufend).

Dietrich, Wolf (1980): *Bibliografia da língua portuguesa do Brasil*, Tübingen: Narr.

Ferreira, José de Azevedo (1989): *Bibliografia selectiva da língua portuguesa*, Lisboa: ICALP.

MLA. *International Bibliography of Books and Articles on the Modern Languages and Literatures*, New York: Modern Languages Association of America (auch Online).

Nogueira, Rodrigo de Sá (Hrsg.) (1935-1950): *Bibliografia filológica portuguesa*, Lisboa: Centro de Estudos Filológicos.

Romanische Bibliographie / Bibliographie Romane / Romance Bibliography [1880-1965]; ab 1965 als Supplement der *Zeitschrift für Romanische Philologie*, Tübingen: Niemeyer .

Silva, Inocêncio Francisco da ([1]1858-1972): *Diccionario Bibliographico Portuguez*: Estudos de Innocencio Francisco da Silva applicaveis a Portugal e ao Brasil [ab Bd. IX: continuado e ampliado por Brito Aranha], 23 Bde., Lisboa: Na Imprensa Nacional [Faksimileausgabe, Lisboa: Imprensa Nacional-Casa da Moeda, s.d.].

Tomás, M. I. (1992): *Os Crioulos portugueses do Oriente. Uma bibliografia*, Macau.

www.chat-bibliography.de (sehr umfangreiche, alphabetisch geordnete Bibliographie zur Chat-Sprache).

www.cibera.de (Virtuelle Fachbibliothek zu Portugal, Spanien, Ibero-Amerika).

www.sitesmaisuteis.com / dicionarios_lingua_portuguesa.php.

www.phf.uni-rostock.de / institut / iroman / down / Blgrf-Anglizismen.pdf (Anglizismen-Bibliographie.

12.6 Portugiesische Grammatiken (Auswahl)

Bechara, Evanildo ([37]2002): *Moderna Gramática Portuguesa*, Rio de Janeiro: Editora Lucerna.

Busse, Winfried / Vilela, Mário (1986): *Gramática de valências*, Coimbra: Almedina.

Castilho, Ataliba Teixeira de (Hrsg.) (1991 / 1996): *Gramática do português falado*, Campinas: Unicamp. Bd. 1 (1991): *A ordem* (Hrsg. Ataliba Teixara de Castilho); Bd. 2 (1996) *Níveis de análise lingüística* (Hrsg. Rodolfo Ilari); Bd. 3 (1996): *As abordagens* (Hrsg. A. Teixeira de Castilho); Bd. 4 (1996): *Estudos descritivos* (hrsg. A. Teixeira de Castilho / Margarida Basílio); Bd. 5 (1996): *Convergências* (Hrsg. Mary A. Kato); Bd. 6: *Desenvolvimentos* (Hrsg. Ingedore G. Villaça Koch).

Cunha, Celso Ferreira da / Cintra, Luís Filipe Lindley (1984 [[3]2001]): *Nova Gramática do Português Contemporâneo*, Rio de Janeiro: Nova Fronteira.

Gärtner, Eberhard (1998): *Grammatik der portugiesischen Sprache*, Tübingen: Niemeyer.

Lima, Carlos Henrique da Rocha ([35]1998): *Gramática Normativa da Língua Portuguesa*, Rio de Janeiro: José Olympio Editora.

Martins, Maria T. Hundertmark-Santos ([2]1998): *Portugiesische Grammatik*, Tübingen: Niemeyer.

Mateus, Maria Helena Mira / Brito, Ana Maria / Duarte, Inês / Faria, Isabel Hub ([5]2003): *Gramática da Língua Portuguesa*, Lisboa: Caminho (edição revista e aumentada).

Neves, Maria Helena de Moura (2000): *Gramática de usos do português*, São Paulo: Editora UNESP.

Perini, Mário A. (2002): *Modern Portuguese: a reference grammar*, New Haven [u.a.]: Yale University Press.

Pinto, José Manuel Castro (1994): *Gramática de Português*, Lisboa: Plátano Editora.

Rosa, Luciano Caetano da / Scotti-Rosin, Michael (2001): *Portugiesische Grammatik für jedermann. Gramática portuguesa para toda a gente*, Berlin: Weidler.

Soares Barboza, Jeronymo (1822, [2]1830): *Grammatica philosophica da Lingua Portuguesa ou Principios da Grammatica Geral Applicados à nossa Linguagem*, Lisboa: Typographia da Academia Real das Sciencias.

Vázquez Cuesta, Pilar / Mendes da Luz, Mª Albertina ([4]1980): *Gramática da Língua Portuguesa*, Lissabon: Edições 70.

Vilela, Mário (1992): *Gramática de valências: teoria e aplicação*, Coimbra: Almedina.

12.7 Wörterbücher (Auswahl)

12.7.1 Einsprachige Wörterbücher des EP und BP

Aurélio. O dicionário da língua portuguesa século XXI, Rio de Janeiro [3]1999: Editora Nova Fronteira (Hrsg.: Aurélio Buarque de Holanda Ferreira).

Dicionário Contemporâneo da Língua Portuguesa (5 Bde.), Lisboa [4]1985: Delta (Autor: Francisco Julio Caldas Aulete).

Dicionário da Língua Portuguesa Contemporânea da Academia das Ciências de Lisboa, 2 Bde., Lisboa 2001: Verbo (Hrsg. João Malaca Casteleiro).

Dicionario da Língua portuguesa, Lisboa 1976, hrsg. von der Academia das Ciências de Lisboa, Bd. I (A-Azuverte).

Dicionário da Língua Portuguesa, Porto [8]1999: Porto Editora (Autor: Joaquim Costa / Almeida / A. Sampaio e Melo).

Dicionário geral luso-brasileiro da língua portuguesa, 3 Bde. (A-Dentremes), Lisboa / Rio de Janeiro 1963-1975 (Autor: Alfonso Zúquete).

Dicionário prático ilustrado, novo dicionário enciclopédico luso-brasileiro, Porto 1995: Lello & Irmão (Autor: José e Edgar Lello).

Grande Dicionário da Língua Portuguesa, 12 Bde., Lisboa [10]1949-1959: Confluência (Autor: António de Silva Morais).

Grande Dicionário da Língua Portuguesa, 2 Bde., Amadora [25]1996, Bertrand.

Grande Dicionário da Língua Portuguesa, 6 Bde., Lisboa 1952: Alfa (Autor: José Pedro Machado).

Houaiss. Dicionário da Língua Portuguesa, Rio de Janeiro 2001: Editora Objetiva (Autoren: Antônio Houaiss und Mauro de Salles Villar).

Vocabulario Portuguez e Latino, Bde. 1-4: Coimbra 1712-1713, Bde. 5-8, Lisboa 1716-1721, Suplemento ao Vovabulario Portuguez e Latino 2 Bde., Lisboa 1727 - 1728 (Autor: Rafael Bluteau).

12.7.2 Zweisprachige Wörterbücher (Deutsch / Portugiesisch)

Diccionario portatil das linguas portugueza e alleman, 1844 [[2]1856]) (hrsg. von Anton Edmund Wollheim da Fonseca), Leipzig: Frederico Fleischer.

Dicionário alemão-português, Rio de Janeiro 1943 [[6]1984] (hrsg. von Leonardo Tochtrop).

Dicionário de Português-alemão [Bd.1], *Alemão-português* [Bd.2], Porto 1994: Dicionario da Editora.

Langenscheidts Taschenwörterbuch der portugiesischen und deutschen Sprache. Deutsch-Portugiesisch Berlin 1953, Portugiesisch-Deutsch Berlin 1969 (hrsg. von Albin E. Beau).

Langenscheidts Taschenwörterbuch der portugiesischen und deutschen Sprache, Deutsch-Portugiesisch, 1904 [[12]1935], Portugiesisch-Deutsch, Berlin 1909[[13]1935] (hrsg. von Louise Ey).

Langenscheidts Taschenwörterbuch der portugiesischen und deutschen Sprache, Portugiesisch-Deutsch 1968; Deutsch-Portugiesisch 1969 (hrsg. von Friedrich Irmen, neubearb. 1982).

Neues Portugiesisch-Deutsches und Deutsch-Portugiesisches Lexikon, Erster Theil A bis J welcher das Deutsch-Portugiesische enthält, Leipzig 1811, Zweyter Theil K - Z und Nachtrag welcher das Deutsch-Portugiesische enthält, Leipzig 1812 (hrsg. von Johann D. Wagener.

Neues vollständiges Taschenwörterbuch der portugiesischen und deutschen Sprache. Mit besonderer Rücksicht auf Wissenschaften, Künste, Industrie, Handel, Schifffahrt etc., Portugiesisch-Deutsch, Hamburg 1858; Deutsch-Portugiesisch, Hamburg 1858 (hrsg.

von Eduard Th. Bösche, Leipzig ²1897; vollständig umgearbeitet und stark vermehrt von A. Dammann].

Wörterbuch Deutsch-Portugiesisch, Leipzig 1984: Verlag Enzyklopädie; *Portugiesisch-Deutsch,* Leipzig 1986: Verlag Enzyklopädie (Hrsg. Johannes Klare mit einem Autorenkollektiv).

12.7.3 Ein- / Zweisprachige Wörterbücher (sprachliche Sonderbereiche)

Dicionário contextual básico da língua portuguesa, Wien 1996: Praesens (hrsg. von Bernhard Pöll).

Dicionário da linguagem de marinha antiga e actual, Lisboa 1974: Centro de Estudos ultramarinos.

Dicionário de calão, Lisboa 1988, ²2000: Dom Quixote (hrsg. von Eduardo Nobre).

Dicionário de estrangeirismos correntes na língua portuguesa, São Paulo 1998: Atlas (hrsg. von Fernando Alves).

Dicionário de galicismos, Rio de Janeiro ⁴1949: Grafico Sauer (hrsg. von Carlos Góis).

Dicionário de Gíria. Modernismo lingüístico. O equipamento falado do Brasil, Brasilia 1990 (hrsg. von J. B. Serra e Gurgel).

Dicionário de sinônimos e antônimos da língua portuguesa, São Paulo ³⁵1996: Ed. Globo (hrsg. von Fernandes Francisco und Celso Pedro Luft).

Dicionário dos anglicismos e germanismos na língua portuguesa, Frankfurt 1997: TFM (hrsg. von Jürgen Schmidt-Radefeldt und Dorothea Schurig).

Dicionário erótico da língua portuguesa, Rio de Janeiro 1980: Ed. do Autor (hrsg. von Horácio Almeida).

Dicionário gramatical de verbos do português contemporâneo do Brasil, São Paulo 1990: UNESP (hrsg. von Francisco da Silva Borba).

Dicionário idiomático português-alemão. As expressões idiomáticas portuguesas, o seu uso no Brasil e os seus equivalentes alemães / Portugiesisch-deutsche Idiomatik. Die portugiesischen Idioms, ihr Gebrauch in Brasilien und ihre Entsprechungen im Deutschen, München / Braga 1979 (hrsg. von Hans Schemann und Luiza Schemann-Dias).

Dicionário idiomático português-alemão. Idiomatik Portugiesisch-Deutsch, Braga 2005: Universidade do Minho (hrsg. von Idalete Dias und Hans Schemann).

Dicionário jurídico e económico. Wörterbuch der Rechts- und Wirtschaftssprache, München 1990/1994: Beck (hrsg. von Erik Jayme, bearbeitet von J.-J. Neuss und Mitarbeit H. J. Hansen, 2 Bde.).

Dicionário sintáctico de verbos portugueses, Coimbra 1994: Almedina (hrsg. von Winfried Busse).

Dicionário técnico e científico ilustrado, Lisboa 1982: Círculo de Leitores.

Die "Falschen Freunde" (Portugiesisch / Deutsch - Deutsch / Portugiesisch), Tübingen 1995: Niemeyer (hrsg. von Maria Teresa Hundertmark-Santos Martins).

Gíria et Argot. Dictionnaire d'argot brésilien (gíria) – argot français. Plus particulièrement des villes de São Paulo et Rio de Janeiro dans les années 1960 et 1970, Tübingen 1996: Niemeyer (hrsg. von Audubert, Albert).

Idiomatik Deutsch-Portugiesisch, Stuttgart 2002: Klett (hrsg. von Hans Schemann).

Kleines vergleichendes Wörterbuch der Arabismen im Iberomanischen und Italienischen, Tübingen 1994: Francke (hrsg. von Reinhard Kiesler).

Kleines Wörterbuch der 'falschen Freunde'. Deutsch-Portugiesisch, Portugiesisch-Deutsch, Leipzig 1988: Enzyklopädie [Berlin ²1993: Langenscheidt] (hrsg. von Leiste, Doris / Döll, Cornelia / Domingos, António M.).

Medizinisches Wörterbuch. Dicionário de Medecina (Deutsch / Spanisch / Portugiesisch), Berlin 2004: Springer (hrsg. von Nolte-Schlegel, Irmgard).

Neues Wörterbuch der portugiesischen und deutschen Sprache mit besonderer Berücksichtigung der technischen Ausdrücke des Handels und der Industrie, der Wissenschaften und Künste und der Umgangssprache, 2 Bde., Leipzig 1887 [¹⁴ 1934] (hrsg. von Henriette Michaelis).

Ökonomisches Wörterbuch, Portugiesisch-Deutsch, Frankfurt 2000: Knapp (hrsg. von Wein, Volker / Zwirnmann, Peter).

Veterinärmedizinisches Fachwörterbuch Deutsch / Portugiesisch, Portugiesisch Deutsch mit Erläuterungen zu ausgewählten Begriffen, Hannover 1996 (Diss. med. TU Hannover), (hrsg. von Charlotte Platzer).

Vocabulário português de origem árabe, Lisboa 1991: Notícias (Autor: José Pedro Machado).

Wörterbuch der industriellen Technik einschließlich Hilfswissenschaften und Bauwesen, Bd. VII Deutsch-Portugiesisch, Wiesbaden 1948; Bd. VIII Portugiesisch-Deutsch, Wiesbaden 1951 (hrsg. von Richard Ernst, bearbeitet von Rolf Römer) [Wiesbaden [2]1986, hrsg. von Richard Ernst, bearbeitet von F. J. Ludovice Moreira].

Wörterbuch metaphorischer Redewendungen deutsch-portugiesisch: mit thematischem Inhaltsverzeichnis. Dicionário de expressões idiomáticas metafóricas alemão-português, São Paulo 1996: EPU (hrsg. von Sidney Camargo und Herbert Bornebusch).

12.7.4 Wörterbücher / Grammatiken zu portugiesischen Varietäten

Dicionário de Cultos Afro-Brasileiros, Rio de Janeiro [3]1988: Forense Universitária (hrsg. von Olga Gudolle Cacciatore).

Dicionário do Crioulo da Ilha de Santiago (Cabo Verde) com equivalentes de tradução em alemão e português. Wörterbuch des Kreols der Insel Santiago (Kapverde), Tübingen 2002: Narr (hrsg. von Jürgen Lang, erarbeitet von Martina Brüser und André dos Reis Santos, unter Mitarbeit von E. Dengler und A. Blum).

Dicionário histórico das palavras portuguesas de origem tupi, São Paulo 1978 (hrsg. von Antônio Geraldo da Cunha).

Dicionário Português-Macua, Lisboa 1974: Junta de Investigações Científicas do Ultramar. (hrsg. von Alexandre Valente de Matos).

Dicionário Prático Português-Caboverdiano (Disionári purtugés-berdiánu ku splikasom di uzu di kada palábra), Aires 2002: Editora Verbalis (hrsg. von Mendes, Mafalda / Quint, Nicolas / Ragageles, Fátima & Semedo).

Dictionary of African Borrowings in Brazilian Portugues, Hamburg 1991: Buske (hrsg. von John T. Schneider).

Dictionnaire bilingue Portugais-Français des particularités de la langue portugaise en Guinée-Bissau, Bd. I, Rennes 1996 : Université de Rennes (hrsg. von Jean-Michel Massa).

Dictionnaire bilingue Portugais-Français des particularités de la langue portugaise en Afrique, São Tomé e Príncipe, Bd. II, Rennes 1998: Université de Rennes (hrsg. von Jean-Michel Massa).

Dictionnaire encyclopédique et bilingue: Cabo Verde / Cap-Vert, Rennes 2001: Université de Rennes (hrsg. von Françoise Massa und Jean-Michel Massa).

Grammaire de la langue cap-verdienne: étude descriptive et comparative du créole afro-portugais des îles du Cap-Vert, Paris 2002: L'Harmattan (hrsg. von Nicolas Quint).

Nouveau Dictionnaire Etymologique Afro-Brésilien, Lomé / Togo 1994 (hrsg. von Lébéné Philippe Bolouvi).

12.7.5 Etymologische und historische Wörterbücher

Dicionário dos dicionários portugueses, Salzburg 1994: Universität Salzburg (hrsg. von Dieter Messner, noch nicht abgeschlossen).

Dicionário etimológico da língua portuguesa com a mais antiga documentação escrita e conhecida de muitos dos vocábulos estudados, 5 Bde., Lisboa: Livros Horizonte [4]1987 [[1]1952] (hrsg. von José Pedro Machado).

Dicionário etimológico da língua portuguesa, Rio de Janeiro 1982: Nova Fronteira (hrsg. von Geraldo da Cunha).

Dictionnaire chronologique portugais, Heidelberg 1976 (hrsg. von Dieter Messner).

12.8 Orthographie-Nachschlagewerke

Pequeno Vocabulário Ortográfico da Língua Portuguêsa, Rio de Janeiro [1]1943: Imprensa Nacional (Academia Brasileira de Letras).

Prontuário Ortográfico e guia da língua portuguesa, Lisboa 1997: Editorial Notícias, (hrsg. von Bergström, Magnus / Reis, Neves).

12.9 Erste Sprachbeschreibungen (Auswahl)

Barros, João de (1971 [1540]): *Gramática da língua portuguesa, Cartinha, Gramática, Diálogo em louvor da nossa linguagem e Diálogo da viciosa vergonha* (hrsg. v. Maria Leonor Carvalhão Buescu).

Cardoso, Jerónimo ([1]1569/1570): *Dictionarivm Latino-lusitanicum & vice versa Lusitanico latinum, cum adagiorum ferre omnium iuxta seriem alphabeticam perutili expositione, Ecclesiasticorum etiam vocabulorum interpretatione, Item de monetis, ponderibus, & mensuris, ad præsentem vsum accomodatis,* Coimbra.

Feijó, João de Morais Madureira ([1]1734): *Orthographia, ou arte de escrever, e pronunciar com acerto a lingua portugueza,* Lisboa Occidental: Officina de Miguel Rodrigues.

Gandavo, Pero de Magalhães de (1981 [1574]): *Regras que ensinam a maneira de escrever e a ortografia da língua portuguesa. Com o diálogo que adiante se segue em defensão da mesma língua,* Lisboa: Biblioteca Nacional (hrsg. v. Maria Leonor Carvalhäo Buescu).

Leão, Duarte Nunes de (1864 [1606]): *Origem da Lingoa Portugueza,* Lisboa.

Oliveira, Fernão de (2000 [1536]): *Gramática da Linguagem Portuguesa,* Lisboa (hrsg. v. Amadeu Torres e Carlos Assunção).

12.10 Studienliteratur

Adamzik, Kirsten (1998): "Fachsprachen als Varietäten", in: HSK 14 (1), S. 181-189.

Albrecht, Sabine (1997): "Die Stellung der Frau im Spiegel der portugiesischen Sprache", in: Dahmen, Wolfgang / Holtus, Günter / Kramer, Johannes / Metzeltin, Michael / Schweickard, Wolfgang (Hrsg.): *Sprache und Geschlecht in der Romania* (X. Romanistisches Kolloquium), Tübingen, Narr, S. 345-374.

Alonso, Amado ([2]1951 [1945]): "Partición de las lenguas romances de Occidente", in: Alonso, A., *Estudios lingüísticos. Temas españoles,* Madrid: Gredos, S. 101-127.

Altenhofen, Cléo Vilson (1995): *Hunsrückisch in Rio Grande do Sul: ein Beitrag zur Beschreibung einer deutschbrasilianischen Dialektvarietät im Kontakt mit dem Portugiesischen,* Stuttgart: Steiner.

Alves, Helena Santos (1988): "Ser ou estar: éis a questão", in: *Actas do 3º Encontro da Associação Portuguesa de Linguística* (Fundação Calouste Gulbenkian, 7 a 9 de Outubro de 1987). Associação Portuguesa de Linguística, Lisboa, S. 3-16.

Alves, Ieda Maria (1990): *Neologismo – Criação lexical,* São Paulo: Editoa Ática.

Ammon, Ulrich / Arnuzzo-Lanszweert, Anna M. (2001): "Varietätenlinguistik", in: LRL I, 2, S. 793-823.

Andrade, Amália / Viana, Maria do Céu (1996): "Fonética", in: Faria / Pedro / Duarte / Gouveia (Hrsg.), S. 115-170.

Andrade, Ana Rebello de (2003): "Os Corpora linguísticos: uma nova forma de 'fazer lexicografia'?", in: Mendes, Amália / Tiago Freitas (Hrsg.): *Actas do XVIII Encontro Nacional da Associação Portuguesa de Linguística* (APL), Lisboa: APL & Colibri, 103-110 (www.iltec.pt / celexte / pdf / artigo / corpora_ling.pdf, Zugriff am 14.2.2005).

Andrade, Ana Rebello de / Lopes, Antonio Lavouras (2003): "O tratamento dos estrangeirismos nas duas últimas edições do Dicionário da Língua Portuguesa, da Porto Editora", in: *Revista de Lexicografía* IX, S. 7-28.

Andrade, Ernesto de (1977): *Aspects de la phonologie (générative) du Portugais,* Lisboa: Centro de Linguística da Universidade de Lisboa / INIC.

Antunes, Mafalda / Correia, Margarita / Gonçalves, Rita (2004): "Neologismos terminológicos na área da Economia: processos mais frequentes em Português Europeu", in: *Actas RITerm - VIII Simposio 2002*, CD-ROM. RITerm, União Latina, www.institutocamoes.pt / cvc / bvc / artigos / neo_econ.pdf, Zugriff am 13.5.2005.

Arends, Jacques / Muysken, Pieter / Smith, Ian (Hrsg.) (1995): *Pidgins and Creoles. An Introduction*, Amsterdam / Philadelphia, S. 87-129.

Austin, John L. (1958 / 1996): "Performative und konstatierende Äußerung", in: Hoffmann (1996), S. 132-142.

Austin, John L. (1962 / 2002): *Zur Theorie der Sprechakte* (*How to do things with words*), Stuttgart: Reclam.

Austin, John L. (1962): *How to do things with words*, Oxford: Oxford UP.

Azuaga, Luísa (1996): "Morfologia", in: Faria / Pedro / Duarte / Gouveia (Hrsg.), S. 215-244.

Badia i Margarit, Antoni M. (1968): *La llengua dels barcelonins. Resultats d'una enquesta sociològico-lingüística*, Volum primer: L'Enquesta. La llengua i els seus condicionaments, Barcelona: Edicions 62 (Estudis i documents; 10).

Bagno, Marcos (2002): *Português Brasileiro? Um convite à pesquisa*, São Paulo: Parabola.

Bally, Charles ([1]1932; [4]1965): *Linguistique générale et Linguistique française*, Bern: Francke.

Baptista, Marlyse (2002): *The syntax of Cape Verdean Creole. The Sotavento Varieties*, Amsterdam / Philadelphia: Benjamins.

Baranow, Ulf Gregor (1988): "Brazil", in: HSK 3, S. 1263-1274.

Barbosa, Jorge Morais (1994a): "Fonética e fonologia (Portugiesisch: Phonetik und Phonemik)", in: LRL VI, 2, S. 130-142.

Barbosa, Jorge Morais ([2]1983): *Études de phonologie portugaise*, Évora: Universidade de Évora.

Bar-Hillel, Yehosua (1982): "Expressões indiciais", in: Dascal (Hrsg.), S. 23 - 50.

Barroso, Henrique (1999): *Forma e Substância da Expressão da Língua Portuguesa*, Coimbra: Almedina.

Bartens, Angela (1995): *Die iberoromanisch-basierten Kreolsprachen.* Ansätze der linguistischen Beschreibung, Frankfurt am Main: Lang.

Bartens, Angela (2003): "Histoire externe du portugais en Asie: aspects linguistiques", in: HSK 21 / 1, S. 1096-1099.

Bartoli, Matteo (1945): *Saggi di linguistica spaziale*, Torino: Rosenberg et Sellier.

Battisti, Carlo (1949): *Avviamento allo studio del latino volgare*, Bari: Editrice Leonardo da Vinci.

Baumann, Hans (1975): "Die syntaktischen Funktionen und Korrelate von 'ser' und 'estar' im Spanischen und Portugiesischen", in: *Romanistisches Jahrbuch*, 26, S. 247-269.

Bayer, Klaus (1977): *Sprechen und Situation. Aspekte und Theorie der sprachlichen Interaktion*, Tübingen: Niemeyer.

Beaugrande, Robert-Alain de / Dressler, Wolfgang U. (1981): *Einführung in die Textlinguistik*, Tübingen: Niemeyer.

Beißwenger, Michael (2003): "Sprachhandlungskoordination im Chat", in: *Zeitschrift für germanistische Linguistik* 31 (2), S. 198-231.

Bergenholtz, Henning / Mugdan, Joachim (1979): *Einführung in die Morphologie*, Stuttgart: Kohlhammer (Urban-Taschenbuch 296) .

Berlin, Brent / Kay, Paul (1969): *Basic color terms: Their universality and evolution*, Berkeley: University of California Press.

Bernstein, Basil (1971-1975): *Class, Codes, and Control*, 3 Bde., London: Paladin.

Berschin, Helmut (1994): "Portugiesisch: Diglossie und Polyglossie", in: LRL VI, 2, S. 367-381.

Berschin, Helmut / Berschin, Walter (1987): "Mittellatein und Romanisch", in: ZRP 103, S. 1-19.

Betz, Werner (1949): *Deutsch und Lateinisch. Die Lehnbildungen der ahd. Benediktinerregel*, Bonn: Bouvier.

Bickerton, Derek (1981): *Roots of Language*, Ann Arbor, Mich.: Karoma.

Bierbach, Mechtild (2000): "Spanisch - eine plurizentrische Sprache? Zum Problem von norma culta und Varietät in der hispanophonen Welt", in: *Vox Romanica* 59, S. 143-170.

Blank, Andreas (1997): *Prinzipien des lexikalischen Bedeutungswandels am Beispiel der romanischen Sprachen*, Tübingen: Niemeyer.

Blank, Andreas (2001): *Einführung in die lexikalische Semantik für Romanisten*, Tübingen: Niemeyer (Romanistische Arbeitshefte 45).

Blank, Andreas / Koch, Peter (Hrsg.) (2003): *Kognitive romanische Onomasiologie und Semasiologie*, Tübingen: Niemeyer.

Boivert, Georges (1983 / 1985): "'Guerra às palavras afrancesadas!' Une polémique linguistique dans la presse lisbonnaise en octobre 1812", in: BEPB 44-45, S. 243-271.

Boléo, M. de Paiva (1941): *Os nomes dos dias da semana em português* (Influência moura ou cristã?), Coimbra: Coimbra Editora.

Boléo, Manuel de Paiva (1965): *O problema da importação de palavras e o estudo dos estrangeirismos (em especial dos francesismos) em português*, Coimbra.

Boléo, Manuel de Paiva (1974 / 1975): *Estudos de Linguística Portuguesa e Românica*, 2 Bde., Coimbra: Acta Universitatis Conimbrigensis.

Boléo, Manuel de Paiva (1974): *Estudos de linguística portuguesa e românica*, vol. 1: Dialectologia e história da língua, Coimbra: Universidade de Coimbra.

Born, Joachim (2003): "Externe Sprachgeschichte des Portugiesischen in Brasilien", in: HSK Bd. 23 / 1, S. 1069-1083.

Bossong, Georg (1990): *Sprachwissenschaft und Sprachphilosophie in der Romania*, Tübingen: Narr.

Bourdon, Albert-Alain (1976): "Orthographe et politique sous la première République portugaise", in: *Arquivos do Centro Cultural Português*, vol. X, S. 261-300.

Braga, Maria Luíza / Mollica, M. Cecília M. (1986). "Marcas segmentais e / ou supra-segmentais entre o sujeito e o predicado e sua função discursiva", in: *Lingüística: Questões e Controvérsias*, Série Estudos 12, S. 24-39.

Bragança Junior, Álvaro Alfredo (1998). *A fraseologia medieval latina como reflexo de uma sociedade* (Tese de Doutorado), Rio de Janeiro: Faculdade de Letras, Univ. Federal do Rio de Janeiro.

Brauer-Figueiredo, Maria de Fátima (1996): "O português falado. Descrição sistemática dos seus aspectos", in: Nascimento, Maria Fernanda Bacelar do / Rodrigues, Maria Celeste / Bettencourt Gonçalves, José (Hrsg.): *Actas do XI Encontro Nacional da Associação Portuguesa de Linguística*, 2 Bde, Lissabon, Colibri, Bd. I, S. 323-347.

Brauer-Figueiredo, Maria Fátima Viegas (1999): *Gesprochenes Portugiesisch*, Frankfurt am Main: TFM.

Braun, Annekatrin (1984): "Bantuismen im Portugiesischen Moçambiques", in: *Zeitschrift für Phonetik, Sprachwissenschaft und Kommunikationsforschung* 5, S. 558-563.

Brea, Mercedes (Hrsg.) (1996): *Lírica profana galego-portuguesa. Corpus completo das cantigas medievais, con estudio biográfico, análise retórica e bibliografía específica*, 2 Bde., Santiago de Compostela: CIRP, Xunta de Galicia.

Briesemeister, Dietrich (1996): "Akademien in Portugal und Brasilien in der Neuzeit", in: Klaus Garber (Hrsg.): *Europäische Sozietätsbewegung und demokratische Tradition*, Bd. 1, Tübingen: Niemeyer, S. 604-622.

Briesemeister, Dietrich (1998): "Portugiesisch und Lateinisch: Humanismus und Sprachbewußtsein in Portugal im 15. und 16. Jahrhundert", in: Hummel / Ossenkop (Hrsg.), S. 29-40.

Briesemeister, Dietrich / Kohlhepp, Gerd / Mertin, Ray-Güde / Sangmeister, Hartmut / Schrader, Achim (Hrsg.) (1994): *Brasilien heute: Politik - Wirtschaft - Kultur*, Frankfurt am Main: Vervuert (Bibliotheca Ibero-Americana; 53).

Briesemeister, Dietrich / Schönberger, Axel (Hrsg.) (1997): *Portugal heute: Politik - Wirtschaft - Kultur*, Frankfurt am Main: Vervuert (Bibliotheca Ibero-Americana 64).

Brito, Ana Maria. B. de (1999): *Os Estudos de Sintaxe Generativa em Portugal nos Últimos Trinta Anos*, Braga: Associação Portuguesa de Linguística.

Brosz, Susanne / Klopp, Ines (1985): "Ergebnisse einer Befragung zur Anrede im Portugiesischen Moçambique", in: *Linguistische Arbeitsberichte* 51, S. 85-89.

Bueno, Fernando da Silveira (1955 [³1967]): *A Formação Histórica da Língua Portuguêsa*, São Paulo: Saraiva.

Bühler, Karl (1934 / 1978): *Sprachtheorie. Die Darstellungsfunktion der Sprache*, Frankfurt: Ullstein.

Bühler, Karl (1934 / 1999): *Sprachtheorie*. Stuttgart: Lucius & Lucius.

Cabral, Leonor Scliar (1970): "Homonímia", in: *Letras de hoje* 5, S. 58-66.

Callou, Dinah (Hrsg.) (1991): *A linguagem falada culta na cidade do Rio do Janeiro: materiais para seu estudo*; vol. 1: *Elocuções formais*, Rio de Janeiro: UFRJ / Faculdade de Letras.

Câmara Jr., Joaquim Mattoso (1953 [²1977]): *Para o estudo da fonémica portuguesa*, Rio de Janeiro: Padrão.

Câmara Jr., Joaquim Mattoso (1979): *Introdução às línguas indígenas brasileiras*, Rio de Janeiro: Ao livro técnico - Indústria e Comércio.

Câmara Jr., Joaquim Mattoso (⁴1967): *Princípios de Lingüística Geral. Como introdução aos Estudos Superiores da Língua Portuguesa*, Rio de Janeiro: Padrão.

Câmara, Jr. Joaquim Mattoso (1975): *História e Estrutura da Língua Portuguesa. Padrão*, Rio de Janeiro: Livraria Editora.

Cândido de Figureido (1902 [⁶1956-1957]): *Os estrangeirismos*. Resenha e comentario de centenas de vocábulos e locuções estranhas à língua portuguesa, 2 Bde., Lisboa: Classica.

Cano Aguilar, Rafael (³1997): *El español a través de los tiempos*, Madrid: Arco Libros.

Cano, Waldenice Moreira (1998): "Prefixação no vocabulário técnico-científico", in: Alfa. 42, S. 71-91.

Carvalho, José G. Herculano de (1958): *Fonologia mirandesa*, Coimbra (= *Biblos* 33, S. 1-137).

Carvalho, José G. Herculano de (1976): "Systems of deictics in Portuguese", in: Schmidt-Radefeldt, Jürgen (Hrsg.): *Readings in Portuguese Linguistics*, Amsterdam / New York / Oxford: North-Holland, 245-266.

Carvalho, José G. Herculano de (1984a): "Germanismos ou galicismos?", in: Carvalho (Hrsg.), *Estudos linguísticos*, Coimbra: Coimbra Editora, S. 293-302.

Carvalho, José G. Herculano de (1984b): "Segno e significazione in João de São Tomás", in: Carvalho (Hrsg.): *Estudos Linguísticos*, Coimbra: Coimbra Editora, S. 129-168.

Carvalho, José G. Herculano de / Schmidt-Radefeldt, Jürgen (Hrsg.) (1984): *Estudos de linguística portuguesa*, Coimbra: Coimbra Editora.

Carvalho, Maria José Albarran (1984): "A mudança linguística no português oral de Maputo", in: *Angolê*, Maio 1984, S. 10.

Carvalho, Maria José Albarran (1986): "Passivas 'estranhas' ao português europeu", in: *Angolê*, Julho / Setembro, S. 3.

Casteleiro, João Malaca / Nascimento, Maria Fernanda Bacelar do (Hrsg..) (2001): *Português falado: documentos autênticos; gravações audio com transcrição alinhanda*, Lisboa: Centro de Linguística da Universidade de Lisboa; Instituto Camões [CD-ROM].

Castilho, Ataliba (³1999): "O Português do Brasil", in: Ilari, Rudolfo (Hrsg.): *Lingüística Românica*, São Paulo: Ática, S. 237-269.

Castilho, Ataliba Teixeira de (Hrsg.) (1998): *Para a história do português brasileiro*, Teil I: Primeiras idéias, São Paulo: Humanitas.

Castilho, Ataliba Texeira de / Preti, Dino (Hrsg.) (1986): *A linguagem falada culta na cidade de São Paulo: materiais para seu estudo*; vol. 1: *Elocuções formais*; (1987): vol. 2: *Diálogos entre dois informantes*, São Paulo: T.A. Queiroz; FAPESP.

Castro, Ivo (1991): *Curso de História da Língua Portuguesa*, 2 vols., Lisboa: Universidade Aberta.

Castro, Ivo / Duarte, Inês / Leiria, Isabel (Hrsg.) ([1]1987): *A Demanda da Ortografia Portuguesa*, Lisboa: Edições João Sá da Costa.

Castro, Yeda Pessoa de (2001): *Falares africanos na Bahia: um vocabulário afro-brasileiro*, Rio de Janeiro: Topbooks.

Chomsky, Noam (1957): *Syntactic Structures*, den Haag: Mouton [dt. Übersetzung 1973: Strukturen der Syntax, den Haag: Mouton].

Chomsky, Noam (1969): *Aspekte der Syntax-Theorie*, Frankfurt am Main: Suhrkamp.

Christl, Joachim (1992): *Gliederungssignale oder Sprechsignale?*, Hamburg: Kovač.

Cintra, Luís F. Lindley (1983, [2]1995): *Estudos de dialectologia portuguesa*, Lisboa: Sá da Costa.

Cintra, Luís F. Lindley (1990): "Sobre o mais antigo texto não-literário português: A Notícia de Torto (leitura crítica, data, lugar de redacção e comentário linguístico)", in: *BF* 31, S. 5-20.

Clancy Clements, John (1996): *The genesis of a language: The formation and development of Korlai Portuguese*, Amsterdam: John Benjamins.

Clancy Clements, John (2000): "Evidencia para a existência dum pidgin português asiático", in: D'Andrade, Mário / Pereira, Dulce / Mota, Maria Antónia (Hrsg.): *Actas do Colóquio sobre Crioulos de Base Lexical Portuguesa*, Braga: Associação Portuguesa de Linguística FLUL, 185-200.

Clyne, Michael (Hrsg.) (1992): *Pluricentric Languages. Differing Norms in Different Nations*, Berlin / New York: de Gruyter.

Cohen, Jonathan L. (1980): "Sprechakte", in: Kußmaul (Hrsg.), S. 9-52.

Correia, Margarita: "Os neologismos da Internet e a política de língua", ciberduvidas.sapo.pt / controversias / 220903_2.html, Zugriff am 20.6.2005.

Coseriu, Eugenio (1973): *Probleme der strukturellen Semantik*, Tübingen: Francke.

Coseriu, Eugenio (1952): "Sistema, norma y habla (con un resumen en alemán)", in: *Revista de la Facultad de Humanidades y Ciencias* 9, S. 113-181.

Coseriu, Eugenio (1967): "Lexikalische Solidaritäten", in: *Poetica* 1 (3), S. 293-303.

Coseriu, Eugenio (1975): *Die Sprachgeographie*, Tübingen: Narr (übersetzt und herausgegeben von Uwe Petersen).

Coseriu, Eugenio (1976): *Das romanische Verbalsystem* (hrsg. und bearbeitet von Hansbert Bertsch), Tübingen: Narr.

Coseriu, Eugeniu (1978): "Das sogenannte Vulgärlatein und die ersten Differenzierungen in der Romania. Eine kurze Einführung in die romanische Sprachwissenschaft", in: Kontzi, Rainer (Hrsg.): *Zur Entstehung der romanischen Sprachen*, Darmstadt: WB, S. 257-291.

Coseriu, Eugeniu (1980): "Historische Sprache und Dialekt", in: Göschel / Ivić / Kehr (Hrsg.): *Dialekt und Dialektologie*, Wiesbaden: Steiner, S. 106-122.

Coseriu, Eugenio (1981): "Dos conceptos de 'dialecto', 'nivel y estilo de lengua' y el sentido propio de la dialectología", in: *Linguística Española Actual*, vol. III, S. 1-32.

Coseriu, Eugenio (1987): *Formen und Funktionen. Studien zur Grammatik*, Tübingen: Niemeyer.

Coseriu, Eugenio (1988): "Der romanische Sprachtypus. Versuch einer neuen Typologisierung der romanischen Sprachen", in: Albrecht, Jörn / Lüdtke, Jens / Thun, Harald (Hrsg.): *Energeia und Ergon*, Bd. I. Schriften von Eugenio Coseriu (1965-1987), Tübingen: Narr, S. 207-224.

Costa, Avelino de Jesus da (1992): "Os mais antigos documentos escritos em português: Revisão de um problema histórico-linguístico", in: *Estudos de Cronologia. Diplomática, Paleografia e Histórico-Linguísticos*, Porto: Sociedade Portuguesa de Estudos Medievais (Biblioteca Histórica da Sociedade Portuguesa de Estudos Medievais, Tomo II), S. 167-256.

Couto, Hildo Honório do (1996): *Introdução ao estudo das línguas crioulas e pidgins.* Brasília: Editora da Universidade de Brasília.

Couto, Hildo Honório do (1999): "A reduplicação em português", in: *Lusorama* 40, S. 29-49.

Cunha, Celso (1985): *A questão da norma culta brasileira,* Rio de Janeiro: Tempo Brasileiro.

Dascal, Marcelo (Hrsg.) (1982): *Pragmática. Problema, criticas, perspectivas da lingüística. Bibliografia* (= Vol. IV: Fundamentos metodológicos da linguística), Campinas: UNICAMP.

De Lemos, Claudia (1987): *"Ser" and "Estar" in Brazilian Portugueses with Particular Reference to Child Language Acquisition,* Tübingen: Narr.

De Mey, Marc (1992): *The Cognitive Paradigm: an Integrated Understanding of Scientific Development*, Chicago: The University of Chicago Press.

Degenhardt, Ruth / Stolz, Thomas / Ulferts, Hella (Hrsg.) (1997): *Afrolusitanistik: eine vergessene Disziplin in Deutschland?* Dokumentation des 2. Bremer Afro-Romania Kolloquiums vom 27.-29. Juni 1996, Bremen: Universität Bremen (Bremer Beiträge zur Afro-Romania; Bd. 2).

DeGraff, Michel (Hrsg.) (1999): *Language Creation and Language Change: Creolization, Diachrony and Development*, Cambridge / London: MIT Press.

DeLancey, Scott 1997, "Grammaticalization and the gradience of categories", in: Bybee, Joan L. / Haiman, John / Thompson, Sandra (Hrsg.): *Essays on language function and language type. Dedicated to Talmy Givón*, Amsterdam, Philadelphia: J. Benjamins, S. 51-69.

Delattre, Pierre (1965): *Comparing the Phonetic Features of English, German, Spanish and French*, Heidelberg: Julius Groos.

Delattre, Pierre (1966): "Les dix intonations de base du français", in: *The French Review* 14, 1-14.

Detges, Ulrich (1999): "Wie entsteht Grammatik? Kognitive und pragmatische Determinanten der Grammatikalisierung von Tempusmarkern", in: Lang, Jürgen / Neumann-Holzschuh, Ingrid (Hrsg.): *Reanalyse und Grammatikalisierung in den romanischen Sprachen,* Tübingen: Niemeyer, S. 31-52.

Dias, Eduardo Mayone (1989): *Falares Emigreses. Uma abordagem ao seu estudo,* Lisboa: Instituto de Cultura e Língua Portuguesa.

Dias, Hildizina Norberto (1993): "Língua e mudanças sociais - algumas reflexões sobre o caso de Moçambique", in: *RILP* 8 (1993), S. 96-100.

Dietrich, Wolf (1983): "Die modalen Verbalperiphrasen im Portugiesischen", in: Schmidt-Radefeldt, Jürgen (Hrsg.) (1983), S. 211-230.

Dietrich, Wolf (1984): "Zum Typ 'estar cantando' und 'estar a cantar' im Portugiesischen", in: Günter Holtus; Edgar Radtke (Hrsg.): *Umgangssprache in der Iberoromania.* Festschrift Heinz Kröll, Tübingen: Narr, S. 137-145

Dietrich, Wolf (1996): "Verbalperiphrasen". in: LRL II, 1, S. 223-235.

Dietrich, Wolf / Noll, Volker (Hrsg.) (2004): *O português do Brasil. Perspectivas da Pesquisa Atual*, Frankfurt: Vervuert.

Diez, Friedrich ([5]1882 [1794]): *Grammatik der romanischen Sprachen*, Bonn: Weber.

Dik, Simon C. (1997): *The Theory of Functional Grammar*, Berlin / New York: Mouton de Gruyter.

Dirven, René / Verspoor, Marjolijn (1998): *Cognitive Explorations of Language and Linguistics*, Amsterdam / Philadelphia: Benjamins.

Dittmar, Norbert (1997): *Grundlagen der Soziolinguistik. Ein Aufgabenbuch mit Übungen*, Tübingen: Niemeyer.

Dixon, R.M.W. (1997): *The rise and fall of languages*, Cambridge: CUP.

Döll, Cornelia (1989): *Portugiesisch-englischer Sprachkontakt und Sprachvarietätenbeschreibung des Portugiesischen anhand von Untersuchungen zu Anglizismen aus der portugiesischen und moçambiquanischen Presse*, Diss. Leipzig.

Duarte Nunes de Leão, *Origem da língua portuguesa*, Lisboa, 1606,

Duarte, Inês / Brito, Ana Maria (1996): "Sintaxe", in: Faria / Pedro / Duarte / Gouveia (Hrsg.) (1996), S. 247-302.

Eco, Umberto (1987): *Semiotik. Entwurf einer Theorie der Zeichen* [Übers. v. Günter Memmert], München: Fink.

Ehlich, Konrad (1996): "Sprechhandlungsanalyse", in: Hoffmann (Hrsg.), S. 211-226.

Elia, Sílvio (1979): *A unidade linguística do Brasil*, Rio de Janeiro: Padrão.

Elia, Sílvio (1989): *A Língua Portuguesa no Mundo*, São Paulo: Editora Ática.

Elia, Silvio (1994): "Portugiesisch: Brasilianisch", in: LRL VI, 2, S. 559-575.

Elizaincin, Adolfo (1992): *Dialectos en contacto: Español y Portugues en España y America*, Montevideo: Arca.

Elizaincín, Adolfo / Luis Behares / Graciela Barrios (1987): *Nos falemo brasilero: Dialectos portugueses en Uruguay*, Montevideo: Amesur.

Emiliano, António (2003a): "A documentação latino-portuguesa dos séculos IX-X e as origens da escrita portuguesa medieval: considerações gerais e preliminares", http: / / www.fcsh.unl.pt / clunl / Linha4_Ficheiros / Emiliano2004_CIOLRRL_Leon.pdf.

Emiliano, António (2003b): "Sobre a questão dos mais antigos textos escritos em português", in: Castro, Ivo / Duarte, Inês (Hrsg.): *Razões e Emoção: Miscelânea de estudos oferecida a Maria Helena Mira Mateus pela sua jubilação*, vol. I, Lisboa: Imprensa Nacional / Casa da Moeda, S. 261-278.

Emiliano, António / Pedro, Susana (2004): "De Notícia de Torto: Aspectos paleográficos e scriptográficos e edição do mais antigo documento particular português conhecido", in: ZRP 120 / 1, S. 1-80.

Emons, Rudolf (1992): "Probleme der Korpuslinguistik", in: Anschütz, Susanne (Hrsg.): *Texte, Sätze, Wörter und Moneme, Festschrift für Klaus Heger zum 65. Geburtstag*, Heidelberg: Orientverlag, S. 191-200.

Endruschat, Annette (1986): "Zur sozialen Varianz des Portugiesischen in der Volksrepublik Angola unter besonderer Berücksichtigung der 'linguagem dos musseques'", in: *Beiträge zur Romanischen Philolologie* 1, S. 93-99.

Endruschat, Annette (1990a): *Studien zur portugiesischen Sprache in Angola unter besonderer Berücksichtigung lexikalischer und soziolinguistischer Aspekte*, Frankfurt am Main: TFM; DEE (Beihefte zu Lusorama; 3. Reihe, 1. Bd.; überarb. Fassung der Diss. phil. 1984 Leipzig).

Endruschat, Annette (1990b): "Perspectivas do bilinguismo nacional na República Popular de Angola e sua problemática no ensino: eine Pilotstudie von Maria Luisa Dolbeth e Costa zum Portugiesischen in Angola", in: *Lusorama* 11, S. 40-45.

Endruschat, Annette (1996): "Zur Stellung der portugiesischen Objektklitika in Vergangenheit und Gegenwart", in: Endruschat / Gärtner (Hrsg.) (1996), S. 85-104.

Endruschat, Annette (1997): "Die portugiesische Sprache in Afrika", in: Briesemeister / Schönberger (Hrsg.), S. 391-418.

Endruschat, Annette (1998): "Lexiktransfer Kimbundu - Portugiesisch und vice versa: Assimilierung von Fremdem?", in: Bierbach, Mechthild / Gemmingen, Barbara von (Hrsg.): *Kulturelle und sprachliche Entlehnung: die Assimilierung des Fremden*, Bonn: Romanistischer Verlag, S. 39-51.

Endruschat, Annette (2002): "'Das kommt mir italienisch vor': Italianismen im spanisch-portugiesischen Vergleich", in: Sybille Große / Axel Schönberger (Hrsg.): *Ex oriente lux*,

Festschrift für Eberhard Gärtner zu seinem 60. Geburtstag, Frankfurt a. M.: Valentia, 2002, S. 171-205.

Endruschat, Annette (2003): "Lusismi nel italiano - italianismi nel portoghese", in: Hans-Ingo Radatz / Rainer Schlösser (Hrsg.): *Donum grammaticorum. Festschrift für Harro Stammerjohann*, Tübingen: Niemeyer, S. 29-64.

Endruschat, Annette (2006a): "Neue 'älteste' Dokumente in portugiesischer Sprache", in: Oesterreicher, Wulf / Hafner, Jochen (Hrsg.): *A Clio* (Akten des Romanistentags Saarbrücken), Tübingen: Narr (im Druck).

Endruschat, Annette (2006b): *'Sobremesas, como vê temos laranjas'* - Rahmentopiks im Portugiesischen aus der Perspektive des Französischen und anderer (topikprominenter) Sprachen", in: *RomGG* 12 / 2 (im Druck).

Endruschat, Annette / Gärtner, Eberhard (1996) (Hrsg.): *Untersuchungen zur portugiesischen Sprache: Beiträge zum Deutschen Lusitanistentag 1995*, Frankfurt a. M.: TFM / DEE.

Endruschat, Annette / Huth, Karin (1993): "Interferenz und Sprachwandlungsprozesse am Beispiel grammatikalischer Strukturen des angolanischen Portugiesisch", in: *Lusorama* 20 , S. 50-74.

Endruschat, Annette / Schönberger, Axel (1999) (Hrsg.): *Neue Beiträge zur portugiesischen Sprachwissenschaft*, Frankfurt am Main: TFM.

Endruschat, Annette / Schönberger, Axel (2004) (Hrsg.): *Übersetzung und Übersetzen aus dem und ins Portugiesische*, Frankfurt am Main: DEE.

Endruschat, Annette / Schönberger, Axel (2005) (Hrsg.): *Portugiesische Kreolsprachen – Entstehung, Entwicklung, Ausbau und Verwendung*, Frankfurt a.M.: DEE.

Eschbach, Achim (1979): *Pragmasemiotik und Theater. Ein Beitrag zur Theorie und Praxis einer pragmatisch orientierten Zeichenanalyse*, Tübingen: Narr.

Ettinger, Stefan (1987): "Einige *apontamentos* zur modernen zweisprachigen portugiesischen Lexikographie", in: *Vox Romanica* 46, 181-247.

Ettinger, Stefan (1991): "Zweisprachige Lexikographie mit Portugiesisch", in: HSK 5 / 2, S. 3020-3030.

Faria, Isabel Hub (1983): *Para a análise da variação sócio-semântica: estrato sócio-professional, sexo e local de produção enquanto factores reguladores, em português contemporâneo, das formas de auto-referência e de orientação para o significado*, vol. 2: [Entrevistas], Diss. de Doutoramento. Faculdade de Letras, Lisboa, Universidade de Lisboa [unveröffentlicht].

Fauconnier, Gilles (1997): *Mappings in Thought and Language*, Cambridge: CUP.

Ferguson, Charles A. (1959): "Diglossia", in: *Word* 15, S. 325-340.

Ferreira, Manuela Barros / Carrilho, Ernestina / Lobo, Maria / Saramago, João / Cruz, Luísa Segura da (1996): "Variação linguística: perspectiva dialectológica", in: Faria / Pedro / Duarte / Gouveia (Hrsg.), S. 476-502.

Fiehler, Reinhard / Barden, Birgit / Elstermann, Mechthild / Kraft, Barbara (2004): *Eigenschaften gesprochener Sprache*, Tübingen: Narr

Figge, Udo (Hrsg.) (1994): *Portugiesische und portugiesisch-deutsche Lexikographie*, Tübingen: Niemeyer.

Fishman, Joshua A. (1967): "Bilingualism with and without diglossia; diglossia with and without bilinguism", in: *Journal of Social Issues* 23 / 2, S. 29-38..

Fishman, Joshua A. (1971): *Sociolinguistics*, Rowley, Mass.: Newbury House.

Fleischer, Wolfgang (1997): *Phraseologie der deutschen Umgangssprache*, Tübingen: Niemeyer.

Fleischmann, Ulrich (1984): "Sprache und Politik auf den Kapverdischen Inseln", in: *Neue Romania* 1, S. 115-140.

Flydal, Leiv (1951): "Remarques sur certains rapports entre le style et l'état de langue", in: *Norsk Tidsskrift for Sprogvidenskap* 16, 240-257.

Fonseca, Fernanda Irene (1992): *Deixis, Tempo e Narração*, Porto: Fundação de Almeida.

Fonseca, Fernanda Irene (1996): "Deixis e pragmática linguística", in: Faria / Pedro / Gouveia (Hrsg.), S. 437-445.

Fonseca, Joaquim (1992): *Linguística e texto / discurso. Teoria, Descrição, Aplicação*, Lisboa: Ministerio de Educação.

Fonseca, Peixoto da / Venâncio, Fernando (1985): *O português entre as línguas do mundo*, Coimbra: Almedina.

Fontanillo Merino, Enrique (Hrsg.) (1985): *Diccionario de las lenguas de España*, Madrid: Anaya.

Franck, Dorothea (1975): "Zur Analyse indirekter Sprechakte", in Ehrich, Veronika / Finke, Peter (Hrsg.): *Beiträge zur Grammatik und Pragmatik*, Kronberg Ts.: Scriptor, S. 219-231.

Franco, António C. (1991): *Descrição linguística das partículas modais no português e no alemão*, Coimbra: Coimbra Editora.

Frank Kersch, Dorotea (2006): "Os estrangeirismos ameaçam a língua portuguesa?", in: Schmidt-Radefeldt (Hrsg.), S. 379-388.

Franzke, Lutz (1990): "Lemmata - Äquivalente - Explikationen im polytechnischen Wörterbuch", in: *Lusorama* 13, S. 21-30.

Galmés de Fuentes, Alvaro (1995): "Mozarabische Varietäten", in: LRL II, 2; S. 720-735.

Galves, Charlotte C. (1993). "O enfraquecimento da concordância no português brasileiro", in: Roberts / Kato (Hrsg.), S. 387-408.

Gamillscheg, Ernst (1934): *Romania Germanica*, 2 Bde., Bd. I, Berlin / Leipzig: de Gruyter.

Gamillscheg, Ernst (1967): "Germanismos", in: Alvar, Manuel Badía i Margerit, Antonio / Balbín, Rafael de / Lindley Cintra, Luís F. (Hrsg.): *Encyclopedia lingüística hispanica*, Bd. II, Madrid: Consejo Superior de Investigaciones Científicas, S. 79-91.

García de Diego, Vicente (1946): *Manual de dialectología española*, Madrid: Instituto de Cultura Hispánica.

García-Sabell Tormo, Teresa (1991): *Léxico francés nos Cancioneiros galego-portugueses*, Vigo: Ed. Galaxia.

Gärtner, Eberhard (1986): "Zur Entstehung und Bewertung von syntaktischen Übereinstimmungen in den mündlichen Existenzformen des Portugiesischen in Angola, Moçambique und Brasilien", in: *Beiträge zur romanischen Philologie* 1, S. 93-99.

Gärtner, Eberhard (1994): "Portugiesisch: Syntax", LRL VI, 2, S. 241-270.

Gärtner, Eberhard (1997): "Entstehung und Entwicklung der europäischen und der brasilianischen Varietät des Portugiesischen", in: Briesemeister / Schönberger (Hrsg,) (1997), S. 335-352.

Gärtner, Eberhard / Herhuth, Maria J. Peres / Sommer, Nair N. (Hrsg.) (2005): *Contribuições para a Didáctica do Português Língua Estrangerira*, Frankfurt a.M.: TFM.

Gärtner, Eberhard / Hundt, Christine / Schönberger, Axel (Hrsg.) (2000): *Estudos de geolinguística do português americano*, Frankfurt am Main, TFM.

Gawelko, Marek (2001): "Essai de classification fonctionelle des langues romanes", in: *Romance Philology* 55, S. 21-40.

Geckeler, Horst (1971): *Strukturelle Semantik und Wortfeldtheorie*, München: Finck.

Geeraerts, Dirk (1997): *Diachronic Prototype Semantics. A Contribution to Historical Lexicology*, Oxford: Clarendon Press.

Gil, Alberto (1999): "Sprachbewußtsein und Nationalbewußtsein im portugiesischen Humanismus", in: Endruschat / Schönberger (Hrsg.), S. 49-70.

Goffman, Erving (1971): *Interaktionsrituale*, Frankfurt am Main: Suhrkamp.

Gomes, A. (1973): "A pronúncia do português ultramarino", in: *A bem da língua portuguesa*, in: *BSLP*, nova série IV, S. 208-214.

Gonçalves, Maria Filomena [Candeias] (2003): *As Ideias ortográficas em Portugal: De Madureira Feijó a Gonçalves Viana (1734-1911)*, Lisboa: Fundação Calouste Gulbenkian; Fundação para a Ciência e Tecnologia; Ministério da Ciência e do Ensino Superior (Textos Universitários de Ciências Sociais e Humanas).

Gonçalves, Perpétua (1989): "A Variação do Português dentro do Português", in: *Revista Internacional de Língua Portuguesa* 1, 15-20.
Gonçalves, Perpétua (1996): "Aspectos da Sintaxe do Português de Moçambique", in: Faria / Pedro / Duarte / Gouveia (Hrsg.), S. 313–322.
Gouveia, Carlos A. M. (1996): "Pragmática", in Faria / Pedro / Gouveia (Hrsg.) S. 383-419.
Greenberg, Joseph H. (1963): "Some universals of Grammar with particular reference to the order of meaningful elements", in: ders. (Hrsg.): *Universals of Language*, Cambridge / Mass: MIT, S. 73-113.
Grewendorf, Günter (2002): *Minimalistische Syntax*, Tübingen; Basel: Francke.
Grice, H. Paul (1982 [[1]1968]): "Lógica e conversação", in: Dascal (Hrsg.), S. 81-104 [dt. Übers. "Logik und Konversation", in: Kußmaul (Hrsg.), S. 109-126 und Hoffmann (Hrsg.) (1996), S. 163-182].
Große, Sybille (1997): "Die Besonderheiten des brasilianischen Portugiesisch", in: Briesemeister / Schönberger (Hrsg.), S. 365-390.
Große, Sybille (1997): "Die Gemeinschaft der Länder portugiesischer Sprache (CPLP)", in: Briesemeister / Schönberger (Hrsg.), S. 471-484.
Große, Sybille / Schönberger, Axel (Hrsg.) (2002): *Ex oriente lux, Festschrift für Eberhard Gärtner zu seinem 60. Geburtstag*, Frankfurt a.M.: Valentia.
Große, Sybille / Zimmermann, Klaus (Hrsg.) (2000): *O português brasileiro: pesquisas e projetos*, Frankfurt am Main: TFM.
Grünewald, Dietrich (2000): *Comics*, Tübingen: Niemeyer.
Guerreiro, Mário (1970): "A antonímia (um estudo de semântica)", in: *Vozes* 64 / 10, S. 55-60.
Guy, Gregory R. (1981): *Linguistic Variation in Brazilian Portuguese: Aspects of the Phonology, Syntax and Language History*, Michigan: University of Pennsylvania, UMI Dissertation Service.
Haarmann, Harald (2001): *Babylonische Welt: Geschichte und Zukunft der Sprachen*, Frankfurt a. M. u. a.: Campus.
Habermas, Jürgen (1971): "Vorbereitende Bemerkungen zu einer Theorie der kommunikativen Kompetenz", in: Habermas, Jürgen / Luhmann, Niklas (Hrsg.): *Theorie der Gesellschaft oder Sozialtechnologie – Was leistet die Systemforschung?*, Frankfurt am Main, Suhrkamp, S. 101-141.
Haensch, Günther (1982): "Tipología de las obras lexicográficas", in: Haensch, Günther / Wolf, Ludwig / Ettinger, Stefan / Werner, Reinhold (Hrsg.): *La lexicografía. De la lingüística teórica a la lexicografía práctica*, Madrid: Gredos, S. 95-187.
Hammermüller, Gunther ([2]1993): *Die Anrede im Portugiesischen. Eine soziolinguistische Untersuchung zu Anredekonventionen des gegenwärtigen europäischen Portugiesisch*, Chemnitz: Neuer Verlag.
Hammermüller, Gunther (1982): "La sociolinguistique au Portugal", in: Dittmar, Norbert / Schlieben-Lange, Brigitte (Hrsg.): *La sociolinguistique dans les pays de langue romane*, Tübingen: Narr, S. 29-31.
Haugen, Einar (1966): *Language conflict and language planning: The case of modern Norwegian*, Cambridge, Mass.: Harvard UP.
Hausmann, Franz Josef (1989): "Wörterbuchtypologie", in: HSK 5 / 2, S. 968-980..
Head, Brian (2000): "A etimologia de 'saudade'", in: Rodrigues, José Luís (Hrsg.) (2000): *Estudos dedicados a Ricardo C. Calero*, Santiago de Compostela: Universidade de Santiago de Compostela, Bd. 1, S. 595-627.
Heger, Klaus (1960): *Die bisher veröffentlichten Harǧas und ihre Deutungen*, Tübingen: Narr.
Heimer, Franz-Wilhelm (1973): *Social change in Angola*, München: Weltforum.
Heine, Bernd (1997): *Cognitive Foundations of Grammar*, Oxford: OUP.
Helbig, Gerhard (1992): *Probleme der Valenz- und Kasustheorie*, Tübingen: Niemeyer.

Henne, Helmut (1980): "Lexikographie", in: Althaus, Hans Peter / Henne, Helmut / Wiegand, Herbert Ernst (Hrsg.) (1980): Lexikon der germanistischen Linguistik, Tübingen: Niemeyer, S. 778-787.

Hensey, Fritz (1986): "Questões de fonologia gerativa", in: *Estudos linguísticos* 3, 1-2, S. 1-10.

Herget, Katrin (2006): *Zur Wortschatzentwicklung im Portugiesischen am Beispiel von Fachtexten aus der Informatik*, Diss. phil. Universität Leipzig.

Heringer, Hans-Jürgen / Lima, José Pinto de (1987): *Palavra puxa palavra. Comunicação e gramática dependencial*, Lisboa: ICALP.

Hindelang, Götz (1980): "Zur Klassifikation von Fragehandlungen", in: Hindelang, Götz / Zillig, Werner (Hrsg.): *Sprache: Verstehen und Handeln*, Bd. 2, Tübingen, Niemeyer, S. 215-226

Hindelang, Götz ([4]2004): *Einführung in die Sprechakttheorie*, Tübingen: Niemeyer.

Hoepner, Lutz (1993): "Einige Betrachtungen zur aktuellen portugiesischen Lexikographie", in: Messner / Schönberger (Hrsg.), S. 43-59.

Hofmann, Johann Baptist ([3]1951): *Lateinische Umgangssprache*, Heidelberg: Winter.

Holly, Werner (1979): "Zum Begriff der Perlokution. Diskussion, Vorschläge und ein Textbeispiel", in: *Deutsche Sprache* 7, S. 1-27.

Holm, John (1988): *Pidgins and Creoles*, Cambridge, I, S. 44-70.

Holm, John (1992): "Popular Brazilian portuguese: a semi-creole", in: d'Andrade, Ernesto / Kihm, Alain (Hrsg.): *Actas do colóquio sobre crioulos de base lexical portuguesa*, Lisboa: Colibri, S. 37-66.

Holm, John ([2]2005): "Pidgin and Creole Studies", in: HSK 3, S. 58-67.

Holtus, Günter (1988): "Zur Funktion von Gallizismen und anderen fremdsprachigen Elementen in der *Vida irónica* von Fialho de Almeida", in: Kremer, Dieter (Hrsg.): *Homenagem a Joseph M. Piel por ocasião do seu 85° aniversário*, Tübingen, S. 581-592.

Holtus, Günther (1994): "Linguística variacional do português", in: *LRL* VI, 2, Art. 455, S. 623-648.

Holtus, Günther (1999): "Varietätenlinguistik des Portugiesischen", in: *Rostocker Beiträge zur Sprachwissenschaft* 8, S. 41-95 [deutsche Übers. von Holtus 1994].

Holtus, Günther / Mühlschlegel, Ulrike (2000): "Die Wörterbücher von Raphael Bluteau (1712 / 1728) und von Antonio de Moraes Silva (1789). Ein Vergleich am Beispiel der diasystematischen Markierungen", in: Staib, Bruno (Hrsg.): *Lingustica Romanica et Indiana. Festschrift für Wolf Dietrich zum 60. Geburtstag*, Tübingen: Narr, S. 171-185.

Hora, Dermeval da (Hrsg.) (1997): *Diversidade Lingüística no Brasil*, João Pessoa: Idéia.

Houaiss, António (1985): *O português no Brasil*, Rio de Janeiro: Unibrade - Centro de Cultura.

Hoyos, Balbino Lorenzo Feijoo (1980): "'Ser' e 'estar'. A contrastive study in the Spanish and Portuguese studies", in: *Alfa*, n° 24, S. 93-107.

Huber, Joseph (1933): *Altportugiesisches Elementarbuch*, Heidelberg: Winter.

Hummel, Martin / Ossenkop, Christina (Hrsg.) (1998): *Lusitanica et Romanica. Festschrift für Dieter Woll*, Hamburg: Buske.

Hundt, Christine (1994): *Untersuchungen zur portugiesischen Phraseologie*, Wilhelmsfeld: Egert.

Izzo, Herbert (1977): "Pre-Latin languages and sound changes in Romance: the case of old spanish / h- / ", in: Hagiwara, Michio Peter (Hrsg.): *Studies in Romance Linguistics*, Rouwly: Newbury House, S. 227-249.

Jacob, Ernst Gerhard (1969): *Grundzüge der Geschichte Portugals und seiner Übersee-Provinzen*, Darmstadt: Wissenschaftliche Buchgesellschaft.

Jacobs, Joachim (1994): *Kontra Valenz*, Trier: Wissenschaftlicher Verlag.

Jakobson, Roman ([1939] 1988): "Die eigenartige Zeichenstruktur des Phonems", in: Jakobson, *Semiotik. Ausgewählte Texte 1919-1982*, Frankfurt: Suhrkamp.

Jakobson, Roman ([1941] 1974): *Kindersprache, Aphasie und allgemeine Lautgesetze*, Frankfurt a.M. 1969.

Jakobson, Roman ([1960] 1972): "Linguistics and poetics", in: Sebeok, Th. S. (Hrsg.): *Style in language*, New York, S. 350-377 [deutsch in: Jens Ihwe (Hrsg.): *Literaturwissenschaft und Linguistik*, Bd. I, Frankfurt 1972].

Jakobson, Roman (1963): "Linguistique et poétique", in ders., *Essais de linguistique générale*, Paris: Minuit, 209-248.

Jakobson, Roman (2001): "Dois aspectos da linguagen e dois tipos de afasia", in: ders.: *Lingüística e comunicação*, São Paulo: Cultrix.

Janich, Nina (2005): *Werbesprache. Ein Arbeitsbuch*, Tübingen: Narr.

Johnen, Thomas (2004): "Sprechakte kontrastiv: Das Rostocker Forschungsprojekt 'Sprachvergleich Euro-Portugiesisch - Deutsch'", in: Wolff, Armin / Ostermann, Torsten / Chlosta, Christoph (Hrsg.): *Integration durch Sprache (Materialien Deutsch als Fremdsprache 73)*, Aachen: Kuns, S. 605-655.

Johnen, Thomas (2006a): "Zu den Sprechakten der Kontaktaufnahme im Deutschen und Portugiesischen", in: Schmidt-Radefeldt (Hrsg.), S. 9-30.

Johnen, Thomas (2006b): "Zur Begrüßung und Anrede im Deutschen und Portugiesischen", in: Schmidt-Radefeldt (Hrsg.), S. 31-108.

Johnen, Thomas (2006c): "Zur Anrede im Deutschen und Portugiesischen", in: Schmidt-Radefeldt (Hrsg.), S. 73-108.

Johnen, Thomas (2006d): "Zur Übersetzung von 'Soll ich...?' im Portugiesischen", in: Schmidt-Radefeldt (Hrsg.), S. 167-180.

Johnen, Thomas / Schmidt-Radefeldt, Jürgen / Weise, Karin(2003): "*Sich entschuldigen* im Deutschen und Portugiesischen", in: *Lusorama* 54, S. 6-70.

Johnson, Mark (1987): *The Body in the Mind*, Chicago: University of Chicago Press.

Kabatek, Johannes (1996): *Die Sprecher als Linguisten. Interferenz- und Sprachwandelphänomene dargestellt am Galicischen der Gegenwart*, Tübingen: Niemeyer.

Kampers, Gerd (1979): *Personengeschichtliche Studien zum Westgotenreich in Spanien*, Münster (Spanische Forschungen der Görresgesellschaft 2 / 17).

Kato, Mary (1993): "The distribution of pronouns and Null elements in object position in Brazilian Portuguese", in: *Linguistic Perspectives on Romance Languages*, Ashby, William J. / Mithun, Marianne / Perissinotto, Giorgio (Hrsg.), S. 225-235.

Keller, Rudi (1995): *Zeichentheorie*, Tübingen / Basel: Francke.

Kemmler, Rolf (2001): "Para uma história da ortografia portuguesa: o texto metaortográfico e a sua periodização do século XVI até à reforma ortográfica de 1911", in: *Lusorama* 47-48, S. 128-319.

Kemmler, Rolf (im Druck): "História da ortografia simplificada em Portugal e no Brasil", in: Kemmler, Rolf / Schäfer-Prieß, Barbara / Schönberger, Axel (Hrsg.): *Portugiesische Sprachgeschichte und Sprachgeschichtsschreibung*, Frankfurt am Main: Domus Editoria Europaea (Beihefte zu *Lusorama*; 1. Reihe, 11. Band).

Kiesler, Reinhard (1989): *Sprachliche Mittel der Hervorhebung in der modernen portugiesischen Umgangssprache*, Heidelberg: Winter.

Kiesler, Reinhard (1993): "Arabismen im Portugiesischen", in: Messner / Schönberger (Hrsg.) (1993), S. 11-33.

Kilbury-Meissner, Ursula (1982): *Die portugiesischen Anredeformen in soziolinguistischer Sicht*, Hamburg: Buske.

Kivouvou, Prosper (1980): *Angola: Vom Königreich zur Volksrepublik*, Köln: Pahl-Rugenstein.

Klann-Delius, Gisela (2005): *Sprache und Geschlecht*, Stuttgart / Weimar: Metzler.

Kleiber, Georges (1993): *Prototypensemantik. Eine Einführung*, Tübingen: Narr.

Klein, Franz-Josef (1997): *Bedeutungswandel und Sprachendifferenzierung. Die Entstehung der romanischen Sprachen aus wortsemantischer Sicht*, Tübingen: Niemeyer.

Klein, Wolfgang (1976): "Sprachliche Variation", in: *Studium Linguistik* 1, S. 29-46.

Klein, Wolfgang (1988): "Varietätengrammatik", in: HSK 3 / 2, S. 997-1006.

Klettke, Cornelia / Franco, António C. / Hammermüller, Gunther (Hrsg.): *Ästhetik der Texte - Varietät von Sprache. FS für Jürgen Schmidt-Radefeldt zum 60. Geburtstag*, Tübingen: Narr 2000.

Kloss, Heinz (1987): "Abstandsprache und Ausbausprache", in: HSK 3 / 1, S. 302-308.

Koch, Peter (1990): "Von Frater Semeno zum Bojaren Neacsu, Listen als Domäne früh verschrifteter Volkssprache in der Romania", in: Raible, Wolfgang (Hrsg.): *Erscheinungsformen kultureller Prozesse*, Tübingen: Narr, S. 121-165.

Koch, Peter / Wulf Oesterreicher (1990): *Gesprochene Sprache in der Romania: Französisch, Italienisch, Spanisch*, Tübingen: Niemeyer.

Kohl, Mathias / Kranz, Bettina (1992): "Untermuster globaler Typen illokutionärer Akte. Zur Untergliederung von Sprechaktklassen und ihrer Beschreibung", in: *Münsterisches Logbuch zur Linguistik* 2 (Themenheft Sprechakttheorie, hrsg. von König, / H. Wiegers), Münster: Universität Münster, S. 1-44.

Koller, Erwin (1998): "Suevos - Schwaben?", in: Koller / Laitenberger (Hrsg.), S. 213-239.

Koller, Erwin (2000): "Zu Germanismen im Portugiesischen", in: Klettke / Franco / Hammermüller (Hrsg.), S. 185-210.

Koller, Erwin (2003): "Interjektionen: Deutsch - Portugiesisch", in: Blühdorn, Hardarik / Schmidt-Radefeldt, Jürgen (Hrsg.): *Die kleineren Wortarten im Sprachvergleich Deutsch-Portugiesisch*, Frankfurt am Main: Lang, S. 173-211.

Koller, Erwin / Laitenberger, Hugo (Hrsg.) (1998): *Suevos - Schwaben: das Königreich der Sueben auf der Iberischen Halbinsel (411-585)*, Tübingen: Narr.

Kontzi, Reinhold (1982): *Substrate und Superstrate in den romanischen Sprachen*, Darmstadt: WB.

Körner, Karl-Hermann (1987): *Korrelative Sprachtypologie*, Wiesbaden: Steiner.

Köster, Dietrich (2004): "Política linguística de Timor-Leste: a reintrodução do português como língua oficial e de ensino", in: *Lusorama* 57-58, S. 172-179.

Kramer, Johannes (2004): "Das Griechische und das Lateinisch-Romanische auf dem Wege vom synthetischen zum analytischen Sprachtyp?", in: Hinrichs, Uwe (Hrsg.): *Die europäischen Sprachen auf dem Wege zum analytischen Sprachtyp*, Wiesbaden: Harrassowitz, S. 127-146.

Krefeld, Thomas (2003): "Methodische Grundfragen der Strataforschung", in: HSK 21 / 1, S. 555-567.

Krefeld, Thomas (2004): "Le roumain et la Romania continua", in: Mănucă, Dan / Ichim, Ofelia / Olariu, Florin-Teodor (Hrsg.): *Spaţiul linguistic şi literar românesc din perspectiva integrării europene*, Iaşi: Editura Alfa, S. 62-72.

Kremer, Dieter (1998): "À volta da problemática dos nomes de origem germânica na península ibérica", in: Koller / Laitenberger (Hrsg.), S. 115-136.

Kremer, Dieter (2002): "Zu einigen Italianismen des Portugiesischen", in: Kramer, Johannes (Hrsg.): *Italienische Sprache und Literatur an der Jahrtausendwende, Beiträge zum Kolloquium zu Ehren von Ignazio Toscani*, Hamburg, S. 105-130.

Krenn, Herwig / Mendes, M. A. Soares de Carvalho (1971): *Modernes Portugiesisch. Grammatik und Lehrbuch*, Tübingen: Niemeyer.

Kröll, Heinz (1990-1991): "Beitrag zu den Reduplikationen im Portugiesischen", in: *Lusorama* 11 (I), S. 31-39; *Lusorama* 15 (II), S. 25-44.

Kröll, Heinz (1994): "Dialectos e variedades regionais em Portugal. Dialekte und regionale Varianten in Portugal ", in: LRL VI, 2, S. 545-559.

Kröll, Heinz (1994a): "Gírias (Sondersprachen)", in: LRL VI,2, S. 355-367.

Kuder, Manfred (1971): *Wissenschaftliche Länderkunde: Angola*, Darmstadt: Wissenschaftliche Buchgesellschaft.

Kuder, Manfred (1975): *Wissenschaftliche Länderkunde: Mosambik*, Darmstadt: Wissenschaftliche Buchgesellschaft.

Kuder, Manfred (1991): "Die portugiesisch-brasilianische Sprache in vier Kontinenten ist sechste Weltsprache / A língua portuguesa-brasileira, falada em quatro continentes, é a sexta língua do mundo", in: *Deutsch-brasilianische Hefte* 30, S. 334-343.

Kühn, Petra (1989): "Typologie der Wörterbücher nach Benutzungsmöglichkeiten", in: HSK 5 / 1, S. 111-127.

Kunow, Ilonka (1997): *Diskurspartikeln im Portugiesischen: gesprächsanalytische Studien zur Abtönung und Redeorganisation in informeller und institutioneller Kommunikation*, Diss. phil., Freiburg i. Br.: Universität Freiburg [unveröffentlicht].

Labov, William (1972): *Sociolinguistic Patterns*, Philadelphia: University of Pennsylvania Press.

Lakoff, George (1987): *Women, Fire, and Dangerous Things. What categories reveal about the mind*, Chicago: The UCP.

Lakoff, George / Johnson, Mark (1980): *Metaphors we live by*, Chicago / London: The CUP.

Lakoff, George / Johnson, Mark (1999): *Philosophy in the Flesh. The Embodied Mind and its Challenge to Western Thought*, New York: Basic Books.

Lamoglia Duarte, Maria Eugênia (1996): "A perda do princípio 'EVITE PRONOME NO PORTUGUÊS BRASILEIRO'", in: *Sínteses. Revista dos cursos de pós-graduação* - IEL / UNICAMP, Bd. 1, S. 87-106.

Lang, Jürgen (1981): "Was ist Kreolisierung?", in: Schlieben-Lange, Brigitte et al.(Hrsg.): *Logos Semantikos. Studia linguistica in honorem Eugenio Coseriu (1921-1981)*, Bd. V, Berlin / Madrid: de Gruyter / Gredos, S. 197-209.

Lang, Jürgen (1993): "Das Verbalsystem des kapverdischen Kreols (Variante von Santiago)", in: Perl, Matthias / Schönberger, Axel / Thiele, Petra (Hrsg.): *Portugiesisch-basierte Kreolsprachen*, Frankfurt: TFM, S. 137-166.

Langacker, Ronald W. (1991): *Foundations of Cognitive Grammar*, Vol. II Descriptive Application, Stanford / California: Stanford UP.

Lapa, M. Rodrigues ([11]1984): *Estilística da Língua Portuguesa*, Coimbra: Coimbra Editora.

Lefebvre, Claire (1998): *Creole genesis and the acquisition of grammar. The case of Haitian creole*, Cambridge: CUP.

Lehmann, Christian (1983): "Directions for interlinear morphemic translations", in: *Folia Linguistica* 16, S. 193-224.

Leiste, Doris (1988): *Die portugiesische Sprache in Moçambique: eine Untersuchung zur Entwicklung der Sprachsituation von der Kolonialzeit bis in die Gegenwart*, Diss. Phil. Leipzig.

Leiste, Doris (1991): "Zur Sprachpolitik der FRELIMO", in: *Moçambique*, Referate des 4. DASP-Symposiums an der Universität Köln 12.-13. April 1991, DASP-Hefte 30-31, S. 89-95.

Levinson, Stephen C. ([3]2000): *Pragmatik* (ins Deutsche übers. von Martina Wiese), Tübingen: Niemeyer.

Lohmann, Johannes / Bröcker, Walter (1940): "Zur Wesensbestimmung des Satzes", in: *Forschungen und Fortschritte* 31, S. 356-357.

Lopes, Célia Regina (2003): *A inserção de "a gente" no quadro pronominal do português*, Madrid: Iberoamericana.

Lopes, Célia Regina dos Santos (1993): *Nós e a gente no português falado culto do Brasil*. Dissertação de Mestrado em Língua Portuguesa, Rio de Janeiro: Faculdade de Letras / UFRJ.

Lopes, David (²1969): *Expansão da língua portuguesa no Oriente, nos séculos XVI, XVII e XVIII*, Porto: Portucalense Editora.

Lourenço, Eduardo (2001): *Mythologie der saudade: zur portugiesischen Melancholie*, Frankfurt am Main: Suhrkamp.

LRL: *Lexikon der Romanistischen Linguistik*, hrsg. von Holtus, Günter / Metzeltin, Michael / Schmitt, Christian. 12 Bde., Tübingen: Niemeyer; LRL I, 2: *Methodologie (Sprache in der Gesellschaft/ Sprache und Klassifikation/Datensammlung und -verarbeitung*, 2001; LRL II, 1: *Latein und Romanisch. Historisch-vergleichende Grammatik der romanischen Sprachen*, 1996; LRL II, 2: *Die einzelnen romanischen Sprachen und Sprachgebiete vom Mittelalter bis zur Renaissance*, 1995; LRL VI, 2: *Galegisch / Portugiesisch*, 1994; LRL VII: *Kontakt, Migration und Kunstsprachen. Kontrastivität, Klassifikation und Typologie*, 1998.

Lüdtke, Helmut (1952/1953): "Fonemática portuguesa: Consonantismo", in: *BF* 13 (1952) 273-288; "Fonemática portuguesa: Vocalismo", in: *BF* 14 (1953) 197-217.

Lüdtke, Helmut (1997): "Ser: Estar im Portugiesischen und Spanischen", in: Lüdtke, Helmut / Schmidt-Radefeldt, Jürgen (Hrsg.): *Linguistica contrastiva*, Tübingen: Narr, S. 407-414.

Lüdtke, Helmut (2005): *Der Ursprung der romanischen Sprachen. Eine Geschichte der sprachlichen Kommunikation*, Kiel: Westensee Verlag.

Lüdtke, Helmut (2007): "Interne Sprachgeschichte des Portugiesischen: Laut- und Schriftsystem", in: *HSK* 23 / 3, im Druck.

Lumsden, John S. (1999): "Language acquisition and creolization", in: DeGraff (Hrsg.) (1999), S. 129-157.

Lutzeier, Peter Rolf (1995): *Lexikologie*, Tübingen: Stauffenburg.

Lyons, John (1977): *Semantics*, Vol. 2, Cambridge / London / New York / Melbourne: CUP.

Maçãs, Delmira (1994): "Língua e gerações (Sprache und Generationen)", in: LRL VI, 2, S. 327-332.

Macedo Soares, A. J. de (1880): "Algumas palavras africanas introduzidas no português que se fala no Brasil", in: Pinto, Edith Pimentel (Hrsg.) (1978): *O Português do Brasil, textos críticos e teóricos 1820 / 1920, fontes para teoria e história*, Rio de Janeiro: Livros Técnicos e Científicos Editora, S. 45-47.

Machado, Josué (2003): "Gerundismo", in: *Revista Educação* 73, www.revistaeducacao.com.br (Zugriff am 14.12.2004).

Maia, Clarinda de Azevedo (1986): *História do galego-português.* Estado linguístico da Galiza e do Noroeste de Portugal desde o século XIII ao século XVI (com referência à situação do galego moderno), Coimbra: INIC.

Maia, Clarinda de Azevedo (1995): *História da Língua Portuguesa: Guia de Estudo*, Coimbra: Faculdade de Letras, Universidade de Coimbra (Textos Pedagógicos e Didácticos - 3).

Malmberg, Bertil (1954): *A Fonética* [üb. v. Oliveira Figueiredo], Lisboa: Edições Livros do Brasil.

Manzolillo, Vito César de Oliveira (s.d.): "Empréstimo semântico, decalque e retroversão: breve estudo tipológico do empréstimo lingüístico", www.filologia.org.br / anais / anais_ iicnlf37.html (Zugriff am 13.5.2005).

Marcuschi, Luiz Antônio (²1991): *Análise da Conversação*, São Paulo: Ática.

Marques, Irena Guerra (1985): "Algumas considerações sobre a problemática linguística em Angola", in: *Congresso sobre a situação actual da língua portuguesa no mundo: actas*, Bd. 1, Lisboa: ICALP, S. 205-223.

Marques, Maria Helena Duarte (1976): *Estudos semânticos*, Coleção Littera; 11, Rio de Janeiro: Grifo.

Marques, Maria Helena Duarte (1990): *Iniciação à semântica*, Rio de Janeiro: Jorge Zahar.

Martinet, Jeanne (²1974, 1983): *Chaves para a semiologia*, Lisboa: Publicações D. Quixote.

Martins, Ana Maria (1994): *Clíticos na História do Português*, Lissabon: Universidade de Lisboa (Faculdade de Letras da Universidade de Lisboa), dissertação de doutoramento.

Martins, Ana Maria (1999): "Ainda 'os mais antigos textos escritos em português': Documentos de 1175 a 1252", in: Faria, Isabel Hub (Hrsg.) (1999): *Lindley Cintra: Homenagem ao Homem, ao Mestre e ao Cidadão*, Lisboa: Cosmos; Faculdade de Letras da Universidade de Lisboa, S. 491-540.

Martins, Ana Maria / Albino, Cristina (1997): "Sobre a primitiva produção documental em português: Notícia de uma noticia de auer", in: Kremer, Dieter (Hrsg.): *Homenaxe a Ramón Lorenzo*, Bd. I, Vigo: Galaxia, S. 105-121.

Martins, Maria Raquel Delgado (1988): *Ouvir falar. Introdução à fonética do português*, Lisboa: Caminho.

Martins, Maria Raquel Delgado (2002): *Fonética do Português: trinta anos de investigação*, Lisboa: Caminho (Colecção universitária: série linguística).

Mascherpe, Mario (1968): *A tradução do ingles para o portugues: Os falsos cognatos*, São Paulo.

Massa, Jean-Michel (1994): "Portugiesisch in Afrika", in: LRL VI, 2, S. 575–584.

Mateus, Mª H. Mira / Villalava, Alina (Hrsg.) (1985): *Novas perspectivas em Fonologia*, Lisboa: Laboratorio da Fonética da Faculdade de Letras.

Mateus, Maria H. Mira (1990): *Fonética, Fonologia e morfologia do português* [u. Mitarb. v. A. Andrade, M. do Céu Viana, A.Villalva], Lisboa: Universidade Aberta.

Mateus, Maria H. Mira (2001): "A investigação em fonologia do português", in: www.iltec.pt/pdf/wpapers/2002-mhmateus-fonologiapt.pdf.

Mateus, Maria Helena Mira (1996): "Fonologia", in: Faria / Pedro / Duarte / Gouveia (Hrsg.) (1996), S. 171-199.

Mateus, Maria Helena Mira (²1982): *Aspectos da fonologia portuguesa*, Lisboa: INIC , CLUL.

Matias, Maria de Fátima de Rezende (1984): *Bilinguismo e níveis sociolinguísticos numa região luso-espanhola*, Coimbra: Faculdade de Letras da Universidade de Coimbra.

Matias, Maria de Fátima de Rezende (1994): "Língua e sexos (Sprache und Geschlechter)", in: LRL VI, 2, S. 332-339.

Matias, Maria Fátima de Rezende (1994): "Portugiesisch: Soziolinguistik", in: LRL VI, 2, S. 321-326.

Mattos e Silva, Rosa Virgínia (1988): "Diversidade e Unidade: A Aventura Linguística do Português", in: *Revista ICALP* 11, S. 60-72, 12 / 13, S. 13-28.

Mattos e Silva, Rosa Virgínia (1989): *Estruturas Trecentistas. Para uma Gramática do Portugês Arcaico*, Lisboa: Imprensa Nacional-Casa da Moeda.

Mattos e Silva, Rosa Virgínia (1994): "Para uma caracterização do período arcaico do português", in: *DELTA* 10, S. 247-276.

Mattos e Silva, Rosa Virgínia (s.d.): *O português brasileiro*, www.instituto-camoes.pt/cvc/hlp/hlpbrasil (Zugriff am 23.6.2005).

McWorther, John (1998): "Identifiying the creole prototype: vindicating a typological class", in: Muysken, Pieter / Smith, Norman (Hrsg.): *Substrata versus universals in creole genesis*, Amsterdam: Benjamins, S. 788-818.

Meisenburg, Trudel (1996): *Romanische Schriftsyssteme im Vergleich. Eine diachrone Studie*, Tübingen: Narr.

Melo, Gladstone Chaves de (1976): *Ensaio de estilística da língua portuguesa*, Rio de Janeiro: Padrão.

Melo, Gladstone Chaves de (¹1946; ²1971; ³1975): *A língua do Brasil*, Rio de Janeiro: Fundação Getúlio Vargas.

Mendonça, Renato (⁴1973 [1933]): *A influência africana no português do Brasil*, Civilização Brasileira, Rio de Janeiro: MEC.

Menezes, Carlos (2002): "Processamento Digital de Fala", www.deetc.isel.ipl.pt/ comunicacoesep/disciplinas/pdf/index.html (Zugriff 1.3.2006).

Menon, Odete Pereira da Silva (2003): "Perífrasis com o verbo ir: variação e gramaticalização", in: Wesch, Andreas / Claus D. Pusch (Hrsg.): *Verbalperiphrasen in den (ibero)romanischen Sprachen. Perífrasis verbals en les llengües (ibero)romàniques*, Hamburg: Buske, S. 77-88.

Merlan, Aurelia (2004): "Sprachpolitik in Portugal: Der Fall des Mirandesischen", in: *Grenzgänge* 11 / 22, S. 96-114.

Merlan, Aurelia (2006): "Grammatikalisierungstendenzen im Portugiesischen und Rumänischen: von Nominalsyntagmen zu Pronomina", in: Schmidt-Radefeldt (Hrsg.), S. 221-240.

Messner, Dieter (1990): *História do Léxico Português (com a origem das palavras citadas)*, Heidelberg: Winter.

Messner, Dieter (1993): "Ein 'Dicionário dos dicionários portugueses"', in: Messner / Schönberger (Hrsg.) (1993), S. 61-174.

Messner, Dieter (1994): "Etymologie und Geschichte des Wortschatzes", in: LRL VI, 2, S. 447, S. 511-517.

Messner, Dieter (1994): "Portugiesisch: Periodisierung / Periodisation", in: LRL VI, 2, S. 618-623.

Messner, Dieter (1997): "Schlaglicht auf die portugiesische Lexikographie", in: *Lusorama* 34, S.121-122.

Messner, Dieter (1998): "Elementos de origem germânica no léxico português", in: Koller / Laitenberger (Hrsg.) (1998), S. 105-114.

Messner, Dieter (2000): "*chiça!* Interj. (vulg.) do al. *Scheiße*. Über Germanismen im Portugiesischen", in: Klettke / Franco / Hammermüller (Hrsg.), S. 225-243.

Messner, Dieter / Schönberger, Axel (Hrsg.) (1993): *Studien zur portugiesischen Lexikologie*, Franfurt: TFM.

Metzeltin, Michael (1996): "Lingua franca", in: HSK 12/1, S. 554-558.

Metzeltin, Michael (1998): "Die romanischen Sprachen: eine Gesamtschau", in: LRL VII, S. 1040-1085.

Meyer-Hermann, Reinhard (1973): *Zur Syntax des Infinitivs mit Person im Gesprochenen Portugiesisch*, Diss. phil. Köln.

Meyer-Hermann, Reinhard (1976): "Direkter und indirekter Sprechakt", in: *Deutsche Sprache* 4, S. 1-19.

Meyer-Hermann, Reinhard (1979): *Studien zur Funktion von Metakommunikation (am Beispiel gesprochener portugiesischer und französischer Sprache)*, Habilitationsschrift, Bd. 2, Teil IV: Texte. Bielefeld [Typoskript].

Meyer-Hermann, Reinhard (1993): "Processos de topicalização e focalização do português falado", in: Schmidt-Radefeldt, Jürgen (Hrsg.): *Semiótica e linguística portuguesa e românica. Homenagem a José Herculano de Carvalho*, Tübingen: Narr, S. 25-42.

Meyer-Hermann, Reinhard (2002): "Texttypen und Sprachtypologie (am Beispiel des Spanischen und Portugiesischen)", in: Drescher, Martina (Hrsg.): *Textsorten im romanischen Sprachvergleich*, Tübingen: Stauffenburg, S. 79-100.

Michaelis de Vasconcelos, Carolina (1911-12, 1912-13, 1917-18): *Lições de filologia portuguesa*, Lissabon 1946 (postum, vordem als Einzelveröfentlichungen).

Mingas, Amélia (2000): *Interferência do Kimbundu no Português Falado em Lwanda*, Luanda, Caxinde: Editora e Livraria.

Mingas, Amélia (2002): "A importância das línguas angolanas na unidade da família angolana", in: www.uea-angola.org / artigo.cfm?ID=54 (Zugriff am 20.2.2005).

Monjour, Alf (2007): "Interne Sprachgeschichte des Portugiesischen (Europa): Wortschatz, Wortbildung und Phraseologie", in: HSK 23 / 3, im Druck .

Monteiro, John Manuel (1995): *Negros da terra. Índios e bandeirantes nas origens de São Paulo*, São Paulo: Companhia das Letras.

Monteiro, José Lemos (1991): *Morfologia portuguesa*, Campinas, S.P.: Pontes.

Montes Giraldo, José Joaquín (1982): *Dialectología general e hispanoamericana. Orientación teórica, metodológica y bibliográfica*, Bogotá: Instituto Caro y Cuervo.

Morris, Charles William ([1938] 1972): *Foundations of the theory of signs. Esthetics and the theory of signs* (dt. Übers. von Roland Posner: *Grundlagen der Zeichentheorie. Ästhetik und Zeichentheorie*), München: Hanser.

Moseley, Christopher (Hrsg.) (1994): *Atlas of the world's languages*, London: Routledge (Routledge Reference).

Moser, Wolfgang (1996): *Xenismen. Die Nachahmung fremder Sprachen*, Frankfurt am Main: Lang.

Mota, Jacyra / Rollemberg, Vera (Hrsg.) (1994): *A linguagem falada culta na cidade de Salvador: materiais para seu estudo*, vol. 1: *Diálogos entre informante e documentador*, Salvador, Universidade Federal da Bahia: Instituto de Letras.

Mota, Maria Antónia (1996): "Línguas em contacto", in: Faria / Pedro / Duarte / Gouveia (Hrsg.), S. 505-533.

Mufwene, Salikoko (1996): "The founder principle in creole genesis", in: *Diachronica* 13, S. 83-134.

Mühlschlegel, Ulrike (2000): *Enciclopedia, vocabulario, dictionario. Spanische und portugiesische Lexikographie im 17. und 18. Jh.*, Frankfurt a.M.: Vervuert.

Müller, Bodo (1985): *Le français d'aujourd'hui*, Paris: Klincksieck.

Müller, Gereon (2002): *Elemente der optimalitätstheoretischen Syntax*, Tübingen: Stauffenburg.

Müller, Natascha / Beate Riemer (1997): *Generative Syntax der romanischen Sprachen: Französisch, Italienisch, Portugiesisch, Spanisch*, Tübingen: Stauffenburg.

Múrias, Augusto (1987): "A analogia da diferença - para um estudo dos "falsos amigos" aplicados ao português", in: *Terminologie et traduction* (Luxembourg) 1, S. 9-18.

Muysken, Pieter (Hrsg.) (1981): *Generative Studies on creole languages*, Dordrecht: Foris.

Nabrings, Kirsten (1981): *Sprachliche Varietäten*, Tübingen: Narr.

Nagamine Sommer, Nair / Morais, Armindo José (2001): *Großer Lernwortschatz Portugiesisch: 15000 Wörter zu 150 Themen*, Ismaning: Hueber.

Naro, Anthony J. (1992): "Modelos quantitativos e tratamento estatístico", in: Mollica, M. Cecília M. (Hrsg.): *Introdução à Sociolingüística Variacionista. Cadernos didáticos*, Rio de Janeiro: Ed. da UFRJ, S. 17-28.

Nascentes, Antenor (1922): *O linguajar carioca*, Rio de Janeiro: Süssekind de Mendonça.

Nascimento, Maria Fernanda Bacelar do (1987): "Um corpus de língua falada", in: Nascimento, Maria Fernanda Bacelar do / Marques, Maria Lúcia Garcia / Cruz, Maria Luísa Segura da (Hrsg.): *Português Fundamental*, vol. 2: Métodos e documentos, tomo 1: inquérito de frequência, Lisboa: Instituto Nacional de Investigação Científica; CLUL, S. 29- 309.

Nascimento, Maria Fernanda Bacelar do (1999): "O Português Fundamental faz 30 anos", in: Faria, Isabel Hub (Hrsg.): *Lindley Cintra, Homenagem ao Homem, ao Mestre e ao Cidadão*, Faculdade de Letras da Universidade de Lisboa, Lisboa: Cosmos, S. 585-596.

Nascimento, Maria Fernanda Bacelar do: "O papel dos corpora especializados na criação de bases terminológicas", www.clul.ul.pt / equipa / homenagem_mateus_2003_nascimento.pdf (Zugriff am 11.9.2004).

Neto, Serafim da Silva ([5]1986): *Introdução ao estudo da língua portuguesa no Brasil*, Rio de Janeiro, MEC / INL.

Neto, Serafim da Silva ([5]1988): *História da língua portuguesa*, Rio de Janeiro: Presença Edições / Fundação Nacional Pró-Memória-Instituto Nacional do Livro.

Noll, Volker (1996a): "Der arabische Artikel *al-* und das Iberoromanische", in: Lüdtke, Jens (Hrsg.): *Romania Arabica. Fs. für Reinhold Kontzi zum 70. Geburtstag*, Tübingen: Narr, S. 299-313.

Noll, Volker (1996b): "Rio de Janeiro und das *chiamento* im brasilianischen Portugiesisch", in: *Iberoromania* 43, S. 1-9.

Noll, Volker (1999): *Das brasilianische Portugiesisch. Herausbildung und Kontraste*, Heidelberg: Winter.

Noll, Volker (1999a): "Die mediterrane lingua franca", in: Greiner, Norbert / Kornelius, Joachim / Rovere, Giovanni (Hrsg.): *Texte und Kontexte in Sprachen und Kulturen, Festschrift für Jörn Albrecht*, Trier: WTV, S. 219-227.

Noll, Volker (2000): "Die Bedeutung des brasilianischen Portugiesisch im lusophonen Kontext", in: *Tópicos* 1, S. 44-46.

Nöth, Winfried (1996): *A semiótica no século XX*, São Paulo: Anna Blume.

Nunes, Manuela (1998): "A lexicografia fraseológica do português: Monolingue e bilingue português-alemão", in: Fuentes Morán, María Teresa / Werner, Reinhold (Hrsg.): *Lexicografías iberorrománicas: problemas, propuestas y proyectos*, Frankfurt a.M.: Vervuert, S. 121-138.

Oesterreicher, Wulf (2000): "Plurizentrische Sprachkultur - der Varietätenraum des Spanischen", in: *Romanistisches Jahrbuch* 51, S. 287–318.

Oesterreicher, Wulf (2006): "Korpuslinguistik und diachrone Lexikologie. Fallbeispiele aus dem amerikanischen Spanisch des 16. Jahrhunderts", in: Dietrich, Wolf / Hoinkes, Ulrich / Roviró, Bárbara / Warnecke, Matthias (Hrsg.): *Lexikalische Semantik und Korpuslinguistik*, Tübingen: Narr, 479-498.

Pedro, Emília Ribeiro (1996): "Interacção verbal", in: Faria / Pedro / Duarte / Gouveia (Hrsg.), S. 449-478.

Peirce, Charles Sanders (1997): *Semiótica*, São Paulo: Perspectiva.

Peixoto da Fonseca, Fernando Venâncio (1985): *O português entre as línguas do mundo*, Coimbra: Almedina.

Pepetela (1986): "Alguns dados estatísticos sobre a língua portuguesa em Luanda", in: *Novembro* 88, S. 9-11.

Perl, Matthias (1983): "Regionale Varianten des Spanischen und Portugiesischen - ihre Bedeutung für den Sprachmittler", in: *Fremdsprachen* 2, S. 105-110.

Perl, Matthias (1989): "Algunos resultados de la comparación de fenómenos morfossintácticos del 'habla bozal', de la 'linguagem dos musseques', del 'palenquero', y de lenguas criollas de base portuguesa", in: *Estudios sobre Español de América y Lingüística Afroamericana. Ponencias presentadas en el 45 Congreso Internacional de Americanistas*, Bogotá, Juli 1985, Bogotá, S. 369-380.

Perl, Matthias (1994): "Portugiesisch in Afrika: Sprachvariation", in: LRL VI, 2, S. 585-591.

Perl, Matthias / Döll, Cornelia / Dyrba, Bernd / Endruschat, Annette / Gärtner, Eberhard / Hundt, Christine / Huth, Karin / Leiste, Doris / Thiele, Petra (1994): *Portugiesisch und crioulo in Afrika: Geschichte, Grammatik, Lexik, Sprachentwicklung*, Bochum: Brockmeyer.

Perl, Matthias / Schönberger, Axel (Hrsg.) (1991): *Studien zum Portugiesischen in Afrika und Asien*. Frankfurt am Main: TFM-Verlag / DEE-Verlag.

Perl, Matthias / Schönberger, Axel / Thiele, Petra (Hrsg.) (1993): *Portugiesisch-basierte Kreolsprachen*. Akten des 2. gemeinsamen Kolloquiums der deutschsprachigen Lusitanistik und Katalanistik (Berlin, 10.-12. September 1992), Frankfurt am Main, DEE-Verlag / TFM-Verlag.

Pessoa, Fernando (1997): "Propriedade da linguagem", in: Medeiros, Luísa (Hrsg.): *Pessoa, Fernando, A Língua Portuguesa*, Lisboa: Assírio & Alvim, 65-73.

Pessoa, Marlos de Barros (2003): *Formação de uma variedade urbana e semioralidade na primeira metade do século XIX. O caso do Recife, Brasil*, Tübingen: Niemeyer.

Petruck, Christoph (1989): *Sprachregister und Pronominalgebrauch im Portugiesischen*, Münster: Kleinheinrich.

Piel, Joseph Maria (1976 / 1989): "Origens e estruturação do lêxico português", in: *Estudos de Linguística Histórica Galego-portuguêsa*, Lisboa: INCM, S. 9-16.

Piel, Joseph Maria (1981): "Sobre a legitimidade do conceito de latinidade vulgar galaica", in: *I[a] Reunión gallega de Estudios Clásicos*, S. 253-258.

Piel, Joseph Maria / Kremer, Dieter (1976): *Hispano-gotisches Namenbuch. Der Niederschlag der Westgoten in den alten und heutigen Personen- und Ortsnamen der Iberischen Halbinsel*, Heidelberg: Winter.

Pietroforte, Antonio Vicente Seraphim / Lopes, Ivã Carlos (2003): "A semântica lexical", in: Fiorin (Hrsg.), S. 111-135.

Pinto, Alberto Oliveira (2004): "Vocabulário de kimbundu no português de Luanda", in: multiculturas.com / angolanos / alberto_pinto_kimb_port_vocab.htm, (Zugriff am 5.8.2006)

Pinto, Edith Pimentel (Hrsg) (1978): *O Português do Brasil. Textos críticos e teóricos 1820 / 1920, fontes para teoria e história*, Rio de Janeiro: Livros Técnicos e Científicos Editora.

Pöll, Bernhard (1996): *Portugiesische Kollokationen im Wörterbuch: Ein Beitrag zur Lexikographie und Metalexikographie*, Bonn: Romanistischer Verlag.

Pöll, Bernhard (2002): *Spanische Lexikologie. Eine Einführung*, Tübingen: Narr .

Pontes, Eunice (1987): *O tópico no português*, Campinas: Pontes.

Post, Marike (1992): "The serial verb construction in fa d'ambu", in: d'Andrade, Ernesto / Kihm, Alain (Hrsg.) (1992): *Actas do colóquio sobre crioulos de base lexical portuguesa*, Lisboa: Colibri, S.153-170.

Pötters, Wilhelm (1970): *Unterschiede im Wortschatz der iberoromanischen Sprachen. Beitrag zu einer vergleichenden spanisch-portugiesischen Semantik*, Diss. Phil., Universität zu Köln.

Pottier, Bernard (1963): *Recherches sur l'analyse sémantique en linguistique*, Nancy: Université.

Preti, Dino (1984): *A gíria e outros temas*, São Paulo: Queiroz EDUSP.

Preti, Dino / Urbano, Hudinilson (Hrsg.) (1988): *A linguagem falada culta na cidade de São Paulo: matériais para seu estudo*, vol. 3: *Entrevistas* (diálogos entre informante e documentador), São Paulo: Queiroz; FAPESP.

Pulgram, Ernst (1950): "Spoken and written latin", in: *Language* 26, S. 462.

Pusch, Luise F. (1984): *Das Deutsche als Männersprache*, Frankfurt: Suhrkamp.

Putnam, Hilary (1975): "The meaning of meaning", in: Gunderson, Keith (Hrsg.): *Language, mind and knowledge*, Minneapolis: UMP, S. 215-271.

Quint, Nicolas / Semedo, Aires (2003): *Parlons capverdien: Langue et culture*, Paris: L'Harmattan.

Ramers, Karl-Heinz (1998): *Einführung in die Phonologie*, München: Fink.

Redder, Angelika (2000): "Textdeixis", in: HSK 16, 1, S. 283-294.

Reichmann, Tinka (2005): *Satzspaltung und Informationsstruktur im Portugiesischen und im Deutschen*, Frankfurt am Main: Lang.

Remenche, Maria de Lourdes Rossi (2003): *As criações metafóricas na gíria do sistema penitenciário do Paraná*, Dissertação de Pós-Graduação, Londrina, www.ma.gov.br / depen / publicacoes / dissertacaolourdes.pdf (Zugriff 21.05. 2006).

Ribeiro, Ilza Maria de Oliveira (1998): "A mudança sintática do Português Brasileiro é mudança em relação a que gramática?", in: Castilho, Ataliba (Hrsg.): *Para a História do Português Brasileiro*, Vol. 1 - Primeiras Idéias", São Paulo: USP, S. 101-119.

Ries, John (1931): *Was ist ein Satz?*, Prag: Taussig & Taussig (Beiträge zur Grundlegung der Syntax III).

Riiho, Timo (1994): "Portugiesisch: Interne Sprachgeschichte und Entwicklungstendenzen / Evolução linguística interna", in: LRL VI, 2, S. 498-510.

Rio-Torto, Graça Maria de Oliveira e Silva (1998): *Fonética, Fonologia e Morfologia do Português: Conteúdos e metodologia*, Coimbra: Faculdade de Letras da Universidade de Coimbra / Lisboa: Colibri (Textos Pedagógicos e Didácticos; 8).

Roberts, Ian / Kato, Mary (²1996) (Hrsg.): *Português Brasileiro: uma viagem diacrônica*, Campinas: Editora UNICAMP.

Rodrigues, Aryon (1986): *Línguas brasileiras. Para um conhecimento das línguas indígenas.* São Paulo: Loyola.

Rodrigues, Isabel Galhano (1982): "Der Gebrauch des Passivs im Deutschen und Portugiesischen", in: Detering, Klaus / Schmidt-Radefeldt, Jürgen / Sacharowski, Wolfgang (Hrsg.): *Sprache erkennen und verstehen* (Akten des 16. Linguistischen Kolloquiums in Kiel), Tübingen: Niemeyer, Bd. I, S. 181-203.

Rodrigues, Isabel Maria Galhano (1998): *Os sinais conversacionais de alternância de vez*, Porto: Granito.

Rodrigues, Isabel Maria Galhano (2003): "Topographische Gesprächssignale als Sprecherwechsel-Signale", in: Blühdorn, Hardarik / Schmidt-Radefeldt, J. (Hrsg.), *Die kleineren Wortarten im Sprachvergleich Deutsch-Portugiesisch*, Frankfurt am Main: Lang, S. 213-227.

Rodrigues, Isabel Maria Galhano (2004): *Fala e movimento do corpo na interacção face a face. Estratégias de reparação e de (des)focalização e co-funções conversacionais na manutenção de vez*, 2 Bde., Porto: Universidade do Porto FLUP (im Druck: Lisboa, Fundação C. Gulbenkian).

Roelcke, Thorsten (1999): *Fachsprachen*, Berlin: Schmidt Verlag.

Rohlfs, Gerhard (1954): *Die lexikalische Differenzierung der romanischen Sprachen, Versuch einer romanischen Wortgeographie*, München: Bairische Akademie der Wissenschaften.

Rolf, Eckard (1982): "Perlokutionäre Akte und perlokutionäre Effekte", in Detering, Klaus / Schmidt-Radefeldt, Jürgen / Sucharowski, Wolfgang (Hrsg.): *Sprache erkennen und verstehen.* Akten des 16. Ling. Koll. Universität Kiel 1981, Bd. 2, Tübingen: Niemeyer, S. 262-271.

Rolf, Eckard (2004): *Sagen und Meinen. Paul Grices Theorie der Konversations-Implikaturen.* Opladen, Westdeutscher Verlag.

Rosa, Luciano Caetano da (2002): "Português: língua de um só rosto - língua da CPLP (seguido de 'Proposta de simplificação e unificação da ortografia da língua portuguesa')", in: *Lusorama* 49 (März), S. 6-52.

Rosch, Eleonor (1975): "Cognitive reference points", in: *Cognitive Psychology* 7, S. 532-547.

Roth, Wolfgang (1987): "Zur Nominalkomposition im modernen brasilianischen Portugiesisch", in: Dietrich, Wolf / Gauger, Hans-Martin / Geckeler, Horst (Hrsg.): *Grammatik und Wortbildung romanischer Sprachen*, Tübingen: Narr, S. 211-222.

Rudolph, Elisabeth (1996): *Contrast: adversative and concessive relations and their expressions in English, German, Spanish, Portuguese on sentence and text level*, Berlin [u.a.]: de Gruyter.

Rudzka-Ostyn, Brygida (Hrsg.) (1988): *Topics in Cognitive Linguistics*, Amsterdam: John Benjamins.

Rüter-Koehler, Dorothee (1999): *Wortbildungen im Portugiesischen in der Fachsprache der Dienstleistungen an Unternehmen: eine Studie in kontrastiver Sicht zum Deutschen*, Diss. Phil. Bremen [Mikrofiche].

Sandmann, António José (1986): *Wortbildung im heutigen brasilianischen Portugiesisch*, Bonn: Romanistischer Verlag.

Sankoff, David (1988): "Variable rules", in: HSK 3, S. 984-998.

Santos, Else Martins (2001): *Chat: um novo gênero textual?*, Belo Horizonte: Uni-BH.

Santos, Maria José de Moura (1967): *Os falares fronteiriços de Trás-os-Montes*, Coimbra: Faculdade de Letras das Universidade.

Sapir, Edward (1921): *Language. An introduction to the study of speech*, New York: Harcourt, Brace & World.

Savigny, Eike von (1993): *Die Philosophie der normalen Sprache. Eine kritische Einführung in die ordinary language philosophy,* Frankfurt am Main: Suhrkamp.

Schäfer, Barbara (1993): "Die Verbalmodi in den Grammatiken von Manuel Álvares (1572) und Bento Pereira (1672)", in: *Historiographia Linguistica* 20, 2 / 3, S. 283-308.

Schäfer-Prieß, Barbara (2000): *Die portugiesische Grammatikschreibung von 1540 bis 1822 vor dem Hintergrund der lateinischen, spanischen und französischen Tradition,* Tübingen: Narr.

Schäfer-Prieß, Barbara / Endruschat, Annette / Schöntag, Roger (2006): „Übersetzen und Sprachgeschichte: Übersetzungen ins Portugiesische. Traduction et histoire des langues: traductions en portugais", in: HSK 21 / 2, S. 1416-1428.

Schäfer-Prieß, Barbara / Kemmler, Rolf (2003): "Geschichte der Reflexion über die romanischen Sprachen: Portugiesisch", in: HSK 21 / 1, S. 280-297.

Schafroth, Elmar (1996): "Einsprachige Wörterbücher des Portugiesischen aus lernerlexikographischer Sicht", in: *Lexicographica* 12, S. 166-189.

Schemann, Hans / Luiza Schemann-Dias (1983): *Die portugiesischen Verbalperiphrasen und ihre deutschen Entsprechungen. Lehr- und Übungsbuch mit ausführlichen portugiesischen Beispielen und ihren deutschen Entsprechungen,* Tübingen: Niemeyer.

Scherre, Maria Marta Pereira / Naro, Anthony Julius (1997): "A concordância de número no português do Brasil: Um caso típico de variação inerente", in: Hora (Hrsg.), S. 93-114.

Schlieben-Lange, Brigitte ([2]1979): *Linguistische Pragmatik,* Stuttgart, Kohlhammer.

Schlieben-Lange, Brigitte ([3]1991): *Soziolinguistik. Eine Einführung,* Stuttgart: Kohlhammer.

Schlobinski, Peter (2003): "Textidentitäten im Cyberspace. Sprachliche Inszenierung und Expressivität in der Chatkommunikation", in: *Psychologie in Österreich* 1, S. 62-69.

Schmidt-Radefeldt, Jürgen (1972): "Bemerkungen zur Sprechsituation und zum Performativsatz (anhand portugiesischer Texte)", in: *APK* 10 (1970) 1972, S. 261-270.

Schmidt-Radefeldt, Jürgen (1979): *Aspekte einer Dialogtheorie von Frage-Antwort-Sequenzen (anhand von Beispielen aus dem Französischen, Portugiesischen und Deutschen*), Habilitationsschrift, Universität Kiel.

Schmidt-Radefeldt, Jürgen (1983): "Frankophonie und Lusophonie in Schwarzafrika: Aspekte der Afro-Romanistik", in: Schmidt-Radefeldt (Hrsg.), S. 275-302.

Schmidt-Radefeldt, Jürgen (1994a): "Probleme mit Anglizismen und Germanismen im Wörterbuch-Eintrag des Portugiesischen", in: Figge (Hrsg.), S. 143-159.

Schmidt-Radefeldt, Jürgen (1994b): "Portugiesisch: Partikelforschung", in: LRL VI, 2, S. 199-203.

Schmidt-Radefeldt, Jürgen (1995): "Adaptionsphänomene der Anglizismen. Zur Konvergenz und Divergenz in romanischen Sprachen", in: Dahmen, Wolfgang / Holtus, Günter / Kramer, Johannes / Metzeltin, Michael / Schweickard, Wolfgang / Winkelmann, Otto (Hrsg.): *Konvergenz und Divergenz in den romanischen Sprachen* (Romanistisches Kolloquium VIII), Tübingen: Narr, S. 191-203.

Schmidt-Radefeldt, Jürgen (1996): "Sprachkontakte und Sprachkonflikte des Spanischen und Portugiesischen auf der Iberischen Halbinsel", in: *Rostocker Beiträge zur Sprachwissenschaft* 2, S. 155-175.

Schmidt-Radefeldt, Jürgen (1997): "Zur dialektalen Gliederung und sprachlichen Heterogeneität in den Grenzregionen Portugals", in: Briesemeister / Schönberger (Hrsg.), S. 353-364.

Schmidt-Radefeldt, Jürgen (1998): "A descrição diassistemática e a sua marcação lexicográfica em dicionários brasileiros e outros", in: Große, Sybille / Zimmermann, Klaus (Hrsg.): *Substandard e mudança no português do Brasil,* Frankfurt a.M.: TFM, S. 527-544.

Schmidt-Radefeldt, Jürgen (1999a): "Processos de normalização de elementos xenoglóssicos da língua portuguesa e brasileira", in: Gärtner, Eberhard / Hundt, Christine / Schönberger, Axel (Hrsg.): *Estudos de história da língua portuguesa.* Frankfurt am Main: TFM, S. 257-267.

Schmidt-Radefeldt, Jürgen (1999b): "Zu den Varietäten des Französischen in Schwarzafrika", in: *Rostocker Beiträge zur* Sprachwissenschaft 8, S. 21-40.

Schmidt-Radefeldt, Jürgen (2002): "Portugiesisch", in: Janich, Nina / Greule, Albrecht (Hrsg.): *Sprachkulturen in Europa. Ein internationales Handbuch,* Tübingen, Narr Verlag, S. 211-219.

Schmidt-Radefeldt, Jürgen (2004): "Vom Nutzen der Ikonographie. Was leisten die Illustrationen des französischen, spanischen und portugiesischen Larousse?", in: Gil, Alberto / Osthus, Dietmar / Polzin-Haumann, Claudia (Hrsg.): *Romanische Sprachwissenschaft. Zeugnisse für Vielfalt und Profil eines Faches. Festschrift für Christian Schmitt zum 60. Geburtstag,* Frankfurt am Main: Lang, S. 213-224.

Schmidt-Radefeldt, Jürgen (2006a): "Zum Sprecherwechsel im Portugiesischen und Deutschen", in: Schmidt-Radefeldt (Hrsg.), S.109-124.

Schmidt-Radefeldt, Jürgen (2007): "Externe Sprachgeschichte des Portugiesischen (Übersee): Wortschatz, Wortbildung und Phraseologie", in: HSK 23 / 3, im Druck.

Schmidt-Radefeldt, Jürgen (Hrsg.) (1983): *Portugiesische Sprachwissenschaft,* Tübingen: Narr.

Schmidt-Radefeldt, Jürgen (Hrsg.) (2006): *Portugiesisch kontrastiv gesehen und Anglizismen weltweit,* Frankfurt am Main: Lang.

Schmidt-Radefeldt, Jürgen / Campo, José Azevedo do (1995): "Análise contrastiva dos compostos nominais em alemão e português", in: Brauer-Figueiredo, M. Fátima Viegas (Hrsg): *Actas do 4° Congresso da Associação Internacional de Lusitanistas,* Lisboa / Porto / Coimbra: LIDEL, S. 243-252.

Schmitt, Christian (2006): "Anglizismen und Sprachnormierung im Portugiesischen", in: Schmidt-Radefeldt (Hrsg.), S. 307-340.

Schönberger, Axel (2004a): "Zur Kongruenz zwischen 'Subjekt" und 'Prädikat', in: Gil, Alberto / Osthus, Dietmar / Polzin-Haumann, Claudia (Hrsg.): *Romanische Sprachwissenschaft. Zeugnisse für Vielfalt und Profil eines Faches. Festschrift für Christian Schmitt zum 60. Geburtstag,* Frankfurt am Main: Lang, S. 97-124.

Schönberger, Axel (2004b): "Früh- und Altlatein: ein einführender Überblick", in: Stolz, Thomas (Hrsg.): *"Alte" Sprachen,* Bochum: Universitätsverlag Brockmeyer, S. 57-103.

Schuchardt, Hugo (1888): "Beiträge zur Kenntnis des kreolischen Romanisch, I. Allgemeines über das Negerportugiesische", in: *ZRP* 12, S. 242-254.

Schuchardt, Hugo (1889): "Beiträge zur Kenntnis des kreolischen Romanisch", in: *ZRP* 13, S. 463-524.

Schulze, Wolfgang (1998): *Person, Klasse, Kongruenz. Fragmente einer Kategorialtypologie des einfachen Satzes in den ostkaukasischen Sprachen,* München: Lincom Europa.

Schulze, Wolfgang (2000): "Cognitive Linguistics meets Typology: The Architecture of a 'Grammar of Scenes and Scenarios'", www.lrz-muenchen.de/~wschulze/cog_typ.htm (Zugriff am 13.6.2005).

Schulze, Wolfgang (2001): "Grammatik und Metapher", in: www.lrz-muenchen.de/%7Ewschulze/grammet.pdf (Zugriff 20.6.2005).

Schwamborn, Ingrid (2004): "Harry Potter und der Alchimist in Brasilien und Portugal: Zur portugiesischen und brasilianischen Übersetzung von Joanne K. Rowlings 'Harry Potter and the Philosopher's Stone' (1997) sowie Paulo Coelhos 'O alquimista' (1988) und 'Onze minutos' (2003) in Brasilien und Portugal", in: Endruschat / Schönberger (Hrsg.), S. 141-187.

Schwarz, Monika (1996): *Einführung in die Kognitive Linguistik,* Tübingen: Francke.

Schwarz, Monika / Chur, Jeanette (2001): *Semantik – ein Arbeitsbuch,* Tübingen: Narr.

Schweickard, Wolfgang (1984): "Sprachliche Varietäten in *Astérix*: eine vergleichende Betrachtung verschiedener romanischer Sprachen", in: Holtus, Günther / Radtke, Edgar (Hrsg.): *Umgangssprache in der Iberoromanioa. FS für Heinz Kröll*, Tübingen: Narr, S. 81-96.

Schwitalla, Johannes (²2003): *Gesprochenes Deutsch. Eine Einführung*, Berlin, Erich Schmidt.

Scotti-Rosin, Michael (1988): "Das Portugiesische in Afrika: zum Problem der Sprachnorm in der Lusophonie", in: DASP-Jahrbuch 1988, Bonn: DASP, S. 41-52.

Scotti-Rosin, Michael (1994): "Gesprochene und geschriebene Sprache", in: LRL VI, 2, S. 308-313.

Searle, John R. (1969): *Speech acts. An essay in the philosophy of language*, Cambridge, Cambridge UP. [dt. Übersetzung (1971): *Sprechakte. Ein sprachphilosophischer Essay*, Frankfurt am Main: Suhrkamp; pt. Übers. (1981): *Os actos de fala. Um ensaio de filosofia da linguagem*, Coimbra, Almedina 1981].

Searle, John R. (1980): "Indirekte Sprechakte", in: Kußmaul (Hrsg.), S.127-150.

Searle, John R. (1980a): "Eine Klassifikation der Illokutionsakte", in: Kußmaul (Hrsg.), S. 82-108.

Searle, John R. (1996): "Was ist ein Sprechakt?", in: Hoffmann (Hrsg.), 143-162.

Seidel, Eugen (1935): *Geschichte und Kritik der wichtigsten Satzdefinitionen*, Jena: Frommann (Jenaer germanistische Forschungen; 27).

Seiler, Frank Ulrich (1988): "Angola lusophon oder bantuphon?", in: *Tranvía* 8, S. 46-48.

Sennholz, Klaus (1996): *Grundzüge der Deixis*, Budapest: Nemzeti Tankönyvkiado.

Silva Neto, Serafim da Silva (1960): *A língua portuguesa no Brasil. Problemas*, Rio de Janeiro: Acadêmica.

Silva Neto, Serfaim da (³1979 [1957]): *História da língua portuguesa*, Rio de Janeiro: Dinalivro.

Silva, Augusto S. da (1995): "A Gramática Cognitiva. Apresentação e uma breve aplicação", in: *Diacrítica* 10, S. 83-116.

Silva, Augusto S. da (1997): "A Linguística Cognitiva. Uma breve introdução a um novo paradigma em linguística", in: *Revista Portuguesa de Humanidades* I-1 / 2, S. 59-101.

Silva, Augusto Soares da (Hrsg.) (2001): *Linguagem e Cognição. A Perspectiva da Linguística Cognitiva*, Braga: Ass. Portuguesa de Linguística, Univers. Católica Portuguesa.

Silva, Jaime da (1994): "Zum Stand der zweisprachigen Lexikographie Deutsch-Portugiesisch/Portugiesisch-Deutsch: allgemeinsprachliche Äquivalenzwörterbücher", in: Figge (Hrsg.), S. 67-86.

Silva, Thaïs Cristófaro (²1999): *Fonética e fonologia do português: roteiro de estudos e guia de exercícios*, São Paulo: Contexto.

Sinclair, John (1996): *Corpus, Concordance, Collocation*, Oxford: OUP.

Sinner, Carsten (2001): "Zur Terminologie in der Sprachkontaktforschung", in: Haßler, Gerda (Hrsg.): *Sprachkontakt und Sprachvergleich*, Münster: Nodus, S. 125-152.

Soares Barboza, Jeronymo (1822, ²1830): *Grammatica philosophica da Lingua Portuguesa ou Principios da Grammatica Geral Applicados À nossa Linguagem*, Lisboa: Typographia da Academia Real das Sciencias.

Souto Cabo, José António (2003): "Nas origens da expressão escrita galego-portuguesa: Documentos do século XII", in: *Diacrítica* 17 / 1, 329-385

Sperber, Dan / Wilson, Deirdre (1986): *Relevance. Communication and Cognition*, Cambridge: Harvard UP.

Spillner, Bernd (1995): "Zum methodischen und terminologischen Standort der Lexikologie", in: Hoinkes, Ulrich (Hrsg.): *Panorama der Lexikalischen Semantik*, Tübingen: Narr, S. 613-617.

Spillner, Bernd (1997): "Kontrastive Lexikologie", in: Hoinkes, Ulrich / Dietrich, Wolf (Hrsg.): *Kaleidoskop der Lexikalischen Semantik*, Tübingen: Narr, S. 327-340.

Stalnaker, Robert C. (1982): "Pragmática", in: Dascal (Hrsg.), 1982, S. 59-80.

Stark, Elisabeth (2002): "Wortstellung und Informationsstruktur", in: Kolboom, Ingo / Kotschi, Thomas / Reichel, Edward (Hrsg.), *Handbuch Französisch: Sprache – Literatur – Kultur – Gesellschaft*. Für Studium, Lehre, Praxis, Berlin: Schmidt, S. 301–309.

Sten, Holger (1944): *Les particularités de la langue portugaise*, Kopenhagen: Munksgaard.

Stichel Kohl, Heiner (1989): *Portugal. Auf den Spuren der großen Entdecker*, München: Knaur.

Storrer, Angelika (2001): "Getippte Gespräche oder dialogische Texte? Zur kommunikationstheoretischen Einordnung der Chat-Kommunikation", in: Lehr, Andrea / Kammerer, Matthias / Konerding, Klaus-Peter / Storrer, Angelika / Thimm, Caja / Wolski, Werner (Hrsg.): *Sprache im Alltag. Beiträge zu neuen Perspektiven in der Linguistik. Herbert Ernst Wiegand zum 65. Geburtstag gewidmet*, Berlin: de Gruyter, S. 439-465.

Storrer, Angelika / Freese, Kathrin (1996): "Wörterbücher im Internet", in: *ORBIS*, www.ids-mannheim.de / grammis / orbis (Zugriff am 13.5.2005).

Sucharowski, Wolfgang (Hrsg.) (1985): *Gesprächsforschung im Vergleich. Analysen zur Bonner Runde nach der Hessenwahl 1982*, Tübingen: Niemeyer.

Talmy, Leonard (2000): *Toward Cognitive Semantics*, Bd. II, MIT Press.

Tarallo, Fernando (²1996): "Sobre a alegada origem crioula do português brasileiro: Mudanças sintáticas aleatórias", in: Roberts / Kato (Hrsg), S. 35-68.

Tarallo, Fernando (²1996): "Diagnosticando uma gramática brasileira: o português d'aquém e d'além-mar ao final do século XIX", in: Roberts / Kato (Hrsg.), S. 69-106.

Tarallo, Fernando (Hrsg.) (1989): *Fotografias sociolingüísticas*, Campinas: Pontes Editora.

Taylor, John (2002): *Cognitive Grammar*, Oxford: Oxford University Press.

Teixara de Castilho, Ataliba / Preti, Dino (1986 / 1987): *A Linguagem falada culta na Cidade de São Paulo*. 2 vols, I: *Elocuções formais* (1986), II: *Diálogos entre dois informantes*, São Paulo: Queiroz FAPESP.

Tesnière, Lucien (²1988): *Eléments de syntaxe structurale*, Paris: Klincksieck.

Teyssier, Paul (1980): "Jerónimo Cardoso et les origines de la lexicographie portugaise", in: *BEPB* 41, S. 7-32.

Teyssier, Paul (1985): "Une source pour l'histoire du vocabulaire portugais: les dictionnaires de Jerónimo Cardoso (1562, 1562-1563, 1569-1570)", in: *Actes du XVIe Congrès Internacional de Lingüistica i Folologia Romàniques*, Palma de Mallorca, t. II, S. 245-256.

Teyssier, Paul (1989): *Manual de Língua Portuguesa (Portugal - Brasil)* (übers. von Margarida Chorão de Carvalho), Coimbra: Coimbra Editora (Colecção Linguística; 3).

Teyssier, Paul (1994): "Portugiesisch: Externe Sprachgeschichte. Histoire externe de la langue", in: LRL VI, 2, S. 461-472.

Teyssier, Paul (1994): "Portugiesisch: Graphetik und Graphemik (Graphétique et graphématique)", in: LRL VI, 2, S. 148-160.

Teyssier, Paul (⁵1993): *História da língua portuguesa*. Lisboa: Sá da Costa (pt. Übers. von *Histoire de la langue portugaise*, Paris: P.U.F., Coll. *Que sais-je?*, 1980).

Thaïs, Christófaro-Silva (⁷2003): *Fonética e fonologia do português, Roteiro de estudos e guia de exercícios*, São Paulo: Contexto.

Thiele, Petra (1991): "Situation und Perspektiven der asiatischen Lusokreolsprachen", in: Perl, Mathias / Schönberger, Axel (Hrsg.): *Studien zum Portugiesischen in Afrika und Asien*, Frankfurt am Main, S. 49-71.

Thiele, Petra (1991): *Kabuverdianu: Elementaria seiner TMA-Morphosyntax im lusokreolischen Vergleich*, Bochum: Brockmeyer.

Thiele, Petra (1997): "Die Lusokreolsprachen im Überblick", in: Briesemeister / Schönberger (Hrsg.), S. 419-427.

Thielemann, Werner (1997): "Acordo ortográfico: Zauberformel oder endlose Querele?", in: Briesemeister / Schönberger (Hrsg.), S. 429-460.

Thielemann, Werner (2006): "Xenoglosse Termini. Notwendigkeit, Jagd nach Prestige oder Giganto-Manie? Vom impact anglo-amerikanischen Wortgutes (Portugiesisch und Deutsch)", in: Schmidt-Radefeldt (Hrsg.), S.357-378.

Tláskal, Jaromir (1994): "Portugiesisch: Flexionslehre", in: LRL VI, 2, S. 160-173.
Torres, Amadeu / Silva, Augusto Soares da / Gonçalves, Miguel (Hrsg.) (2004): *Linguagem, Cultura e Cognição. Estudos de Linguística Cognitiva*, Coimbra: Almedina.
Trömel-Plötz, Senta (1978): "Linguistik und Frauensprache", in: *Linguistische Berichte* 57, S. 49-67.
Trubetzkoy, Nikolai Sergejewitsch ([4]1958): *Grundzüge der Phonologie*, Göttingen: Vandenhoek & Ruprecht.
Ulrich, Miorita (1985): *Thetisch und Kategorisch. Funktionen der Anordnung von Satzkonstituenten am Beispiel des Rumänischen und anderer Sprachen*, Tübingen: Narr (Romanica Monacensia 24).
Väänänen, Veiko ([3]1983): *Introduction au Latin vulgaire*, Paris: Klincksieck.
Valkhoff, Marius F. (1966): *Studies in Portuguese and Creole: with special reference to South Africa*, Johannesburg: Witwatersrand University Press.
Vaño-Cerda, Antonio (1982): *Ser y Estar + adjectivos: Un estudio Sincrónico y Diacrónico*. Gunter Narr Verlag, Tübingen.
Vasconcellos, José Leite de ([3]1987 [1901]): *Esquisse d'une Dialectologie Portugaise*, (preparada por Maria Adelaide Valle Cintra), Lissabon: INIC-CLUL.
Vasconcelos, Carolina Michaelis de (1996): *A saudade portuguesa*, Lisboa: Guimarães Editores.
Veiga, Manuel (2000): *Le creole du Cap-Vert: Etude grammaticale, descriptive et contrastive*, Paris: Karthala.
Veiga, Manuel (2002): *O Cabo-verdiano em 45 Lições*, Lissabon: INIC.
Verdelho, Telmo (1994a): "Portugiesisch: Lexikographie", in: LRL VI, 2, S. 673-682.
Verdelho, Telmo (1994b): "Tecnolectos (Fachsprachen)", in: LRL VI, 2, S. 339-355.
Verdelho, Telmo dos Santos (1995): *As Origens da Gramaticografia e da Lexicografia Latino-Portuguesas*, Aveiro: INIC.
Vermeer, H. J. (1973): "Das Portugiesische in Süd-Asien: Probleme und Publikationen", in: APK 9, S. 136-226.
Viana, A[niceto dos] R[eis] Gonçalves (1904): *Ortografia Nacional: simplificação e uniformização sistemática das ortografias portuguesas*, Lisboa: Livraria Editora Viúva Tavares Cardoso.
Viana, A[niceto dos] R[eis] Gonçalves; Abreu; Guilherme [Augusto] de Vasconcelos (1885): *Bases da Ortografia Portuguesa*, Lisboa: Imprensa Nacional.
Viana, Gonçalves (1973): *Estudos de Fonética portuguesa*, Lisboa: Imprensa Nacional / Casa da Moeda.
Vigário, Marina (2003): "Prosody and sentence disambiguation in European Portuguese", in: *Catalan Journal of Linguistics* 2 (2003), S. 249-278.
Vigener, Gerhard (1979): *Die zeichentheoretischen Entwürfe von F. de Saussure und Ch. S. Peirce als Grundlagen einer linguistischen Pragmatik*, Tübingen: Narr.
Vilela, Mário (1983): *Definição nos dicionários de português*, Porto: Edições Asa.
Vilela, Mário (1994a): "Portugiesisch: Lexikologie und Semantik", in: LRL VI, 2, S. 216-233.
Vilela, Mário (1994b): "Portugiesisch: Wortbildungslehre / Formação de palavras", in: LRL VI, 2, S. 173-199.
Vilela, Mário / Silva, Fátima (Hrsg.) (1999): *Actas do 1º Encontro Internacional de Linguística Cognitiva*, Porto, 29-30.5.98, Porto: Faculdade de Letras.
Weber, Peter (1980): *Wissenschaftliche Länderkunde: Portugal*, Darmstadt: Wissenschaftliche Buchgesellschaft.
Weigand, Edda (1989): *Sprache als Dialog. Sprechakttaxonomie und kommunikative Grammatik*. Tübingen: Niemeyer.
Weinreich, Uriel (1954): "Is a structural dialectology possible?", in: *Word* 10, 388-400.

Weinreich, Uriel / Labov, William / Herzog, Marvin (1968): "Empirical foundations for a theory of language change", in: Lehman, Winfried / Malkiel, Yakov (Hrsg.), *Directions for historical linguistics,* Austin: University of Texas Press, S. 97-195.

Weinrich, Harald (1976): "Phonologie der Sprechpause", in: Weinrich, Harald (1976): *Sprache in Texten*, Stuttgart: Klett, S. 256-265.

Weinrich, Harald (1982): *Textgrammatik des Französischen*, Stuttgart: Klett.

Weinrich, Harald (1993): *Textgrammatik der deutschen Sprache* (unter Mitarbeit von Maria Thurmair, Eva Breindl, Eva-Maria Willkop), Mannheim: Duden Verlag.

Weinrich, Harald (2000): *Linguistik der Lüge*, München: Beck.

Weise, Karin (2006): "Sprechakte des Dankens im Deutschen und Portugiesischen", in: Schmidt-Radefeldt (Hrsg.), S. 125-166.

Welker, Herbert Andreas (2002): "Zweisprachige Phraseographie deutsch-BP / BP-deutsch: Beispiele für noch nicht lexikographisch erfaßte verbale Phraseologismen im Deutschen und im brasilianischen Portugiesisch", in: *Lusorama* 50, S. 9-31.

Welker, Herbert Andreas (2003): *Zweisprachige Lexikographie: Vorschläge für deutsch-portugiesische Verbwörterbücher*, München: Utz.

Wells, Rulon S. (1947): "Immediate constituents", in: *Language* 23, S. 81-117.

Werlen, Iwar (1989): *Sprache, Mensch und Welt, Geschichte und Bedeutung des Prinzips der sprachlichen Relativität,* Darmstadt: WB.

Wiegand, Herbert Ernst (1983): "Was ist eigentlich ein Lemma? Ein Beitrag zur Theorie der lexikographischen Sprachbeschreibung", in: Wiegand, H. E. (Hrsg.): *Studien zur neuhochdeutschen Lexikographie III, Germanistische Linguistik,* S. 401-474.

Wiegand, Herbert Ernst (1989a): "Aspekte der Makrostruktur im allgemeinen einsprachigen Wörterbuch: Alphabetische Anordnungsformen und ihre Probleme", in: HSK 5 / 1, S. 371-409.

Wiegand, Herbert Ernst (1989b): "Der Begriff der Mikrostruktur: Geschichte, Probleme, Perspektiven", in *HSK* 5 / 1, S. 409-462.

Wierzbicka, Ana (1972): *Semantic Primitives* (=Linguistische Forschungen 22), Frankfurt am Main: Athenäum.

Williams, Edwin B. (^{5}1991): *Do latim ao português,* Rio de Janeiro: Tempo Brasileiro.

Winkelmann, Otto (1994): "Portugiesisch: Geschichte der Verschriftung", in: LRL VI, 2, S. 472-498.

Winkelmann, Otto / Lausberg, Uta (2001): "Romanische Sprachtatlanten", in: LRL I, 2, S. 1004-1068.

Wittgenstein, Ludwig (1977): *Philosophische Untersuchungen*, Frankfurt a.M.: Suhrkamp.

Woll, Dieter (1990): "Portugiesische Lexikographie", in: HSK 5 / 2, S. 1723-1736.

Woll, Dieter (1994): "Portugiesisch: Sprachnormierung und Standardsprache", in: LRL VI, 2, S. 382-398.

Wolski, Werner (1989): "Das Lemma und die verschiedenen Lemmatypen"; in: HSK 5 / 1, S. 360-371.

Wotjak, Gerd (1991): "Einige Ergänzungen, Modifikationen und Angaben zu 'Ergänzungen' und 'Angaben'", in: Koch, Peter / Krefeld, Thomas (Hrsg.): *Connexiones Romanicae: Dependenz und Valenz in romanischen Sprachen,* Tübingen: Niemeyer, S. 109-129.

Wright, Roger (1982): *Late Latin and Early Romance in Spain and Carolingian France,* Liverpool: Francis Cairns.

Wright, Roger (1983): "Unity and diversity among the Romance languages", in: *Transactions of the Philological Society*, S. 1-22.

Wunderli, Peter (1990): "Französisch: Lexikologie und Semantik", in: LRL V, 1, S. 94-112.

Wunderlich, Dieter (1969): "Karl Bühlers Grundpinzipien der Sprachtheorie", in: *Muttersprache* 79, 52-62.

Wunderlich, Dieter (1976): *Studien zur Sprechakttheorie,* Frankfurt am Main: Suhrkamp.

Zaidan, Assaad (2005): *Letras e História. Mil palavras árabes na Língua Portuguesa*, Belém: Secult-Pará.
Zimmer, Rudolf (1992): *Die Morphologie des italienischen, spanischen und portugiesischen Verbs*, Tübingen: Niemeyer (Romanistische Arbeitshefte 37).
Zimmermann, Klaus (1996): "Der gesprochene portugiesische Substandard in Brasilien: die These der postkreolischen Varietät", in: *Lusorama* 30, S. 61-90.
Zöfgen, Ekkehard (1990): "Homonymie und Polysemie im allgemeinen einsprachigen Wörterbuch", in: HSK 5 / 2, S. 779-787.
Zuluaga, Alberto (1975): "La fijación fraseológica", in *Thesaurus*. Boletín del Instituto Caro y Cuervo 30 (1975) 225-248.

13 Sachregister - Index rerum (deutsch - portugiesisch)